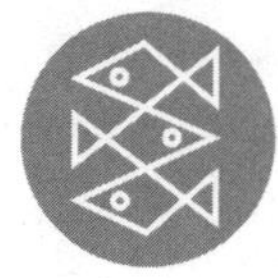

AF545411

Döblins großer Essay über ›Unser Dasein‹ behauptet eine eigentümliche Stellung zwischen Philosophie, Naturwissenschaft, politischer Theorie und Literatur. In der Bewältigung ungeheurer Materialmengen schafft Döblin wie in seinen Romanen suggestive Bilder und stellt große anthropologische Fragen: Wie hängt der Mensch mit der Natur zusammen? Gibt es eine sich planmäßig entfaltende Ordnung oder ist alles dem Zufall überlassen? Gibt es für Leib und Seele eine einheitliche Basis? Wer bin ich? Was ist das Leben? Der Arzt Döblin weiß: Der Mensch hat einen Leib, er ist Organismus, und er ist bestimmt durch seine Lüste – aber der Mensch ist mehr als das: »Es ist das große wahre gestaltende Ich, von dem ich immer ausgehe, und dessen ganze Natur und Ausbreitung zu erkennen meine immer erneute Bemühung ist. Ich sehe immer klarer, daß ich und wie ich im Religiösen, und in welchem Religiösen, lagere, – mit der Welt und der Zeitlichkeit als einer Erscheinung.«

Alfred Döblin, 1878 in Stettin geboren, arbeitete zunächst als Assistenzarzt und eröffnete 1911 in Berlin eine eigene Praxis. Döblins erster großer Roman erschien im Jahr 1915/16 bei S. Fischer. Sein größter Erfolg war der 1929 ebenfalls bei S. Fischer publizierte Roman ›Berlin Alexanderplatz‹. 1933 emigrierte Döblin nach Frankreich und schließlich in die USA. Nach 1945 lebte er zunächst wieder in Deutschland, zog dann aber 1953 mit seiner Familie nach Paris. Alfred Döblin starb am 26. Juni 1957.

Weitere Informationen finden Sie auf www.fischerverlage.de

ALFRED DÖBLIN

Unser Dasein

Mit einem Nachwort
von Christina Althen und Thomas Keil

FISCHER Klassik

Alfred Döblin
Gesammelte Werke
Herausgegeben von Christina Althen
Bd. 11

Erschienen bei FISCHER Taschenbuch
Frankfurt am Main, Mai 2017

Satz: Dörlemann Satz, Lemförde
Druck und Bindung: CPI books GmbH, Leck
Printed in Germany
ISBN 978-3-596-90481-5

Unsere Adressen im Internet:
www.fischerverlage.de
www.fischer-klassik.de
www.alfreddoeblin.de

Inhalt

Vorspruch

Sie hören von Geschichten, aus den Zeitungen, Sie können nicht rasch genug ans Radio laufen, wenn es heißt: Achtung, Achtung, hier ist Berlin, wir bringen –

Wenn Sie Prozesse lesen, sind Sie glücklich: das ist die Wahrheit. Wenn Sie im Geographiebuch nachschlagen, falls es Ihnen in die Hand gerät, und Sie lesen von Städten oder Flüssen oder Meerestiefen und sehen die Linien der Festländer, so sind Sie befriedigt. Sie wissen, das ist die lautere Wahrheit und das stimmt.

Hier nun wird gedacht und betrachtet. Und da werden Sie sagen, was geht mich das an. Was ich denken muß, denke ich allein. Tatsachen sind nötig, Tatsachen, Berichte von der Realität, und weiter nichts, sonst kann uns nichts nützen.

Ich sage Ihnen, was vor Sie tritt, ist mehr Wahrheit als wenn Sie erfahren, ein Schiff ist untergegangen, und die Japaner rücken in der Mandschurei vor, oder der Kohlenpreis soll und wird, vielleicht, gewiß, möglich, unmöglich herab-, herauf-, herauf-, herabgesetzt werden.

Was Sie hier hören werden, hat größere Wahrheit als die Nachricht von der Trockenlegung der Zuidersee.

Es gibt geringe, größere und große Wahrheiten. Es gibt viertel, halbe und beinah ganze Wahrheiten. Denn ganze Wahrheiten – ob es die gibt – aber wir sprechen noch davon. Die Lampe brennt, das ist eine geringe Wahrheit. Daß ich lebe, eine größere. Wie ich lebe, wer ich bin, was mit mir ist, was mit dem Leben ist, mit unserm Einzelleben, mit unserm Zusammenleben, mit unserm Zusammenleben mit der Erde und den Gestirnen und dem Weltall, das sind größere und sehr große Fragen und, wenn es gute Antworten darauf gibt, größere und sehr große Wahrheiten.

Laßt uns die Lampe, den mandschurischen Krieg, den Kohlenpreis nicht vergessen und nicht geringschätzen, – es wird uns freuen, wenn der Krieg zu Ende ist und der Preis gefallen ist. Aber laßt uns über den unvollständigen kleinen Tatsachen nicht die großen umfassenden vergessen. Sie werden gefunden durch Denken.

ERSTES BUCH

DAS ICH UND DIE DINGWELT

Nur durch das Tor des Ich betritt man die Welt

Auf der Wanderung

Die Arbeit läßt einen los. Man geht allein durch sein Zimmer, blickt die Schränke an, die Bücher, den Tisch, die Stühle. Es ist sehr still im Haus. Da kann man sich am Tisch niederlassen. Der Blick irrt über die Tischplatte. Da ist nichts, was einen lockt. Briefe schiebt man beiseite. Auch keine Bücher. Es ist nicht ihre Zeit. Wessen Zeit ist eigentlich?

Die Dinge weichen von einem ab. Sie wollen angesehen sein. Man müßte nachdenken. Da ist auch ein Jemand, der will die Beine ausstrecken, will ausspannen – ich. Wofür ist eigentlich Zeit? Zu sich zu kommen. »Zu sich«, merkwürdiges Wort. Ja, ich will nachdenken. Da ist der Schreibtisch, die Tischlampe. Das Zimmer ist um mich. Die Dinge werden angerufen. Ein Fragen beginnt.

Unten fährt ein Lastwagen. Ein Auto tutet.

Ich. Ich. Ich denke nach, ich fühle nach. Was ist mit mir? Sonst sind Dinge und Handlungen um einen. Man muß sich herausziehen aus ihnen, um sie zu bemerken und um sich zu bemerken. Wer ist das, was hier fragt? Ich – ich bin ein Mann, von einem bestimmten Alter, dann und dann geboren, mit dieser Kindheit und dieser Schule. Diese Erfahrungen habe ich hinter mir, in allerhand Tätigkeiten habe ich mich getummelt, jetzt in dieser Stunde ist etwas Ruhe.

Aus diesen Tätigkeiten und Erfahrungen mußt du dich herausheben. Du tust dies, du tust das, in tausend Dinge wirst du zerrissen, es schmettert um dich ein Lärm, von Straßengeräuschen, von Schlagworten. Dieses Zimmer ist gut. Sitz ruhig und überdenke, wer du bist.

Ich? Ich bin vorhanden in all jenen Tätigkeiten, Arbeiten, Kämpfen, Auseinandersetzungen. Wer soll ich sein, wenn ich mich da heraushole? Du willst von mir mein Leben nehmen und fragst dann, wer ich bin. Eine Leiche, was sonst.

Du mußt mich nicht mißverstehen. Du weißt auch schon, was ich meine. Jetzt, wo es stille ist, weißt du gut, was ich meine. Du fühlst es. Du fühlst dich. Du willst dich fühlen. Du begehrst dich zu fühlen. Du merkst den Unterschied zwischen dir und jenen Tätigkeiten, Arbeiten, Kämpfen, Auseinandersetzungen. Du möchtest dich einmal von ihnen absetzen. Du sollst nicht abgelöst werden von ihnen. Aber damit du dich richtig siehst, damit du richtig gehst in den Tätigkeiten, Arbeiten, Auseinandersetzungen, darum bitte ich dich, setze dich und überdenke – dich. Bedenke, wer du bist, was du bist. Überdenke, was mit dir ist, mit diesem Menschen hier.

Nun gut. Ich kann es tun. Was soll ich sagen? Soll ich von meinem Leben erzählen, zu Gericht sitzen, wie man sagt?

Das wirst du eines Tages auch tun. Aber jetzt wollen wir von dir sprechen, von dir, so wie du bist. Ja, so wie du hier nun sitzest, endlich sitzest. Laß alle Vergangenheiten, was geleistet und verfehlt ist. Denk nur an dich, wer du bist. Vielleicht wird dann auch draußen vieles klarer. – Ja, wie denn? Wie soll ich mich ermitteln? – Du sitzt hier. Du sitzt auf dem Stuhl. Sag doch, wer bist du? – Ich? Ein Mensch, irgendein Mensch. Du siehst es ja.

Jetzt können wir anfangen.

Die Ichsuche

Ein erster Schritt ist jetzt getan, wir fangen eine Reise an. Wohin wir wandern, das weiß ich noch nicht. Wir werden an allen Ecken fragen, wohnt hier – Ich?

Drauf wird eine Frau zum Fenster heraussehen und sagen: »Wen meinen Sie damit? Ich kenne viele Leute, aber den Herrn kenne ich nicht. Können Sie vielleicht beschreiben, wie der Herr sieht aus? Gestern ist einer dagewesen, wie heißt er, vielleicht Stanislaus?« Bekümmert werden wir sagen: »Mit dem ist mir nicht gedient. Wir müssen weiterfahren. Bitte um Entschuldigung, wir haben Sie umsonst bemüht.«

An einem andern Orte steht der Schupo auf dem Platz, er ist von dem Magistrat da hingestellt, damit er auf die Wagen aufpaßt. Wir werden ihm uns nähern. »Guten Morgen, Herr Polizist, wir wollten von Ihnen hören, wohnt hier am Ort Ich?« »Ich? Na warten Sie mal, da drüben hat einer gewohnt, der hieß so ähnlich, jetzt ist der Mann aber tot.«Wir schütteln betrübt den Kopf: »Ach nein! Dann muß es eben woanders sein.«

Wir kaufen uns neue Stiefeln, der Schuster fragt, wohin es geht, und wie er erfährt, wir suchen das Ich, rät er, gleich noch sechs Paar zu kaufen, damit wir nicht barfuß laufen, denn er weiß, sagt er, seit langer Zeit, das Ich wohnt tausend Meilen weit. Wir sind darüber nicht sehr betroffen, wir sind noch tausend Meilen geloffen, wir fragten an allen Ecken die Menschen, in der Luft die Vögelein, an den Wagen die Eselein, die Uhus, die Katzen in der Nacht, wir haben uns keinen Weg erspart.

Und eines traurigen Sommerabends legen wir uns müde und hoffnungslos in den Graben. Wir klagen die Welt und das Schicksal an, bei dem Klagen wandelt der Schlaf uns an.

Und da im Schlafen kommt uns vor, es sagt uns einer die Wahrheit vor. Der weiß sie besser als Frau und Polizist, als Schuster und was da gewesen ist. Die Vöglein und Uhus, die sagen Geschwätz, aber die Wahrheit sagt man uns jetzt. Man sagt sie uns die ganze Nacht hindurch, wir liegen da, es wird uns nicht genug. Dann wachen wir auf und suchen und fragen, was der Mann im Schlaf uns denn bloß sagte. Eine ganze Nacht hat er es uns gesagt, weg war es, in die Luft gejagt. Die ganze Nacht war die Wahrheit erklungen, in Betrübnis sind wir hingesunken, wir weinten trostlos, und im Weinen wurde uns klar, was in der Nacht geheimnisvoll geredet war. Wir fühlten, die Tränen im Gesicht: in Träumen, im Weinen war Ich.

Gesang des Spottvogels

Ein Kerl, der spekuliert, ist wie ein Tier auf dürrer Heide, von einem bösen Geist herumgeführt, und ringsumher liegt schöne grüne Weide.

Auf der Wanderung

Man tummelt sich Jahrzehnt über Jahrzehnt unter den Menschen, in den Städten, durch die Landschaften. Immer sagt man ›Ich‹. Nun kann man wirklich einmal nachsehen, wer das ist. Ich – bin ein Mensch, ein zoologisches Exemplar, das ist deutlich. Ich – habe Hände, Finger mit Nägeln dran, die sind wie Klauen bei Tieren, habe Zähne im Mund. Ich – gehe zwar aufrecht, aber habe vier Gliedmaßen. Das ist genau wie bei einem Hund oder einer Katze. Ich – habe eine Stimme. Das ist wie bei den Vögeln. Auch die Löwen, Tiger und Affen haben Stimmen, damit brüllen sie und schreien, vielleicht verständigen sie sich auch damit. Ein Bauch, ein Darm – es stimmt, alles wie bei Tieren. Ich – bin ein Tier. Da ist weiter nichts zu sagen.

Weiter nichts? Doch. Es ist sonderbar. Ich wundere mich. Ich – wundere mich, daß ich – Tier bin.

Groß ist die Welt und voller Dinge, voller Tiere, Vögel und Menschen und Klänge, ich kann sie erleben und freue mich an ihr. Aber jetzt spreche ich nicht von ihr.

Ich sitze in einer geschlossenen Stube, vor mir ist ein Tisch, unter mir ein Stuhl. In diese Stube bin ich eingetreten. Die Welt, die habe ich draußen gelassen. Es ist etwas anderes da, damit muß ich mich befassen.

Was ist das andere? Wie sieht es aus? Ist es denn schön, hat es langes Haar, kann es lachen, lieb sein und umschlingen? Schließt du dich ein, um mit ihm die Zeit zu verbringen?

Ach, wenn du in dies Zimmer eintrittst, vernimmst du Liebesgeflüster nicht. Hier sitzt einer still auf dem Stuhl für sich. Hier könnte einer lachen und denkt an sich.

Er ist ein Narr, man kann nichts mit ihm machen. Er denkt und fragt und fragt und denkt, und während er denkt, wird die Welt weiterlaufen, und wenn er heraustritt, wird keiner von ihm etwas kaufen, und keiner nimmt von ihm etwas geschenkt.

Die draußen haben ja so vieles, was in keine Stube geht und was sich Tag um Tag bunt und lustig weiterdreht. Sie haben Berge, Täler, Ebenen und Seen, in der Stube kann man grade zehn Schritte gehen. Was kann in dieser Stube geschehen?

Ja, es gibt Frühling, Sommer, Herbst und Winter. Es gibt Morgen und Abend, Mittag und Nacht, es gibt Jugend und Alter, Musik und Geschrei. Der hier sitzt, denkt aber nur einerlei – wie er dies alles in der Welt liebt und verehrt, wie er glücklich ist, daß ihm dies ist beschert, wie er sich von keinem Ding abkehrt – wie er aber in seiner Stube ist einem Wesen begegnet, einem Tier mit Nägeln, Knochen und Zähnen, mit Augen und Ohren, Muskeln und Sehnen. Das sitzt auf einem Stuhl mit ihm, und wenn er es fragt, wie es heißt, sagt es dreist: Ich.

Von diesem Tier, diesem Untier, Übertier will er jetzt nicht lassen. Er will es nicht lassen, bis es ihn gesegnet und ihm gesagt hat, wie es wirklich heißt und wer es ist. Er fühlt, daß ihm nichts Wichtigeres gegeben ist.

Gesang des Spottvogels

Ein Kerl, der spekuliert, zwei Kerls, die spekulieren, drei Kerle, die spekulieren.

Diese Hand, diese Finger. Ein Tier. Merkwürdig: daß man Tier ist, haben die Kirchenväter immer bejammert. Sie meinten damit die Sünde, Tier sei Sünde, Begierde, Kampf zwischen Engel und Satan. Das meine ich nicht.

Daß ich Finger, Hände, Arme habe, und was das ist, und wie ich dazu komme – das meine ich. Ich sitze hier und finde mich als Tier, als Eigentümer eines Tierkörpers. Geld muß man erwerben, dies aber kommt einem angeflogen, und man soll es verstehen. Man kommt für nichts und wieder nichts so an, aus der Pistole geschossen, hat Arme, Beine, einen Kopf und kann sprechen. Ebensogut hätte man auch bellen können und könnte Hund sein. Warum schließlich auch nicht. Es ist ein reiner Zufall, daß ich da bin, auf dem Stuhl sitze und schreibe, und der Hund läuft da unten an der Ecke neben seinem Frauchen. Ebensogut könnte er hier oben sitzen, auf dem Stuhl, und schreiben, und ich lauf an der Leine. Wär gar nicht so schlecht. Dem Hund gönne ich es jedenfalls, daß er auch mal hier sitzt und denkt.

Wie ist das kurios, in welchem Zustand ich bin. Wenn einer eben Bettler war und nachher wird er auf irgendwelche Weise, durch phantastische Siege oder Volksreden, Kaiser oder Volkskommissar oder Bankdirektor, so kann er sich damit, wenn auch verblüfft, abfinden. Was mit mir ist, ist beispiellos. Ich bin vor eine vollendete Tatsache gestellt.

Was hat man da alles bei sich. Was man so mit sich herumträgt. Man nimmt es kaum wahr. Man sieht in den Spiegel, rasiert sich, so und so sehe ›ich‹ aus, nicht grade schön, man muß es hinnehmen. Oben wachsen einem die Haare, als sei man ein Berg mit Bäumen, oder ein Grasfeld, das immer abgemäht werden muß – auf zum Barbier, ich bin reif zur Ernte, gern mein Herr, wir werden sofort landwirtschaftliche Hilfskräfte engagieren.

Was habe ich für einen Weggesellen. Ein ›Männchen‹ bin ich

auch, ein Mann. Im zoologischen Garten stecke ich nicht. Noch nicht. Von meiner Tierart gibt's zu viele.

Es ist fabelhaft, womit dieser Apparat versehen ist. Es ist eine ganze Fabrik, eine Überfabrik, ein Brutschrank, ein Automat, eine Serie von Automaten, ein Konzern. In was für eine Gesellschaft bin ich geraten. Gott weiß, was man hier mit mir vorhat. Es ist ja ungeheuer. Was reden die Heiligen und Moralen, was ich alles in diesem Leben tun und meiden soll? Man sehe an, in welche Gesellschaft ich gesteckt bin, lebenslänglich, und was einer da noch machen kann. Hier kann man überhaupt nichts mehr tun, hier ist man mit Sack und Pack verkauft.

Dies hier ist eine ganze Festung gegen einen einzelnen Mann. Wie ist das gemacht, Arme, Beine, Lungen, tausend Organe, für alle Zwischenfälle, das ist die schlaue raffinierte Arbeit von Jahrmillionen, und da bin nun ›ich‹ hineingesetzt, ich, sprich i, ceha, Gott weiß wozu, als Betriebsingenieur oder Zuschauer, vielleicht um die großartige Leistung zu bewundern und Besucher drin herumzuführen, oder um die Natur zu preisen, die das alles gekonnt hat.

Ja, solch phantastisches Tier ist da – und – sitzt mit mir hier auf dem Stuhl. Wir sitzen und gehen immer zusammen. Die siamesischen Zwillinge sind nichts gegen uns.

Aber ich bin kein siamesischer Zwilling! Ich erkenne dieses Tier hier, das mit mir so greulich nah auf einem Stuhl sitzt, nicht an. Was soll mir diese fremdartige, tolle, aus der Pistole geschossene, mir zugeschneite Einrichtung, welche ein zoologisches Einzelexemplar ist, dieses verzwickte Arrangement von Kopf, Brust, Armen, Beinen und Gelenken?

Fremd ist mir dieses wüste Durcheinander von Organen, von Augen, Ohren, Nase, Mund, Gehirnwindungen, Leberzellen, Bauchspeicheldrüse, zwischen Plattenepithel, Flimmerepithel, Hornhaut, Netzhaut, Ohrtrompete, zwischen Magensäure und Darmalkalien, Blutzucker, Knochenkalk, glatter und gestreifter Muskulatur, zwischen Arterien, Venen und Haargefäßen, zwischen Lymphräumen und Lymphdrüsen, bei wechselnder Temperatur an der Haut, unter der Haut, im Blut, bei den Verbrennungsprozessen in den Organen.

Lied, an den Fingern zu lutschen

Murr murr murr murr.

Da sitze ich im Stübele und stütze meinen Kopf, und grübele und grübele und bin ein armer Tropf.

Da sitz ich in mei'm Stübele und spiel mit runde Stein. Ich roll sie hin, ich roll sie her, das ist ein Spiel für mein.

Von einer Hand in andere Hand hin läuft das Kügelchen. Ich sitze immer stille da und mach mein Grübelchen.

Murr murr murr murr.

Des Pudels Kern

Ich weiß nichts von gelehrten Dingen! Ich weiß nichts von einer Fabrik, die mich produziert, nichts von glatter oder gestreifter Muskulatur, von Säuren und Alkalien im Darmkanal. Wenn die Natur oder wer sonst das alles produziert, so ist das ihre Sache. Ich habe immer gewußt, es ist etwas Großartiges um die Natur. Da kommt keiner mit. Wenn man ein Geographiebuch aufmacht, so ist es dasselbe. Es ist nicht durchzukommen zwischen den Bergen, Flüssen, Meeren, Höhen, Tiefen. Überall auf der Erde ist was, und nicht bloß geographisch, auch botanisch, zoologisch, physikalisch, chemisch, meteorologisch, dann soziologisch, biographisch, telegraphisch, telephonisch. Bald ist es laut, bald ist es leise, es ist ein phantastischer Rummel. Zum Überfluß verändert sich alles, wenn auch nicht geographisch, in jeder Minute. Ben Akiba meinte, es sei alles schon dagewesen. Ich finde: es ist in der Natur alles immer wieder anders. Es ist anderer Wind. Ein Mensch, der heute da war, ist morgen da. Ein Land ist heute Kaiserreich, morgen Republik – ein anderes ist Republik, morgen Kaiserreich – und eins wieder war Kaiserreich, wird dann Republik, bleibt aber doch Kaiserreich. Kurz, es ist so ungeheuer, was in der Natur vorgeht, so mannigfaltig, daß, wenn man leben will, man es am besten auf sich beruhen läßt. Ich jedenfalls, ich – sehe das alles nur an, erlebe es, aber bin es nicht.

Und wenn man mich fragt, wer bin ich denn, so antworte ich: ich bin der, der dies alles erlebt. Ich lebe und erlebe. Ich erlebe auch diesen Körper. Was ich antworte, ist so einfach, daß der Chor aller Menschen, der jungen und alten, schmalen, schlanken, dicken, frommen und gottlosen, schlauen und dummen, der Männer und Frauen aller Bildungs- und Steuerstufen mit einstimmt:

»Ich« – sehe, höre, schmecke, rieche, taste, ich fühle, will, denke.

So bin Ich, das ist alles.

Einfach. Erschütternd einfach. Vielleicht zu einfach? Mir fällt eine Geschichte ein, von einem Versicherungsbeamten, der an einer hohen Stelle in einer Versicherung saß, und es ging ihm schlecht, und er sollte abgebaut werden. Dem Mann liefen täglich hohe Versicherungen durch die Hände, gegen Feuer, Einbruch, Ausbruch, Durchbruch, Abbruch, gegen jede Art Bruch, auch können Sie Ihrem Sohn Studiengelder beschaffen, Ihrer Tochter eine Aussteuer, Ihrer Witwe können Sie schon zu Ihren Lebzeiten Ihren Tod wünschenswert erscheinen lassen, durch Sterbegeld. Wie aber, fragt der Mann, schütze ich – vom Abbau bedroht – mich selber, wo alles und sogar meine Frau gegen mich geschützt wird? Ich schütze, und wer mich? Wer kann von mir verlangen, daß ich andere schützte? Wer mutet mir das zu? Es achtet sich keiner miß, jeder hochachtet sich.

Úm sich zú legítimíeren vór sich sélbst und vór der Wélt / gríff Versícherúngsbeámter ín dem Géldschrank án das Géld.

Auf, lieber Versícherungsbeámter, nótwéhre dích / es géht um Seín und um Níchtsein. Greif zú und veréhre dich.

Und Versícherungsbeámter tát das Eínfachsté der Wélt / únd er büßte ím Gefängnis für das rásch erwórbene Géld.

Was lehrreich an dem Fall ist: Einfach war das Mittel, aber nur auf den ersten Blick. Wichtige Dinge fordern mindestens zwei Blicke.

Wie steht es um die einfache, so einfache Antwort: Ich bin da – im Empfinden, Fühlen, Denken, Wollen? Diese Antwort ist einfach, und – dennoch richtig! Und wenn der Chor der Jungen und Alten, Schlanken und Fetten, Reichen und Armen zustimmt, so bin ich und bleibe dabei.

Ja, ich bin nicht in der wüsten Natur da. Ich bin nicht in dem wüsten mannigfaltigen, verwickelten Körper, dieser tollen Fabrik, da.

Ich bin nicht in den höchst verwickelten Augen da. Die Augen empfinde ich wie andres. Da bin ich unmittelbar – im Sehen! Im einfachen glatten Sehen bin Ich, habe ich mich. Als Sehender bin ich da.

Ich bin nicht in der Apparatur der Ohren da – die Ohren empfinde und bestaune ich ob ihrer Kunstfertigkeit mit Außenohr, Trommelfell und Labyrinth. Da aber bin ich unmittelbar – im Hören! Als Hörender bin ich da.

Ich bin nicht im Gaumen, in der Zunge da, sondern – im Schmecken! Und nicht in den Fingern, in der Haut, sondern im Tasten.

Ich bin nicht im Herz, in den großen und kleinen Blutgefäßen, nicht in dem phantastischen Geflecht des Sympathikus, im Rückenmark, in der abenteuerlichen Architektonik der Gehirnwindungen und Nervenfasern –, ich bin – im Denken, Fühlen, Wollen! Als Denkender, Fühlender, Wollender bin ich da. Ich erlebe. Als Erlebender bin ich da.

Im Empfinden, Fühlen, Denken, Wollen – fühlend, wollend, denkend, empfindend –, so begibt sich das Ich.

Zuerst bin ich ein Mann gewesen, habe dies gesehn und das getan, ich habe vieles gehört und manches erfahren. Dann bin ich langsam die Treppe hinaufgegangen, habe die Tür hinter mir zugemacht. Und wie ich im Zimmer saß und mich nichts störte, wie kein Telephon ging und ich dasaß, da habe ich zu den Dingen um mich und zu mir gesagt: Macht die Augen auf, laßt euch anblicken, es ist eine stille Stunde, wer weiß, wann sie wiederkommt. Wir wollen uns freuen, daß wir uns treffen. Wir wollen uns die Hände geben und eine Weile sitzen. Eure Hände in meine gelegt, so wollen wir denken und uns besinnen. Viele Dinge bringen Freude und Genuß, und viele bringen uns Verdruß. Wir wollen sitzen in Ruhe und Klarheit. Wir sehn uns an. Wir wollen Wahrheit.

Eine Hauptstation ist erreicht

Diese Station, die sagt: »Ich bin der, der erlebt«, ist eine Hauptstation. Wir merken es an dem Wohlgefühl des Atmens. Es können höhere Gipfel kommen, aber hier ist ein Gipfel.

Entzweiung

Ich bin der, der erlebt – Ich bin das, was erlebt – Ich ist die Unmittelbarkeit des Erlebens, das haben wir jetzt und halten es fest. Ich frage mich aber: geschieht mir nicht da etwas Gräßliches, werde ich nicht so meiner Person beraubt, enthauptet, entleibt, von aller Welt abgetrennt, schwebe ich jetzt nicht wie eine ferne Wolke über dem Dasein, ich, weder Welt noch dieser Körper, sondern nur – welche leeren, dünnen Worte – das Erleben, die Unmittelbarkeit des Erlebens? Dann fällt ja die ganze große bunte Mannigfaltigkeit der Welt auf das, was ich von mir – wie leichtsinnig – abgewälzt habe, und ich bin nichts, ich ›erlebe‹, aber was ist das, das ist eine Kerze, ein Licht, das auf die Welt fällt, nicht mehr, aber ich will, ich muß mehr sein, ich bin doch mehr! Ich fühle, ich leide, ich bewege, ich handele! Wie komme ›ich‹ an diese große, bunte, mannigfaltige Welt heran?

Laß mich denken, alles ruhig überdenken. Es soll alles zu seinem Recht kommen, nichts will ich außer acht lassen. Ihr seid gute Dinge, ihr Dinge im Zimmer um mich, du Stuhl unter mir hältst ruhig und trägst mich geduldig, du Tisch trägst meine Arme und Hände. Ihr wartet alle und beschleunigt nichts, ich sehe gern auf euch, ich nehme von eurer tiefen inneren Geduld an.

Ich bin Erleben, ich bin der, der erlebt – aber wie ist das? Was erlebe ich denn? Die Welt, dies Zimmer, den Stuhl, den Schreibtisch, die Lampe und meinen Körper. Daß ich jetzt aufstehe, herumgehe und zum Beweis meines Daseins einen Stuhl hochhebe, erlebe ich. Daß ich die Arme strecke und beuge, zustoße und die Faust balle, erlebe ich. Außer diesem Erleben habe ich keins. Außerhalb dieses Erlebens aber weiß ich auch von keinem Ich.

Auch meinen Leib – muß ich hinzunehmen. Ob ich seine Zellen, Drüsen, Muskeln, Knochen kenne, macht nichts aus. Auch ihn muß ich wieder zu mir herziehen. Nur in dieser bestimmten Realität, in den festen starken Dingen und Vorgängen habe ich mich. Ich bin keine Form, bloß Zuschauer, Wolke über diesem Dasein, ich bin keine bloße Kerze und kein bloßes Licht zu den Vorgängen der Welt, ich stecke hier selbst drin in der dichten starken Mannigfaltigkeit des Daseins. Und dafür gibt es noch einen besonderen Beweis: ich fühle, leide und handle in diesem Dasein, ich erfahre und verändere es.

In den Muskelbewegungen, in den Hautgefühlen, im Luftholen der Lunge, im Kopf bewegen bin ich, – im Augenöffnen und Augenschließen, im Sitzen auf dem Stuhl, im Gehen durch das Zimmer, im Gegenüber zu den Büchern, zum Schrank, zum Fenster, zu den stillen Dingen hier im Raum. Ich bin etwas unter diesen Dingen. Ob ich mich auch bewege und sie ruhen, das macht nichts aus; ich gehöre zu ihnen, ich bewege sie, ich vernichte rauchend meine Zigarette, ich bin etwas wie sie.

Das wäre nun meine Wiedervereinung mit der Welt. Es ist aber eine Vereinung besonderer Art! Sie – vernichtet die erste Trennung nicht! Ich kann, obwohl so vereint, nicht abschwören und aus der Welt schaffen, was ich vorher gefunden habe: ich bin der, der erlebt. Was ist das, wie ist das möglich, welche Beängstigung befällt mich. Es kann doch nicht beides wahr sein: ich in den Dingen, Ding unter Dingen, und ich das Erleben über den Dingen?

Es muß wahr sein, das Unglaubliche muß wahr sein, beides muß zusammengehen.

Es gibt ein merkwürdiges, ausgezeichnetes Ding unter den Dingen dieser Welt. Dies Ding nun erlebe ich besonders.

Ein fleischernes, geformtes Ding mit diesem bestimmten bürgerlichen Namen, in diesem Zimmer hier, von dieser Größe, diesem Gewicht, das ist es, was erlebt. Der Körper, diese Person, selbst ein Stück der großen Dingwelt, sie bindet, ich weiß noch nicht wie, an sich jenes ›Erleben‹, von dem ich sprach und das grade die Eigentümlichkeit besaß, sich der Dingwelt entgegenzustellen, um sie zu erleben. Wie geschieht das? Und wenn es mir im ersten Augenblick unmöglich erscheint, diese Frage zu beantworten, es ist nur im ersten Augenblick. Im zweiten ahne ich etwas. Und im dritten fasse ich zu und habe beinah, vielleicht ganz, die Antwort.

Denn wenn ich hinblicke auf den Körper hier auf dem Stuhl – dann habe ich da wohl einen Körper vor mir, aber was für einen, sieh es doch an, den lebenden Organismus, den Leib, eine Gestalt. Wie der Organismus sich bewegt und dasteht, mit empfindender Haut, mit Augen, Ohren, mit Armen, Beinen, fühlfähig, erregbar, bewegungsfähig, angriffslustig, ist er, diese Gestalt, diese wunderbar zauberhafte Formung, fähig, das Unfaßbare, die Unglaublichkeit, einen Widerspruch zu verwirklichen. Denn dieser Körper ist Gestalt, kein bloßes Ding. Er ist geformt, aufs eigentümlichste, verwickeltste, ich nannte ihn eine Fabrik, einen Konzern. Er ißt und trinkt, das blickt, hört, geht, das steht, hungert, ja das fühlt auch, denkt – siehe, was das alles in eins ist. Du siehst es auch, du siehst Augen, Ohren, Hände, Füße. Dieses ist ein Organismus! Und dies bist – Du!

Was das bedeutet? Wir werden uns, solange wir denken, damit zu beschäftigen haben. Ich werde alle Bücher dieses Werks dazu gebrauchen, um die Spannung, die in dem Widerspruch steckt, auf vielen Stufen der Natur vorzustellen. Ich erkenne sofort eins: Das Erleben, das Ich ist jene Kraft, die hier im Leib ein Instrument hat und die sich des Leibes bedient. Das Erleben, das Ich ist ein Instrument oder Organ der Natur selber, ein allerwichtigster Konstruktionsteil an ihr. Auf diese Weise trägt sich die Natur, die Welt überhaupt weiter.

Die Welt ruht nicht, sie läuft ab, aber es findet sich eine lebendige Umschaltung, über die alles läuft. Diese Umschlagstelle heißt ›Erleben‹ und ›Ich‹.

Erleben und die Ding- und Gestaltungswelt sind nicht auseinanderzureißen. Wir kommen aber mit dem Ich zu keiner Überwelt. Wir bleiben im innerweltlichen Raum.

Daraus, daß man den Widerspruch, der die Spannung und die Kraft des Lebens stellt, das Unfaßbare, Unglaubliche, nicht beläßt, sondern aufzulösen versucht, kommt viel Mißverständnis und denkerische Qual. Bald von dem isolierten einen Punkt, bald von dem anderen isolierten glaubt man die Welt glatt und einwandfrei logisch verstehen zu können. In der Spannung des Widerspruchs läuft unser Leben ab.

Nun enthüllt sich der Konzern, der wüste, die Überfabrik, ›Leib‹ genannt. Der Konzern ist entlarvt als – Organismus. Versteh es gut, verstehe die immer gesehene Klugheit, das Sinnvolle, Tiefsinnige des Leibs, verstehe Mensch, Tier, Pflanze, Kristall. ›Ich‹ stellt sich dar. Hier, mit Augen und Ohren und allen Organen, in allen Organen stellt sich Ich als Gegenstand unter die Gegenstände. Es hat keinen dicken Mantel um sich gezogen und bedient sich keiner fremden Stoffe – von dem Ich ist ja hier die Rede und wie hier das Gegenstück der Welt sich in einem Stück Welt zeigt, und das treibt keine Maskerade. Mit suchenden Augen und horchenden Ohren, greifenden Armen, laufenden Beinen ist es da. So stellt es sich hin – und zeigt klar, was es ist. Es ist auf sichtbare, tastbare, hörbare Weise Ich. Jetzt sehe ich den Körper, die Person und sehe die Person erst richtig und fasse, was sie, ist. Dieser Körper ist ein Organismus. Was habe ich im Beginn gelacht über den Konzern, die Überfabrik, das fremde schwere Ding aus Knochen, Muskeln, Nerven und Blutflüssigkeit, das da mit mir auf dem Stuhl sitzt. Jetzt sehe ich, was dieses Ding ist: etwas, das erleben, leiden und erfahren kann, das aber auch eine Formung, ein Gebilde ist, das von innen heraus dieser Welt sich entgegenstellt. Dies beides ist und dies beides heißt: Organismus – greifbare Leiblichkeit, dinglicher Widerstand, in einer Formung. Träger des Fühlens, Denkens, Wollens, Begehrens ist dieses Gebilde, der Leib; ein Werkzeugträger des Ich ist dieser Leib. Hier baut sich festlich ein Organismus auf und gibt einer Formung das Dasein, mit greifenden Händen und Fingern, mit begehrlichen Armen und Muskeln, die bewegen, beseitigen, zertrümmern und an sich reißen können. Es blickt um sich, es hört um sich, die Welt, ein Weltumkreis ist sein Feld, es beherrscht den Umkreis, will ihn beherrschen, und der Umkreis drängt auch auf ihn zu. Diese sind nicht zwei, das Zentrum, die Person, und ihr Umkreis. Du siehst, wie sie zusammengehören: an den greifenden Händen und Fingern der Person, an ihren begehrlichen Armen, den Muskeln, die bewegen, zertrümmern und an sich reißen können. Sie lassen sich nicht auseinanderschneiden, die Person und ihr Umkreis, das siehst du schon an der Person, denn was an ihr ist, ist für den Umkreis und mit dem Umkreis. Es gibt da keine Absonderung und Einsamkeit. Es sind nicht nur die Arme, Hände, Beine, die wie Wurzeln in diese Umgebung tauchen, die Augen, Ohren, die wie Saugnäpfe an ihr liegen – welche Enge der Verbindung ist das, was ist das für ein gefräßiges parasitäres Wesen, was ist das für eine rasende, schwingende, pumpende Verkoppelung, wie ist hier alles auf Aktion und Verwandlung eingestellt!

Ich erlebe mich eingesetzt, eingefügt in diese Welt. Es wird klar, warum alles perspektivisch um diese leibliche Person gelagert ist. Das Urfaktum der Leiblichkeit beginnt sich zu klären. Es soll ›erlebt‹ werden. Und das erfolgt durch die Verleiblichung. Leib und Leben, erleiben und erleben gehören zusammen.

In die ganze blutwarme, blutgetränkte, unkenntliche Realität dieser ›Umwelt‹ sind wir hineingeboren, nehmen sie mit unserem Ich an uns, suchen sie zu durchdringen, kämpfen dagegen, erliegen. Das ist unser Dasein, Dasein unseres Ich.

So – bin Ich real da, großartig und – nichtig, ein Stück der Welt und Motor-Gegenstück der Welt. Das ist ein Grundriß dieser Welt.

Ich kehre aufatmend zum Anfang zurück. Der Anfang bleibt wirklich, plötzlich, eigentümlich, wahr: »Wer bin ich, wo bin ich? – Diese Hand, diese Finger, diese Augen, das Ganze, was hier auf dem Stuhl sitzt und von dem ich jetzt nur die beiden Hände und die halben Arme sehe.« Es ist meine, meine, meine Hand: so sage ich jetzt und nehme es an. Wie es mich durchschauert. Ich atme, ich fühle dunkel, undeutlich mein Inneres, es geht eine kühlere Empfindung über meinen Rücken, meine Füße stehen auf dem Boden. Das bin Ich.

Zurückgeworfen, zurückgegangen also auf das Tier, wieder ein einzelner bestimmter Mensch zwischen Kämpfen, Arbeiten, Tätigkeiten, Auseinandersetzungen? Und weiter nichts, nach dem langen, langen Weg?

Also doch Mensch, Erdenwurm?

Und warum, liebes Ich, das dies denkt, warum erscheint das dir plötzlich nicht als Erbärmlichkeit, als Erfolg eines lächerlichen Weges? Warum hältst du plötzlich dies für ein Ding von der größten, allergrößten Wichtigkeit?

Vor mir steht die volle Wahrheit: Die Entzweiung in der Welt, sichtbar geworden in der zwiefachen Gestalt der Person als Stück und Gegenstück der Welt. Die Person zeigt deutlich diese Doppelnatur als Gebilde, das ganz aus der Natur hervorwächst, aus Tier- und Pflanzenwelt, und mit ihnen verbunden bleibt, und als Erlebnis-, Arbeits-, Einschmelzungs-, Umbildungsapparat.

Es findet eine Hin- und Herbewegung zwischen Person und Welt statt, so kann sie stattfinden. In dieser Hin- und Herbewegung wird die Welt gebaut. Diese Bautätigkeit kommt nicht zum Stillstand, solange die Person lebt. Ein Spannungsablauf erfolgt dauernd, und so geht Erlebtes, also Ich über das Medium und aus der Apparatur der Person in Welt, Natur, Geschichte über, und es schwingt Welt, Natur, Geschichte in die Person und das Ich zurück.

Das ist die ununterbrochene kämpferische, ringende Erschließung der ›Welt‹ durch die ›Person‹, den Fühl- und Aktionskörper, und die ständige Durchtränkung der ›Person‹ mit ›Welt‹.

Immer wieder wird der Mensch von Erde zu Erde, immer wieder wird die Erde von Mensch zu Mensch.

Das Sprungbrett

Die Formeln ›Ich und Dingwelt‹ und ›die Person ist Stück und Gegenstück der Natur‹ halten wir fest. Auf diesen beiden Pfeilern, Erleben und Gestalt, ruht unser Dasein. Wir blicken uns um und fragen:

Wie sieht dieser Spannungsaustausch, das Kraftfeld, das Forttreiben zwischen Person und Welt aus – was zeigt diese Welt, in der und mit der wir leben und die auch durch uns lebt? Tiere, Pflanzen, Steine, Sterne, Naturkräfte sind da, wir sind Stück der Natur: Wie sind wir und sie alle Stück der Natur, und wie Gegenstück?

Mit diesen Fragen begeben wir uns auf die wahrhafte, umfassende, vollständige Ichsuche, die eine Weltsuche wird.

(Wir haben nach dem fünften Buch ein ›Betrübliches Zwischenspiel‹, das noch einmal die Fragen des ersten Buches aufrollt. Man greife nach dem Teil ›Die Wiederaufrichtung‹.)

Gesang des Spottvogels

verliert sich.

ZWISCHENSPIEL

SOMMERLIEBE

Noch einmal:
Nur durch das Tor des Ich betritt man die Welt

Sommerliebe

Es wurde nun stille. Es lag völlig süße Verzückung im Raum. Die Musik sang, die Trompete sang, die Menschen sangen. Sie machten Bewegungen, gleitende, waren aneinandergepreßt, und die Musik ging mit ihnen, die Knie bogen sich, der Fuß setzte sich vor, zurück, der Leib kam nach. Die Klarinette blies, oben stand der Kapellmeister mit dem Saxophon, sah herunter in die Rundung, die drehende. Lautloses Drehen, lautloses Gleiten der Schatten. Jetzt Scharren, vorwärts, rückwärts, süße Kinder, ihr Kinn über seiner Schulter. Und jetzt schmetternder Jazz.

Schwarzes Wuschelhaar an dem Tisch, sie steht auf, Puderdose, Blick in den Spiegel, die Kaffeetasse steht allein, die Handtasche liegt auf dem Stuhl. Sie ist in das Flackerlicht eingetaucht, von der Rundung eingesogen, das Klavier rasselt, Arm über seiner Schulter, gezogen, gewogen, die Musik singt, die Trompete singt. Schluß, auseinander, schon, schon, eine kleine Sehnsucht, ein bißchen Sonnenschein.

Und schon sitzen sie wieder um den Tisch herum, Puderquaste auf der Nase, über die Stirn. Ein älteres Fräulein hat Überschuh im Ausverkauf gekauft, sie packt aus, sie debattieren, drehen die Schuh. Ein gemütlicher Herr liest die Mittagszeitung, Garderobenständer mit Hüten und Mänteln stehen herum, es gibt keine Musik, ist alles aufgelöst, rinnt auseinander. Die Kaffeekannen sind Silberersatz. Licht und Zigarettenrauch in der Luft.

Ein langer junger Herr mit Hornbrille, er geht an den Tisch, er senkt den Kopf ein bißchen vor dem schwarzen Wuschelhaar, sie ändert den Ausdruck nicht, steht auf, er geht hinter ihr, bedenkt sein Geschick, dann fragt er nicht mehr, sie sind im Kreis des Geschehens, des Drehens und Scharrens und Gehens. Gleiten der Schatten, lautlos Drehen. Die Musik dumpft, wühlt, befiehlt, das Tamtam schmettert, die Töne steigen und fallen, die langen schmachtenden Töne, Hand in Hand, warme Hand, du folgst, du fühlst die Schenkel, du bist gut aufgehoben, es tut dir keiner was, und alle tun ebenso wie du. Ein Raum mit trinkenden Menschen ist da, und sie blicken auf dich, und du kannst die Augen schließen, Äuglein schließen, Äuglein schließen, Schritt vor, Schritt zur Seite, was summt und summt das Saxophon.

Und dunkel singt ein Mann: »Eine kleine Sehnsucht, ein bißchen Sonnenschein, eine Sehnsucht, die sich niemals erfüllt.« Das Klavier dumpft, das Tamtam klirrt, und jetzt ist bloß noch das Klavier da, und ist aus. Die Hände lassen los, warme Hände, schwere Hände, allein, die Gesichter sind ganz sachlich. Sie geht an den Tisch, sie senken einmal kurz die Köpfe, sie ist so jung, dann spricht sie mit dem älteren Fräulein wieder über die Schuhe. Die Kavaliere zahlen schon. Der Kapellmeister trinkt Bier. Sie geht.

Sie hat ein schwarzes Käppchen auf, ihr dünnes Gesichtchen lächelt an der Tür zurück, sie sehen ihre hellen Strümpfe, ihre Rundungen, sie trägt ein viereckiges Köfferchen. Wo geht sie hin, denken die am Tisch vor der Speisekarte.

Es gibt merkwürdige Zufälle. Da ist mir das Bild in Erinnerung geblieben von dem Raum, in dem sie tanzten, die Musik sang, die Trompete sang, sie machten gleitende Bewegungen, und dann war da ein Wuschelhaar, sie hatte ein schwarzes Käppchen auf, ihr dünnes Gesichtchen lächelte manchmal zu meinem Tisch herüber, sie tanzte und puderte sich, zuletzt ging sie mit ihrem viereckigen Köfferchen. Ich sah sie heute im Amt. Sie war Zeugin. Ich erkannte sie gleich. Sie mich auch. Ein kleiner Zivilprozeß, Streitigkeiten wegen Möbelbeschädigung beim Umzug. Sie sagte aus, daß die Kommode nicht verschrammt war und noch nicht aus dem Leim. Wie ich um drei aus dem Gericht kam, steht sie unten an der großen Treppe und wartet, Gott weiß worauf. Sie hat mich wieder angelächelt, ich wußte nicht, ob ich lächeln durfte, aber wahrscheinlich habe ich es doch getan. Da ist sie zu mir gekommen und sagte mir, daß sie mich schon gestern gesehen habe, da oben bei dem Tanz. Kommen Sie öfter da rauf? Ja, was soll man tun, wenn man allein und in solche kleine Provinzstadt versetzt ist, viele Lokale wird's hier ja nicht geben. Dann auf Wiedersehen.

Es regnet in Strömen. Alles ist grau, umgossen. Ich komme mir selbst wie ein Regen vor. So umgießt ein Gefühl alle Dinge und Menschen. Heut morgen war es noch ein leerer Ort und ich hatte schauerliches Heimweh. Ich dachte, hier verkomm ich. Jetzt –

Das ist ein merkwürdiger Zustand für einen ernsthaften Mann. Ich kann nicht leugnen, ich bin erregt. Es ist eine unglaubliche Spannung in meinen Gliedern. Ich gehe mit einemmal elastischer als sonst. Meine Wirtin sagt es auch. Sie freut sich über mich, ich bin jetzt allen Menschen wirklich mehr zugetan. Und warum? Ich bin allen Menschen dankbar, denn ich denke immerfort an sie und denke mir, sie geht unter ihnen allen. Ich habe dieses ganze graue Heimweh verloren und bin wie ersoffen in einem einzigen Meer von Spannung und Freude und Freudigkeit. Was tue ich? Meinen Dienst wie sonst, aber in der Pause vergesse ich zu essen, sitze an meinem Tisch im Beratungszimmer und träume. Das ist durchaus kein natürlicher Zustand, aber er hat seine Annehmlichkeiten, ich werde schon sehen, daß er mir nicht über den Kopf wächst.

Ich bin schon Mitte Dreißig und habe mir geschworen, nicht zu heiraten, meine Mutter hat es mir selbst geraten, obwohl ich der einzige Sohn bin, aber es ist zu viel Unglück und Krankheit in der Familie. Das hat mich allmählich, ich sehe es jetzt, in eine Feindschaft gegen das Weibliche überhaupt getrieben, ich bin ihnen aus dem Wege gegangen. Nun kommt das Feuer mir nachgelaufen. Aber es ist ein angenehmer Zustand. Ich war erst ein einziges Mal in meinem Leben verliebt, ich habe ein einziges Mal in meinem Leben geliebt. Das war damals sie, die Rosa. Rosa hieß sie, beim Anblick jeder Rose hab ich noch heute Schmerz. Es ist mir eine schreckliche Erinnerung, ich brachte sie zu meiner Mutter, und die sagte nein. Es war ein wochenlanger Kampf, aber meine Mutter hatte schon recht, und ich weiß, daß man Pflichten hat und daß man seinem Gefühl nicht blind folgen darf. Es war ein schreckliches Ende, ein schreckliches langes Jahr. Ich bin aus dieser Sache nicht herausgekommen, wie ich hineingegangen war. Man muß verzichten. Und jetzt. Es ist ein angenehmes Gefühl. Man soll es nicht ablehnen. Man soll nicht gar zu streng mit sich sein.

Ich habe verschiedene Zeiten. Manchmal komme ich aus dem Lachen nicht heraus und sage, was ist mit mir, manchmal grübele ich, manchmal werde ich sehnsüchtig, ich tauche sehnsüchtig in jedes Gesicht, jeder Mund bringt meine Lippen in Bewegung zum Kuß, manchmal muß ich mich abwenden, so überwältigt bin ich, ich weiß nicht wovon. Ob das nicht ähnlich ist wie damals mit jener?

Ich war erst wie von einer Wand umstellt, viele Plätze und Straßen mußte ich vermeiden. Jetzt ist es ganz anders. Ich grüße alle Mädchen und Frauen in ihrem Namen. Sie sind Erinnerung an sie. Ich blicke auf ihre Schuh, ja sie haben auch Schuh, sie gehen in Strümpfen wie sie. Wenn sie in meinem Zimmer ist oder ich in ihrem, so ist alles voll Gespanntheit. Ich bringe nicht das Richtige heraus, ich habe schon zu lange auf sie gewartet, sie wundert sich über meine kalten Finger und daß ich so stumm bin. Dann sage ich, ich habe bei Gericht so viel zu sprechen gehabt. Und wenn sie weg ist, atme ich, atme auf, erhebe mich, wandere herum, denke nach, was gewesen ist, und schon fängt das Träumen wieder an, das Sinnen um sie, und im Inneren fange ich an mit ihr zu flüstern, und jetzt kommen die guten Worte mir über die Lippen, ich kann sie aussprechen, wo sie nicht da ist, nur wenn sie nicht da ist.

Ich denke manchmal, das ist eine Passion, eine Leidenschaft, die mich in Ketten schlägt. Soll ich mich nun hinwerfen vor sie und mich ganz von dieser Leidenschaft mitnehmen lassen? Ich will nicht, ich will nicht. Aber wie gerne schwimme ich mit dieser Gewalt! Wo ist denn Wahrheit als hier. Wo ist Leben, was ist Leben, wenn nicht hier. Und ob ich Unrecht tue, es ist wahr. Ich brenne, aber sie ist es, die das Feuer angezündet hat. Was hat sie aus mir gemacht. Was hat sie veranlaßt, auf mich zuzugehen und das Feuer auf mich zu werfen. Nun denke ich und glaube schon lange gewußt zu haben, wer ich bin, und da kommt sie und wirft das Feuer, und siehe da, jetzt erst zeigt sich, wer ich bin. Sie ist irgendeine kleine Person, aber meine große Lehrerin, die beste Lehrerin. So lehren keine Worte, und so viel erfahre ich nicht aus der Philosophie.

Erkenne dich selbst, sagt der Philosoph. Ich weiß nicht, wie ich das machen soll. Und wenn ich mich erkenne, was ist mir geholfen. Sie aber hat dort oben an dem Tisch gesessen, es war schon gleich solche Verzückung in dem Raum, die Musik klang, die Trompete sang, die Menschen machten gleitende Bewegungen, und dann war das Wuschelhaar da, das schwarze Käppchen, sie lachte zu meinem Tisch herüber, tanzte mit dem jungen Menschen mit der Hornbrille. Sie hat mich einmal angesehen, sie hat mich kaum gesehen, und ich habe sie ansehen dürfen, und das war die Belehrung, nicht meines Gehirns, sondern meiner Natur. Ach, so abgemüdet und ausgenutzt ist mein Gehirn, es ist schon bald nichts mehr daran zu zerbrechen, es hat getan, was es konnte, und siehe da, es war alles eitel, nichts und leer. Nachdem viele Philosophen in den Hörsälen und die größten Denker aus Büchern zu mir gesprochen haben, da ist die große kleine Lehrerin an mir vorbeigegangen und hat auf ihre Art gesprochen, eine knappe Viertelsekunde. O welche eindringliche Predigt, meine

Knie zittern noch, wenn ich an diese Viertelsekunde denke. Ich brauchte Stunden, um mich davon zu erholen, und immer wieder muß ich darüber nachdenken, was ich gelernt habe, und kann es nicht fassen.

Weil ich dich gesehen habe, soll sich alles in mir wenden. Ich bin schon viel ruhiger. Ich denke während der Verhandlungen ruhig an dich, und du hältst es aus, daß ich ruhig an dich denke. Ich habe erst gefürchtet, das ginge nicht, du würdest dich dann als eine lächerliche Fratze enthüllen, die mich nichts angeht.

Jetzt kann ich auch an die Rosa denken. Ich habe hier vor mir einen Strauß Rosen, den habe ich mir heute morgen gekauft, jetzt liegt er vor mir auf dem Tisch, noch in dem Seidenpapier, und ich kann die Blumen ruhig und sogar herzlich betrachten. Es ist lange her, Rosa war gut, aber vorbei, vorbei, wer weiß, was aus ihr geworden ist, es hat nicht sollen sein. Jetzt erntet eine andere, was sie gesät hat. Ich bin froh, daß das Oberste in mir zuunterst gestülpt ist und das Unterste zuoberst. Ich habe meine Fassung wieder. Ich war erst fassungslos über mich. Ich hatte gedacht und bin manchmal nachts mit dem Schreck aufgewacht: Ich habe schon so lange gelebt, es war schon alles gut, warum muß das noch über mich kommen, warum konnte ich nicht in Ruhe sterben?

Ich war heute bei ihr, ihre Mutter war nicht zu Hause, sie hatte sie weggeschickt.

Ich habe sie vor zwei Stunden in meinen Armen gehalten. Es war ein Glück, das noch jetzt in meinen Armen, in meiner Brust nachklingt. Wie sie am Fenster, rosig, jung, ihren Mund an meinen legte, ich sie hielt um ihre Hüften – ich kann nicht davon sprechen. Himmlisch, der Himmel. Und die Begierde und der Körper? Es war ein Dienen und eine Demut. Was ist ein Kuß, was ist er anders als ein Untertauchen. Keine Aneignung, nein, eine Bitte um Zulaß, eine Danksagung und zugleich ein Sichhinwerfen und Aufgeben. Aber ihr ist davon, glaube ich, nichts bewußt, vielleicht tue ich ihr auch Unrecht. Es sieht bei ihr nur aus wie Staunen und Spiel.

Das ist das Eigentümliche der Liebe: diese Geste des Körpers, diese große und besondere Rolle, die der Körper spielt. Nirgends sonst steht er so sehr, so völlig, so hundertprozentig im Dienst der Seele. Wie da das Körperliche durchsichtig wird. Da war man sonst ein starres, isoliertes und gefrorenes Tier. Man war wie in Stücke gehauen. Man hatte da seine Gedanken, anderswo seine Neigungen, anderswo bewegte man sich. Jeden Teil ließ man einzeln laufen.

Ich habe dich wieder in den Armen gehabt. Du hast dich von mir umarmen lassen. Umarmen: das heißt, daß meine Arme, wie ich in dein Zimmer trat, sich um dich legen durften. Ich habe deinen schlanken, leichten, schwebenden Körper gefühlt. Und während ich dich hielt, habe ich innerlich gezittert und gefragt: wer bist du? Wer ist das hier, wer will hier etwas von mir? Wem bin ich hier gut? Ich kann nicht an deine Familie denken, für mich bist du nur das schlankgliedrige Mädchen, das Wuschelhaar mit den großen Augen. Du bist für mich der Mensch, der mir fehlt, das Stück von mir, das ich nicht habe, das junge zarte Weibchen, die Natur, die mir viel näher ist, viel mehr, als die Gesellschaft.

Und jetzt sehe ich: Ich, der Jurist, der Paragraphenmensch, ich bin im Begriff, die Gesellschaft zu durchbrechen und die Natur zu finden. Das hat einen leicht kriminellen Geschmack, aber wahrer werden mir die Dinge.

Ja wahrer, transparenter. Ich bin vorhin, wie ich ihr Haus verließ, langsam durch die Straßen gegangen, und da konnte ich wie ein gehörnter Siegfried nicht die Sprache der Vögel, aber die Sprache aller Menschen verstehen, aller Menschen, die da gingen, der Männer, der Frauen und der Kinder. Ihre Kleider machten mir nichts vor. Sie liefen als Naturwesen herum. Das war eine glückliche und erfreuliche Art zu blicken.

Das habe ich erreicht durch die Begegnung mit ihr. Es liegen überall Schlüssel zur Natur herum. Man braucht nur die Hand auszustrecken. Aber es gehört wohl auch Bereitsein dazu. Nun sitze ich zu Hause und denke an sie.

Geliebt zu werden, empfinden viele als ein Glück; mag sein. Lieben ist ein viel größeres Glück, glaube ich. Freilich, das Schönste muß sein, das Größte und am meisten Stärkende, Lebenspendende: Lieben und glauben dürfen, geliebt zu werden.

Sie hat mir ihr Bildchen geschenkt, ich trage es in der Tasche. Ich bin von dieser Tasche her elektrisiert. Ich muß das Bild wechseln in eine andere Tasche; mir kommt vor, mein Arm wird schlaff an dieser Seite. Es ist nicht ausgeschlossen, daß ich das Bild ganz aus meinem Anzug nehmen muß. Denn ich bin von dem, was das Bild ausströmt, wie umnebelt. Es ist so, wie wenn man in Sumpfluft, in die tropisch heiße und feuchte Luft eines anderen Klimas tritt. So umnebelt mich das. Aber doch bin ich froh, daß ich sie jetzt immer bei mir trage. Die Photographie taugt nichts; ihr Gesicht sieht so auf dem Bild weder klug noch beseelt aus. Der Photograph kann nicht die Spannungen, die Strahlen photographieren, die von ihr ausgehen und die nur ich empfinde, eben weil ich so empfindlich für sie bin. Ja, sie ist ein Naturwesen von ungeheurem Liebreiz für mich.

Ich komme eben von einer Begegnung mit ihr. Sie hat mir wieder vor dem Gericht aufgelauert und mich gegenüber in ein kleines Café geführt. Das Lokal war eben erst eröffnet, wir hatten nicht recht freien Platz, überall saßen Menschen, die Tür war gerade vor uns, und immer guckte uns einer ins Gesicht. Ich habe meine Stimme diese Stunde über nicht gefunden. Das Wuschelhaar saß blühend da, mit ihren kirschroten sehr vollen Lippen, den Hut mit einem Schleier auf dem Kopf, die Handschuhe behielt sie an, ab und zu trank sie von ihrer Schokolade. Sie hat nicht bemerkt, daß ich so dasaß und meine Stimme nicht fand. Ich dachte, während ich dasaß, über sie nach. Was mochte sie von mir wollen.

Sie war recht zärtlich und wunderbar innig zu mir. Auf welche Weise? Im Lokal, mitten unter den Menschen, dicht an der Tür, wo einem jeden Augenblick einer ins Gesicht sah? Ja, ich hätte das auch früher nicht beantworten können. Sie war innig und herzlich einfach dadurch, daß sie so blühend dasaß, kirschrote Lippen hatte, ihren Arm manchmal rückwärts um meinen Stuhl legte und mir einmal erlaubte, ihren linken Handschuh auszuziehen. Ich brauchte die ganze Stunde nicht zu sprechen, ich hatte genug damit zu tun, sie zu betrachten, den Tisch zu betrachten, auf dem die Schokolade stand und ihr einer Handschuh lag, ihren kleinen Stirnschleier anzusehen und zu wissen, daß sie hier saß für mich. Darin bestand das ganze Wunderbare, Herzliche und Innige. Sonst erzählte sie noch, daß sie jetzt ohne Arbeit sei, und von ihren früheren Stellungen.

Wieviel habe ich dir schon verziehen und muß ich dir noch verzeihen. Stundenlange Erregung, Warten, Warten, und immer wieder laufe ich zum Fenster, zur Tür, mache auf, horche die Treppe hinunter, falle auf, denn warum öffne ich, die Wirtin ist ja zu Haus, du kommst nicht. Was du machst, was du gemacht hast, ich weiß es nicht. Wenn du dann nach ein paar Tagen kommst, kriege ich es auch nicht heraus. Es war gar nichts los, du hattest das zu tun und das zu tun, und du hast auch den kennengelernt und bist auch wieder allein tanzen gegangen. Manchmal schwindelst du. Ich bin durcheinander glücklich, wenn du da bist, und gar nicht vorhanden. Ich brauche manchmal Stunden, ehe ich über die Nachqual hinwegkomme, und dann dauert es nicht lange und du mußt gehen. Ich gönne dir ja jeden, aber gehe doch recht mit mir um. Siehst du mich gar nicht? Ach, wie bin ich geknechtet.

Was ich gesehen habe, ist dieses.

Ich sah ihre dunklen Haare, ihr schmales Gesicht, ihre glänzenden Augen. Ich sah, wie ihre Hände auf den Knien eines Mannes lagen. Ich hörte sie kichern, sprechen, den Kopf drehen. Und der Mann war nicht ich. Er saß mit dem Rücken gegen mich. Ich saß ganz dicht bei ihr, sie sah mich nicht.

Es war ein munteres Hin- und Hergespräch. Sie siezten sich. Wenn ich die Worte aufschriebe, es wäre nichts dran. Ihre Stimme war klein, mädchenhaft erregt. Es war aber um die beiden, um ihren Tisch eine Wolke. So saßen die beiden da. Und ab und zu senkte sie ihre Stimme und sah auf den Tisch, und er hatte auch den Kopf gesenkt und hielt ihre Finger, und wenn sie aufsah, waren ihre Augen, die in meine Richtung blickten, aber mich nicht sahen, strahlend innig.

Wer das neben ihr war? Ein junger, frischer Mann. Ich könnte sagen: irgendein gewöhnlicher junger Mann. Aber es ist schon jetzt für mich eine große und feierliche Wahrheit, die ich vorher nicht kannte: es kommt auf die Worte und auf die Klugheit nicht an. Es gibt eine stärkere Gewalt. Es gibt eine innigere, herrlichere Gewalt. Und solche Gewalt bin ich oder war ich auch ein bißchen ihr. Aber ich bin auch ein Bettler, ein Außenstehender, ein bloßer Bewunderer, ein Anbeter, Gläubiger, das auch. Und jetzt ist die Frage, wessen Gewalt und Kraft größer ist, meine oder die des einfachen jungen Mannes da.

Ich habe keine Spur Eifersucht gehabt, keinen Neid. Es war nur ein Schlag. Und dann überschwemmte mich ein anderes Gefühl: Ich sah sie sitzen, sie liebt, das ist Liebe, da sitzt die Liebe, und ich bin mit darin. Ich fühlte mich mit diesem jungen Mann, ja manchmal als dieser junge Mann. Ich erlebte seine Begegnung mit ihr.

Ach sein Lächeln, seine spürenden Hände, die nicht ruhig auf dem Tisch bleiben können, die nach ihr wie nach einer Flamme züngeln, und sie läßt ihm ihre Finger, und ich spüre sie mit und schnappe noch ein paar Worte auf, wie er sagt: also wir verstehen uns, darauf lacht sie. Sie sagt, ach nein, es geht heute doch nicht, wirklich nicht. Oh, sie gehen.

»Es tut mir ja wahnsinnig leid, aber es führt zu nichts, Rosa, es hat ja keinen Zweck.« Das sagte ich ihr damals. Es fällt mir gerade ein. Es hat ja doch keinen Zweck, es führt zu nichts.

Ich hatte zwei üble Tage. Ich kam zu ihr. Sie war erst nicht im Zimmer. Ich blickte mich um, ob hier schon ein anderer herrschte. Ich bemerkte nichts. Ich weiß, sie ist sehr naiv und ganz rührend. Sie läßt Bilder und Ansichtskarten ihrer früheren Freunde ruhig an der Wand hängen. Nur wenn sie einen gar nicht mehr mag, dann nimmt sie ihn von der Wand. Da hängt die Ahnengalerie ihrer Freunde. Ein Bild von mir hat sie nicht, aber Ansichtskarten, die hingen noch da. Dann kam sie herein, ich hatte sie drei Tage nicht gesehen, es war ein ewiges Telephonieren, ich hatte mich angemeldet, dann war ich dienstlich behindert, dann konnte sie wieder nicht, es war ein trauriges Warten und Warten, zuletzt ein Leiden, eine völlige Verkrampfung. Und jetzt sollte ich sie sehen. Sie trat also ein, nickte und drehte mir sofort den Rücken zu, suchte in einem Buch, ich nannte sie beim Namen, sie gab gleichgültig Antwort, drehte sich nicht um, dann hatte sie eine Handvoll kleiner Photographien und suchte weiter in dem Buch, ob was drin lag, denn das Buch gehörte mir. Sie suchte vielleicht den Brief von einem anderen, das sah ich ihr an.

Und dann habe ich sie zwar in den Armen gehalten, aber es war alles ganz anders. Ich habe sie zwar geküßt, aber ich wußte schon, ich fühlte schon: ich war wieder allein. Es war in mir weg, und es war in ihr weg.

Ach, und dann der Tag, nachdem sie weg war. Ein kleines Bildchen von ihr trug ich in meinem Portemonnaie. Ich steckte die Hand in die Tasche und drückte das Portemonnaie, so war sie da, und ich hatte sie doch nicht verloren. Ja manchmal strömte das kleine Bild in der Tasche etwas aus, es war die rechte Seite, meine Hand und mein Arm wurden davon heiß und schwach, manchmal flammte auch mein Gesicht rechts auf, ich sah es im Spiegel, ich mußte die Taschen wechseln. So ging es in manchen

Stunden, manchmal war es ganz wie früher, und ich staunte, ich staunte. Ich war wie überschwemmt vom Gefühl. Ich war wie ein Hund mit der Schnauze in eine Pfütze von Sehnsucht gestoßen, und dagegen konnte ich gar nichts machen. Nein, es ist nicht weg, sie ist mir nicht genommen, ich habe sie in meinem Blut.

Warum soll man, wenn abends alle Farben verschwinden, die tags da sind, aller Schmuck der Buntheit, alles, was unsere Bewegungen anleitet, warum soll man dann vom ›Fehlen‹ von etwas sprechen? Es war Tag, der positive Tag, und jetzt kommt die positive Nacht. Vorhin strahlte die Sonne, jetzt strahlt die Dunkelheit. Beide sind Lichter, Lichter von verschiedener Art. Jetzt in der Nacht hört die krampfhafte Spannung auf. Es gibt hier nicht die Lockungen und Anreize, mit denen sich der Tag aufgemacht hat und die so schrecklich bunt und verschwenderisch überall liegen und unter denen wir uns aufbäumen.

Und du mußt nicht glauben: Schlaf sei bloß Schlaf, nämlich Nichtwachen. Wie kommst du darauf, daß wir die Hälfte des Lebens nicht da sind? Wir begeben uns nur in ein anderes Dasein. Die Muskelspannung, die für den Tag nötig ist, hat aufgehört, das fürchterlich erregte Bewußtsein ist hingeschwunden, die wilde Fesselung, die krankhaft zuspringende Begierde, diese böse, feurige, sonnenmäßige Begierde hört auf. Der Nachthimmel ist da, endlich strahlt ein anderes Gestirn, und wir werden aus elenden Tagelöhnern, aus Lohnarbeitern des Tags – für einige Stunden wir selbst, mehr Menschen als vorher, mehr Ich als unter der Sonne.

Ein junges Mädchen. Diese Gesichter, sehe ich, sind alle geschaffen, gebildet und geformt von der Liebe der Männer. Daß ich sie so empfinde, diese Gesichter, daß ich sie auch so lieben kann, zeigt mir: Wir Männer sind eine einzige große Bruderschaft. Und alle Frauen sind eine einzige Geliebte.

Sie ist weg. Sie ist weg.

Nein, sie ist nicht weg, sie kann nicht mehr weg sein. Sie wird mich nie verlassen. Nun gehe ich wie sonst aufs Amt und spreche Recht in kleinen Zivilsachen. So habe ich sie ja auch einmal getroffen. Es ist kaum zu glauben, was den Leuten alles begegnet und worüber sie sich ärgern, worin sie sich beleidigt und geschädigt fühlen. Es sind kleine Werte von drei Mark oder fünf Mark. Aber da habe ich auch etwas Juristisches von meiner Geliebten gelernt. Ich verstehe mehr, was die Leute ärgert. Die Welt ist mir durchsichtiger geworden. Ich bin dichter an ihr Blut herangeführt. Das hat mir meine Sommerliebe gegeben.

Ich will mich einmal nach dem Schicksal der Rosa erkundigen. Die Rosa. Ich habe, seit ich das Wuschelhaar hatte, an meine Mutter nur ein paar Postkarten geschrieben. Es hat ganz aufgehört mit dem Briefschreiben. Sie hatte sonst jede Woche von mir zwei bis drei Briefe. Warum schreibe ich nicht mehr an meine Mutter. Ich bin bitter auf sie. Warum hat sie mir das damals gesagt von dem Unglück und den Krankheiten. Sie hat mich verhindert. Solch Gerede von Krankheit. Schließlich heilen ja auch Krankheiten.

Die Rosa habe ich nicht haben können. Das Wuschelhaar ist weg. Ich bin froh, daß ich sie gefunden habe. Ich werde mich viel, viel besser in der Welt zurechtfinden.

ZWEITES BUCH

DAS GEGENSTÜCK DER NATUR

DIE DREI EIGENTÜMLICHKEITEN DES ICH

Hier wird von drei im ersten Buch nur berührten Eigentümlichkeiten oder Hauptmerkmalen des Ich gesprochen – von seiner Existenz überhaupt, von seiner Einzigkeit und von seiner bildenden Kraft. Wir stellen noch einmal die Realität des Ich hin, um sicher zu sein, nicht im Sumpf einer ›Welt‹ oder einer ›Natur‹ zu versinken.

Wie das Ich Gegenstück der Natur ist

Die Person ist Stück der Natur und ihr Gegenstück. Wenn ein Moralist das hört, so ist er erfreut. Aber nicht die Moral, so meinen wir mit diesem Satz, macht das Ich oder Erleben zum Gegenstück der Natur, sondern das bloße Denken, Fühlen, Empfinden, Wollen und der Antrieb, darüber hinaus zum Handeln, Bewegen zu kommen. Wie Ich als Gegenstück nichts mit Moral, so hat es auch nichts mit Bewußtheit zu tun. Ich ist mehr als Bewußtheit, wir werden das in diesem Buch und dem Naturbuch ausführen. Bewußtheit ist eine Sondererscheinung im organischen Leben.

Wie nun tritt Ich den Gestalten der Welt in der Natur gegenüber? Der Ausdruck ›gegenüber‹ und ›Gegenstück‹ muß mit einer gewissen Weite verstanden werden. Ich ist ein ›Und zu den tausend Gestalten der Natur. Es ist freilich kein bloß nebenhingestelltes Zweites, Gestalten sind da, und das Ich, das Erleben ist da, sondern: die beiden, Gestalten der Natur und das Erleben, sind eine reale Einheit, die wirkliche Realität, und nicht auseinanderzureißen. Das ist eine Grundtatsache in der Welt, die wir schon berührten. Es gibt keine Welt, die nicht erlebt wird. So also gehören diese beiden, Welt und Ich, zusammen. Und das ist eine ungeheure erschütternde Tatsache, bei deren Wahrnehmung wir hell aufhorchen müssen. Dies heißt: die Welt will erlebt sein. Die Welt braucht das Ich. Wir sagen bald mehr davon.

In dreierlei Weise zeigt sich unser Ich, das als Person deutlich ein Stück der Natur ist, als Gegenstück. Das Ich oder das Erleben ist erstens ein Spiegel. Das heißt: wir nehmen, gleichviel in welcher Weise, mit welchen Sinnen, unter welchen Veränderungen, ›Welt‹ wahr. Es ist, so bemerken wir, etwas da, das sich ausbreitet und abläuft. In dieser ersten Form – wir sagen bequem: im Spiegel – tritt uns Welt gegenüber oder wir sind Gegenstück. Aber es bleibt nicht beim bloßen Wahrnehmen. Die Spiegelfunktion wird momentan überschritten. Das Ich ist zweitens Gericht. Wir fühlen und reagieren. Wir sind selber etwas Bestimmtes, und wenn uns da etwas Bestimmtes begegnet, so antworten wir bestimmt. Man sieht: man muß Stück der Natur sein, um wirkliches Gegenstück zu sein. Wir reagieren auf die ganz besondere Art unserer natürlichen Gestaltung. Wir urteilen, empfinden Schmerz und Lust. Das Ich oder das Erleben ist so an der zweiten Stelle Gericht.

Schließlich ist es Angreifer, Akteur. Es wird durch unsere bestimmte natürliche Gestaltung zu einem Wollen gedrängt und zur Bewegung seiner Organe und zum Angriff. Und hier wird etwas Wichtiges erreicht: die Person greift über sich hinaus, der individuelle Raum wird durchbrochen. Ich schlägt sich als Gestaltung oder Gestaltveränderung nieder. Und wenn wir den Effekt des Angriffs betrachten, der vom Ich, dem Gegenstück ausging, so sind wir aufs neue in der Natur, es ist eine Veränderung der Natur da, das ›Stück‹, die Welt ist gewachsen und hat sich vermehrt.

Gotamo Buddhos andere Meinung

Der große Gotamo Buddho, in Gram verfallen, daß alles in Dunkel gehüllt ist durch Geburt, Alter und Tod, durch Kummer, Jammer und Schmerz und Verzweiflung, findet:

»Alles, ihr Mönche, ist vergänglich. Alles, ihr Mönche, ist leidvoll. Alles, ihr Mönche, ist nicht das Ich.«

In der kristallklaren Anattapredigt sagt er den fünf Mönchen:

»Der Körper, ihr Mönche, ist nicht das Ich. Wäre nämlich, ihr Mönche, der Körper das Ich, so würde er nicht der Krankheit unterworfen sein, und man könnte vom Körper sagen: ›Mein Körper soll so und so sein, mein Körper soll nicht so und so sein.‹ Da nun aber, ihr Mönche, der Körper nicht das Ich ist, so ist er der Krankheit unterworfen, und man kann vom Körper nicht sagen: ›Mein Körper soll so und so sein, mein Körper soll nicht so und so sein.‹ Die Empfindung, ihr Mönche, ist nicht das Ich – die Wahrnehmung ist nicht das Ich, die Gemütsregungen sind nicht das Ich, das Bewußtsein ist nicht das Ich.«

Wir nennen diese großartige, entschlossene Position Buddhos. Wir sehen keine Möglichkeit, sie anzunehmen. Wir verstehen, warum der Stolze, Leidende alles zum Nicht-Ich macht; wir gingen bei unserer Ichsuche von derselben Position aus. Aber es gibt überhaupt kein Ich ohne die Gestalt, den Leib, den Organismus, die Person. Dieses wirkliche und einzige Ich beklagen wir nicht, weil es begraben sei in dieser Gestalt, diesem Leib, Organismus, sondern wir erkennen es hier; wir können ihm kein ewiges Dasein geben, aber wir fühlen, wie gut es hier aufbewahrt ist grade durch die Unvollständigkeit seiner Individualität und worin es vollständig wird. Dieses Ich erkennen wir, erschüttert und den Kopf senkend, als Stück der Natur, und zugleich, siehe, siehe, noch stärker erschüttert und den Kopf hebend, als ihr Gegenstück. Ja, und so, aber nur so und als solches Gegenstück und gebunden an die Natur, kann es auch sagen: »Alles ist vergänglich, leidvoll, alles ist nicht das Ich«, wenn es den Leib des stolzen leidenden Buddho hat.

Um tiefer einzudringen, betrachten wir drei Eigentümlichkeiten dieses ›Gegenstücks‹, ›Ich‹ geheißen. Wir werden jedesmal Stück und Gegenstück ineinander umschlagen sehen.

I.

Ich hat Sein

Überdenken, wer ich bin, das war der Drang, der mich auf die Ichsuche schickte. Ich habe gefunden, wie ich bin. Aber was dem vorangeht, habe ich nicht bedacht, nämlich: daß ich bin. Ich bin, ja, der Satz ist mir selbstverständlich. »Ich bin«, das ist mir sicher, ist der Grundstein aller Sicherheit.

Aber wie ich diesen Satz in die Hand nehme – er ist wie eine Kokosnuß voll und rund –, da fühle ich, wie er schwerer und schwerer wird. Es kommt eine besondere Schwere in ihn. Mein Wissen um das Ich vertieft sich. Es beschwert sich furchtbar.

Mir drängt sich der Gedanke auf: Ich hat Sein. Ich bin – also gibt es wirklich Sein! Und damit ist die ungeheure Wahrheit da: Es gibt Realität – indem ich lebe, atme, indem ich bin – ist Sein!

Was ist eben gesagt? Ich bin, und das ist sicher, der Grundstein aller Sicherheit, das Gewisseste von allem. Und warum ist es gewiß? Es ist unmittelbar gewiß. Aber es ist mit diesem Wort ›Ich bin‹ noch etwas anderes und etwas ganz Besonderes gesagt, nämlich: es ist Sein, Dasein, Existenz, Realität da, und zwar mit derselben unmittelbaren Sicherheit, wie Ich da bin. Die Garantie für dieses Sein ist im unmittelbaren Erleben des Ich gegeben. Ich bin, also ist Sein.

In der Weise des Ich ist Realität und Sein unmittelbar gegeben und verbürgt, sie sind durch die Tatsache des Ich sicher begründet. Wenn man nach dem Punkte fragt, den man haben muß, um die Welt aus den Angeln zu heben, so ist hier einer, der heißt Ich und gibt Realität.

So, mit den Kleidern und dem Schmuck der Welt behangen, steht das Ich da. Und in welcher Weise Ich ist, ob vergänglich oder unvergänglich, sinnlos oder sinnvoll, zerstückelt oder umfassend – es ist da.

Mit Ich hat man zugleich Sein gesagt.

Geheimnisvoll ist Ich auf die Welt gebracht, geheimnisvoll die Welt zum Dasein gebracht.

Gewißheit des Daseins! Feierliche, unausweichliche, schreckliche Gewißheit!

So ist mit dem Ich das Sein geboren

So ist mit dem Ich das Sein geboren. Es gibt Dasein, und du bist. Du bist nicht verloren. Das Dasein geht dir nicht aus den Händen, nichts kann dem Ich das Dasein entwenden. Wenn etwas ist, so kann es nur sein, weil du es empfängst und es wird dein. Aber du mußt auch wissen, was dir nun zugefallen ist. Ob du nun unvergänglich oder dem Tod verfallen bist, – du bist, und darum mußt du dich fragen, wie du dein Dasein willst tragen. Du bist Sein, das stürzt auf dich ein. Sieh zu, ob du kannst standhalten. Jetzt gilt nicht mehr: wer nur den lieben Gott läßt walten.

Hier geschieht Wahrheit

Ich bin. Je mehr ich diesen Satz in der Hand wiege, um so schwerer wird er. Schon frage ich, wie kann man sich davor retten? Das ist ja kein Satz mehr. Das ist ein Bergsturz, und es heißt dabei aufrecht stehn.

Wahrheit ist dann, was hier geschieht! Was hier geschieht, ist kein Gedicht! Aufgerufen bin ich, und ich bin da, ich bin glücklich, daß ich den Dingen ins Angesicht sah.

Trommeln des Zweifels

Jeder Schritt auf diesem Weg ist gefährlich, es ist der unsicherste Boden. Wie oft glauben Menschen, einen Fixstern gefunden zu haben, und es war nur eine fixe Idee. Es gibt kleine und feine Gedanken, da folgt ein Satz wie nichts einem andern, der eine ist sicher, der andere scheint ihn nur zu entwickeln, und schon ist die Schlinge da, und man stürzt und ist betäubt. Die Lüge, der Irrtum schmuggelt sich mit kleinen feinen Gedanken ein und huscht wie eine Eidechse. Vorsichtig muß man sein auf solchem Boden, nur Schrittchen gehn und Peitschen zur Abwehr bei sich tragen. Wer denken will, muß wissen, daß er zwischen tausend Feinden geht.

Sagt die Gewißheit des Ich zu sein wirklich, daß es ist? Es gibt doch phantastische Einfälle im Traum, sie werden erlebt und als gewiß empfunden – sind sie darum? Gewißheit ist ein Gefühl. Ein Gefühl beweist nichts.

Nein. Es liegt anders. Hier urteilt kein Gefühl über einen Tatbestand. Es steht sich nicht gegenüber ein Gefühl und ein Tatbestand. Sondern hier ist das Ich, und an ihm selbst ist der Charakter des Seins. Es gehört zum Ich, unmittelbar zu sein und darum zu sein. Von nichts sonst in der Welt ist dies zu sagen: Ich ist das alleinige Faktum, das Sein einschließt.

Alle Gegenstände, Personen und Abläufe können fraglich sein. Der Umstand, daß Ich da ist, bringt unzweifelhaftes Dasein in die Welt.

Ruhen im Ich?

Blick ich in mich, fühle ich mich, so habe ich Sicherheit. In mir, im Ich ist Festigkeit, Ruhe. Ich habe das Gefühl, keiner kann mir rauben, was ich habe, was ich bin. Enthoben bin ich allen Fragen, hier ist nichts zu fragen, nichts zu wissen, nur zu entdecken, zu erkennen, was ist, ja was ist. Und was ist, bin Ich, o sicheres Gefühl, o Feierlichkeit. Heilige Stunde, wo ich das fand. Heiliger Mantel, der über Mir liegt, Tag und Nacht. In seinen Falten liege Ich. Ich bin, Ich bin, o größte aller Gaben.

Und so liege ich, habe die Augen geschlossen. Und dann öffne ich sie, ich habe sie offen und sehe die Welt und sehe mich. Ich bin! O furchtbarste aller Gaben. Die Welt, das ist eine schrecklich fließende, verderbende Welt, ah wieviel Klänge, wieviel Freude, wieviel Elend, Leiden, Alter, Verwüstung, Ekel – kein Verharren und kein Bestand. So bin ich. Und gut und mit Recht, daß es nicht verharrt. Denn was verdiente hier zu verharren. Und wer hat mir diesen Leib beschert, wer hat mir den Schimpf eines Leibes angetan. Ich – gesegnet und berührt vom Hauch des Seins, und – dieser Mensch! Freude, Sonnenschein, Götterlicht – und Schwäche, Hinfälligkeit, Hilflosigkeit, ach, was bin ich, wer bin ich.

Paukenschläge

Ich bin von der Straße heraufgekommen. Hier sitze ich. Es ist ein stummes Zimmer. Die Gegenstände stehen fremd herum. Ich sitze, aber es wäre besser, ich läge da, ich würfe mich auf den Boden, schlüge um mich und ringe die Hände.

Ich lebe, es ist Sein! Diese Flamme über mir! Dieser Schrekkensschein über mir! Es gibt Nordlicht, schreckliche Feuerausbrüche der Vulkane – das ist nichts gegen diesen Schein.

Es fing damit an, sanft und ruhig, daß ich herumging, der Tisch war da, der Stuhl, die Lampe, das Fenster, Autotuten kam herauf, eine Elektrische fuhr. Jetzt ist kein Zimmer da. Eine Flamme.

Schrecklich und unheimlich der Satz: Es ist Sein. Unheimlich der Satz: Es ist Sein im Ich.

Das ist kein Denken mehr, es ist ein Umsichschlagen vor dem

Erwachen. Wäre ich ein Frommer, ein Gläubiger, so würde ich verzweifeln und die Hände ringen: Wodurch habe ich das verdient?

Am Horizont zeichnet sich eine Frage ab. Es tritt die ungeheure, kolossale und zerschmetternde Erzgestalt der Frage auf: Was ist aber mit dem Ich, was ist aber mit dem Dasein?

Und jetzt ist keine Stube, kein Tisch mehr da. Jetzt bin ich ein Trommler, ein Trommler und trommle für mich, trommle, damit ich hören kann, und damit ich nicht wieder einschlafe. Verfluchtes Schlafen! Wie lange schläft man im Leben. Was ist das für ein böser Geist, der einem immer wieder das Licht ausbläst. Das muß ja wirklich ein Satan, ein Geist der Dunkelheit sein, der immer wieder die Hand nach unserem Licht ausstreckt und es abdeckt und zuletzt ganz zudrückt.

Trommeln, trommeln.

Als Mensch bin ich geboren, das ist nichts.

Als Mensch muß ich sterben, das ist nichts.

Die Menschen leben, treiben hin, klagen, freuen sich, das ist nichts.

Ihr Arbeiten, ihre Geschäfte, das ist nichts.

Spiele im Wind, Träume, Schatten, Gleiten im Tanz, Schritt vor, Schritt zurück, aus, gewesen.

Das Ich ist! Es ist Sein! Hier, dieses Ich, das lebt, atmet, sitzt, hört – es ist!

Ich trommle, trommle.

Über allem Werden und Vergehen Sein. In allem Werden und Vergehen ist Sein. Schatten und Traum ist da. Aber in allem Schatten und Traum ist Sein.

Die Kinder rufen von der Straße, die Wagen knarren, meine Trommel schlägt. Aber dies alles ist. Laß dich nicht betrügen von dem Wort Vergehen. Im Vergehen ist Sein. Es ist dein Sein. Frage dich, ob es nicht so ist.

Frage dich, was hat Sein? Das Feuer löst alle Dinge auf, es ist ungeheuer stark, es kann dich einäschern, aber es kann nicht verhindern und kann nicht einäschern die Wahrheit deines Seins.

Das Wasser füllt die Ozeane, eine Pfütze kann dich ertränken, aber nicht, daß du bist.

Das Eis krallt alle Dinge zusammen. Es wird nicht Herr darüber, daß du bist.

Sie sind Riesenmächte. Ich ist mächtiger. Es ist die ungeheure, kolossale und zerschmetternde Erzgestalt, die Übergestalt aller Gestalten. Ich ist mehr als Erde, Sonne, Sterne, Millionen Lichtjahre.

Ich trommle, trommle.

Als Mensch bin ich geboren, das ist nichts.

Als Mensch muß ich sterben, das ist nichts.

Ob ich geboren bin oder sterbe – ich bin.

Wir vergehen

Das Wort ›Ich bin‹ ist zu sagen, und gleich dahinter: »Die Person vergeht.«

Denn wie ist das Sein? Ich bin einzelner Mensch, Ding unter Dingen. ›Ich bin‹ heißt auch: Diese Person wird geboren, wächst, altert, stirbt.

Der Schrecken des Seins erfährt eine Milderung. Es ist meinem Einzel-Ich, der Person, nicht alles aufgeladen. Sie unterliegt dem ungeheuren Wirken der Welt, in der sie ein Stück ist. Und wie könnte auch ein Einzelding diese Last tragen. Es ist eine Wohltat, vergänglich zu sein.

Der Januskopf, unser Doppelgesicht, unsere Doppelnatur wird deutlich: Die Person ist ein Stück der Welt und tritt ihr gegenüber. Ich bin eingelagert in ein riesiges Un-Ich und trete entgegen dem Un-Ich. Da kann ich Sein haben, aber nur vergehendes Sein.

Ein stolzer Satz heißt: »Es gibt kein Nichtsein. Auch das Vergehen ist nur vergehendes Sein.« Ein anderer Satz sagt sanft und schmerzlich: »Ich bin entstanden, und ich vergehe, und das ist mein ganzes Sein.« Dieser Gegensatz ist das Signal unserer Doppelnatur und der Generalbaß unter allen unseren Handlungen und Gedanken.

II.

Es gibt nur ein einziges Ich

Das Ich, das ist, ist ein einziges.

Es gibt nur ein einziges Ich.

Das Ich zieht um sich den Kreis seiner Einzigkeit.

Wird das bestritten? Von wem? Von keinem! Und wenn es Milliarden Personen, Ichgegenstände gibt, jede Person weiß: »Es gibt nur – Mich!« Schrecklich, wunderbar, lächerlich – aber wahr!

»Und der andere?« Welcher andere? Man zögert. Ja, den gibt es auch. – Aber Ich – ist er nicht. Er ist Vater, Mutter, Bruder, Schwester, Onkel, Tante, oder bloße Leute von der Straße, aber – ›Ich‹ sind sie nicht. Sie benehmen sich wie Ich, sie haben Gesichter wie Ich, sie bringen mich hervor, nähren, fördern, schädigen mich, regieren mich – aber das alles setzt sie nicht instand, gibt ihnen nicht das Vermögen, die Kraft, die Macht, Ich zu sein.

Sie können es anstellen, wie sie wollen: sie sind nicht Ich. Sie werden nicht Ich. Ein Umkreis aus Eisen, Stahl und Glas ist um ›mich‹ gezogen, bis über den Horizont und die Kuppel des Himmels, bis unter die Erde, und wenn es eine Hölle gibt, bis unter den untersten Boden der Hölle. So bin Ich versichert.

Es gibt keine zwei Ichs. Wie sollten zwei Dinge Ich sein? Wie sollte Ich doppelt vorkommen? Zu vielen kann Ich du und er und wir sagen, aber allein zu mir kann ich Ich sagen.

Und Ich: das ist dort und nur dort, wo die Welt unmittelbar erlebt wird.

Ein Pferd ist ein Pferd und kein Fisch. Aber noch strenger ist das Ich: es verbietet jeden Vergleich und jede Verwechselung. Wie Sein, Realität im Begriff des Ich liegt, so liegt in ihm auch Einzigkeit, Einmaligkeit, Unverwechselbarkeit.

›Wir‹, das ist keine Mehrzahl von Ich. ›Wir‹ sind eine Anzahl von Personen, die mit der Ichperson zusammen leben. Aber Ich bin einzig, immer, und völlig in der Einzahl. Die Einmaligkeit, Einzigkeit des Ich bedarf keines Beweises, sondern nur eines Hinweises.

Die Zahl

Es gibt tausend Dinge auf der Welt, von jeder Art gibt es tausend, von großen und kleinen Stoffen und Wesen gibt es tausend, nichts kann sich rühmen, es sei einzig da. Tiere und Pflanzen vermehren sich, sie wollen nicht einzeln bleiben. Ein Bakterium ist in diesem Moment eines, aber nach einer halben Stunde ist aus ihm eine Million geworden, und bald darauf kann man sie nicht mehr zählen.

Die Zahl ist nicht von den Menschen erfunden. Wie die Einzigkeit zum Ich gehört, so gehört die Zahl zur Welt. Aber das Ich ist doch nicht außerhalb der Welt? Nein, in der Zahl erlebt sich das Ich, es bewegt sich selber als Person unter Personen.

Es steht an dem Wege ein Baum. Er kann nicht dulden, daß er allein am Wege steht. Da hat er sich mit tausend Blüten überschüttet. In jeder Blüte sind tausend Keime, nach allen Seiten fliegen sie. Und wenn nicht der Tod auf der Erde wäre, so würde bald dieser einzige Baum die ganze Erde überwuchern. So ist mit dem Ich das Sein verbunden, aber mit der Zahl ist der Tod verbunden.

Aber das Ich ist doch in der Welt? Ja, so hat also das Ich auch den Tod. Zu dem Sein des Ich gehört auch der Tod.

Das Wasser ist da. Da ist ein Stoff zu dem Meer einer milliardenfachen Vielheit geworden und zu einer gläsernen weichen Masse geschmolzen, zur Flüssigkeit geronnen. Wir atmen die Luft. Die Luft, da sind einige Stoffe zu einem Heer von myriadenhafter Vielheit vermehrt, es flattert als Gas. So gibt es in der Welt nur Massen. Die Welt kennt nur die Riesenzahlen und ihren engen oder lockeren Verband. Bald sind es Zellen, bald Pflanzen, Tiere, Menschen, bald Schwefel, Kupfer, Eisen, bald Gase und Flüssigkeiten. So wächst und schreitet die Welt hin, eine unübersehbare unheimliche Schar.

In der Zahl ist Lust, die Lust der Begegnung, auch der Schmerz und der Zerfall, kurz alles, wozu ich mich bekenne, wozu sich das Ich bekennt. Die Zahl macht glücklich. Sie ist Kampf und Leben, sie ist Berührung, Umhüllung und Einschmelzung. Sie ist Person, Nachbar und Feind, Geliebter, Freund und Kind.

Wenn ich bedenke: »Es gibt nur ein einziges Ich, nur einer auf der Welt kann Ich sagen, das bin Ich, Ich bin allein«, so müßte Ich vereisen. Aber es ist nicht so. Ich trete auf als Person, in der Bewegung von Person zur Welt und von Welt zur Person.

Ich greife nach dem Spiegel und sehe – die Person

Ich muß einen Spiegel nehmen und mich ansehen. Ein neugieriges Wesen ist dieses Menschen-Ich. Wie sieht es aus? Und schon weiß ich, wie ich nur das Wort ›ich‹ gebrauche, da gibt es nichts zu spiegeln. Es ist das Ich, worin soll es sich spiegeln, es gibt doch nur – ein einziges Ich.

Ja, es gibt – in der ganzen Welt – nur ein einziges Ich. Und es kann sich nirgends spiegeln und erkennen, denn es ist ja – mit sich allein. Das ist ein schrecklicher Gedanke, der einen wie eine Lähmung überfällt. Es gibt nichts, was gräßlicher wäre. Wenn das mehr als ein Gedanke, nämlich eine Wahrheit ist, so hat uns die Natur mit einem tödlichen Gift versehen, gleich von Haus aus, und es wäre besser, wir denken gar nicht. Allein zu sein, keinen Widersacher zu haben, keinen Freund und keine Stimme, die einen anspricht, in die schrecklichste aller Einöden und Wüsten, in das eigene Ich, verbannt zu sein, und das von Natur, von Haus aus – das ist aber nicht die Wahrheit. Denn ich will vom Ich reden, das die Wahrheit, die volle konkrete Wahrheit ist. Diesen einen Gedanken von der Einzigkeit und Hölleneinsamkeit des Ich habe ich ausgesprochen. Unerschütterlich ist und bleibt seine Wahrheit.

Aber – es bleibt nicht lange das gräßlich andringende Gefühl des todeinsamen eingekerkerten Ich. Ich greife nach dem Spiegel. Und siehe, eine Hand greift, *und ein Gesicht blickt!*

Das bin Ich!

Dies, diese Augen, Stirn, Haare, Mund, diese Brille. Ein Gesicht. Die Person.

Und wieder der Januskopf. Er dreht sich, lacht und sagt: »Sieh, wie hölleneinsam du bist, unter dreitausend Myriaden Wesen! Du Körnchen im Berg. So einsam bist du! Vielleicht bildest du dir etwas auf deine Besonderheit ein. Es ist nicht viel damit, mein Sohn.«

Ich, der Malermeister

Ich ist die Höhle, in der der Malermeister sitzt, der alle Farben für diese Welt bereitet. Millionen Wesen bewegen sich draußen, die Personen mischen sich unter sie, das Ich kann mit ihnen verkehren, aber sogar dem allernächsten Freund kann es keinen Zutritt in seine Höhle gewähren. Er kann mit Liebe locken, kann Teppiche legen, Blumen streuen und einen Triumphbogen bauen, aber das Ich kann ihm nicht vertrauen, dem Ich ist jede Bewegung versagt, es kann mögen und wollen, aber die Stricke, die Ketten um seine Füße nimmt ihm keiner ab, es kann nicht sprechen und nicht hören, Hören und Sprechen kann ihm keiner bescheren. Es führt keine Brücke von dem Hier zu dem Drüben.

Da wäre die völlige Verzweiflung, und jeder, jedes müßte so in sich ersticken, wie Bakterienkulturen in ihren eigenen Abfällen verderben, wenn man sie nicht auf neue Nährböden überimpft. Wie kommen die Wesen doch zusammen, warum erlebt nicht jedes Ich in seiner Höhle diese gräßlichste und schwärzeste Verzweiflung, die Selbsteinschmelzung? Aber etwas erlebt jeder wirklich davon, der Tatsache der Höhle, der Vereinsamung und des Selbstaufzehrens entgeht keiner völlig.

Es sind Durchbrüche da, wir sind aus dem Dunkeln herausgeführt. Wahrhaftig, wir finden uns mit Millionen anderen uns Gleichen, uns Ähnlichen in einem merkwürdigen Kreis, auf einem wunderbar erhellten dramatischen Theater, in der Welt. Wir finden uns als Mitspieler auf dieser Bühne. Freudig oder seufzend sind wir dahin gestellt, erleben uns in Bemühungen um andere und um uns. Wir finden uns in einem Kreis, in dem wir geboren werden, leben und vergehen, wo man miteinander ringt, wo es Schicksale gibt. Ja, man erlebt sich, dieses Ich, zusammengebunden mit anderen in einem Ablauf, der Schicksal ist. Und wenn das Ich sich da einsam erlebt und in sich erstickt, so waren nur seine Griffe schwach geworden.

Wie schrecklich einsam war vorhin das Ich, wie ganz anders sieht es nach dem Durchbruch aus. Seine Augen – denn es hat wirklich Augen – trinken von dem Überfluß der Welt, da bewegt sich alles, es ist voller lockender und quälender oder gefährlicher Dinge. Die Ohren wachen und fangen Gespräche und Klänge auf. Der Mund faßt Flüssiges und Festes, und das rinnt durch uns, da sind wir nicht mehr als ein Kanal, der Darm ist ein Rohr, das Nahrhafte passiert uns, wir halten fest und saugen auf, was uns dient, dann verlassen uns Schlacken, wir geben Wasser und Kohlensäure von uns. Und nicht bloß Augen und Ohren, Arme und Beine sind Zugriffe des Ich in die Welt hinein, Wurzeln, mit denen es sich verankert – da haben wir Lungen, die reißen Sauerstoff an sich, der aus der Luft, die in uns einströmt, über sie läuft. Da ist der Leib, der die Person dieses Ich ist; wohin ich sehe, ist er ausgerüstet, um sich gegen andere Wesen zu behaupten oder sie an sich zu ziehen und sich ihrer zu bemächtigen. Er berührt die anderen Dinge, wirklich, er ist nicht isoliert, er greift aus, und wie. Er ist eine Angriffsmaschine, eine Zertrümmerungsfabrik. Der Darm hat Drüsen in sich und in seiner Nachbarschaft, die wie Säuren wirken und schärfer und rascher wie Säuren arbeiten. Das Blut transportiert Nährstoffe und bereitet welche vor. Von der Erde, aus den Pflanzen, den Tieren, aus der Luft, überallher fließen diese Stoffe oder reißt der Leib, diese Ichperson, sie. Ja, von der ungeheuer weit entfernten Sonne strömen ihr Lebensstoffe, Energien, Betriebsmittel zu, in Strahlenform und in der Wärme. So wenig einsam ist dieses Ich, das jetzt ein Naturwesen ist.

Daß wir mit anderen zusammen sind, daß es Ichs sind, erkennen wir an ihren Formen und ihren Bewegungen, an den Signalen, die sie geben. Wir können die Signale deuten, und zwar sofort, ohne sie zu lernen. Wir bedürfen für die wichtigsten Dinge keiner Sprache. Aber wenn wir zu sprechen anfangen und ich nun Ich sage und der andere antwortet auch, er für sich mit einem Ich, so verstehen wir es und wundern uns nicht. Wir wissen: dies ist richtig, auch dies ist ein Ich, so wie ich. Wir sind mit ihm zusammen da, und wir haben für ihn, für dies andere Ich, das wir nun anerkannt haben, das Wort Du, das die mächtigste und großartigste Befreiung aus der Höhle ist. Und wenn wir die Augen gut offen haben, so finden wir die Welt voller Du, in vielen Gestalten. Wir finden uns eingegliedert in das Pflanzen- und Tierreich, sind hervorgegangen aus ihm, eine große Sippe ist da.

Und weiter finden wir uns eingespannt in einen geschichtlichen Verlauf, in den weiten Rahmen der Völker und Zeitlichkeit. Und da sehen wir, wie eigentümlich zwiespältig unsere Einspannung ist. Das Ich und seine Person wird geboren, lebt und vergeht, und das sieht wie ein begrenzter geschlossener Raum aus, aber die Zeitlichkeit der Generationen und Völker walzt darüber hinweg, und nicht einmal diese Person und ihr Lebensraum ist isoliert. Denn der Tod gilt nicht. Mit nichts hat die Zeitlichkeit sich so stark bewaffnet als mit Instrumenten, um die Zeitlichkeit aufzuheben, das heißt, mit Möglichkeiten der Fortpflanzung. Man muß verstehen, was das heißt, wir sind Geschlechtstiere. Das heißt: es geht gegen den Tod. Jede Generation liefert dem Tod dies Bombardement, und er weicht weiter zurück. Mit rasender Inbrunst breitet sich das Leben der Ichs in den Raum hin und über die Zeitlichkeit aus. Die Zukunft kann ihr nicht entgehen, auch hier duldet sie keine geschlossene Tür. Von Gefräßigkeit, Feindschaft ist jedes einzelne Leben, jede Person umringt, aber das Leben in allen Wesen ist listig und sicher und fließt über von Gier nach Weiterleben. Man sehe ein einzelnes Ich an, einen Kastanienbaum, einen Kirschbaum, man blicke auf den Vorrat an Rogen und Laich in den Kleinheringen, und man weiß, wie geöffnet das Ich auch in die Zeit hinein ist.

Wer von uns beiden hat denn das Ich?

Ich bin einzig, allein, und da ist nichts zu sagen.

Aber um Gottes willen, das ist doch entsetzlich, das ist unausdenkbar, allein, für das ganze Dasein?

– Sie möchten lieber zu zweit spazieren? Es ist nicht gut, daß der Mensch allein ist? Wissen Sie, es ist nicht so ängstlich. Die Sache kommt Ihnen nur so vor. Man gewöhnt sich schon daran. Allmählich gewöhnt man sich schon daran – zu leben. Man gewöhnt sich an diese lebenslängliche Einzelhaft. Weil sie nämlich keine Einzelhaft ist. Es gibt auch die Zahl. Es geht hin und her.

Sie haben sich auch schon gewöhnt. Seien Sie ehrlich, Sie haben bis heute noch nichts von Einzelhaft gemerkt.

– Offen gesagt, nein. Aber wenn Sie das so erzählen.

– Da müssen Sie gar nicht hinhören. Man muß seine Ohren auch zuklappen. Was so alles geredet wird.

– Also dann ist es gar nicht wahr mit dem einmaligen Ich?

– Doch, ist schon wahr, Sie müssen das aber nicht so schwer nehmen. Sie müssen das gewissermaßen auffassen als Ehrenbezeigung der Ewigkeit vor Ihnen. Das ist doch etwas. Sie bekommen wegen Ihrer Verdienste um irgendwas nicht den oder jenen Orden mit Schwertern am Bande, sondern das einmalige Ich. Nach Ablauf von siebzig Jahren ist es wieder abzuliefern, in reingewaschenem Zustand.

– Ja, was ist nun?

– Nichts. Sie hören doch, Sie sagen ja selbst, Sie haben noch nicht mal bemerkt, daß Sie einzig und einmalig da sind. Sagen Sie selbst, so was nennt sich Einzelhaft! Das ist mir ein fideles Gefängnis, das Leben. Man kommt nicht mal zur Besinnung, so viel Besuch ist da.

– Mit anderen Worten: Es ist gar nicht einzig.

– Doch, doch, ich kann leider nicht nachlassen. Wir haben feste Preise. Wir können da keine Neuerung einführen. Es gibt keine zwei Ichs. Darauf wird jedes Lebewesen vereidigt. Vorher kann es nicht ins Dasein. Aber Sie müssen doch sehen, wie das Ich da ist, auf welche Weise.

– Es ist also einzig, und dann wieder nicht allein?

– Komisch, was? Die Welt ist komisch. Das habe ich schon lange gemerkt. Man kann sie gewissermaßen als Humoreske auffassen, mit einigen ernsten Einlagen. Ja, sehen Sie: Die Ewigkeit, der liebe Gott oder wie Sie es nennen wollen, die sind nicht so, wie die Prinzessin aus der Bibel, die ägyptische seinerzeit, die den kleinen Moses in ein Schilfkörbchen setzte und dann weinte, höchst überflüssig, und sagte: »Schwimm hin, schwimm hin, mein liebes Kind, ich hoffe, daß dich einer findt.« Nein, so robuste Methoden mit Krokodilstränen wendet die Ewigkeit nicht an. Dazu ist sie zu humoristisch veranlagt. Der Ernst ist eine menschliche Angelegenheit. Wir sind eben von der Ewigkeit abgefallen. Also, wenn da das Ich auf die Welt gesetzt wird, so kriegt es seinen ganzen Spielladen gleich mit, einen schönen Baukasten: Eltern, Brüder, Schwestern, Volksgenossen, die es mag, und solche, die ihm gestohlen bleiben können. Es kriegt Krieg und Frieden, Inflation, Deflation, Konjugation, Subordination und alle möglichen sonstigen Nationen, so viel, daß es dem Ich ganz dumm werden kann, und man braucht eigentlich ein Dutzend Leben, um das auszuleben.

– Sagen Sie, Herr: Wenn es bloß ein einziges Ich gibt, wer von uns beiden hat es dann?

– Ich.

– Und ich habe keines?

– Die Antwort kann ich nicht geben. Ich erlebe nur ein einziges Ich, und das bin Ich.

– Bitte sehr, ich habe auch eins.

– Dann haben Sie die Antwort gegeben. Dann müssen Sie auch wissen und bestätigen, es gibt nur ein einziges Ich.

– Nein, wir verhalten uns da sehr verschieden, Sie und ich. Für mich sind Sie auch da, um des Himmels willen.

– Man sieht, Sie sind ein anständigerer Mensch.

– Ach was, geben Sie mir doch Antwort.

– Geben Sie doch selber die Antwort. Wer von uns beiden hat Ich? Merken Sie jetzt etwas? Jetzt zögern Sie. Sie kommen nicht heraus mit der Sprache. Zu mir können Sie doch nicht Ich sagen? Mich erfahren Sie doch nicht als Ich, was? Jetzt staunen Sie.

– Das ist sonderbar.

Drei Bittsteller

Sehr geehrter Herr! Ich habe Ihre geschätzten Ausführungen von gestern gelesen. Wonach Sie also der Meinung sind und ihr unverfroren Ausdruck geben, daß bloß Sie ein Ich haben und wir anderen nicht. Mein Mann sagte bloß, ich soll mich nicht ärgern und da kann man nichts machen. Weil Sie aber in den Zeitungen schreiben, geht das doch zu weit. Ich rede als Mutter und auch für meine zwei kleinen Kinder und den mir auch liebgewordenen Stiefsohn von meinem Mann aus erster Ehe. Was sollen sich die Kinder denken, wenn sie so was hören würden. Sie müßten sich die Augen aus dem Kopfe schämen. Sollen denn meine Kinder Tiere sein. Haben Sie keine Kinder, daß Sie so was schreiben. Aber mein Mann sagt, bei Ihnen stimmt was nicht, dann schreiben Sie wenigstens nicht. Wenn Sie nochmals solche Beleidigungen für die Kinder und für uns schreiben, die wir bloß einfache Leute sind, so sind wir doch keine Tiere, und wenn Sie nicht mal die Faust von meinem Stiefsohn zu riechen kriegen.

Ungenannt und doch bekannt.

Im Namen aller Fehlgeburten

Herr Doktor, bei uns hat es nicht geklappt. Es kam etwas dazwischen. Was, wissen wir nicht, denn wir waren ja noch gar nicht da. Nun haben wir einen Verein gegründet der am Leben Behinderten. V. d. L. B. Unser V. d. L. B. hat seine Satzungen noch nicht herausgegeben, aber wir erlauben uns hiermit, Ihnen überhaupt von unserem Bestehen Kenntnis zu geben. Wir kommen alle Monat einmal zusammen, männliche und weibliche Fehlgeburten getrennt, die mit noch ohne Geschlecht auch getrennt, es sind unsere Jüngsten. Aber obwohl wir getrennt marschieren, wollen wir gemeinsam schlagen. Denn Einigkeit macht stark. Wir machen einen Strich zwischen uns und den bloß Gestorbenen.

Wo soll das auch hinkommen, wenn Leute, die schon gelebt haben, sich mit uns vermischen wollen, die man brutal und gemein am Leben verhindert hat. Wir haben in allen drei Abteilungen eine geschlossene Front gegen die bloß Toten. Nach unseren Beschlüssen hat sich keiner zu beklagen, wenn er bloß tot ist, denn er ist ja dagewesen, und was Recht ist, ist Recht. Wir machen einen Strich zwischen uns und diesen Leuten. Nieder mit den Toten! Sie haben ihren Lohn dahin.

Wir aber sind um unsere heiligsten Rechte betrogen und sehen keinen Ausweg. Man gibt uns keinen Namen. Wir sind bloß Fehlgeburten. Es ist eine Schande. Da steht in den Zeitungen von den Unterdrückten, von den Ausgebeuteten, von den unterjochten Völkern. Aber wir werden nicht genannt. Wenn unsere Satzungen herauskommen werden und unsere Mitglieder anfangen auszupacken, werden Sie die Augen aufsperren. Wir sind viel mehr als alle Menschen, die leben und an allem schuld sind, und als alle Toten. Wenn Sie mal den Marsch von unseren Bataillonen des V. d. L. B. hören, wird Ihnen anders werden. Da werden Paläste und Hütten zugleich zittern.

Jetzt kommen Sie nun und wollen uns das Ich absprechen. Sie wollen vielleicht allem, was lebt, gnädig ein bißchen Ich abgeben – am liebsten behalten Sie es wohl ganz für sich – aber an uns denken auch Sie nicht, so weit reicht Ihre Bildung nicht.

Im Auftrage des V. d. L. B. (Verein der am Leben Behinderten) erlaubt sich die unterschriebene Zahl, Sie von unserem Bestehen zu informieren und daß wir auch noch da sind. Sie werden sich auch in Ihren geschätzten Veröffentlichungen mit uns abzufinden haben, ob Sie wollen oder nicht. Oder haben die Fehlgeburten kein Ich, hä? Wie wird Ihnen, Herr?

Mit geziemender Schätzung

V. d. L. B.
Das Generalsekretariat
Nummer 169 821 033 107

Der unterschriebene V.d.k.Kst. und V.d.k.Kr. (Verein der keimenden Kastanien und Verein der keimenden Kartoffeln) schließt sich mit Entrüstung dem obigen Protest des V.d.L.B., Sektion Mensch, an.

Geschätzter Herr, ich bin ein Ableger an einem Gras. Wir sind jetzt zehn Ableger an dem einen Gras. Wir haben uns unterhalten über unsere Lage. Sind wir nun eigene Größen oder nicht? Wenn uns einer abreißt, sind wirs. Unsere Mutter sagt, wir sollen uns bloß kein Bein ausreißen.

Ich, Seele, Leib

Es gibt, erkannten wir, nur ein einziges Ich, denn Ich ist seiner Natur nach einzig. Aber wenn das Ich sich erlebt, erlebt es sich als Person, und da sind Myriaden Wesen da, die der Person gleich oder ähnlich mit ihr in der Verbundenheit der Natur leben und das gleiche Schicksal haben. Da ist also ein Widerspruch in unserem Dasein: einzig zu sein – als Ich und Erleben –, und Massenware zu sein – als Gestalt und Person. Wir müssen diese Sonderbarkeit als Grundeigentümlichkeit unserer Existenz feststellen. Das Erleben heißt Ich und ist einzig, die Gestalt ist in ungeheurer Vielzahl da, und wir nennen jede organische Gestalt: Person, und ihr Vermögen, zu erleben: Seele.

Wir werden bei der Feststellung dieses uns innewohnenden Widerspruchs nicht stehenbleiben. Wir durchdringen den Widerspruch, diesen großartigen, die ganze Welt durchziehenden, nicht mit einem einzelnen Satz. Es ist ein Widerspruch, so wissen wir, der die ganze Welt aufbaut. Schon unsere folgenden Betrachtungen von dem Prinzip der Individuation und von der Unvollständigkeit dieser Individuation werden uns einen Schritt weiter bringen.

Erleben und Handeln ist die Grundformel unseres Daseins. Das ist das Prinzip der Individuation: Es ist nur der Einzelne, der erlebt und handelt.

Wie eigentümlich in dieser Welt erlebt und gehandelt wird, das sehen wir hier. Obwohl organisch mit der Welt verbunden, werden wir individuiert, sind wir allein, ist das Ich einzig, fühlt jeder undurchbrechbar um sich die Mauer seines Ich aufgerichtet. Man hat dieser Einzigkeit den jämmerlichen Namen des Privaten gegeben, aber es ist das universelle Prinzip der Individuation. Das Ganze der Welt wälzt sich nicht automatisch anonym und sachlich vorwärts. Es ist das Geheimnis, das Übermechanische, das das Ich charakterisiert, daß hier kein Plan, kein ›Prozeß‹ exekutiert wird. Es wird privat begehrt, gefühlt, gelitten und gehandelt.

Ja, an das großartige Faktum, das Urfaktum der Welt, das Ich, das diesen Charakter der Einzigkeit und des Privaten hat, wollen wir uns halten und wollen es nicht vergessen. Daß dies ist, Schmerz, Hoffnung, Sündhaftigkeit, Gerechtigkeitsgefühl, Freiheitsdrang, Liebe, Glück, wir wollen es nicht vergessen. Von keiner Seite kommt so viel erleuchtende Kraft. Daß diese persönlichen Dinge, Leiden, Glück, Lust, Liebe, die Welt bauen, daß sie da sind, – das ist ein Faktum, das zu Boden wirft – und erhebt.

Wir sind. In einem feierlichen Sinn sind wir, trotz alledem. Das Ich, in seiner Einzigkeit in jedem, zeigt es an. Daß ich Schmerz und Lust empfinde, daß Glück, Hoffnung, Liebe und Leiden da sind, zeigt der Einzelperson ihren Urgrund an, eine betäubende, stürmische und stürmende Urwahrheit.

Es gibt keinen Einzelkörper, er ist von vornherein organisch bezogen auf andere, auf vieles, im Zusammenhang. Wir sind hier geglitten auf die Ergänzung zum Satz von der Individuation. Neben die Vereinzelung aller Wesen stellt sich die Verbundenheit aller, neben das Prinzip der Individuation das Prinzip der Kommunion. Die Welt zerfällt nicht in Individuen. Das Individuum ist nicht vollständig zu einem wirklichen Individuum geworden, sondern bleibt mit der gemeinsamen Welt verbunden. Es gibt nur eine unvollständige Individuation.

Die unvollständige Individuation

Die Welt ist nicht in wirkliche ›Individuen‹ zerfallen, eine Individuation, die Vereinzelung in lauter ganze Größen liegt nicht vor! Wir sind ferner zusammengehörig zu einer Geburtenreihe und so alle von einem und demselben Blut durchpulst. Man kann ein Blatt, eine Beere nicht wirklich ›Individuum‹ nennen – und ebensowenig kann man eine Pflanze, ein Tier, einen Menschen ein Individuum nennen. Wir hängen wie Trauben an dem großen Weinstock.

Wir sind nicht in der Art Einzelwesen, ›Individuen‹, ›Personen‹, wie wir uns vorkommen. Da ist unser Organismus. Er ist ein Greif-, Saug- und Zertrümmerungswesen. Dieser Organismus wird nur real und hat nur Dasein zwischen Luft, Bäumen, Häusern, Tieren, Pflanzen, anderen Menschen. Nimm ihm die Luft weg, und er ist nicht. Er kommt von Menschen, die seine Eltern sind, drängt zu Menschen, die er liebt, und läßt aus sich hervorgehen Menschen, die seine Kinder sind.

Der Mensch ist keine Ganzheit. Wir sind nicht vollständig.

Der große Strom

Er ist ein Kontinuum in Zeit und Raum. Allein dieser Prozeß und sein ununterbrochener Fluß hat Dasein und ist Dasein. Auch das einzelne Ding hat Dasein, also auch die Person – aber nur im Fortgang des Prozesses, in welchem sie auftaucht und vergeht.

Wer will hier etwas isolieren und dazu Ganzheit sagen? Wer

glaubt andererseits hier sich zu verlieren, wenn er erkennt, daß er in diesem großen Fortgang steht und untergeht? Es gilt gegenüber einer Übertreibung unserer Vereinzelung und zufälligen Ding- und Persongestalt unsere Lagerung in dem wirklichen großen natürlichen Prozeß zu erkennen. Diese Erkenntnis hämmert und trommelt: das Sein ist nur – im ständigen Anderssein! Diese Welt ist eine Übergangswelt.

Wir ertrinken nicht, sagt diese erste Antwort. Da es keine Vereinzelung gibt, gibt es auch keine Beendigung der Vereinzelung. Wir sorgen uns sinnlos. Es ist ein Strom mit riesigen Wellen da, und da sind Schwimmer drin, sie werden geworfen, aber es kann nichts ertrinken, der Strom trägt alle.

Die eine Welt, der eine Leib, das eine Leben

Unser Körper also, nach allen Seiten mit seinen Organen ausstrahlend und in aller Welt wurzelnd, zeigt, daß er nicht von der Art ist, wie manche glauben, nämlich ein geschlossenes fertiges Stück, ein isolierter Gegenstand. Es hat dieser scheinbar isolierte Körper Bedürfnisse, Vermögen und Funktionen, und mit Bedürfnissen, Vermögen und Funktionen, die aber seine Natur sind, ist er ausgebreitet und hingegeben an die Luft und so verwachsen mit der Atmosphäre der Erde – ist er hingebreitet und hingegeben an die Wärme und das Licht und so verwachsen mit der Sonne – ist er ausgebreitet und hingegeben an das Wasser und die Nahrung und so verwachsen mit den Flüssen und den Tieren und Pflanzen.

Wir atmen die Luft, und durch die Lungen, durch unser Blut, durch unsere Organe fließt Luft, und also ist unser Leib auch Luft. Wir trinken Wasser, und durch unseren Darm, durch unser Blut, durch unsere Organe fließt Wasser, und also sind wir und unser Leib auch Wasser. Wir essen Pflanzen und Tiere, und durch unseren Darm, durch unser Blut, durch unsere Organe laufen Tiere und Pflanzen, und also sind wir und unser Leib auch Tiere und Pflanzen. Wir brauchen viele Salze und Stoffe, und durch unsere Organe laufen Erde und Bergwerke, und also sind wir auch Erde und Bergwerke.

Sind wir darum Luft, Wasser, Salze, Stoffe, Erde, Bergwerk, Tiere, Pflanzen? Wir sagten schon: Ja. Aber wir sind es auf besondere Weise. Wir sind Luft, Wasser, Bergwerk, Tier und Pflanzen – als Menschen. Wir sind das alles und eben darin etwas, das wir Ich nennen.

Das nun umgekehrt hat sich in den Milliarden Gestalten der Welt vereinzelt, aber nicht völlig isoliert, hat die Halbgestalt der Organismen angenommen, aber bereits in der Form und Art des Organismus angezeigt, daß es eins bleiben will und nicht Vereinzelung will, und daß es sich nicht bei der Vereinzelung aufhalte. Es wird da ›geboren‹ und ›gestorben‹, aufgelöst und neugeformt, von Erdenjahr zu Erdenjahr neugeformt. Das Ich ist in seiner Vereinzelung und ist gequält und gejagt in den Milliarden Vereinzelungen, sie hängen wie Trauben aneinander, sie binden Luft, Sonne, Erde, Wasser, Pflanzen, Tiere an sich. Ganz muß zu Luft, Wasser, Fluß, Erde, Pflanze zurückgegangen werden, es muß immer wieder neu geboren werden, und die Jagd, die Reise geht weiter.

Wir stehen mitten drin. In uns, in unserem Innern haben wir etwas von diesem regsamen, wandernden Ich, dem Wahrsten des Wahren, das sich wie ein Farbenprisma zerlegt hat, und von da wissen wir: Es ist Wahrheit zusammen mit Schein in unserer Existenz. Wir fühlen Aufgaben und Pflichten. Neben Begierden und Sehnsucht haben wir das begründete Gefühl der Ohnmacht, Nichtigkeit, Trauer, Bitterkeit und Verzweiflung. Wir fühlen uns als Vereinzelte, ja als Betrogene und Verlassene, – und dies mit Recht! – zusammen mit dem Gefühl tiefer Sicherheit und Auf bewahrtheit.

Wer kann leugnen, daß er dicht beisammen das beides hat: Ich bin nichts, und: Es kann mir nichts passieren? Was spricht so in uns? Das eine große Ich, das wir sind, das Fluß, Luft, Bergwerk, Pflanze, Tier ist – das uns erkennen läßt, wir sind in alledem – und das uns gleichzeitig sagt: Alles dies stürzt, wandelt sich unaufhörlich, es geht auch über deinen Körper, in alledem bin Ich nicht erfüllt. Die eine Welt, der eine Leib.

Nicht ganz sind wir in diesem Leib, in diesem Organismus. Alles kann uns passieren, Geburt, Vernichtung – aber es ist nicht alles. Wir haben uns immer zu besinnen, von neuem, und tiefer zu besinnen durch alle Schrecken, Enttäuschungen, Schmerzen und Bitterkeiten, durch die Behaglichkeiten des Tages haben wir unser Los nicht zu vergessen: Individuum zu sein, Vereinzelte, aber doch Vereinzelte des großen Ich, die eine Welt, der eine Leib, das eine Leben.

Was bist du von Haus?

Arbeitsloser, Tippfräulein, Dreher, Kaufmann, Kostümzeichner, Propagandachef, Chemiker, das bist du von Beruf. Aber wenn man dich fragt, was bist du von Haus aus, und was hast du zu treiben, so antwortest du vielleicht nicht, aber wenn du nicht antwortest, so tönt von anderer Seite dunkel über dich das Donnerwort:

Ich ist, Ich handelt und erlebt Welt.

Das Individuum, ein Anlauf zur Ganzheit

Die Erbmasse und der Stoffwechsel mit der Natur zeigen die Unvollständigkeit unserer Individualität an. Aber – es ist doch Individualität da. Und das ist, wenn auch kein Ganzes, so doch ein Fastganzes, ja ein Scheinganzes. Viele nennen den Organismus wirklich, aber irrig, eine Ganzheit. Er ist eine Formung, eine Absonderung, die eine Art Ganzes ist, eine Annäherung an die Ganzheit, so wie ein Sproß, ein Ableger am Baum. Aber den kann man wirklich ablösen, das Individuum aber – läßt sich aus der Reihe der Geburten, also der Erbmasse, und aus dem Stoffwechsel mit der Natur nicht herauslösen. Da bleibt für uns das nachdenkliche und eigentümliche Faktum bestehen: voller Formungen, Gestalten ist die Welt, das sind Individuen, sie stehen unselbständig in der Reihe der Geburten und im Stoffwechsel der Natur, aber jedes dieser Individuen zeigt seine Form, die organische Gestalt, welche einen Ansatz, den Anlauf zu einer Ganzheit darstellt. Milliarden vergeblicher Versuche, so könnte man sagen, aber das wäre ein zu starker Ausdruck, weil er Absichten unterschiebt, von denen wir nichts wissen. Wir können nur feststellen, daß die organische Form, trotz ihrer Unvollständigkeit, Spuren der Ganzheit trägt.

Burleskes Nachspiel
Brillenbestimmung am untauglichen Objekt

Da glauben manche, der wunderbar ausgestaltete Organismus, dieser Präzisionsapparat ohne Konkurrenz, diese Gallerte um ein Knochengerüst sei durch Netzhaut, Stäbchen, Zapfen, Hornhaut, Linse, Glaskörper, Sehnerv, Sehlappen imstande und eingerichtet, zu sehen.

Woher aber sollte ein Präzisionsapparat sehen können? Betrachten Sie den feinst konstruierten Apparat von Zeiß oder Leitz. Daß er wunderbar errechnet und angeordnet ist, müssen Sie zugeben – aber daß der Apparat weder sehen noch hören kann, müssen Sie auch zugeben. Man kann mit dem wunderbaren Apparat nur etwas anfangen, und da achten Sie auf und bemerken, was man damit macht und wie man damit etwas macht, wobei er überhaupt erst zeigt, was alles in ihm steckt, errechnet, erfunden und angeordnet: man muß den Apparat an einen lebenden Menschen bringen. Sie wissen das, Sie halten das für eine ganz verständliche Maßnahme und sagen das und erklären: geschieht weiter nichts als eine Verstärkung und Schärfung der Sinnesorgane dieses Menschen, er sieht 2000mal schärfer oder 10000 Meilen weiter. Zweifellos tut er das. Das auch. Wir gehen konform. Aber warum kann er das? Weil – er – lebt! Das Ich, das Vermögen des Erlebens, auch des Sehens ist da. Die organische Materie und der beste Organismus macht es nicht. Beweis! Wenden Sie sich an die Anatomie und bitten für eine halbe Stunde einen frisch Toten zur augenärztlichen Untersuchung in die Sprechstunde. Sie werden telephonieren, es wird Aufsehen machen, der Prosektor versteht Sie nicht, schließlich aber gibt er nach, Sie wollen für alle Kosten aufkommen, und die Sache wird absolut diskret bleiben, natürlich, ich bitte Sie, Herr Professor, es handelt sich um ein Experiment, von dem ich ohne Übertreibung sagen kann, es ist von kolossaler Bedeutung für die ganze Menschheit; das sind alle Experimente, lieber Doktor, ich habe noch niemals von Experimenten gehört, die nicht von größter Bedeutung für die ganze Menschheit waren – nachher hört man nichts mehr davon – aber immerhin, lassen Sie man abholen.

Der Mann wird also gebracht. Er wird dasitzen und – nichts sagen. Der Doktor wird ihm darauf sämtliche Glassorten auf die schauerlich kalte Nase setzen, dicke Gläser, dünne, konkave, konvexe, blaue, grüne, schwarze, er wird die stumme Person näher und näher an die Tafel rücken, es nützt nichts, nicht etwa darum, weil der Tote seinem Beruf als Leiche folgend strikt nicht antwortet und alles dem Arzt überläßt – die Hartnäckigkeit der Toten in diesem Punkt ist beispiellos –, sondern weil er einfach nichts sieht. Aus seinem Beruf als Toter, aus diesem nunmehr gewohnheitsmäßigen Zustand ergibt sich: er kann nicht sehen.

Organische Materie ist er jetzt auch noch. Oha, was denken Sie! Alles kann der Tod mit einem machen, tot kann er den lebendigsten Menschen machen, die betrunkensten kann er momentan ernüchtern, eine Ernüchterung ohne den geringsten Katzenjammer, oh, frisch ist man danach, Sie müßten mal versuchen. Aber die organische Materie hat er doch gelassen, da kommt er nicht heran! Stark wie die Liebe ist der Tod, stärker als der Tod aber ist die Materie.

Nun sitzt der Entschlafene da, in der Sprechstunde, der aus der Anatomie, ist organische Materie, Protoplasma, Eiweiß, Kohlenstoffverbindung vom Kopf bis zu den Füßen, und obwohl er das trotz Tod ist, kann er nicht sehen. Das hat der Tod geschafft. Er hat das Sehen getötet. Dazu das Hören, Fühlen, Empfinden im Ganzen, und Denken, Wollen, das hat er getötet. Und da sitzt jetzt die Person, der Klumpen, die organische Materie, und ich bitte Sie, tun Sie mir den Gefallen und sagen Sie selbst, nachdem ich es Ihnen fest versprochen habe, was dem Mann fehlt. Sie sagen es: das Ich! Sie haben es getroffen! Diese getötete organische Materie hat kein Ich, ist kein Ich. Sie können jetzt ruhig nach den Transporteuren rufen, die augenärztliche Prüfung muß ergebnislos verlaufen, lassen Sie den Mann wieder wegtragen und ziehen Sie, wenn Sie etwa Augenarzt sind, aus der Affäre die Lehre: mit getöteter Materie kommt man nicht weiter. Es ist vergeudete Zeit.

– Darf ich unterbrechen, Herr? Lassen Sie mich auch einmal denken, geehrter Herr. Sie reden wie ein geölter Blitz. Ob Sie auch so viel Hochspannung haben, weiß ich nicht. Mir ist nämlich ungewöhnlich flau bei Ihrer Erzählung von der Person, dem Klumpen. Gestatten Sie, daß ich das bemerke. – Aber bitte sehr.

Der Klumpen, die Gallerte mit Knochengerüst also soll nicht sehen. Es ist das Ich, was da sieht, wenn gesehen wird. – Ich denke, das wäre klar. – Natürlich, natürlich, warten Sie bloß ein bißchen. Das will alles verdaut sein. Dicke Klöße. Immer eins nach dem andern. Eines Mannes Rede ist keines Mannes Rede, man muß sie hören alle beede. – Es können auch mehr sein. – Ach nein, wieso. Wir beide sind ja auch schon ganz schön. Wozu in die Ferne schweifen. – Also bitte. – Warten Sie doch einen Moment. So schnell wie Sie sind wir nicht. Rom ist nicht an einem Tage gebaut worden. – Und wer zuletzt lacht, lacht am besten. – – Auch richtig. Soll mir nicht darauf ankommen. Sagen Sie mal, Herr, so unter uns: Was haben Sie da eigentlich von dem Augenarzt gesagt? Welchen Augenarzt meinen Sie eigentlich? – Das tut doch nichts zur Sache. – Doch. Bei Ihnen vielleicht nicht. Aber bei mir. Welcher Augenarzt? Wo wohnt der Mann? – Es kann jeder beliebige sein. – Ach nein. Kein falsches Inkognito. Darüber stolpern wir nicht. Wo wohnt der Mann? Nämlich, die Sache interessiert mich. Ich brauch manchmal auch eine Brille. Ich möchte den Augenarzt sehen. Was ist das für ein Kerl, wo hat der studiert? Und da muß erst Metaphysik zukommen, damit einer bei ihm sieht? Na hören Sie! Den Mann möchte ich sehen, wo der seine Praxis hat, mit dem können Sie hausieren gehen, Sie, den kauft Ihnen keiner ab, Herr. – Mir ist nicht deutlich, worauf Sie hinauswollen. – Was heißt deutlich. Sie, plinkern Sie man nicht mit die Oogen, Sie. Sie wissen das schon alles besser als ich. Mir machen Sie was vor. Wissen Sie, was Sie machen müßten? Für Sie wüßte ich was. Sie müßten nach Genf auf die Abrüstungskonferenz gehen, Sie, da könnten Sie großartige Geschäfte machen. Da erzählen Sie nur den andern, wie abgerüstet Sie sind, Franzosen, pardon, parbleu, haben keine Kanonen, alles bloß auf dem Papier, Italiener Maccaroni, keine Kanoni, was sollen wir mit Kanoni, bloß zur Beschäftigung für die Industrie, Polen, pschakreff, wir und Kanonen, na ja, ein paar stehen schon da, will man doch auch ein paar Kanonen haben, möchten Sie nicht selber eine haben. Also, Sie sind goldig, Herr. Aber um auf den Augenarzt zurückzukommen, daß ein Toter nicht sehen kann, glaube ich auch so. Aber wenn nun ein Lebender kommt, wer sieht da, Ihr Ich oder der Mann? – Wissen Sie, Herr, da hat mal einer einem Bauern eine Lokomotive erklärt, eine Stunde lang, Kessel, Dampf, Spannkraft, Kolben, Räder. Und wie er zu Ende war, guckt sich der Bauer die Lokomotive an und fragt gemütlich: wo steht denn das Pferd? – Schön, also: Wie macht das der Mann, ein einfacher Mann, mit dem Sehen? Sieht nun das Ich, von dem ich merkwürdigerweise gar nichts weiß – woher Sie nur Ihre großartigen Kenntnisse beziehen –, sieht das Ich nun vermittels der Augen, benützt es die Augen zum Sehen – oder haben wir Menschen die Augen bloß so im Kopf, damit da keine Löcher sind? Denn das Sehen, sagen Sie ja, besorgt allein das Ich. Warum bloß die Augenärzte dann nicht auf das Ich studieren, statt immer auf die Augen! Was? Und sagen Sie mal, wie kommt das, wenn ich mir die Augen zuhalte, daß ich dann nichts sehen kann, obwohl ich mein Ich dahabe? Haha. Halten Sie sich doch mal die Augen zu. – Stimmt. Kann nicht sehen. – Mensch, und lachen Sie doch schon selber. Sie haben mich durch den Kakao gezogen. Was macht denn überhaupt Ihr Ich mit den Augen? Setzt es sich die vor wie ein paar Fernrohre oder bindet es sich meinetwegen den ganzen Klumpen, die Person, wie ein dickes Tuch um den Magen, damits schön warm ist, und drin macht es, was es will? Hören, sehen, riechen, alles so? Man riecht auch nicht durch die Nase? Was? Alles durch die hohle Hand? Wie macht es das bloß? Das ist wohl der Heilige Geist. Aber warten Sie mal, Herr, warten Sie mal, mir geht ein Licht auf.

– Da bin ich gespannt. – Sagen Sie das nicht. Mir geht ein Licht auf. – Aber brüllen Sie doch nicht. – Das kommt bloß von der Stimme, Herr. Die kann sogar noch lauter werden, Sie, wenns beliebt, und ganz ohne Ich. Sagen Sie mal bloß, Herr, was machen Sie eigentlich hier mit mir für Fisimatenten, und warum und wozu, und was denken Sie eigentlich von mir, wie kommen Sie dazu? – Sie werden sich noch einen Bruch schreien. – Und Sie werden sich noch mehr zuziehen als einen Bruch, und dann werden Sie sogar was merken, was mit Ihrem langen Gequatsche zusammenhängt, Sie. Nehmen Sie mal an, ich hätte hier eine Pistole, aber ein ordentlicher Knüppel tuts auch – ich habe mich leider nicht auf diese Unterhaltung präpariert, wenn ich Sie nächstes Mal treffe, weiß ich aber, was ich mitzubringen habe –, also wenn ich hier eine Pistole habe und ich schieße Ihnen in den Bauch, wen treffe ich da? – Wie meinen Sie das? – Setzen Sie sich nur ruhig auf den Stuhl. Ich tu nichts. Bloß nächstes Mal garantiere ich für nichts. Nun sagen Sie also: die Kugel hier in den Bauch geschossen, wen trifft die? – Den Bauch. – Siehste, mein Junge! So ist es. Den Bauch! Und wenn sie deinen kleinen Bauch trifft, was ist eigentlich dann? Dann ist vielleicht der, dens geschnappt hat, tot. Stimmts, oder nicht? – Stimmt. – Siehste. Mit einmal klappts. Mit euch muß man nur Fraktur reden, dann werdet ihr gleich vernünftig. Also ist er tot. Und von wo ist er tot? Vom Bauch! – Natürlich. – Menschenskind, jetzt markierst du den Dummen. Natürlich. Für dich gar nicht natürlich! Wie kann denn einer tot sein, wo ich ihm doch bloß in den Bauch geschossen habe? Ich habe doch gar nicht sein Ich getroffen. Hahahaha! – Wie? – Na ja. Dem Ich hab ich ja gar nichts getan. Mit dem laß ich mich ja gar nicht ein. Ich schieß bloß auf den Bauch. In den Bauch hab ich geschossen, und nun ist der Kerl tot! Und kann nicht sehen und nicht riechen. Stinkt höchstens. Was sagste nu? Wenn du aber jetzt etwas sagst, mein Junge, dann habe ich zwar keine Pistole bei mir, aber du sitzst auf einem Stuhl, den brauch ich bloß umzuschmeißen. – Ist ja gut! Geht alles in Ordnung. Der Mann ist tot, der Bauch ist tot, meinetwegen ist auch die Pistole tot. – Gibst es zu, ja? – Jawohl.

– So. Da hast du meine Hand. Wir wollen uns wieder vertragen. Und nun sag bloß, Mensch, was hab ich dir getan, wozu haste mit mir geflaxt mit dem dämlichen Ich? – Interessiert Sie das? – Allemal. – Also mit Leuten wie Sie unterhalte ich mich immer gern. Die lassen sich gar nichts vormachen. Da gibts keine Eiertänzerei mit Worten. – Nicht wahr, Herr. Das gefällt mir, daß Sie so sprechen. – Sie haben das auch vollkommen begriffen mit dem Bauch. Ohne Bauch kann der Mensch nicht existieren. – Ich schon gar nicht. Ne ordentliche Molle Bier und ein Gänsebraten mit Rotkohl, Sie, da müssen Sie mich mal sehen.

– Denn wenn der Bauch kaputt ist, ist der Mensch auch kaputt.

Da besteht eben das Ich nicht! Es ist nur mit der lebenden Person da.

– Was? Ich? Was ist mit dem Ich? Rückt der Kerl aus! Laß dich nicht kriegen, du. Strolch! Gauner! Son Gauner. Der soll mir wieder unter die Finger kommen.

III.

Das Ich als Bauzentrum

Inmitten der Welt steht die Ichperson, der Ichleib, der Ichgegenstand. Als Gegenstand unter Gegenständen tritt das Ich auf und findet sich, überrascht, verblüfft, entsetzt, als Tier, als Mensch mit Händen, Zähnen, Nägeln, Muskeln, Knochen, Sehnen, als Apparatur, Fabrik, Konzern, und ist da, eine Einrichtung, ein Ding, das auf die anderen Dinge losgeht wie ein Stier, von ihnen niedergeworfen wird wie ein Stier. So wird auf massive Art die Beziehung zwischen Ich und der Welt demonstriert.

So wird ›individuell‹ erlebt. Auf zweierlei Weise stellt sich das Ich aktiv in die Welt: als Perspektive und als Angriffsblock. Also: wir sind nicht ›Gott‹, der die Welt nur sieht und hört und geschehen läßt.

Die Dinge wollen nicht bloß da sein, sie erwarten eine besondere heftige Begegnung mit uns. Und welche Begegnung? Blicken Sie hin! Das ist nicht irgendwelches Begegnen.

Da treffen sich zwei Herrschaften, ziehen die Hüte voreinander, es sind elegante Herren, in jeder Hinsicht frisch gebügelt, Herren der besten Gesellschaftsklasse, jeder Zoll ein Gentleman und ein Erbschleicher, und sie haben feine Handschuhe an, und ihre Damen kommen hinzu, Damen, Dämchen, letzter Schick, ich hab dich einmal geküßt, ich hab dich zweimal geküßt, und erst beim dritten Mal hab ich gemerkt, welch Kalb du bist, sie sagen ›Guten Tag‹ nach allen Seiten, sie beschnüffeln sich, wozu hat man die Näschen, und dann geht man zierlich hintereinander die Straße entlang, zwei zu zwei, die Dame von X mit dem Herrn Y, die Dame von Y mit dem Herrn X, um sie weht Parfüm, Mensch, haste gemerkt, wie die duften, au Backe, die habens aber dick, son Kavalier möchste wohl ooch haben, wat heeßt Kavalier, bei mir heißts Pinke, Pinke und dreimal Pinke. Solche Begegnung friedlich-freundlicher Art ist das nicht, wovon wir sprechen. Ich hab dich einmal geküßt, ich hab dich zweimal geküßt, und beim dritten Mal wars genau, wie wenn nichts gewesen ist. Ich laß eben keinen so dicht an mir herankommen. Was die Herren wollen, weiß man doch schon vorher. Dazu geb ich mich nicht her. Da ist folgende Sache gewesen. Ein Junge, so achtzehn Jahr, hat ein Mädchen getroffen, vielleicht siebzehn, ein kräftiges, vernünftiges Mädel, Prolet er und Prolet sie. Und wie er zweimal mit ihr gegangen ist, sagt er zu ihr: »Na, kommste mit mir mit?« Sagt sie: »Wieso mitkommen.« Er: »Na, zu mir nach Haus.« Sagt sie: »Fällt mir nicht ein.« Er: »Du willst Prolet sein und hast dich?« Sie sagt: »Ach, Quatsch«, ärgert sich und geht weg, die Treppe rauf. Und wie sie oben steht und sich umdreht, steht er noch unten, traurig. Und dann quält es sie doch, aber sie geht nach oben, und dann sitzt sie bei Muttem und denkt: hätte ich doch sollen oder hätt ich nicht, ich weiß doch nicht.

Da ist also gar nichts gewesen. Sie haben sich getroffen und aus wars. Sie müssen sich aber nicht denken, daß darum ein Ich ist und daß obendrein ein Ichleib im Mittelpunkt der Welt steht und fühlt, will, damit man sich die Hände in Handschuhen reicht, duftet und davonschleicht, und damit man Gefühle in die Tiefe seines mehr oder weniger jungfräulichen Busens vergräbt. Nein, dazu steht keine Ichperson im Mittelpunkt der Welt und fühlt und will. An einen elementaren, rabiaten Teil unserer Überlegungen sind wir gekommen.

Sehen Sie sich die Zähne dieser Ichperson an, ihren Mund, dann wissen Sie alles. Sehen Sie, wie diese Person Waffen trägt und schießt und rodet. Wie das Wälder pflegt und niederreißt, Felder baut seit Jahrtausenden und Jahrtausenden, wie das Städte baut, Reiche errichtet und Kriege führt, wie es Kohle aus den Bergwerken holt, Erze schmilzt, wie das singt, betet und vergottet. Erkennen Sie und verstehen Sie: die Ichperson ist – ein Organismus, ein Werkzeugding! Sie ist ausgestattet mit Fühlen und Wollen, mit Hunger, Durst und Begierde, und dafür hat sie Werkzeuge, eine ganze Angriffs- und Zertrümmerungsapparatur, und schafft sich die Welt um nach ihrem Bedarf.

Was bedeutet: ein Ich steht im Mittelpunkt der Welt, und dies ist seine Welt? Diese Welt ist ihm zugefallen, und hier geschieht etwas zugleich mit ihm, an ihm und von ihm. Aktion ist das. Wollte ich weg von den Tätigkeiten, Arbeiten, Kämpfen, Auseinandersetzungen? Um zum Ich zu kommen? Wo alles liebt, kann Karl allein nicht hassen. Nein, wirklich, Sie waren wirklich falsch orientiert, mein Herr, Sie können vielleicht die Leute überfallen mit Romanen und ähnlichem Schwindel, aber hier langt es nicht.

Konjugieren Sie einmal: ich bin! – Ich bin, du bist, er ist! – Falsch, sage ich. – Brüllen Sie doch nicht so, Herr. – Wir sind keine Leisetreter; ›falsch‹, habe ich gesagt. – Wie konjugieren Sie denn? – Na, hättest du die Ohren aufgesperrt, würdest du es schon gekonnt haben. Paß auf, Konjugation von ›ich bin‹: Ich tue – sieh dich vor, daß du nichts verkehrt tust – weh dir, wenn du was gegen mich tust. Wenn er etwas gegen mich tut, so werden wir uns zusammentun. Wir werden etwas tun und scharf aufpassen, was ihr tut, und es wird bald unter Trauermusik geheißen haben: sie tun, sie haben getan, es ist aus mit ihnen.

So konjugiert man, mein Sohn, ›ich bin‹.

Für ›ich bin‹ kann man auch sagen: ich liebe, ich fürchte, ich vernichte, ich helfe, ich gehe, ich ackere, ich pflüge, ich schlafe, ich lache, ich weine – alles, nur eins kann man nicht sagen: ›ich bin‹! ›Ich bin‹ ist vielleicht eine Verpflichtung. ›Ich bin‹ ist nur eine Möglichkeit. ›Ich bin‹ ist kein Dasein.

So ist mit dem Ich das Leben in die Welt gegossen. Ohne das Ich wäre alles zerflossen. Von einem Gott wird erzählt, er bläst dem Staub den Odem ein. Das Ich tut so und kann göttlich sein. Es rafft die Welt zusammen in Eins. Dies ist seine Urart. Wir leben in keiner Welt des Scheins.

Aber eine andere Stimme ist da, eine Gegenstimme, wo kommt sie her – ist das die Stimme des Un-Ichs oder wer ist es? Sie flüstert und röchelt und fistelt und zeigt mit dem Finger auf mich, sie hat ein eigentümlich rundes Maul, ein Fischmaul, das ist ein Karpfen, der spricht und fistelt: »Du! Konjugiere mir auch mal vor: ich bin! Ja, wie das geht, ›ich bin‹?« »›Ich bin, du bist, nein, ich tue, du tust –‹, nein –« »Na, und wie wird es sein, Liebling, streng dich an, was wirst du sagen? Du weißt nicht, du merkst nicht, soll ich es sagen?« »Ja.«

»Paß auf, wie ich konjugiere: ich bin, und lach nicht, und heul nicht, und halt ganz still. Eins, zwei, drei. Ich – leide, leide, ich leide sehr, ich leide unaufhörlich, kaum daß ich Zeit habe, etwas zu tun, leide ich, ach, wie komme ich nur davon herunter, von dem ›Ich leide‹, wie komme ich zum du, ich möchte so gerne, aber ich bin so behindert, es hält mich ganz fest, ich kann nicht von meinem Leiden herunter, also ja, also doch: du leidest auch, es geht dir nicht besser, ich sehe es ja, aber es ist doch nichts dagegen, was ich leide, wie ich leide; wenn du leidest, leide ich noch mit, und so bleibe ich immer dabei: ich leide. Wie ist es doch, ich möchte weiter konjugieren, aber die Sache ist so schwer, ich kann nicht, aber ich will es, weil du es befiehlst, und also sage ich: er leidet, er behauptet es, wer kann es wissen, aber ja, ich bringe beides zusammen, das, was du gesagt hast vom Tun, und meins vom Leiden: weil wir alle tun, müssen wir auch alle leiden, und alles Tun entzieht uns nicht dem Leiden, dem Entbehren, dem

Sehnen, dem Nichtbesitzen, dem Vergehen, ja dem Vergehen, aber der Tod ist noch nicht das Schlimmste, der ist ja ein Ende des Leidens, ihr tut, du hast es vorhin gesagt: wenn ihr etwas tut, werdet ihr bald aufgehört haben, etwas zu tun, und es wird heißen, sie tun und sie haben getan, es war einmal ein Tun, und weil einmal ein Tun da war, und es war nicht meins, so mußte ich es erleiden, und wir leiden es darum alle, ihr leidet es, sie leiden es, alle leiden, weil wir nämlich nicht allein sind. Ich ist nicht allein, die Welt ist zerfallen und fällt sich an, wer weiß, was das ist. Darum gib es auf, Freundchen, zu sagen ›ich bin‹. Sag lieber, hoffe lieber: ›ich bin nicht‹. Und wenn du schlau bist, so weißt du schon vieles, und wenn man dich auffordert, konjugiere einmal ›ich bin‹, so zeige deine Schlauheit und konjugiere: ›ich bin nicht, ich will nicht sein, Ich ist nicht, Ich soll niemals sein, und wo es ist, ist es besser, im Futurum zu sprechen: Ich wird nicht sein, oder noch besser: Ich ist gewesen. Das soll das einzige sein, was du dir einprägst aus der Konjugation ›ich bin‹.«

Und schließt das Fischmaul nicht und guckt immer aus seinen runden roten Augen und kann nicht plinkern, bloß lächeln kann es und da schwimmen.

Und dann gibts ein: Hoho, hoho, hoho, ein Poltern, ein freches wildes Lachen, ein Holpern und Stolpern, das höhnt und grölt: Ich tue, und wer tut, steckt ein, daß er oder andere leiden, hoho, das ist kein Grund zum Verzagen und Jammern, darum konjugieren und deklinieren wir immer weiter, lustig, wie wirs in der Schule gelernt haben und bis an den Jüngsten Tag: ich tue, ich werde tun, und wenn ich auch leide, wir sagen a und sagen b, wir sagen das ganze Abc, wir heulen und lachen abc, abc, ich, du, er, sie, es, wir, ihr, sie, allesamt in einem Topf, allesamt hoho, das ist das Leben, hoho, die Welt, das Dasein, hoho.

Einige Theoretiker halten Aktivität für einen Wahn, sie halten auch das Ich für einen Wahn. Sie haben den Standpunkt der Zuschauer, die Auffassung eines, der auf dem Stuhl sitzt. Wer sitzt, hat von vornherein nur die Kategorien der Kausalität; die Dinge müssen ineinandergreifen. Da gibt es Ordnung und Gesetzmäßigkeit. Aber die Welt verfährt anders. Es gibt Betrachtungsgesetze und Bewegungsgesetze. Man muß vom Stuhl aufstehen, dann weiß man es.

Die Kausalisten sehen alles nachher, von hinten. Vorher aber war es unklar. Ihre Welt verläuft gar nicht programmatisch – denn niemand weiß alle Faktoren –, sondern metagrammatisch.

Es gibt ein vollständiges und ein unvollständiges Weltbild. Das unvollständige ist das der Wissenschaftler. Sie beschreiben die betrachtete Welt. Der gesehenen Welt steht die lebende gegenüber. Ihre Schilderung und Auseinanderfaltung, soweit sie möglich ist, ergibt das vollständige Weltbild. Die Welt ist erst real und konkret im handelnd vollzogenen Leben mit seiner Vieldimensionalität. Daher kann die bloße Optik, Akustik, die in Formen und Bewegungen stehende und ablaufende Welt nur eine unvollständige Welt sein. Sie ist eine Vorwissenschaft. Wo man Gefühle, Wollen, Denken – Lust und Schmerz – Anspruch und Abweichung – Werte und Sollen mit hinzunimmt, kommt man zur wirklichen vollständigen Wissenschaft. Aber ohne weiteres sieht man, daß es dann gar keine bloße Wissenschaft mehr ist, sondern, wie es sich gehört, eine Praxis.

Wenn wir vom Dasein als Handlung sprechen und das Ich ein Zentrum nennen, so werden wir alles noch deutlicher machen, wenn wir im nächsten Buch in die Natur hineingehen und dabei ausführen, was ›Handeln‹ ist. Ich als Zentrum: das heißt, Ich bildet Form, und das heißt Handeln. Bewußtsein, das nehmen wir vorweg, gehört nicht zum Wesen des Ich, sondern

Bewußtsein ist das Einzelorgan einer bestimmten Gestaltenklasse.

Das Dasein läuft ab unter dem Zeichen der Handlung.

Den Schlüssel liefert die Person und ihr Fühlen, Denken, Wollen. Mit dem ›Ich‹ ist das Wählen – Annehmen, Ablehnen – gegeben. In der Welt geht nichts vor, sondern es wird erlebt, und alle Veränderung ist Zeichen eines Erlebens, das heißt Aktion eines Ich.

Veränderung: das sieht, von außen betrachtet, aus wie: ›es geht vor‹. Man sieht aber da nur das Licht, nicht die Lampe. Es wird agiert und reagiert, ja und nein gesagt. Es funktioniert ständig der Lust-Unlust-Apparat, der Ich heißt, und von da geht aus Sehnsucht, Liebe, Begehren, Haß mit allen Aktionen, für die Glieder und Organe da sind. In Hunger, Durst – nach Speise, Luft, Trank –, in Begierden und Ermattung zeigt sich das Dasein des Ich.

Verschieden ist man Ich, aber darin, daß man erlebt und eingreift, anordnet, ist man immer Ich, als Mensch, Tier, Pflanze, Kristall. Denn wie kann ich sein, ohne zu atmen, zu essen, zu trinken. Ich muß Stoffe aufnehmen, Stoffe ausscheiden. Ich muß unterscheiden zwischen Dingen, die mir schädlich, und solchen, die mir nützlich sind. Ich weiche den schädlichen aus, suche die nützlichen, und darin besteht mein Leben. Es ist mir nicht bewußt, warum ich diese Dinge als schädlich, diese als nützlich ansehe, und worin ich eigentlich meinen Nutzen sehe – aber daß ich diese Form, dies Zentrum bin und das in mir habe, daß ich so bin und allein auf diese Weise unter beständiger Bezugnahme und Eingreifen lebe – das ist mir gewiß.

Wir werden im Fortgang unserer Untersuchung nicht versäumen, auf das mathematisch-physikalische Kräftesystem zu blicken, in dem sich die so als Handlung und Erleben vollzogene Welt darstellt. Die Aktionen ergeben ein sinnvolles System. Es steckt keine Willkür in dem Wählen, dem Annehmen, Ablehnen des Ich. Der Lust-Unlust-Apparat, Neigung und Abwägung arbeiten nicht aus dem Leeren und nicht souverän ins Leere, bewegen sich nicht barbarisch, paschamäßig. Es steht da etwas vereinzelt, als scheinbar zufälliges Individuum, wie es glaubt – aber was es tut, nach eigenstem Antrieb, zeigt die Natur dieses Ich, nämlich mit dem großen anonymen Werden zusammenzuhängen, im Rat der Götter mitzuwirken.

Wovor das Fallgesetz zittert

Ja, man ist in keiner Welt der Dinge, die sich nach physikalisch-chemischen Gesetzen ›streng kausal‹ bewegen. Physik, Chemie und Kausalität hat man zu sehen, zu studieren, aufzuzeichnen, aber auch zu durchschauen.

Wenn ich ein Lächeln sehe, so frage ich, was es bedeutet, wie man lächelt, warum man lächelt, natürlich auch, wer lächelt. Physik, Chemie, Kausalität sind solch Lächeln. Also muß man fragen. Das Wundern ist des Denkers Lust, das Wundern. Aber man braucht sich gar nicht sehr lange zu wundern, man muß nur sehen, besser sehen als bisher. Man muß eine Grundtatsache sehen. Und die heißt: außer Physik und Chemie gibt es in der Welt Schmerz und Lust.

Wirklich und real sind sie da. Konkret sind sie da und nicht wegzuwischen, nicht auszulöschen. Diamantenhart wie das Fallgesetz sind Schmerz und Lust da. Und daß sie da sind, daß gelächelt und geweint wird, daß das Kindchen jammert, weil es eine Minute seine Mama nicht sieht, daß ein Liebender sich krümmt vor Einsamkeit, weil er einen schlechten Brief von seiner Freundin erhalten hat, daß eine Frau ohnmächtig am Grabe ihres Mannes zusammensinkt – das bringt alle Tatsachen der Physik und Chemie ins Wanken. Sage ich: ins Wanken? Nein, in Schillern, in Zittern, in Freude: denn jetzt erkennen sie sich! Sie erkennen: hier ist das Leben ihres Lebens. Nun erst fällt der Stein richtig.

Das ist offenbar Lyrik und Wortgeklingel. Was soll ein fallender Stein ›erkennen‹ beim Weinen eines Kindes, beim Lächeln zweier Menschen, die sich treffen, bei der Ohnmacht einer armen Frau? Man widerstrebe nicht und wisse, was man weiß. Man ist nicht allein auf der Welt, man fällt nicht aus der Natur heraus. Wenn das Kind jammert und die Freunde sich anlächeln, so sind sie von dieser Welt, in dieser Natur, und alles an einem ist Natur. Auch ihr Jammern und ihr Lächeln. Man nehme ein Stück dieser Natur, und man hat die ganze Natur. Was das Kind tut und die Freunde tun, ist nicht ihr Privattun, eine Verrücktheit und Besonderheit an einem. Es ist so wissenschaftlich und untersuchenswert und verstehenswert wie der Fall des Steins oder die Elektrolyse des Wassers. Und wenn man sie auftreten und vorkommen sieht in der Natur, hat man alle seine Meinungen über die Natur zu verändern und danach einzurichten. Sie sind die zweite Wahrheit neben dem Fallgesetz und der Elektrolyse. Und sie sind die erste Wahrheit über dem Fallgesetz und der Elektrolyse, und bei ihrer Annäherung zittern die strengen natürlichen Gesetze vor Freude, weil das ihre eigene Sprache ist, in der sie angeredet werden.

Alle Steine werden von dieser Sprache angeredet, nur die Wissenschaftler nicht.

Warum sie zittern, Pflanze, Tier, Stein, Erde, Sonne, alle chemischen Elemente, jedes Stück Materie bei der Annäherung eines Lächelns, beim Hören des jammernden Kindes, vor dem Dasein mit Lust und Schmerz? Weil alles Ich ist und von derselben Art ist wie das Kind und die Freunde. Anders ist das Ich überall, in der Pflanze, im Tier, im Stein, aber da ist es überall, auch wenn es keine Augen und Ohren hat.

Man verstehe die große Welt. Man lerne sie kennen.

Man lerne sie an seine Brust nehmen.

Diese Welt im Ganzen ist eine Ding- oder Werkzeugwelt. Werkzeug heißt ›organon‹. In diesem Sinne wird hier von der Ding- oder Werkzeugwelt als der organischen Welt gesprochen. Organismen sind Dinge – aber darf man sagen, daß alle Dinge auch organisch sind? Betrachten wir etwa einen Tisch. Er ist doch bestimmt kein Organismus. Warum ist aber der Tisch organisch? Er besteht erstens unter allen Umständen und in allen Fällen aus Substanz, die organisch ist, also aus Holz oder Metall oder Stein bzw. Umwandlungsprodukten aus ihnen. Holz, Metall oder Stein sind gewachsene Dinge, die irgendwann einmal in ihrer besonderen Weise Leben hatten, Leben äußerten, anderes zum Leben benutzten, ihren Werkzeugcharakter bekundeten im Aneignen, Zugreifen, Einschmelzen, Zertrümmern, und die dann von anderer Seite selbst zertrümmert wurden. Jetzt, wo sie zertrümmert sind, werden sie wie Nahrung, Brot, Fleisch, Wasser von anderen mächtigeren Lebenden verwendet, und zwar nicht gegessen oder getrunken, sondern angegliedert. Wir brauchen zum Leben nicht nur Luft, Wasser, Zucker, Fette, Eiweiß, Salze, sondern auch andere Menschen, Kleider und vielerlei Gegenstände, und zwar in den verschiedenen Zonen und zu den verschiedenen Zeiten Verschiedenes. So also ist zweitens der Tisch organisch, er gehört zu meinen Organen.

Er hat seinen eigenen früheren organischen Charakter, den eines pflanzlichen oder kristallischen Organismus, verloren, er ist wie ein geschlachtetes Tier, aber seines so veränderten Daseins bedient sich ein Ich und gliedert sich ihn an in bestimmter Weise. Der Tisch lebte vorher als Holz im Baum, jetzt lebt er am Menschen.

Ich möchte aber allgemein sagen: was organisch ist, ist es allemal in zweifacher Hinsicht, herrschend und dienend, stärker und schwächer. Jedes organische Wesen ist immer beides zugleich, und zwar zu bestimmten Zeiten das eine mehr und das andere weniger.

Etwa dieser Tisch ist jetzt, obwohl einmal als Baum gewachsen, ganz mir untertänig und etwas an mir, und sein menschlicher Charakter, daß er zugeschnitten ist auf mich und mir dient, ist ganz deutlich. Er ist schön geglättet für meine Hände, er ist breit, damit ich meine Arme und Sachen darauf legen kann, er hat eine Höhe, die mir entspricht, seine Politur und Farbe ist so hergerichtet, daß sie meinen Augen angenehm ist. Aber einmal wird sich der Tisch von mir gelöst haben. Kräfte, die noch stärker sind als ich, werden ihn unansehnlich machen. Er wird abgenutzt erscheinen, der Tisch wird altern, ich werde altern, wir gehören nicht mehr zusammen. Er wird mir entrissen werden, wie ich ihn seiner Wurzel entrissen habe, und dann entzieht sich mir der Tisch und geht seine alten selbständigen herrischen Wege. Er beginnt seine Aussprache mit der Luft, mit der Feuchtigkeit und Trockenheit, mit der Wärme. Er ist gewissermaßen wie ein unterdrücktes Volk, das sich an den Völkerbund wendet, aber an einen, der wirklich etwas tut. Es ist eine Instanz da, gegen die ich nichts machen kann, und jetzt nimmt der Tisch wieder – scheinbar einen ganz niedrigen, tatsächlich einen außerordentlich stolzen – Platz ein: er vermodert. Er zersplittert, zerfällt. Nehmen wir an, er wird nicht verbrannt. Die Bohrwürmer und Termiten in Afrika kümmern sich gar nicht um das menschliche Organ Tisch. Für sie ist und bleibt er hochansehnliches souveränes Holz. Und das Holz läßt seine Zellstränge zerplatzen, und zerstampft, zerrieben vermischt es sich mit Bodenerde. Und in der Bodenerde ist vieles zusammengekommen mit dem Holz, was simpel als Leiche oder Trümmer oder Rest gilt, was auf der Reise ist und kein deutliches Gesicht hat. Da ist das Holz zum Beispiel zusammen mit Resten von Tieren und Menschen, die ebenfalls jetzt auf der Reise sind und ihr Inkognito wahren, aber sie stehen jetzt unter der starken Hand eines Mächtigeren oder vieler Mächtigeren.

Und so bekommt man ein natürliches Bild davon, was Tod ist, und was Tod nicht ist. Denken Sie daran, wir sind in der Ding- oder Werkzeugwelt.

Lassen Sie uns auch einmal von dem Wachstum sprechen und sehen, was denn früher mit diesem Tisch war, wie denn eigentlich dieses Holz Holz geworden ist. Da war ein winziger Keim da, etwa von einer Tanne der Samen aus einem der unzähligen Zapfen. Das war ein Ich, das sein Werkzeug hatte. Es zeigte seinen Charakter als Zentrum, indem es sich entwickelte oder wuchs, wie man so sagt. Und mit welcher Gefräßigkeit. Es wurde ein Organismus, der sich angliederte, was er brauchte. Von dieser Maschinerie muß man eine Vorstellung haben. Sie hat etwas vom Feuer an sich. Sie schmilzt ein, zieht an sich, benutzt, verleibt sich ein, gliedert sich an. So sieht das Ich in der Natur, in der Dingwelt aus, ein Zentrum, das organisiert.

Der Weckruf des Ich

So liegt die Welt wie eine Wüste da, mit Städten, Dörfern, Häusern und Siedlungen. In grauer dämmernder Dunkelheit liegt alles da, die Menschen und Tiere schlafen, Menschen und Tiere sind da, aber sie erwachen nicht, sie erwachen nicht, sie erwachen nicht.

In Ruinen zerfällt alles, was in der Wüste liegt, die Städte und Dörfer und Siedlungen zerfallen. Die Wüste wächst über Dörfer und Städte weg. Was Haus war, ist jetzt Sand. Sie erwachen nicht, sie erwachen nicht, sie erwachen nicht.

Grau ist der Himmel, die Dämmerung lagert über allem, was ist das, die Sonne will und will nicht aufgehen. Die Sonne ist gebunden, es hat die Sonne einer gebunden, eine Stimme hat gerufen: Sonne steh still, und sie steht, und sie kommt nicht, und sie steht.

Es warte keiner auf die Sonne. Es fehlt das Wort, das die Sonne nennt. Es fehlt der Arm, der die Sonne stößt – glaube nicht, sie fliegt nach eigenem Gesetz, es ist ein großes Wort für alle da, ein Ruf, eine Stimme. Die Fackel schwingt, womit man die Stricke, die Stricke verbrennt, mit denen die Sonne gefesselt ist.

Gefesselte Sonne! Wie ruft man dich, Sonne? Gefesseltes Licht, wie rufen wir dich? Verborgene Wärme, Seligkeit unseres Daseins, wie rufen wir dich?

Seligkeit unseres Daseins, du bist uns geraubt, in Trümmer zerfallen wir ohne dich.

Schrecklich ist die Macht, die da schweigt, wir wissen es jetzt. Gewaltig ist die Kraft, die da schweigt, wir fühlen es jetzt. Sonne, erbarme dich, sprich selbst deinen Namen, nimm uns wieder an dich. Erhebe uns.

Ruf nicht die Sonne. Ruf nicht, was nicht hören kann. Ich bin das Ich. Ich bewege die Sonne, um die alles kreist. Wenn ich nicht bin, ist alles erloschen, und alles fällt und ist verwaist.

Ich bin der Zerstörer und bin der Erhalter. Ich bin der Veränderer und bin der Verwalter, Ich heißt der Erwecker, das Morgenrot. Steht jetzt auf, ihr. Es war der Tod.

Solange Ich bin, ist kein Tod. In meinem Garten sind keine Gräber. Ruinen, steht auf, Dörfer und Städte. Ich bin da. Es war der Tod.

Wie dumpf handelte in den Kämpfen, Arbeiten, Tätigkeiten, Auseinandersetzungen irgendein ahnungsloses, verworrenes, getriebenes Ich. Es war nicht mehr als ein Gegenstand.

Jetzt bin ich anders. Ich bin nicht Gegenstand in dem physikalischen Chaos der Gegenstände, Sinnlosigkeit unter Sinnlosigkeiten – ein Billardball, der fliegt und liegen bleibt – Schneeflocke, die schmilzt, weil es Mittag wird. Ich bin das, was all dieses zusammenhält, was dies zur Welt macht, um das sich alles bewegt und das sich erlebt, in dem dies alles geschieht.

Kopernikus hat geglaubt, der Sonne den Hauptplatz im Weltsystem geben zu müssen. Hier steht das Ich auf, es weiß sich Ich und tritt in seine alten Rechte ein. Es nimmt die Sonne wieder an sich und gibt ihr einen neuen Platz. Sie empfängt von ihm ihren Namen. Das kann das Ich. Für das Ich, das jetzt da ist, ist alles von Fragen erfüllt, alles will von ihm seinen Namen und Platz haben. Die stumme Welt blickt auf das Ich und erwartet seine Anweisungen.

Wie kam das Ich dazu? Wir antworten: das macht sein Charakter und ist seine Natur – jene ›Unmittelbarkeit‹ der Farben, Formen, Töne, Gerüche, welche die strenge, innige, nicht loslassende Bindung der Welt an das Ich kundtun.

Es ist eine andere Welt, die jetzt so steht, obwohl dieselbe Welt der Arbeiten, Kämpfe. Es ist ein anderes Ich, das jetzt dasteht, obwohl Ich Ich blieb. Es ist nicht mehr der bloße Tierleib, das treibende oder geschlagene Individuum. Es ist das lebende Ich, das als Person seinen Platz in der Welt einnimmt, seinen zentralen Sitz.

Man muß das gut sehen und nicht schwanken und zittern, man muß es in seiner Wahrheit und Großartigkeit erkennen. Im Heiligen Römischen Reich Deutscher Nation hatten sie reichsunmittelbare Fürsten und Städte. So ist das Ich aufgerichtet, gereinigt: weltunmittelbar.

DRITTES BUCH

AUFSCHLIESSUNG DER WELT

DIE NATUR

Die Person als offenes System

Zwei Merkmale charakterisieren die Person und sind Hauptzeichen eines lebenden realen Ich: Formung, Ordnung, Gliederung der Person zu einem System und Verbindung dieses Systems mit der Umwelt.

Die Person tritt als Organismus auf, und ein Organismus ist ein gegliedertes System, das einen Zusammenhang hat und eine Ordnung in sich ist. Ein Organismus ist keine Ganzheit, wie manche meinen, denn sonst könnte ich diesen Organismus aus dem Zusammenhang schieben und er bestünde noch. Aber er erweckt den Eindruck einer Ganzheit, und das kommt daher, daß er eine Ordnung, eine planvolle Gliederung ist.

Durch zwei Dinge beweist der Organismus seine nicht völlige und wirkliche Ganzheit: erstens durch sein Entstehen und seinen Aufbau aus Stoffen der Umwelt, und zweitens durch seine Organe und den Zwang, ständig Umwelt an sich zu ziehen. Die Organe halten, sogar nachdem der Organismus geformt ist, ständig in Nahrungssuche, Stoffwechsel, Atmung den Zusammenhang des Organismus mit der Umwelt fest und sind so die sichtbare und nicht abreißende Nabelschnur des Organismus zu der anderen Welt. Ein Organismus, die Person also, wird nie so völlig geboren, daß sie als Ganzheit gelten könnte, und dies ist ein elementares Zeichen an der Person, überhaupt an allem Geformten. Wenn wir fragen: »Wie ist die Person ein Stück der Welt?«, so ist die erste und grundsätzliche Antwort hier gegeben: die Person hängt durch Geburt wie durch Nahrungsaufnahme und Stoffwechsel in ungelöster Bindung an der Welt. Gesamtwelt und Person sind einander zugewandte, gegeneinander geöffnete Systeme.

Diese Eigentümlichkeit ist das Wichtigste, Allgemeine, was sich über die Person sagen läßt. Daß sie geboren wird, wächst und stirbt, gehört hierher: es kommt zwar zu einer Formung, aber sie wird wieder zurückgenommen, sie ist unbeständig.

Und ebenso wie innerhalb seines Lebens der Organismus in Stoffwechsel, Nahrungssuche, Atmung die Nabelschnur oder Öffnung seines Systems zeigt, so zeigt im Geborenwerden und Sterben der Organismus selbst seine Öffnung. Es ist aber überhaupt kein richtiges Geborenwerden und kein richtiges Sterben, das wir erfahren, denn zu beiden gehört ja richtiges Dasein, Selbständigkeit, Ganzheit, geschlossenes System.

Wir haben daher eine fehlerhafte Auffassung von der ganzen Person, wenn wir etwa die Nabelschnur reißen sehen, und später kann sich das Tier selbst bewegen. Es muß ja atmen, essen und trinken, und daß Essen und Trinken noch die Nabelschnur ist, erkennen wir nicht. Man muß beides gut sehen: die Eigenformung, den Systemcharakter der Person, und die Einbettung in größere Systeme. Wenn auch die Person ein offenes System ist, so ist sie doch immerhin System. Man kann freilich nicht von Mikrokosmos und Makrokosmos reden, das unterschlägt den Zusammenhang, es unterbricht den Fluß, in dem sich alles befindet.

Man soll sich daher keinen romantischen Illusionen hingeben und darüber klagen, daß die Blumen zum Wachsen und nicht zum Aufessen da sind, oder das Fleisch der Tiere nicht zum Aufessen, sondern damit sie ihre Muskeln haben und herumspringen. Ich sage, man soll sich keinen romantischen Illusionen hingeben. Es gibt nicht solche ›Natur‹, die bloß für sich und in sich, Tier für Tier, Pflanze für Pflanze da ist und wächst. Die Milch der Kühe dient gewiß den Kälbern, aber sie dient, so wie die Natur eingerichtet ist und da wir da mitspielen, auch uns. So dient der Nektar in den Blüten den Bienen. Ja, es muß offen ausgesprochen werden, obwohl es sehr roh klingt: so dient die Antilope dem Löwen! Denn auch der Löwe ist von Natur aus da, und wie man an seinem Körperbau, seiner Muskulatur, seinen Zähnen und Klauen erkennt, ist er auf den Raub eingerichtet. Er ist, wie wir uns ausdrückten, ein offenes System, bei dem die Natur auch mit der Antilope gerechnet hat.

Wir verstehen trotzdem, woher es kommt, daß jedes einzelne Wesen, jeder Mensch sich gegen die Auflösung und gegen den Angriff wehrt und was sein sogenannter Selbsterhaltungstrieb eigentlich ist. Es ist der isolierende Formtrieb des Ich, welcher in jeder Gestaltung in verschiedener Art lebt. Darum sagt jedes Wesen: »Ich bin Ich, unter den Gestalten und Gebilden dieser Welt ist die Person hier etwas Besonderes. Dies Tier ist ein Tier vor allen anderen Tieren. Dies Ding ist ein Ding über allen Dingen.«

Da könnte einer auf den Gedanken kommen: die Welt ist ein einziger Riesensumpf und die Organismen Blasen, die aus ihm aufsteigen. Aber man kommt der Welt nicht nahe mit solchen Vorstellungen. Denn jene Blasen sind ja das Deutlichste, Greifbarste und Auffälligste an ihr – die Organismen sind die Formungen, der Sumpf ist erst etwas Zweites. Man kommt der Welt nicht nahe mit dem Gedanken der Sinnlosigkeit und des Chaos angesichts des greifbaren Faktums der Gestalten. Und eigentlich ist es erstaunlich, zu bemerken, daß sich immerfort diese Gedanken von der Sinnlosigkeit und Chaotik der Welt wiederholen. Aber wir erkennen jetzt auch die Ursache des Auftretens dieses Gedankens. Es ist die Offenheit der Systeme, die Unvollständigkeit der Individuation. Uns, die wir doch nun einmal den Antrieb nach Vollständigkeit, Geschlossenheit und Ganzheit haben – jedenfalls gedanklich, aber wir ahnen nicht, was uns damit beschert wäre –, uns widerstrebt die ständige Auflösung der Gestalt, der Fluß in der Natur. Und hier liegt die Berechtigung des Protestes. Der Protest signalisiert die eingeborene Tragik alles Gestalteten.

Dies Allgemeine stellen wir fest und rufen wir in die Erinnerung zurück, wo wir jetzt die Tür öffnen und in die Welt gehen.

Wir werden vom Menschen zum Tier, zur Pflanze, zum Mineral, Stein und zu den Naturkräften gehen, aber uns eigentlich dabei nicht vom Menschen wegbewegen. Wir werden das Tier, die Pflanze, das Mineral, den Stein im Menschen aufdecken und dabei vorgehen, als wenn wir Schale um Schale von einer Zwiebel abziehen. Wir werden einen Abbau des Menschen vornehmen, den Abbau auf das Tier, die Pflanze, das Mineral, den Stein, und indem wir diese Lebensstufen und -gestaltungen für sich betrachten, werden wir uns selber erkennen. (Was und wieviel an der Person ist Welt – damit ist zugleich gesagt: was und wieviel an der Welt ist Mensch.)

So wird sich zeigen, wie wir ein Stück der Welt sind.

Erstes Hauptstück

Die Pflanze und der Nervmuskelmensch

Vom Ich führen Brücken zur ganzen Realität. Von der Person, welche die von uns unmittelbar erlebte Ichgestaltung ist, führen Brücken zur Welt.

Die Welt zeigt uns Millionen Menschen, die von der Art dieser Person sind. Ich oder die Person ist aus ihnen hervorgewachsen, ich lebe unter ihnen, bewege mich unter ihnen. Das ist der nächste Kreis um mich. Millionen Tiere sind da, zahlreiche Gattungen, Arten und Rassen. Aber so zahlreich sie sind, in der Luft, auf der Erde, im Erdboden, im Wasser – die Person, mein Leib, der Organismus ist die Brücke zu ihnen. Sie weichen im Anblick phantastisch von mir ab. Aber ich kann und muß mich mit ihnen identifizieren. Auch sie sind Organismen, ihr Organismus wird geboren, nimmt auf, gibt ab, atmet, vermehrt sich, schützt sich, altert und stirbt.

Dann trägt die Welt Pflanzen. Und siehe: auch zu den Pflanzen finde ich Zugang. Was von den Tieren gilt, gilt auch von den Pflanzen. Ob die Organismen Beine haben und laufen oder mit

Flügeln fliegen oder mit Flossen schwimmen oder wie Korallen festwachsen oder wie Pflanzen einwurzeln, entfremdet sie mir nicht. Ja, sie haben keine Augen, die Pflanzen. Sie nehmen auf besondere Art, auf pflanzliche Art, das Licht wahr, sie zeigen mit ihren Farben, wie sie das Licht erkennen, auf ihre pflanzliche Art, und mit ihm umgehen, so daß sie sich deutlich voneinander unterscheiden, etwa in ihren Blütenorganen, und von den Insekten leicht gesehen werden.

Pflanzen haben keinen Mund, keinen Magen, keinen Darm, aber mit der Person haben sie gemein, daß sie Nahrung aufnehmen und, was sie nicht brauchen, speichern oder abgeben. Und das tun sie mit Wurzeln, Blättern und Blüten. Und darin sind sie sehr klug, denn ein einzelner Mund wäre nicht nur gefährlich wegen der Fülle der möglichen Verletzungen, sondern auch unvorstellbar bei Organismen, die ihre haftende Lebensweise darauf eingerichtet haben, Wasser, Erdsalze und Kohlensäure im Umkreis ohne Bewegung aufzusaugen. Dazu haben sie einen großen Aufnahmeapparat entwickelt, Münder liegen in den Wurzeln, die auch die Pflanze anheften und stützen, und Münder liegen in den Blättern, in den kleinen Spalten, durch die die Luft eindringt.

Der Mensch, wie die meisten Tiere, ist nicht am Boden festgewachsen. Die Pflanzen entwickeln ihr Ich am Boden, und was sie zur Ernährung, zum Wachstum, zur Fortpflanzung benötigen, können sie an Ort und Stelle verrichten, und sie brauchen im wörtlichen Sinne keine großen Sprünge machen, und wenn es ihnen nicht an Ort und Stelle glückt, so sind sie verloren. Aber sie sind nicht verloren, in der Regel nicht, sie haben die größte Klugheit entwickelt in der Bewältigung und Aufschließung des Bodens, in der Fähigkeit, physikalisch und chemisch sich den Boden anzueignen, ebenso in der Anpassung an Luft und Temperatur. Sie können Wachs- und Lederhäute entwickeln, um die Wasserverdunstung aus ihrem Leib zu verhindern und nicht einzutrocknen, sie vermögen Nässe in Wüsten zu speichern, sie schützen sich mit Stacheln gegen Tiere, sammeln Stärkevorräte, verstehen mit dem Wind umzugehen und sind dazu bald verborgen in Gebüsch, bald sehr starr und breit, bald dünn wie Gräser oder biegsam wie Tannen. Welche Masse von Formen des klugen und berechneten Zusammenlebens mit andern Pflanzen und Tieren sind hier entwickelt. Sie haben eine großartige Technik und haben allerhand maschinelle Einrichtungen, Röhren, Pumpen, Fermente, und was sie an Werkzeugen brauchen, tragen sie großartig und erstaunlich an sich. Sie unterliegen keinen Krisen, sie schaffen nicht mehr Maschinen als sie nötig haben. Sie vererben ihren Besitz, welcher sie in der Tat befähigt, ruhig allen erdenkbaren Schicksalsschlägen entgegenzugehen, gleichmäßig an alle Familienmitglieder fort. Diese Fähigkeit zu klettern, zu ranken, zu winden. Diese Sorge um die Nachkommenschaft, die Überschüttung der Wiesen und Wälder mit Samen, die sich schlau als Kletten an Tiere heften, von Menschen oder Insekten wegtragen lassen oder sich geschoßartig, manchmal auch wie Flugzeuge verbreiten. Sie sind nicht von der fatalen Hilflosigkeit fast aller Tiere und auch der Menschen, die durch einen einzigen Schlag völlig vernichtet werden können. Sie kennen wenig solcher tödlichen Schläge und erholen sich aus Wurzeln oder Ablegern.

Die flüchtigen Tiere entwickeln zum Teil riesige Sinnesorgane. Das haben Pflanzen nicht nötig, aber auch sie empfinden. Graskeimlinge etwa haben eine Keimblattscheide, und die trägt an ihrer Spitze eine lichtempfindliche Stelle. Wenn wir ›lichtempfindlich‹ hören, so denken wir an das Auge. Und etwas Ähnliches ist diese Stelle auch, aber übersetzt ins Pflanzliche, und wir wollen einmal sehen, wie solche Übersetzung aussieht. Trifft das Licht diese Stelle, so läuft der empfangene Reiz mit einer Geschwindigkeit, besser Langsamkeit, von 2 cm in der Stunde abwärts, und der Sproß des Grases fängt an, sich zur Lichtquelle zu krümmen. Zustande kommt die Krümmung bei dem keimenden Gras durch einen Wachstumsvorgang an dem Sproß. Wenn wir Menschen nun sehen, etwa einen Hut, den wir aufsetzen wollen, so liegt da vor eine in ihrer Natur noch unklare Reizströmung von der Netzhaut nach dem Hinterhauptslappen des Gehirns, es erfolgen Ausstrahlungen dieser Erregungen auf Assoziationsfasern, schließlich strömt der Reiz nach vielen Schaltungen zu Bewegungsnerven hin, welche im Gehirn ihre Zentren haben, und unser Arm und die Hand greift nach dem Hut. So haben wir gesehen. Die Pflanze greift nicht und läuft nicht, sie bleibt an ihrer Nahrungsquelle, aber sie kann wachsen und sich drehen.

Man hat festgestellt durch sehr saubere Experimente, daß die Reizleitung von der lichtempfindlichen Stelle des Grases eine Wanderung von Hormonen ist, also eine Wanderung von wirksamen Stoffen, die mit dem Saftstrom nach der Schattenseite an der Sproßwurzel fließen und dort ein stärkeres Wachstum anregen. Darauf erfolgt die Krümmung des Grases nach der Lichtseite. So also sieht das keimende Gras, und wie das Beispiel auch zeigt, so bewegt es sich. Es ist nur eine einzelne Art der Pflanze, zu sehen und sich zu bewegen.

So ist das pflanzliche Ich als Organismus von großer Tüchtigkeit. Es sind kluge Werkzeugträger, die, am Boden festgewachsen, sich an ihre Nahrungsquelle, die Mutterbrust, heften. Ihnen fließt wahrhaftig alles in den Mund. Die meisten Tiere aber und die Menschen müssen suchen gehen. Ihnen ist die Nahrungssuche auferlegt. Das ›Unstet und flüchtig‹ steht über ihnen. Daher haben sie einen andern Weg der Entwicklung gehen müssen, haben eine andere Art zu existieren, aber Organismen, Werkzeugträger des Ich sind sie genau wie die Pflanze. Und an dieser Tatsache verschiebt keine Umstellung ihres Lebens und ihr völlig anderer Körperbau etwas. Den Wesen, die auf Nahrungssuche gehen müssen, den flüchtigen, ist vor allem die Muskulatur wichtig. Bei Tieren und Menschen steht daher ungeheuer viel bei der Ausbildung des Organismus im Zeichen des Verkehrs. Übrigens sehnt sich sehr oft der gejagte Mensch entweder nach der Ruhe des Ansiedelns oder romantisch nach der Ruhe eines völlig pflanzlichen Daseins. Aber so, wie er ist, kommt es für ihn, wenn er nicht sterben will, auf Ortsbewegung an und auf den Kampf gegen die Ermüdung. Entwickelt werden Muskeln zum Laufen, Beinmuskulatur und Muskulatur der Hüften, dann Arme zum Greifen, Kiefermuskeln, Mund und Schlundmuskeln zum Schnappen, Schlucken und Beißen, Muskeln, die im Zusammenhang stehen mit besonderen Maschinen zur Bewegung durch die Luft und durch das Wasser, die Flügel und Flossen.

Es werden aber für das Wesen, das sich vom Boden emanzipiert oder emanzipieren muß, außer der Muskulatur und der angeschlossenen Maschinerie, welche den gesamten Körperbau und sein Bild so gründlich verändern, noch Einrichtungen erforderlich für die Bewegung über die Erde, welche noch eigentümlicher sind und diese Organismen noch mehr prägen als die Muskulatur und Begleitapparate. Ein unständiges Wesen muß Sinneswerkzeuge, Tastorgane, Augen und Ohren und ähnliches entwickeln. Der gesamte Bauplan des Organismus wird durch die Muskulatur und die nervösen Einrichtungen maßgebend bestimmt. Aber daß wir Sinnesorgane in so reicher Zahl, von solcher Kompliziertheit haben, ja daß wir einen Kopf und ein Gehirn besitzen, das ist ein notwendiger Folgezustand. Es ist ein Muß für das unständige, vom Boden emanzipierte Gewächs. Man begreift, wie hier die Welt zusammen mit der Person dies schuf. Es ist die Nahrungssuche bei Tag oder bei Nacht und die Gefahr, die hier formte.

Warum aber ist dies alles zu sagen und deutlich hinzustellen? Weil man die Außenforts an der menschlichen Burg unterscheiden soll von der Burg. Ja, wir bezeichnen hier Muskulatur, Sinnesorgane und Nervensystem als Außenforts, und sie sind nur Ausgliederungen und Anpassungen des einen wachsenden

Ich. Man muß sich vor dem Irrtum bewahren, als sei das Sehen, Hören, das Vermögen des Gehirns, die Bewußtheit, das Gedächtnis und was sonst etwas Wunderbares. Es ist in der Tat etwas, was den Menschen oder auch Tiere von den Pflanzen unterscheidet. Es sind Unterschiede, aber sie machen keinen wesentlichen Schnitt zwischen Tier, Mensch und Pflanze. Nicht das Gehirn und die Sinnesorgane sind das Ich und können das Ich ausdrücken oder seinen Hauptort bilden. Man muß sie richtig am Ich sehen, nämlich als Organe. Sie sind Bauten und Vorbauten, die für diese Art des organischen Lebens nötig sind. Sie sind Kastelle. Sie sind in gewisser Hinsicht gehörig zu unserer Haut und zu unserer Stützapparatur. Übrigens stammen ja wirklich Sinnesorgane und Nervenapparat von der Hautplatte ab und die Muskeln von einer Stützzellenplatte. Hirn und Muskeln haben sich enorm in den Vordergrund gestellt. Sie verdunkeln das Bild vom Menschen und das Bild von seinem Dasein. Sie verschatten, den großen und gewaltigen Hintergrund, das eigentliche tragende und wachsende Ich.

In dieser Situation, der Nervmuskelsituation, stehen die von der Erde emanzipierten Wesen. Instrumente also, Muskeln, Sinnesorgane und Gehirn, beherrschen das Feld und prägen dieser tierischen Periode den Charakter auf. Man könnte, da die Technik hier die Hauptrolle spielt, von einer technischen und zivilisatorischen Periode in der Zoologie reden. Und die menschliche Technik, die nicht an den Organismus gebundene, ist da nur ein kleiner Schritt weiter. (Man sieht übrigens, wo die Technik so in die Natur hineinragt, wie gefährlich es ist, allgemein Technik der Natur entgegenzustellen.)

Für das Tier war es nötig, nach Verlust des Bodens nicht nur seine Gesamtorganisation umzubauen, sondern nach Möglichkeit einen Ersatz für den verlorenen Boden zu suchen, eine möglichst stabile und sichere Ernährungsbasis. Hierfür haben sich Tiere und Menschen in Gesellschaften zusammengeschlossen, nachdem zweifellos schon Pflanzen dieselbe Taktik geübt hatten, des Siedelns in Herden und Rudeln. Aber in stärkstem Maße wurde für die bodenflüchtigen Wesen auf der Nahrungssuche und bei der Abwehr von Gefahren notwendig Kollektivität und Solidarität. Sie werden in Kontakt miteinander treten müssen, ihre Familien zusammenhalten, um sich gemeinsam zu schützen und gemeinsam eine Ernährungsfläche auszubeuten. Staatenbildung ist hier selbstverständlich.

Ebenso selbstverständlich ist etwas anscheinend Entgegengesetztes, nämlich, daß die flüchtigen Wesen, die sich oft allein behaupten müssen, eine Ichvorstellung entwickeln. Das nicht an den Boden gebundene Tier wird sich leicht als Individuum vorkommen und Zusammenhänge ignorieren. Dem ungebundenen Wesen mit Hirn und Muskulatur liegt der Ichwahn nahe. Und dann der zweite Wahn des Nervmuskelmenschen: er müsse handeln, und handeln sei allein das, was sein Nervmuskelapparat leistet. Der Mensch weiß und hat erfahren, daß für bestimmte praktische Gebiete dies richtig ist. Aber nur für bestimmte alltägliche Dinge. Sonst liegt der Irrtum vor, die Außenkastelle mit der Burg zu verwechseln. Der Nervmuskelapparat hat als Organgruppe die allergrößte Bedeutung. Er ist aber nicht zu verselbständigen. Das neuromuskuläre Handeln ist eine notwendige Bewegung. Sie tritt aber auf im Rahmen der allgemeinen Bewegung, welche das Wachsen des Organismus, des Werkzeugträgers des Ich, ist. Hinter diesem Wachstum verschwindet an Wichtigkeit die ganze Wildheit jenes Handelns.

Damit sind wir vom Nervmuskelmenschen zu der Pflanze gegangen, und dies ist ein erster Kreis in dem offenen System Mensch. Wir erkennen die Pflanze im Menschen, den Menschen als Pflanze, zugleich die menschliche Art der Pflanze.

Wir fügen diesem Hauptstück als Ergänzung vier Zusätze an: das Gehirn, die Begrenzung der Tierflucht, Liebe bei Pflanzen und Tieren, die Pflanze als Boden der Tiere.

Das Gehirn

Wenn Menschen von Leben und Tod sprechen, so meinen sie meistens bewußtes Sein und Erlöschen des Bewußtseins. Aber wie wenig an dem lebenden Menschen, überhaupt am Lebendigen, ist Bewußtsein. Das meiste, auch am Menschen, ist unabhängig vom Bewußtsein, alle chemischen Prozesse des Stoffwechsels, die komplizierte Selbststeuerung des Organismus bei den chemischen Abläufen, der gleichbleibende Zuckerspiegel im Blut, die Unmasse von Automatismen in der Darmbewegung, im Lymphsystem, Gefäßsystem. Was verläuft von dem Pump- und Saugwerk der Haargefäße im Lymph- und Blutsystem bewußt oder auch nur unter Kontrolle des Bewußtseins oder ist dem Bewußtsein zugänglich? Setzt man Leben mit Bewußtsein gleich, so ist der Mensch größtenteils tot. Es lebt nur ein Fleckchen von ihm. Aber wir sind niemals auf den Einfall gekommen, Leben und Bewußtsein gleichzusetzen. Bewußtsein mit Gedächtnis und Assoziationen gehört der besonderen Nervmuskelsphäre an, einem Ausbau oder Anbau am Menschen, einer Laterne am Wagen oder dem Fühlerpaar an der Schnecke. Ist die Laterne der Wagen, oder das Fühlerpaar die Schnecke? Das eigentliche Handeln des Menschen wird vom Bewußtsein nicht oder kaum gesehen. Das tiefere Handeln heißt zwar im gewöhnlichen Sprachgebrauch nicht ›Handeln‹, so nennt man im Alltag nur die Bewegungen, die die Nervmuskelsphäre dirigiert, aber wir wissen, daß man das tiefere Handeln doch Handeln, weil zu uns gehörig, nennen muß, und es wird mit größerem Rechte die tiefere Lebenssphäre mit dem Namen Ich belegt als die so deutliche Nervmuskelsphäre.

Von dem bloßen Vorbau-Charakter des Gehirns und Bewußtseins bekommt man eine Vorstellung bei einem Blick auf die Pflanzenwelt. Man vergegenwärtige sich die Lage der Tiere und Menschen, die nicht bodenständig sind und einzeln oder in

Gruppen auf Nahrungssuche gehen müssen; der Möglichkeiten und Gefahren im Raum sind ungeheuer viel. Und entsprechend den Möglichkeiten und Gefahren wurden da Bewegungsapparate, Wahrnehmungseinrichtungen entwickelt, und aufs rascheste kann nun der Umschlag vom Eindruck zu anderen Erinnerungen und zur Fluchtbewegung oder Annäherungsbewegung erfolgen, ermöglicht durch das Hirn- und Nervensystem. Hier ist das Explosivgemisch bereitet, welches momentane Aktionen ermöglicht. Es können Eindrücke gespeichert werden, Bahnungen erfolgen, die das Tier und den Menschen sichern, es kann kombiniert werden. Daß man erraten kann, wird für ein flüchtiges Wesen ungeheuer wichtig. Die Wesen, die an den Ort nicht gebunden sind, müssen, um zu existieren, ein Organ für die Zwecke der Erinnerung und des raschen Reizempfanges bilden, ihre Situation im Raume erfordert Gehirn und Bewußtsein.

In anderer Weise aber haben die Pflanzen zu leben gelernt. Die Absonderung eines isolierten Nervensystems, eines Gehirns und Kopfes war für sie nicht nötig. Das heißt aber nun durchaus nicht, eine Pflanze sei nicht so klug wie ein Tier und eine Pflanze denke und empfinde nicht, sondern eine Pflanze denkt und empfindet mit anderen Organen, und es besteht ein Unterschied zwischen dem Denken eines flüchtigen Lebewesens und dem Denken eines seßhaften Lebewesens. Die Pflanzen haben statt des überflüssigen Explosivgemisches des Gehirns eine örtliche, über die ganze Pflanze verbreitete Reizbarkeit. Statt Zentralisation und Abkapselung eine stark dezentralisierte, an jedes Einzelorgan gebundene Erregbarkeit, so daß also die Pflanze im Boden weiß, wenn sie als keimender Same in der dunklen Erde liegt, wo oben und unten ist, sie kennt Jahreszeiten, und je nach ihrer Art vermag sie aufs klügste, ja raffiniert ihren Hunger, Durst, ihren Willen, sich fortzupflanzen, zu befriedigen. Sie ist darin viel hartnäckiger und gewandter als das unständige Tier. Die Pflanze also lebt, wächst, pflanzt sich fort, ohne jenes Sondervermögen zu entwickeln, das die Menschen so schätzen und das doch nur ein Notstand ist und das sie Gedächtnis und Bewußtsein nennen und wofür sie das kolossale und erstaunliche Massenorgan des Gehirns sich geschaffen haben.

Wir wiederholen vor allem: Dadurch, daß bei den Tieren und beim Menschen sich ein Gehirn und Bewußtsein entwickelt hat, ist der Mensch noch kein Gehirntier oder Bewußtseinswesen geworden. Schutz und Ernährung schafft das Gehirn und das Bewußtsein, aber nicht Leben.

Die Begrenzung der Tierflucht

Der Satz ›Unstet und flüchtig sollst du sein‹ erging nicht allein an die Menschen, sondern an alle Tiere. Er ergeht an alles Lebendige, was nicht bodengebunden ist. Wir nehmen übrigens nicht an, daß das pflanzliche Leben gewissermaßen ein Paradiesesleben sei und daß sich die Tierformen aus den Pflanzenformen entwickelt hätten. Die Pflanzen sind selbst ein kämpferischer und hochtechnisierter Typ von Lebewesen. Und sind auf ihre Weise, wenn auch an den Boden gebunden, Tiere und unstet und flüchtig. Wenn man einen Grundtyp der Pflanze annehmen kann, aus dem sich die einzelnen Formen entwickeln und abwandeln, so scheint mir, es ist ein gemeinsamer Grundtyp von Tier und Pflanze vorhanden. Wenngleich innerhalb des Pflanzenreiches und ebenso innerhalb des Tierreiches die größten Formenunterschiede hervortreten, so hindert das nicht, gleiche Grundzüge hüben wie drüben zu sehen. Dasselbe Lebewesen, derselbe Organismus, an die Erde gebunden und unständig bei gleichzeitiger Entwicklung auf der Erde während riesiger Zeit, gelangte zu den Gebilden, die wir jetzt im Pflanzen- und Tierreich vorfinden. Auf die überwältigende Bedeutung des Umstandes, alle Organe transportabel zu machen, haben wir schon hingewiesen. Da hat die Pflanze keinen Mund, sondern die tausend Saugfasern der Wurzel, das Tier aber muß eine möglichst verschließbare Öffnung haben, die zugleich eingerichtet sein muß mit Greiforganen, mit Hack- und Schnappvorrichtung, mit Instrumenten zum Zerkleinern und Zerkauen, also Randlippen im Rüssel, Kiefern, Zähnen, Schnäbeln, Hornleisten.

Die Pflanze kann die aufgesogenen Säfte, Wasser und Lösungen, in Röhren aufziehen unter mäßigem Druck und in kontinuierlicher Arbeit an die bedürftigen Organe verteilen. Das Tier ißt und trinkt unregelmäßig, Nahrung bietet sich nicht immer, manche höheren Tiere hungern tagelang und müssen sich einen größeren Speisevorrat in ihrem Leib anlegen. Da kommt es zur Ausbildung des Magens und der Därme mit Begleitorganen, welche, wie die Leber, auch ein Nahrungsdepot darstellen. Auffallend ist besonders der Unterschied in der Wachstumsart. Es gab zwar in früheren Epochen offenbar ungeheure Tiere, jedoch kamen auch sie an Größe und Höhe bestimmt nicht an die ihrer Bäume heran. Und noch jetzt sehen wir ja die mächtigsten Bäume.

Wenn wir gefunden haben, das verschiedene Entwicklungsmotiv bei Pflanze und Tier ist die Bindung an die Erde, so haben wir jetzt auf die Begrenzung der tierischen Flucht hinzuweisen. Auch die Tiere sind ortsgebunden. Auch sie leben in einem bestimmten örtlichen Kreis. Es gibt die Vögel in der Luft, die Fische im Wasser und die Landtiere. Das wäre der weiteste Lebensraum, auf den die Tiere beschränkt sind. Aber sie haben noch innerhalb dieses Raumes ihre besondere Begrenzung, die sie nicht leicht durchbrechen können. Man denke an die kleine Landschaft, innerhalb deren Würmer oder Schnecken oder auch höhere Tiere lebensfähig sind. Die Tiere haben also einen gewissen Spielraum der Bewegung, aber er hat seinen Umkreis. Sie üben eine Funktion innerhalb dieses Umkreises. Sie haben sich der Landschaft angepaßt, sie vermochten die Einflüsse der Landschaft auf sich wirken zu lassen und vermögen nun unter diesen besonderen Umständen zu existieren.

Die Liebe bei den Pflanzen und Tieren

Die Natur hat die Liebe anders aufgezogen und ausgestattet wie den Hunger. Der ungeheure Wert, den sie, die im Zeitlichen verläuft, auf das Weiterlaufen, auf die Fortpflanzung legt, tritt noch besonders hervor, nachdem sie die Individuen auseinandergerissen hat und Doppelorganismen entstanden sind. Für den Hunger hat sie Zähne, Mund und Darm im Leib gemacht. Aber diese Ausstattung der Pflanze mit Blüte und Farbe! Diese größte Schönheit der Wesen um die Zeit der Geschlechtsreife! Diese Neigung, die Teilindividuen überhaupt verschieden zu bauen, verschiedenartig und doch ähnlich zu begaben, sie als Mann und Weib voneinander zu trennen und füreinander zu bezeichnen. Hier welche Fülle der Einfälle! Hier ist massenhaft viel nach außen verlegt, formt die ganze Gestalt und das Tun, und das ist zugleich Hilfe für die Lockung, Erregung der Neugierde, Anreiz.

Von einer eigentümlichen, freudigen, kämpferischen Lust wird die Not des Liebesgefühls überlagert, bei einzelnen Organismen periodisch, bei anderen ständig.

Der rauschartige verwandelnde Reiz der Liebe ist gewaltig, wie alle Welt weiß. Die Liebe, welche die Fortpflanzung betreibt, stellt die Zeitlichkeit mächtig in den Vordergrund, verdrängt das eigene Dasein des Individuums, das liebt, verdrängt seine Besinnung. Die Übermacht dieses Gefühls, in dem die Zeitlichkeit triumphiert und ihre Fahnen aufsteckt, die entgegenstehende Meinung, daß ein ›ewiger Sinn‹ das Wichtigste ist, hat die mönchische individualistische Feindschaft und die Ablehnung von Liebe und Fortpflanzung heraufbeschworen. Klar ist der Gegensatz: extensiver Sinn in der Zeit mit Geburt und Fortpflanzung und Tod, und intensiver Sinn im ruhenden Einzelwesen. Die stolzen Asketen haben sich da rigoros von der, wie sie phantasieren, täuschenden, verwässernden Zeitdimension abgewandt.

Der Ortsbewegung der Tiere entspricht die nie beendete Entwicklung der Pflanze. Ihre Vegetationspunkte sind immer tätig. Es erfolgt eine Bewegung im Längen- und Dickenwachstum. Bei der Pflanze sind die Nahrungsflächen nach außen gestülpt. Es liegen Darm und Lungen in Gestalt von Blättern und Wurzeln offen ausgebreitet an der Oberfläche, und Millionen Münder sind da, vor allem die Spaltöffnungen der Blätter. Das Innere ist Stützapparat, Transportapparat und Speicher.

Das Wichtigste aber an der Pflanze ist der grüne Farbstoff, denn er vermag aus Gasen, Wasser und Bodensalzen den eigenen Leib der Pflanze aufzubauen und erzeugt dadurch das Pflanzen- und Tierreich. Dieser grüne Farbstoff hat nichts Entsprechendes bei den Tieren. Der sonst sehr ähnliche rote Farbstoff des tierischen Blutes leistet nur die lose Angliederung und Abgabe von Sauerstoff aus der Luft an die Gewebe. Das rote Blutkörperchen hat nicht die entscheidende Fähigkeit des grünen Farbstoffes der Pflanzenzelle, aus niedrigen chemischen Stoffen der Natur den Aufbau des Körpers zu leisten. Das Tier ruht auf der Vorarbeit der Pflanze. Und das besagt: es besteht ein allerengstes Zusammenleben zwischen Pflanze und Tier, nicht aber in dem Sinne, daß die Tiere auch für die Pflanzen notwendig wären. Die Notwendigkeit ist grundsätzlich einseitig. Das Tier lebt parasitär am Pflanzenreich.

Und darüber hilft auch nicht hinweg, daß manche Tiere nur Fleisch fressen. Denn dieses Fleisch stammt von pflanzenfressenden Tieren. Im Zentrum nun des organischen Lebens steht dieser simple grüne ›Farbstoff‹. Chemisch steht das so: der Farbstoff baut unter Ausnutzung der Lichtenergie aus Kohlensäure und Wasser, wahrscheinlich über Formaldehyd, den Traubenzucker und die Stärke auf und hieraus Eiweißkörper, Fette und Phosphatide. Die Pflanzen schaffen das organische Material, die Tiere oxydieren es. Wir stoßen aber sofort auf einen größeren

Kreis vor, wenn wir den Zusammenhang des grünen Farbstoffs der Pflanze mit dem Licht erwähnen. Es ist – davon wird noch zu sprechen sein – das Licht, an das die organischen Wesen durch diesen Farbstoff gebunden sind und das unser aller Leben, das Leben der Plasmawesen, ermöglicht, wenn man will, erzeugt hat.

Der Grashalm

Ich habe eine Roggenähre abgebrochen. Da ist ein runder, hohler Halm, auf dem sie steht, schlank und grün, wenn ich genau hinsehe, hat er eine sehr feine Längszeichnung, parallel der Stielrichtung wechseln ganz dünne weißliche und grüne Bänder. Das wird das Röhrensystem des Grases sein. Mit einem schmalen, schräggestellten Kragen endet oben der Stiel, da hat wohl ein Blättchen gestanden. Dann fängt ein neues Lied an: die Ähre. Sie ist ein sehr ansehnliches und kämpferisches Gebilde, mit lauter Lanzenträgern hat sie sich von unten herauf umgeben, ihre Spieße, fein, dünn und scharf, umgeben die Ähre und ragen hoch und gefährlich über sie weg. Diese Lanzen sind unten, wo sie sich aus dem Fruchtkörper erheben, schmale Blättchen, ja sie sind auch Deckblättchen, Deckspelzen für die Frucht, aber nach oben verjüngen sie sich und werden so fein, daß man an ihnen nun keine Ober- und Unterseite mehr erkennen kann, und so zittern diese elastischen Spieße in der Luft. Sie heißen Grannen. Und wenn du über sie streichst, wirst du merken, sie sind rauh. Und wenn du von oben nach unten streichen willst, so wird es nicht gehen. Diese feinen Lanzen sind mit Zähnchen besetzt. Dicht am Auge erkennt man sie. Der Rand der Grannen ist geriefelt wie bei einer Säge. Die Spitzen der Säge zeigen nach oben. Und nimmt man ein Vergrößerungsglas zur Hand, so erkennt man, wie solche Granne gebaut ist: ein heller Mittelstreifen, rechts und links daneben grüne Streifen, und dann nach außen die Randleisten, hell wie die Borsten und Härchen, die aus ihr hervorgehen.

Ich mache mir die Mühe, die Grannen einer einzelnen Ähre zu zählen. Es sind etwa vierzig, und das ist schon ein mächtiger Schutzapparat für solch kleines Gebilde, ein richtiger Zaun und Stacheldraht um sie. Wogegen die Pflanze sich schützt, kann man sich schon denken: gegen kleine Insekten oder Bienen und Schmetterlinge, vielleicht auch gegen Vögel. Was treffen viele Pflanzen für Vorkehrungen, um Insekten und auch Vögel zu ihren Blüten zu ziehen und für die Bestäubung anzuspannen. Aber das will diese Ähre nicht. Sie ist ein Windblütler, sie will die Bestäubung durch die Luft, von fremden Blüten her. Ich aber bin stärker als ein Insekt, als mein Bruder Fliege, fasse die Grannen an und ziehe sie auseinander. Und da sehe ich, wie schön die Blüten angeordnet sind. Immer zu drei sitzen sie in derselben Höhe. Die eine Dreiergruppe besetzt die eine Seite des Stiels, dann kommt die nächste Dreiergruppe auf der andern Seite, aber ein kleines Stück höher, und so steigen die Gruppen in die Höhe. Und am kräftigsten sind sie in den mittleren Etagen entwickelt, so daß das Ganze füllig und bauchig anschwillt und abschwillt. Ganz oben an der Spitze schaut zwischen den grünen Schüppchen etwas Dünnes und Fasriges hervor. Es sind zwei zusammengelegte Federchen, die Narben, die von dem kleinen grünen Fruchtknoten ausgehen und so begierig sind nach Bestäubung.

Und so steht das Gras auf seiner elastischen Röhre, auf dem Halm. Es ist noch nicht ganz reif. Da legt ein Fisch Eier, und das männliche Tier streicht darüber und befruchtet sie mit seiner Milch. Da tragen andere Tiere ihre Nachkommen im Leib und beschützen ihr Wachstum mit dem eigenen Organismus, und später bewachen sie es im Nest. Hier der Grashalm breitet, wie er sich reif fühlt, hinter den Lanzen seiner Deckspelzen offen am Licht seine Keimträger aus, an der Luft, und schiebt noch aus dem Versteck wie suchende Taster die beiden begierigen Federnarben vor. Und dann kein Suchen von Blüte zu Blüte, nur allgemeine Sehnsucht nach dem schönen gelben Staub, der Wind ist da, und dieser Wind, der so vieles tut, spielt auch den Postillon d'amour und trägt den Pollenstaub über das ganze Feld, ein Stäubchen ist wie das andere, und überall zittern die beiden Federnarben.

Zweites Hauptstück

Die anorganische Welt

Da ist nun noch außer der Welt der Pflanzen und Tiere, die man im engeren Sinne organisch nennt, die anorganische. Das sind die Kristalle, Gesteine, die Gemengsel der Gesteine, die Erden, Flüssigkeiten und Gase – und hier schließt sich an die Welt der Physik, welche es zu tun hat mit der Schwerkraft, der Elektrizität, dem Magnetismus, der Wärme und anderen Strahlungen. Obwohl diese Welt des Anorganischen und der Kräfte unserem Ich sehr fremd ist und obwohl wir eine Kluft empfinden zwischen dieser Welt und der Welt der wachsenden und sterbenden Pflanzen und Tiere, so müssen wir doch durchaus von ihr Kenntnis nehmen und Einblick in sie zu gewinnen suchen, weil wir ja offenbar selbst als Menschen, die wir sind, unter der Gewalt dieser Kräfte leben, und wenn wir an die Stoffe jener anorganischen Welt denken, so wissen wir ja: aus diesen Elementen, die dort kristallisieren oder amorph sind, ist unser Körper aufgebaut, und diese Stoffe nehmen wir als Wasser, Salze, Säuren und in den Teilen von Tieren und Pflanzen ständig auf.

Die anorganische Welt ist fest, flüssig, gasförmig oder strahlig. Sie ist sichtbar und unsichtbar. Das ist schon eine große Abweichung vom Leben der Pflanzen und Tiere. Eine derartige Elastizität in der Daseinsform haben sie nicht. Nur in dieser einen Form, in dieser einen Gestalt, die die Zoologie und Botanik aufschreibt, existierten Mensch, Tier und Pflanze. Kleine Wandlungen und Änderungen können eintreten bei Wechsel der Situation, aber nur wenig abweichende Unterschiede im Druck oder der Temperatur vernichten die meisten Lebewesen der organischen Art.

So erkennen wir hier, welch gefährlich kleiner Sonderfall in dieser Welt das organische Leben ist. Und wir stellen fest, wenn wir an den Menschen denken: er ist ein Gebilde, das sich unter bestimmter Temperatur und innerhalb bestimmter Druckunterschiede am Leben erhält und entwickelt hat. Wir müssen nunmehr Pflanze, Tier und Mensch in die ›anorganische‹ Gruppe einreihen, auf einer bestimmten Stufe der Wärme und des Druckes. Wir erkennen hierbei die ungeheure Bedeutung der Mächte Wärme und Druck.

Minerale sind Stoffe von gleichteiliger und gleichartiger Beschaffenheit. Es gibt dann noch Gesteine, welche Gemenge von Mineralien sind und die Erdrinde bilden. Bei den Kristallen nun treten die kleinen Massenteilchen, aus denen sie jeweils bestehen, gesetzmäßig und regelmäßig, in verschiedenen Richtungen verschieden auf und haben in parallelen Richtungen eine gleichartige Anordnung. Um die Kristallform zu verstehen, muß man vom Feinbau, der Molekularstruktur, ausgehen. Man hat hier die Vorstellung eines Raumgitters oder Raumnetzes, deren Knotenpunkte besetzt sind eben durch die Stoffteilchen oder ihre Massenmittelpunkte, aus denen der Kristall besteht. Gemäß einer schon älteren Auffassung hat man sich vorzustellen, daß um jeden Knotenpunkt dieses Raumgitters, also um jeden Massenpunkt eines kristallinen Stoffs die Anordnung der Massenteilchen dieselbe ist wie um jeden andern Massenpunkt. Diese Ansichten sind nicht nur theoretisch, sondern auch durch Röntgendurchleuchtung von Kristallen bestätigt.

Die kristallinen Gestalten der Mineralarten, der Nichtmetalle, Metalle, Sulfide und so weiter sind so verschieden wie ihre chemischen Bestandteile. Aber man hat einige Gesetze, die gleichmäßig für alle Kristalle gelten. Da ist das Gesetz der Winkelbeständigkeit: die Winkel an Kristallen der gleichen Stoffart bleiben unter gleichen Temperaturverhältnissen unverändert. Dann das Gesetz der Rationalität: die an Kristallen derselben Stoffart auftretenden oder möglichen Flächen stehen in einer durch rationale Zahlen ausdrückbaren geometrischen Abhängigkeit voneinander. Schließlich das Gesetz der Symmetrie: an jedem Kristall gibt es Richtungen gleichen Wachstums, die sich symmetrisch ordnen, was an der Kristallgestalt zum sichtbaren Ausdruck kommt.

Um die Natur der Kristalle zu verstehen, ist noch wichtig zu wissen, daß, so verschieden auch etwa bei einem einzelnen Kristall der äußere Bau, die Flächenumgrenzung ist, es doch gelingt, durch sehr einfache Operationen eine Übersicht über die verschiedenen Formen zu bekommen und so die Formen zu durchschauen. Solche Operationen sind Drehungen, Spiegelungen und Parallelverschiebungen.

In der Natur bilden sich Kristalle aus schmelzflüssiger, wäßriger und dampfförmiger Lösung. Besonders die Bildung aus schmelzflüssiger Lösung ist wichtig. Von hier stammt das erstarrte Eruptivgestein und so wichtige Gruppen wie der Quarz, Orthoklas, die Plagioklase und viele andere. Die Abscheidung der Mineralien aus dem Schmelzfluß wird bewirkt durch die Abkühlung. Das Wasser an der Erdoberfläche enthält mineralische Stoffe in Lösung, die sich durch Verdunsten und andere Umstände daraus absetzen können. So leben und bilden sich fortdauernd noch jetzt in der Erdrinde und auf der Erdoberfläche Kristalle, und ununterbrochen erfolgen auch Umwandlungsvorgänge. Das geschieht durch Auslaugung, mechanische Auflockerung, aber auch durch tiefere Umkristallisierung und chemische Veränderungen. Eine völlige Metamorphose stellt die Bildung des Ackerbodens aus den Gesteinen dar, eine Folge der Verwitterung.

Das Wachstum eines Kristallkeims geht in ungleichen und nicht symmetrischen Richtungen vor sich mit verschiedener Schnelligkeit, so daß die spezielle Kristallform die Folge der verschieden schnellen Wachstumsgeschwindigkeit ist.

Wir haben diese Hinweise gegeben, um die für uns wichtigen Punkte gegenwärtig zu halten. Wir heben für uns daraus hervor:

Vor allem ist bei den Kristallen nicht in derselben Weise von Organismen zu sprechen wie bei den Pflanzen und Tieren. Denn wir haben darum bei Pflanzen und Tieren von Organismen gesprochen, weil wir hier Organe, nämlich Werkzeuge für bestimmte Zwecke, feststellen. In der Umgrenzung mit Flächen, in den Winkeln, auch in der wechselnden Besonderheit der Formen und Trachten der Kristalle tritt aber, so scheint es, keine Zweckrichtung hervor. Wir sind wenigstens gewohnt, Zweckhandlung den direkten deutlichen Zusammenhang einer Bewegung mit einem Erfolg zu nennen. Hier geraten wir nun in dieselbe Situation wie schon bei der Gegenüberstellung von Tier- und Pflanzenreich. Das Festwachsen der Pflanzen am Boden und die freie Beweglichkeit der Tiere begründete eine Reihe von Charakteren der auffälligsten Art. Wir haben die Nerv-Muskeltiere entstehen sehen und erkannt, daß ihr Nerv-Muskelsystem, dazu ihr Denken und die Bewußtheit situationsbedingt waren. Dies machte das Tier und den Menschen aus, bedeutete aber nicht einen grundsätzlichen Gegensatz des Lebens. Wie steht es nun bei den Kristallen? Wie steht es mit der von den Einteilern stets so grundsätzlich hervorgehobenen Besonderheit der Kristalle, der anorganischen Gebilde ebenso wie der physikalischen Kräfte, ›zweckfremd‹ zu sein und nur der sogenannten ›Kausalität‹ zu folgen?

Hier gilt es, die Dinge an ihrem Ort zu sehen und nicht zu übertragen, weder aus dem beweglichen Tierreich noch aus dem scheinbar unbeweglichen Pflanzenreich. Für das Tierreich ist charakteristisch die Ortsbewegung, für die Pflanze zwar die

Bodenständigkeit, aber doch ein Wachstum, Längenwachstum und Dickenwachstum, welches eine Art verlangsamter Bewegung bedeutet. Das Stärkste an Unbeweglichkeit, verglichen mit diesen beiden Gruppen, sind die Kristalle. Sie sind besondere Naturen, sie bilden Keime oder Kerne, ein charakteristisches Wachstum setzt ein. Im Pflanzen- und Tierreich ist der Träger aller Umsetzungen ein Plasma. Das ist ein gallertiges Gebilde, welches sich unter besonderen Umständen, besonders unter bestimmtem Druck in bestimmter Temperatur in Gegenwart von mehr oder weniger Wasser hat bilden können. Hier im Kristallreich ist solch eigentümlicher und nur für eine bestimmte Stufe der Wärme und des Drucks gültiger Grundboden des Lebens und der gestalteten Absonderung, der Ansonderung zur Gestalt nicht gegeben. Wir können sagen, das Pflanzen- und Tierreich und sein Grundplasma stellt eine kleine, für eine bestimmte Stufe mögliche Sondergruppe der Kristalle dar. Es sind Abarten und Ausartungen, vom Kristall her gesehen. Der Kristall selber aber existiert und arbeitet in einer unbegrenzten Weite von Temperatur und Druck. Natürlich wird er zu ganz anderen Formen und zu anderer Anordnung seines Organismus kommen. Was er unter Organ verstehen wird, was hier Organe sein werden, wird etwas anderes sein als bei den Pflanzen und Tieren. Welche Funktion hier ein Winkel, eine Fläche, eine Achse hat, das kann nicht unter dem Gesichtspunkt tierischer oder pflanzlicher Zweckmäßigkeit gesehen werden. Organe, um etwas zu ergreifen, um sich zu ernähren, sind das nicht, und natürlich nicht, denn von Stoffwechsel und Ernährung, von Aufnahme und Absonderung, von Assimilation und Atmung ist hier nicht die Rede. Also wir müssen denken aus der Situation des Kristalles heraus und unsere Vorstellung dieser entsprechend bilden.

Wie aber ist die Situation? Da schießt im Wasser, das verdunstet, aus der übersättigten Lösung ein Kristall zusammen, Keim und Kern ist da, und je nach dem Stoff oder den Stoffen, nach der Konzentration der Lösung, nach dem Druck, der Wärme und den Lösungsgefährten wächst der Kristall, bildet auch Aggregate, und dann ist der Vorgang beendet, oder, wenn wir es genauer sagen, die Kristallbildung hat ein gewisses Ende erreicht.

Oder aus dem feuerflüssigen Erdinnern werden Massen hochgeschleudert, die Abkühlung bewirkt, daß die Stoffe, welche der Schmelzfluß bei seiner Riesentemperatur in Lösung hielt, nunmehr zusammentreten, zusammenschießen, sich kristallisch absondern. Ja, aus der gleichmäßigen Lösung oder dem Schmelzfluß oder aus den Dämpfen sondern sich diese Kristalle ab und sind nun da. Was weiter mit ihnen geschieht, kann eine Umwandlung sein, Auflösung oder mechanische Zertrümmerung. In der Lösung aber zeigt bereits der Keim oder Kern sämtliche Merkmale des fertigen Kristalls, und die schließlich sichtbare endgültige Tracht des Kristalls ist dann das Resultat seiner eigenen Wachstumstendenz gegenüber den fördernden oder hemmenden Umständen der Umgebung. Also in diesen Augenblicken oder diesen relativ kurzen Zeitspannen spielt sich ab, was man Leben oder Entfaltung des Kristalls nennen könnte. Was wollen wir hier mit dem Wort Organ? Was sollen Werkzeuge? Wir erkennen vielmehr umgekehrt, was Werkzeuge, wie Organe der Tiere und Pflanzen, sind! Sie entsprechen den Winkeln, Flächen, Kanten und Achsen der Kristalle. Noch mehr als vorhin, wo wir vom Nerv-Muskelsystem sprachen und dieses als situationsbedingt erkannten, wird uns jetzt deutlich, wie es um ›Organe‹ steht. Jetzt stellen wir nicht gegenüber Pflanzen- und Tierorgane, sondern beide den Flächen, Winkeln, Kanten und Achsen der Kristalle, und wir sehen, wie vorsichtig man mit dem Begriff Werkzeug, Organ und dem dahinterstehenden Begriff des Zwecks umgehen muß. Nichts können wir in unserem groben Sinne von Zweck und Absicht bei den Kristallen finden, aber umgekehrt können wir erkennen, was Zweck und Absicht des Tier- und Pflanzenreiches eigentlich sind. Es ist der geometrische Feinbau, wie wir oben zeigten, von dem eigentlich die Form und Tracht der Kristalle dirigiert wird. Die Pflanze und das

Tier haben als Ausgangspunkt das Plasma, diese Emulsion, dieses Kolloid, diese Gallerte, in der sich Eiweißstoffe, Zucker, Fette, Phosphatide, Mineralstoffe und anderes findet. Aus diesem bereits höchst organisierten Gebilde entstehen Pflanzen und Tiere. Es ist der höchst eigentümliche Zusammenschluß so verschiedener Stoffe, dazu mit bereits fortgeschrittener Arbeitsteilung innerhalb der Zelle. Halte man dagegen die Kristalle. Vergleiche man damit ihr Entstehen aus dem Feuerfluß, der Schmelze des Erdinnern oder aus Gasen oder Flüssigkeiten. Die einfachen Grundstoffe, die Elemente, ferner Druck und Wärme sind hier vorhanden, und das ist die Geburtssituation dieser Formen. Wie sicher, daß hier in der Nähe der physikalischen und chemischen Kräfte die Form einfach und mathematisch, geometrisch durchsichtig sein wird. Die einfachsten Bedingungen sind da, und so einfach ist das Gebilde. Die Zahl regiert die Umstände, und die Zahl regiert die Gebilde. So ist hier, was drüben Organe sind, die Anordnung des Raumgitters oder Raumnetzes, die Symmetrieelemente der Flächen und Ebenen und Kanten.

Da der Kristall weder Atmung noch Stoffwechsel hat, ist die Formel seines Daseins gegeben in der Anordnung des Raumgitters mit den Symmetrieelementen der Flächen und Ebenen. In dieser Weise, auf diese seine besondere Art ist er aber kein Leichnam oder gar ein Kunstprodukt, sondern von der ihm eigentümlichen Lebendigkeit und zeigt sich ständig in allem, was ihm begegnet, auch im Abbau, als eigentümliches Gebilde, das ebenbürtig neben Pflanzen und Tieren steht. Unaufhörlich, nachdem sie sich gebildet haben, wachsen die Mineralien weiter und zehrt die Umwelt an ihnen, wandeln sie sich um, lösen sie sich auf. Ein Umwandlungs- und Auflösungsprodukt der wichtigsten Art ist ja dieser Erdboden, die Ackererde, aus der dann die Pflanzen wachsen. Das pflanzliche und tierische Dasein, die ersten Bildungen von Plasmazellen werden aus dem Wasser stammen, in Gegenwart der noch gelösten Stoffe, so daß wir nicht eigentlich eine direkte Abhängigkeit der Pflanze und des ersten Plasmas von einem Kristallboden annehmen müssen. Aber jenes Wasser ist selbst eine besondere Form kristallinischen Daseins, die Entstehung und das Dasein der Zelle ist eng an dieses Wasser gebunden, und so wirkt die Art der Kristalle auch in das andere Reich hinüber.

Sind Raumgitter und Symmetrieelemente und Kristalltracht bloße Anordnung der Elementarbestandteile der Kristalle? Wir haben schon geantwortet, nein. Aber uns fällt auf und wir wissen nicht, wie wir diese in sich geschlossene Ordnung zusammenbringen können mit der Neigung aller wirklichen Organismen, über sich hinaus zu greifen, Welt aufzuschließen. Hier sieht es doch so aus, als sei die Art des Kristalls genau das Gegenteil, nämlich Absonderung, Abgrenzung. Aus der übersättigten Lösung etwa zieht der Kristallkeim die Stoffe an sich und wächst. Wir haben nicht vor, einmal gefaßte Gedanken gewaltsam durchzuführen, sondern werden uns durch unsere Beobachtungen führen lassen und unsere Gedanken ständig nach ihnen einrichten. Der Gedanke, daß das Ich die Funktion des Aufschließens der Welt habe, stammt aus dem menschlich-tierischen Dasein. Es sind die atmenden, mit Stoffwechsel begabten Wesen, aus deren Reich dieser Gedanke kommt Wir dringen jetzt tiefer vor. Vor dem Kristallreich muß der Gedanke des Aufschlusses kapitulieren. Hier tritt in den Vordergrund, müssen wir folgern, der Zusammenschluß, die Formung unter bestimmten Bedingungen, die Gliederung der Stoffe in bestimmte Einheiten, welche eben die Kristalle sind. Deutlich wird jetzt, was auch bei den Pflanzen und Tieren demnach Hauptsache und Nebensache ist, und was besondere pflanzliche Artung, besondere tierische Artung, und was denen gegenüber allgemeine organische Artung ist. Dieser hier bei den Kristallen angetroffenen Artung, sich anzuordnen und zu formen im System der Raumgitter, werden wir den allgemeinen Charakter zuschreiben. Nicht die Welt aufzuschließen ist das Grundlegende und Erste, sondern die Absonderung und

Formung. Aufschluß also ist spezifische Besonderheit des Pflanzen- und Tierreichs.

Diesen Gedanken unterstreichen wir. Man erkennt, er ist von größter Wichtigkeit.

Dies ist der zweite Kreis, auf den wir bei der Weltsuche nach der Natur des Menschen stoßen, der Mensch als Mineral, und zugleich die pflanzlich-tierische Art des Minerals.

Es folgen Ergänzungen, Verdeutlichungen und Durchführungen.

Zwischen Zelle und Kristall

Kristalle sind optisch sichtbare feste Körper. Für die Zelle ist eine gewisse Weichheit charakteristisch. Was unterscheidet Zelle und Kristall? Zuerst das Wasser. Die Zelle ist eine Wasserform. Das Wasser selbst formt sich bei Abkühlung zu Schneekristallen. Nicht in dieser strengen Weise ist das Plasma eine Wasserform. Das Wasser arbeitet am Plasma mit, es bedingt Entstehen und Leben des Plasmas. In solcher unstrengen, entfernteren, mehr mittelbaren Weise ist das Plasma Wasserform. Aber wie ist denn selbst der Schneekristall Wasserform, er, der chemisch wirklich nur Wasser ist? Es läßt sich auch rein chemisch nicht erklären, daß und wie aus dem Wasser die vielen Formen der Schneekristalle entstehen. Das ist chemisch-wissenschaftlich so wenig zu verstehen, wie es zu verstehen ist, wie aus Kohlenstoff der Diamant oder Graphit wird, wie die Verbindung von Eisen mit Schwefel Magnetkies wird oder von Eisen mit zwei Schwefeln Markasit wird, und sie hat dann noch verschiedene Struktur, den Strahlkies, Leberkies, die Knollen, Kugeln, ist taflig oder spitzig. Das Wasser ist schließlich ja selber ein eigentümlicher Kristall, ein flüssiger Kristall aus Sauerstoff und zwei Wasserstoffen, und man kann chemisch aus dieser Formel niemals gelangen zu der besonderen Gestalt oder Ungestalt des Wassers. So also ist in überchemischer Weise das Wasser an Zelle oder Plasmabildung beteiligt. Und es lebt bestimmt auch in den Organismen der Pflanzen und Tiere als Wasser, als ganzes lebendes Wasser, also nicht als Verbindung von Sauerstoff mit zwei Wasserstoffen.

Wenn man sich also vor der Täuschung bewahrt, daß das Zusammenschießen von Kristallen eine bloß chemische Angelegenheit ist, so wird einem das Übergehen von der Kristallform zum lebenden Plasma und zur Zelle im ganzen weniger schwierig. Die Mitwirkung von Wasser ist wichtig, dann Umstände, die den eigentümlichen gelatinösen oder kolloiden Zustand der Zelle begünstigen. Die Erde befindet sich jetzt in einer leidlich stabilen, besonderen Epoche, und die Kräfte der Welt, die wir jetzt hier wirksam sehen, sind die Kräfte und die Kraftformen dieser Epoche. Aber wir müssen wissen, daß es auch andere Epochen gab und daß die Weltkräfte auch anders als jetzt wirksam sein können. Welche besonderen Umstände bei der ersten Krustenbildung um die heiße Erdkugel eintraten, und welche Kräfte und Kraftformen damals wirkten, wissen wir nicht. Wir stellen Kristallreich und Zellreich heute schroff nebeneinander.

Zwei Dinge also sind wichtig: erstens die besonderen Umstände bei früheren Erdperioden, zweitens Zwischenglieder zwischen Kristall und Zellreich, die verschwunden sind.

Durchgriff des anorganischen Formprinzips im Organischen

Die Anordnung, die wir als Prinzip des Kristalls gesehen haben, greift auch im Organischen, bei Pflanze und Tier durch. Wo sehen wir das? Dort, wo man sich vergeblich bemühen wird, mit dem Zweckprinzip allein fertig zu werden. Da finden wir im Pflanzenreich jene scheinbar wunderbare, nämlich bis ins Geometrische gehende Ordnung und Anordnung. Wir sehen dies bei den Nadeln der Tannen und Kiefern, wie sie sich um den

Zweig gruppieren, bei der Anordnung von Blütenblättern. Denken wir an die zauberhaften Kieselsäureskelette der Radiolarien, gegitterte Kugeln mit Stachelaufsätzen, manchmal ineinander geschachtelt, an die Gleichförmigkeit ihrer gegitterten Scheiben, ihrer käfigartigen Gehäuse. Denken wir an die Korallentiere, es sind gut differenzierte Tiere mit ihrer Fußscheibe, Mauerblatt, Mauerscheibe, Kranz von Tentakeln, aber überall schlägt sichtbar ein einfach zählendes, rhythmisch gliederndes Formprinzip durch: etwa in der genauen symmetrischen Anordnung der sogenannten Septen ihres Innenraums. Das einfachste anorganische Prinzip ist die Wiederholung – wir denken an das einfache Hintereinander im Bau der Gliedertiere, der Anneliden und Anthropoden mit ihren aufeinanderfolgenden Segmenten, oder der Körperringelung, das einfache Hintereinander etwa bei der subtilen Ringelung des Körpers von Würmern, an die Wiederholung im Nebeneinander zweier Körperhälften in vielen Tierklassen, auch beim Menschen, an das Facettenauge der Biene mit seinen Tausenden sechseckigen kleinen Linsen aus Chitin als Hornhaut. Wir denken natürlich vor allem an die segmentale Anordnung der inneren Organe der Wirbeltiere, die noch mit jener älteren Gliederung der Gliedertiere zusammenhängt, die Wirbel, Muskeln, Nerven, Blutgefäße. Auch dem einfachsten Beobachter fällt die Gleichartigkeit von rechter und linker Körperhälfte auf: das sind alles nur gelegentliche Beispiele. Die Natur, mit Faltern, Fischen, Vögeln – wir denken auch an den Bau der Feder – ist voll davon. So steckt die organische Natur bis über den Kopf in der anorganischen, und die anorganische formt sie und spricht aus ihr.

Das, was wir da Schönheit nennen und woran sich vergeblich der Zweckdenker abmüht, das ist jener Durchgriff der anorganischen Formung. Und dieser Durchgriff wird nicht nur deutlich im Räumlichen, sondern auch im Zeitlichen. Die Rhythmik der Bewegung, auch die astronomische, spricht unser Prinzip aus.

Das Durchschlagen der Zahl in der Blattstellung, bei den Gesetzmäßigkeiten in der Anordnung der Blätter um den Stiel, bei der Stellung der Schuppen am Fichtenzapfen. Die ornamentalen Blattformen. Hier und besonders auch bei niederen Tieren die Beziehung zur Kunst und Schönheit, Schönheit als Elementarereignis, wovon noch im Buch ›Kunst‹ zu reden ist.

Man wird sich aber nicht wundern, daß im Organischen das Anorganische und sein Formprinzip, das der Zahl und Geometrie, durchschlägt, wenn man weiß: aus den Stoffen des Anorganischen entstehen und bestehen die organischen Gebilde, und unter den Einflüssen der physikalisch-chemischen Kräfte stehen sie dauernd.

Was erkennen wir hier? Das Plasma und seine Ausgliederung bis zum Menschen hin, bis zur Person, ist ein Sonderfall. Er behauptet sich nicht lange. Tiefere und mächtigere Prinzipien greifen durch. Wir sind schon während unseres Daseins in einer viel stabileren Ordnung, als unser Bewußtsein sich vorstellt. Und wir gleiten zwischen mehr stabiler und mehr labiler Ordnung hin und her.

Ergebnis für uns Menschen

Wir wissen nicht, welche Zwischenreiche es einmal gab. Wir überdenken aber die besondere Situation von heute und müssen wissen, daß nur Resterscheinungen, gewissermaßen Blätter und Äste, heute vorliegen in Gestalt von Mineral- und Zellreich, deren Stamm und Würzeln verlorengegangen sind. Wir leben auf einem erlöschenden Stern zwischen Schlacken. Die Urkälte dringt auf uns ein aus dem Ätherraum der Sternenwelt. Von einem fernen Stern, der Sonne, kommt noch Wärme zu uns, dazu haben wir restliche aufgespeicherte Wärme in den Torf- und

Kohlemagazinen der Erde. Unsere Pflanzen sind fleißige Kämpfer gegen die tödliche Urkälte, wir Menschen und Tiere leisten da nichts, wir leben von Gnaden der Pflanzen.

Das Wasser hat uns ermöglicht. So haben wir eine fließende, rasch zur Auflösung geneigte Art zu sein. Das Meiste am Menschen ist ja Wasser. Wir sind eine Art transportables Meer, das wir ständig ergänzen müssen. Unsere Zellhäute sind halbdurchgängige Membranen, die verhindern, daß wir zu rasch verdunsten.

In diesem transportablen Meer leben wir. Und warum so übergangsmäßig und schließlich doch nicht lange festzuhalten unser Einzeldasein ist, das verstehen wir jetzt. Diese Art Existenz von Wasserwesen muß etwas Bedenkliches und Zerbrechliches haben. Es muß eine ständige Flucht vor dem Vergießen und Zerfließen da sein. Die Einzeller, Flagellaten, Bakterien, bleiben in einer einzigen Fortpflanzung, Teilung nach Teilung, immer neue Gefäße, aber es nützt schließlich doch nichts. Das ist die Fruchtbarkeit. Sie hat also auch ein sehr einfaches und glattes Gesicht. Immer härtere, stabilere Gefäße werden dann bereitet, Korallenriffe werden von Polypen errichtet, aber das sind nur noch Leichname, und diese schönen Küsten haben auch nichts verhindert. Wasser will zu Wasser, Erde zu Erde, und die wunderbare Tierpflanze kann nur dazwischen hinhuschen.

Hier wird uns dann zuteil die sonderbare Existenzform der Geburt, der Jugend, Reife, des Alters, Sterbens – der Lebensrhythmus. Es gibt hier alles, was als Pflanze oder Tier den Kitt zwischen Wasser und Erde darstellen will. Das sieht eine Zeitlang aufregend und gewaltig aus, wächst, wächst nicht nur allein, sondern in Kolonien, Gruppen, Staaten, dann wird es wacklig, brüchig, einzeln, und wenn es hoch kommt, wird es ein Korallenriff.

Aber wir vergessen nicht: so und allein so und in dieser Weise formt sich das Ich. Schon als Person, als Mensch bin ich mehr als die bloße Zerbrechlichkeit Mensch. Sondern grade diese Teile von Wasser und Erde und Luft, die ich zusammenbinde, die bin ich – sie sind nicht meine Feinde –, und wo ich sie sehe und berühre, muß ich sie als meinesgleichen erkennen und grüßen. Ich bin in ihnen, und darum ist es kein ›Zerfall‹, wenn sie mich einmal haben. Ich war Wasser und bleibe Wasser, ich war Erde und bleibe Erde – aber Wasser und Erde sind keine Chemikalien, sondern große Lebendigkeiten, Gestaltungen des anonymen auch mich einschließenden Ich, und es war kein bloßes Auf und Ab, sondern auch mein Dasein hat gestaltet, es hinterläßt Spuren.

Wir sehen übrigens keine Grenze der Formung im Großen und keine Grenze im Kleinen. Man stößt immer wieder auf ›Elemente‹ herab, welche die einfachsten und selber ungeformten Bestandteile der Materie sein sollen, die ›Bausteine‹ der Welt. Aber ob man sie nun Protone oder Elektronen oder Neutrone nennt, man findet keine Bausteine. Nichts Ungeformtes und in sich Abgeschlossenes ist in der Welt, die Grenze der Sichtbarkeit bedeutet nicht den Nullpunkt der Formung. Dies besagt, daß man ohne Zweck auf wirkliche Elemente fahndet und daß real alles, was man findet, eben geformt ist oder Bruchstück einer Formung ist, wie man ja auch bei dem armseligen Ruß unter der Belichtung eine kristalline Struktur festgestellt hat.

Drittes Hauptstück

Von den Sternen

Erst eine bestimmte Temperatur – eine bestimmte Herabsetzung der Temperatur, eine Abkühlung – und ein bestimmter Druck – ein bestimmter Nachlaß des Drucks – läßt sichtbare Formen und Abgrenzungen entstehen. Für den Planeten Erde heißt das: erst nach Abkühlung des feuerflüssigen Kerns und Bildung der

Erdkruste treten die Formen der Kristalle, Pflanzen, Tiere auf. Jenseits dieser kritischen Temperatur und des kritischen Drucks haben wir dann Gas oder Lösungen. Hier sind die ungeformten Massen. Wir haben, vom Menschen herkommend, schrittweise abgezogen: bei der Pflanze die Ortsbewegung der Tiere und das abgekapselte Gehirn mit dem Bewußtsein, bei den Kristallen die ausgreifenden Organe zum Zweck des Stoffwechsels, und es gab den Rückgang auf die stabile innere Formung. Jetzt, bei dem fortschreitenden Abbau der Person, geht scheinbar auch diese innere Form verloren, denn wir sehen ja nichts davon beim Schmelzfluß oder in der Gasglut der Fixsterne. Hier treten wir offenbar in ein anderes Gebiet. Denn hier sind Einzelwesen nach Art der Kristalle, Pflanzen, Tiere überhaupt nicht da. Im Schmelzfluß, im feurigen Gas ist keine Formung sichtbarer Art, jedenfalls zunächst, erkenntlich. Wir werden uns aber hüten, allgemein vom Merkmal Schmelzfluß und von Gasglut zu reden, sondern wir halten uns an die real vorkommenden Dinge und betrachten sie. Gasgebilde und Gebilde mit Schmelzfluß, das sind Sterne und Planeten. Sie also müssen wir betrachten, wenn wir nach der Formung hier forschen.

Es ist aber bekannt, daß man einen einzelnen Stern oder einen Planeten schwer für sich betrachten kann. Sie sind einzeln überhaupt kaum zu begreifen. Ihr Verhalten zueinander beschreibt das großartige Gravitationsgesetz Newtons, und dieses heißt: Jeder Körper übt auf jeden andern eine anziehende Kraft aus, deren Größe sich direkt verhält wie die Masse des anziehenden Körpers und umgekehrt wie das Quadrat seines Abstandes. Die Bewegung der Planeten erkannte Kepler, er sagte: die Planeten bewegen sich in Ellipsen, in deren einem Brennpunkte die Sonne steht. Die von der Sonne zum Planeten gezogene Linie, der Brennstrahl, durchläuft in gleicher Zeit immer gleiche Flächenräume. Und der dritte Satz Keplers lautet: Die Quadratzahlen der Umlaufzeiten zweier Planeten verhalten sich wie die Kubikzahlen ihrer mittleren Entfernungen von der Sonne – also die

Geschwindigkeit der Planeten verlangsamt sich mit der Entfernung von der Sonne. Wenn also in dieser Weise alle Anziehung gegenseitig ist, wenn die Planeten zur Sonne hinfallen wie die fallenden Steine, so ruht alles in einer strengen, einfachen, der Zahl zugänglichen Ordnung. Werden wir die astronomische Welt, die innerlich so geordnet ist, darum einen Kristall nennen? Wir werden nicht nein und nicht ja sagen, in derselben Weise, wie wir weder nein noch ja sagten, als wir vom Menschen auf das Tier, die Pflanze, den Kristall übergingen und jede nächste Stufe mit der vorangegangenen verglichen.

Die Sonne einzeln hat die Gestalt eines Gasballs, bei dem Druck und Temperatur von innen nach außen abnehmen. Die Elemente sind unverbunden bei ihr in glühendem Zustand, an ihrer Oberfläche nach dem Weltraum zu herrschen Wasserstoff, Helium und Koronium vor. Das ist das eigentümliche Dasein der Sonne und ihre doch vorhandene, besondere Bildung. Diese Bildung ist abhängig von dem Geschehen im Weltall. Die Gesetze Keplers und Newtons zeigen auf eine große und einfache Ordnung. Wir sind hier an einen Punkt gekommen, an dem es nicht möglich ist, noch mit Betonung von Einzelgebilden zu sprechen. Zu gewaltig tritt in den Vordergrund die Macht des Zusammenhangs. Aber grade wenn wir den Blick auf den Zusammenhang richten, so tritt uns überwältigend die Formung und Regelung entgegen. Es ist kein Chaos da, sondern ein Übergebilde. Und es ist auch dann kein Chaos da, wenn wir erfahren, daß die Sonne nicht stillsteht, daß sie auch nur ein einzelner Fixstern ist und daß diese Fixsterne in Sternströmen sich bewegen. So bewegt sich die Sonne auf einen Stern im Sternbild des Herkules hin. Man kennt den Taurusstrom, den Ursasstrom, welcher auf ein Ziel im Orion sich hinbewegt.

Als wir auf das Wachstum der Pflanze stießen, sagten wir: von dieser Art sind auch wir, und es war etwas geschehen für die Erkennung unserer eigenen Natur. Als wir die Raumgitter

Ordnung der Kristalle erkannten, war etwas geschehen für die Einsicht in unsere eigene Natur. Wie steht es jetzt beim Anblick der Welt, in der das Gravitationsgesetz gilt und die Lehren von Kepler? Bei Tier, Pflanze, Kristall sagten wir: dies schlägt auch bei uns durch. Was von dem Planetarischen, von den Dingen am Himmel schlägt bei uns durch? Wir werden uns nicht scheuen zu gestehen, daß wir es kaum beantworten können. Wir sehen da in ein dunkles Bild hinein. Die Pflanze und der Kristall waren kein bloßer Spiegel, und die Sternwelt ist es noch weniger.

Größere Organismen?

Klare und durchsichtige Formen haben die Mineralien, die sich aus den Elementarstoffen bilden und bei denen ohne weiteres die physikalischen und chemischen Gesetze durchschlagen. Daher ihr mathematischer Charakter, sichtbar im Verhältnis der Ebenen, Achsen und Winkel und schon im Prozeß des Wachstums. Eine fast unvorstellbare Form ist das Gebilde der Plasmazelle. Es ist ein hoch entwickeltes Gebilde von der größten Kompliziertheit, der Durchgriff der physikalisch-chemischen Kräfte ist offenbar stark gemildert, man hat den Eindruck besonderer und seltener Umstände, die dies entstehen ließen. Und so sonderbar dieses Plasmagebilde ist, so phantastisch sind ja auch die Formen, zu denen es unter den wechselnden Umständen und in den verschiedenen Erdzeitaltern gekommen ist, wir meinen das Pflanzen- und Tierreich. Wir haben aber, wenn wir entsprechend unserm engen menschlichen Lebensbereich nur von Menschen, Tieren, Pflanzen und Kristallen sprechen, die geformte Wesen seien, möglicherweise zu wenig gesagt. Es läßt sich freilich nur vermutungsweise mehr sagen. Aber es gibt auch allerhand begründete Vermutungen. Wir fragen: gibt es nicht noch größere und umfänglichere Formungen? Denken wir an das so hoch komplizierte Gebilde der Zelle. Wäre es möglich, daß es größere

Gebilde gibt, die nunmehr in anderer Weise als die genannten Gruppen in unserem Sinne organischen Charakter haben, also geformte Zusammenschlüsse sind?

Es haben manche gedacht, die Erde sei solch Organismus. Auch wir werden noch davon sprechen. Jedenfalls beeinflussen uns und ebenso die anderen Gebilde gewisse Kräfte, die wir der physikalischen Welt zuschreiben, von denen wir aber sagen müssen, zum mindesten sagen können, daß sie unsere Gebundenheit an größere Zusammenhänge anzeigen. Wir sind nicht nur an die Erde gebunden, Staub und Wasser vom Staub und Wasser des gar nicht isolierbaren Einzelplaneten Erde, sondern stehen in kosmischen Zusammenhängen.

Da kennen wir den Einfluß des Mondes, der fast vierhunderttausend Kilometer von der Erde entfernt die ozeanischen Massen anzieht und auf die Umdrehung der Erde selbst eine leichte Bremswirkung übt. Dieser Einfluß ist nachweisbar. Man kann aber nicht von der Hand weisen, daß es noch andere Einflüsse gibt. Davon weiß zum Beispiel ein Borstenwurm, der Palolo, etwas zu berichten, der in den Spalten der Meerestiefe bei Samoa lebt. Zweimal im Jahre trennen sich die Hinterenden dieses Wurms mit den Geschlechtsorganen von dem Körper und erscheinen an der Oberfläche und werden von den Eingeborenen gesammelt. Wann aber geschieht dies? Im Oktober und November präzis am Tage der Vollendung des letzten Mondviertels. Da also sitzt am Boden des Meeres ein Wurm, und auf einen der wichtigsten Akte seines Lebens hat die Mondbewegung maßgebenden Einfluß.

Wen dies nachdenklich macht, der höre noch von einem Einfluß, der von der Sonne ausgeht. Man könnte schon allgemein auf die bekannte Wirkung der Sonne hinweisen, die wir sehen, die die Pflanzen blühen und sich zurückziehen läßt, den Jahreszeiten folgend, was mehr als bloße physikalische Bindung ist und was man als kosmischen Zusammenhang verstehen und wirklich erkennen muß. Aber da gibt es magnetische Stürme auf der Sonne, die mit den Protuberanzen zusammenhängen. Diese Stürme haben eine elfjährige Periode, und ihnen entsprechen auf der Erde starke Polarlichterscheinungen, Störungen von Magnetnadeln, ja sogar Unruhen bei Vögeln.

Also: es ist nicht nur die Wahrscheinlichkeit, sondern auch die Sicherheit da, daß es über Pflanze, Tier und Kristall hinaus größere Formungen gibt, die den uns bekannten entsprechen, wie es ja auch kleinere gibt, herab zum Bau des Atoms, worüber man auch nur vermuten kann.

Die großen Massengesetze in der Sternwelt

Wir haben das Gebiet der Einzelwesen verlassen, anonyme Formung ist da, und was wir auf der kühlen Erde als Form und Gestalt vorfinden, erscheint von der Sternenwelt gesehen als Verfall. Anonyme und universelle Gesetze, Regeln und Ordnung herrschen am Himmel. Nicht einmal Materie ist da im Sinne unserer Sprache, die Elemente sind in einem Frühzustand oder Vorzustand, wir haben das Beispiel des Radiums, Materie wird zu Energie und Energie zu Materie. Wir denken, leben und arbeiten in einer sehr gemäßigten, besonderen und abseitigen Zone. Wir haben eine bestimmte Zahl von Elementen, wir leben bei einem bestimmten Druck Atmosphären auf der Erdkruste in einer Dunsthülle. Jenseits dieser Dunsthülle ist eine andere Welt. Was sich hier ordnet und wie es sich formt, wie hier das Vorelementare und Überelementare verläuft, können wir nicht denken.

Wie verläuft in der Sternenwelt das Leben, welche Gestaltung finden wir da? Unser Sternsystem hat die Gestalt einer flachen Linse, ihre Vorzugsebene, die der Milchstraße, dehnt sich 10 bis 20 000 Lichtjahre aus – eine Lichtsekunde sind 300 000 Kilometer –, senkrecht dazu hat sie etwa ein Fünftel Ausdehnung, und unser Sonnensystem liegt in der Nähe dieser Sternenlinse. Aber das ist keineswegs die ganze astronomische Welt oder auch nur ihr Zentrum, hinzugekommen sind in den letzten Jahrzehnten Kenntnisse von den kugelförmigen Sternhaufen und von Nebeln jenseits der Milchstraße, den außergalaktischen Nebeln, speziell den Spiralnebeln. Es ist von keiner Begrenzung und Formung der Sternenwelt im Ganzen die Rede, hier ist die grenzenlose Räumlichkeit, aber obwohl wir die ungeheuren Dimensionen nicht durchschreiten und überblicken können, auch hier wälzt sich das unaussprechbare Weltwesen in eigentümlicher Ordnung fort. Wir sehen die großen Massengesetze. Wir sehen Erstarrung und Auflösung, Abgrenzung und Zerfall und Einschmelzung. Das sind aber elementarste Dinge auch unseres eigenen Daseins! Sie liegen nur in den Gestirnen unverdeckt zutage. Wenn es hier jenseits individueller Gestaltung zwischen Abgrenzung und Einschmelzung hin und her geht, so erkennen wir: hier ist das Individuum ausgelöscht – oder noch nicht geboren –, aber unser tiefstes Ich lebt so und ist so. Hier gilt nur das Allgemeine, das Entstehen und Vergehen, Geburt und Tod. Und auf diesem Urboden steht auch unser Stoffwechsel.

Wir bauen an, aber wir bauen auch ständig ab, und anderes baut uns ab. Wenn wir unseren Körper, dessen Zellen dauernd zerfallen, aus der Auflösung anderer neu aufbauen, so ist das das Sternenschicksal, das Dasein von Gasball und Schmelzfluß, das hier durchschlägt. Menschen, Tiere und Pflanzen mit ihrem Stoffwechsel, mit ihrem ständigen Einschmelzen und Umformen stehen näher am Sternendasein als Kristalle. Diese könnte man daher jüngere Wesen oder auch ärmere Wesen als Tier und Pflanze nennen, weil sie nicht dieses Schwanken haben, dieses zum Dasein gehörige Einschmelzen und Aufbauen. Das Individuum, plötzlich vom Tod weggerissen, würde, wenn es noch denken könnte, seinen Tod für störend, als einen Eingriff, für einen Riß und Abbruch halten. Aber was soll hier Riß und Abbruch heißen, wo grade das Einschmelzen und Neuballen im Kleinsten und Größten zum Dasein gehört, im Einatmen und Ausatmen, im Essen, Trinken, Assimilieren und Absondern.

Die Gerinnung der Zeit

Schließlich kommt der Punkt, wo sowohl unsere Zeit- wie unsere Raumvorstellung versagt. Bei den Raumgittern, den monotonen und auch komplizierten zahlenmäßigen Formen der Physik, müssen wir haltmachen, ohne aber eine Grenze zu sehen. Es ist die Grenze unseres Denk- und Vorstellungsvermögens, das eines einzelnen organischen Gebildes, des freibeweglichen Nervmuskelmenschen. In der Dingwelt, soweit wir in sie blicken, herrscht die Zeitlichkeit, Werden und Vergehen, und ohne sie ist keine Bestimmtheit. Aber es geht ins immer Größere, die Formkreise werden zu weit, schließlich können wir nicht erkennen, was an ihnen noch Form ist, etwa im Gebiet des Zufalls unseres Alltags. Wir müssen Formungen annehmen, ohne mehr sagen zu können, worin ihr Merkmal liegt. Zugleich gerinnt die Zeit. Das heißt: es entpuppt sich unsere Zeitlichkeit und die bestimmte Dinglichkeit unserer Welt als das Einzelmerkmal eines Daseins. Es ist unser Dasein. Es ist keine Scheinwelt, sondern reale Welt, aber sie hat die Realität mit uns. In dem Meer des Seins ist die zeitliche Welt eine Welle. Oder eine Perle.

Das Dasein, so haben wir schon früh festgelegt, wird nicht durch eine objektive Realität bestimmt – die es gar nicht gibt –, sondern wird vollzogen durch die Entzweiung und Fesselung dieser beiden, Erleben und Gestalt, Ich und Organismus. In dieser Weise kommt es zu Realität, es ist unsere Realität, perspektivisch für unser Denken und Vorstellen, aber durch die Unvollständigkeit unserer bestimmten Individualität reichen auch wir jenseits des Denkens und Verfallens, jenseits der Dingbestimmtheit bis an den Kern der Welt. (Spielerei, anzunehmen, daß der

Mensch hier eine besondere Rolle spielt. Ich wüßte nicht, wer der anonymen Urrealität so in die Karten gucken könnte.)

In diesem dritten Umkreis haben wir von der Sternnatur und unserem Anteil an ihr gesprochen.

Viertes Hauptstück

Von den Elementarkräften

Das Hauptstück ›Von den Sternen‹ hat uns vor die Frage gestoßen: kann man überhaupt noch mit großem Akzent von Gestalt und Form reden, wo sich alles formt und auflöst und wo eigentlich die Gestalt, die erreicht ist, nichts ist und der Fluß alles? In der Sternenwelt ist auch der Zusammenhang der Gestirne ungeheuer wirksam, in der Gewalt des Umschwungs, der Geschwindigkeit des Umlaufs. Da ist also ein ganz weites Grundschema für das Dasein des Ich und der Person. Wir haben bei der Ichsuche das falsche, abstrakte Ich begraben. Steht nicht hier bei der Weltsuche am Wege der Tod der Gestalt überhaupt? Nach der Ichdämmerung Formdämmerung? Nein und ja. Wir stoßen über einen zu engen, nämlich abstrakten Begriff der Form hinaus zu dem realen.

Wir werden von der Wärme und dem Licht sprechen. Nachdem wir gezeigt haben, wie wir in unserer Menschen-, Tier-, Pflanzen-, Mineral- und Sternenatur Stück dieser Welt sind, legen wir hier, aus der Unzahl anderer Kräfte, den Einfluß zweier Elementarkräfte auf uns bloß.

Bei dem heißesten Körper, der uns bekannt ist, bei der Sonne, können wir von einer Kugelgestalt sprechen. Die Sonne ist ein glühender Gasball, noch ihre Wolkenschicht, die Photosphäre, hat 6500 Grad Wärme, aber die Wärme der Sonne ist nach dem Kern zu enorm viel größer. Diese Form also einer glühenden Kugel stellen wir bei einem Stern, einem Körper mit solchen Übertemperaturen fest. Die Sonne ist sehr weit von uns entfernt, und wenn wir uns also bemühen zu verstehen, wie die Wärme mit den Körpern und ihrer Gestalt zusammenhängt, so werden wir an Dinge gehen müssen, die weiter entfernt von der Sonne sind und in denen die Wärme weniger wütet. Solche gemäßigte Gegend ist nicht schwer zu finden, wir sind auf der Erde.

Wenn wir hier auf der Erde einen Stein von einer großen Höhe auf die Erde fallen lassen, so finden wir: der Stein prallt auf, unter Umständen zersplittert er, am Fallort hat sich eine geringe Wärme entwickelt. Nehmen wir ein anderes Beispiel: wir reiben zwei harte Hölzer, wie ein Indianer, aneinander, es entwickelt sich Wärme, unter Umständen und bei einigem Geschick kommt es zur Flamme. Was ist hier geschehen? Wir haben beim Reiben der beiden Hölzer eine kräftige Arbeit geleistet, und diese Arbeit hat Wärme hervorgerufen. Ähnlich liegt es bei dem Stein, dessen Arbeit im Fall und Aufprall bestand. Der Physiker bringt ganz natürlich die geleistete Arbeit mit der entstehenden Wärme in Zusammenhang und redet von einem mechanischen Wärmeäquivalent. Das heißt: die Arbeit steht im Zusammenhang mit der entstehenden Wärme, die Wärme ist geradezu umgewandelt in Arbeit, wie auch umgekehrt die Arbeit eine Art Vorform der Wärme ist, ein Gedanke, der seinen Ausdruck findet in dem Satz von der Umwandlung der Energie.

Wenn nun beim Reiben der Hölzer Wärme entsteht, so ist es uns zwar durchaus plausibel, daß sie entsteht, und wir können uns ja dauernd davon überzeugen. Wir fragen aber, was das nun ist, was hinter dieser Umwandlung steckt, was das Auftreten der Wärme in dieser Situation will und bedeutet? Und wir beobachten weiter. Beim Fall des Steins haben wir außer der Wärme auch eine Abplattung oder gar Zertrümmerung des Steins bemerkt. Beim Reiben der beiden Hölzer gar wird die Veränderung der Form noch deutlicher. Wir reiben die beiden Hölzer oberflächlich aneinander. Das Reiben erzeugt eine Wärme, aber es geht nicht ab ohne gleichzeitige Deformation, Auflösung und Zerfaserung des Gewebes. Und wenn höhere Grade mechanischer Kraft möglich sind, so kommt es, bei Metallen, zum Glühen und Schmelzen, oder bei Holz zur Erhitzung bis zur Flamme. Und das ist der Punkt der Zerstörung, der Auflösung der Gestalt.

Beobachtungen feinerer Art, die die Physik im Laboratorium vornehmen kann, laufen in derselben Linie. Der oberste Satz lautet da: Körper haben bei verschiedener Temperatur verschiedenes Volumen. Die Wärme verändert also auch nach dieser Laboratoriumsbeobachtung, und zwar auch ohne mechanische Berührung, das Volumen der Körper, und zwar die verschiedenen Körper verschieden. Grundsätzlich dehnt Wärme die Körper aus. So erfährt ein Eisenstab von einem Meter Länge bei Temperaturerhöhung um einen Grad eine Verlängerung von 0,0012 cm. Man spricht von Ausdehnungskoeffizienten, deren Größe bei den verschiedenen Stoffen verschieden ist. Flüssigkeiten dehnen sich stärker aus als feste Körper. Hier ist also der Wärme als spezifische Eigenschaft in ihrem Umgang mit den Körpern ein Vermögen zuerkannt, welches in der größten Steigerung die Formen sprengt.

Im Kleinsten dehnt die Wärme nur wenig aus; mit den Flüssigkeiten, deren Teile schon weniger eng beieinander lagern als bei festen Körpern, wird sie natürlich leichter fertig. Das beste Bild für ihre Natur bekommen wir bei jenem Reiben der beiden Hölzer: wir sehen die mechanische Arbeit des Reibens, wir sehen die Zerfaserung des Holzes, das Holz erwärmt sich, wird heiß, jetzt stellt die Physik ihre Ausdehnung fest, aber wie die mechanische Arbeit nicht nachläßt und noch mehr Wärme gebildet wird, kommt es zur oberflächlichen Glut und zur Gasbildung, welche Flamme heißt. Da ist zuletzt durch Arbeit und Wärme Festes und Öliges im Holz vergast und leitet nun die Vernichtung, das heißt die Vergasung des gesamten Holzes ein. Zu dem Vermögen der Wärme gehört es ja auch, entscheidend den sogenannten Aggregatzustand zu beeinflussen; wir wissen, daß es nur Sache der Wärme ist, ob wir Eis vor uns haben oder kaltes Wasser oder heißes Wasser oder aber Dampf. Hierin steckt die Wärme. Worin? In dem Zustand und in der Veränderung des Zustandes. Und je nach dem Stoff, um den es sich handelt, ist die Wärme oder die Arbeit größer. Die Wirkung der Wärme läuft über den Erstarrungspunkt, Schmelzpunkt zum Siedepunkt.

Während wir sonst ›Körper‹ sahen, haben wir in der Wärme etwas von besonderer Form. Es steht uns frei, dies Stoff oder Kraft zu nennen. Aber die Wärme ist Masse und hat Masse. Das dunkle Wort Kraft ist möglichst zu vermeiden. Die Wärme ist unsichtbare Masse. Sie vermag in die kleinen Zwischenräume der Körper, sogar zwischen ihre Molekeln und Atome einzudringen und sie auseinanderzuschieben. Die festen Körper geraten so erst in den flüssigen, dann in den gasförmigen Zustand. Daß sie fest sind oder flüssig, diese Form des Festen oder Flüssigen hat die Wärme nicht geschaffen, diese Formungen schaffen sich die Dinge selbst. Aber die Wärme überwindet die Formung, löst gewissermaßen den Kitt zwischen den Dingen auf. Sie ist ein Gegenstück und der Feind jeder Formkraft. Und wie die Wärme unsichtbare Masse ist, keineswegs mystische Kraft, so hat sie einen Charakter, der sie in die Nähe des Lichts, mehr ins Zeitliche schiebt. Alle Körper sind von zeitlichem Charakter und schwinden, aber nicht so wie die Wärme, die ganz auf Schwund eingestellt ist.

Um die Natur der Kräfte festzustellen und um festzustellen, wie sie zu den geformten Gebilden sichtbarer Art, zu den Steinen, Pflanzen und Tieren, auch zur Erde im Ganzen und zu den Himmelskörpern sich verhalten, müssen wir ein Ermittlungsverfahren anstrengen.

Wo finden wir Wärme? Im Erdinnern, da soll sie ungeheuer stark sein, und Bohrungen haben an der Erdrinde sich auf Tiefen bis über zwei Kilometer erstreckt und da den Temperaturzuwachs festgestellt, der je nach dem Ort wechselt, die geothermische Tiefenstufe. Auf der Erdoberfläche, wo wir selbst leben, ist es bald warm, bald kalt. An den Polen und nach den Polen zu herrscht Kälte, gegen den Äquator hin wird es wärmer und tropisch heiß, und das sind die ständigen geographischen Grenzen von Wärme und Kälte auf der heutigen Erde. Aber es gibt auch zeitliche Grenzen, wir haben den warmen Sommer, den kalten Winter, dazwischen die Übergangszeiten.

Auf der Erdoberfläche finden wir dann weiter Wärme, unabhängig von der Hitze des Erdinnern, von dem Wechsel der Jahreszeiten, dem Platz auf der Erdkugel, dem Stand der Sonne: ich meine die warmblütigen Tiere, Menschen, Vögel, Bären, Rentiere und was noch. Diese entwickeln Wärme in sich selbst, sie sind warm und halten die Wärme fest, im Kampf gegen die wechselnde Temperatur der Umgegend, mit Fellen, Federn an ihrem eigenen Organismus oder mit instrumental hergestellten Kleidern, Höhlen und Häusern. Diese Tiere und Menschen sind kleine Sonnen, aber im Unterschied zur Sonne strahlen sie ihre Kraft nicht grenzenlos und wehrlos in den kalten Raum ab, sondern vermögen sich besser als die Sonne gegen die Kälte zu isolieren. Isoliereinrichtungen sind jene natürlichen Häute, Haarpelze, Federn und die instrumental hergestellten Kleider und Bauten. Es sind Wärmepanzer. Sie halten nur die anderswo erzeugte Wärme zurück. Ich muß nun mehreres fragen, erstens:

warum tun sie das, was wollen sie mit der Wärme, zweitens: wie erzeugen sie die Wärme?

Warum halten sie die Wärme zurück, was wollen sie mit der Wärme? Sie können nicht leben in der Kälte des Weltraums. Sie sind nicht so gut dran wie die Riesensonne, die in ihrer kolossalen Masse und bei der Gewalt ihres Umschwungs und ihrer inneren Reibung fast grenzenlos Wärme, ja furchtbarste Hitze erzeugen kann, ohne sich zu erschöpfen, ja ohne sich, jedenfalls noch auf lange hinaus, merklich zu schwächen. Denn trotz der Abfuhr der ungeheuren Hitzemassen in den kalten Raum ist sie seit Jahrmillionen die heiße Sonne, in deren Kraftfeld von Schwere, Licht und Wärme die Erde liegt, wie ein Kind in den Kissen und im Arm der Mutter.

Und ebenso wie das warmblütige Tier verhält sich die Erde, auf der dies Tier lebt. Auch sie hat ein Fell, und das ist – die Steinkruste. Wir werden darum nicht auf den Gedanken kommen, die Erde dem warmblütigen Tier gleichzusetzen. Dazu müßte man doch weiter feststellen, daß der Steinmantel einer bestimmten Funktion im Leben der Erde dient, und man müßte imstande sein, das Leben dieser Erde, ähnlich dem Leben eines Organismus, zu beschreiben. Ein Tier wird gebildet, hat bestimmte Merkmale der organischen Formung, welches die innere, eigentümliche Formung ist, sucht diese Formung zu erhalten. Hierbei spielt die Wärme und das Fell eine Rolle. Aber die Erde, so scheint es wenigstens, ist ein abgeschleudertes Stück Sonne oder die mitgerissene Masse eines eingefangenen Sterns. Wir können immerhin nicht leugnen, daß ihre Kugelform sie in die Nähe der organischen Gebilde schiebt, aber wir vermögen schwer darüber hinaus etwas Organisches, also innere Gliederung an ihr zu erkennen. Sie ist außen erkaltet, sie verdichtet sich stärker und stärker und wird eines Tages zerfallen. Was soll ihr da wohl der Steinmantel, kann man da von Wärmeschutz reden?

Eine traumhafte Ähnlichkeit besteht, aber es ist doch zweierlei, die Steinkruste der glühenden Erde und der Pelz des Eisbären. Wenn hier eine Ähnlichkeit anklingt, so gibt sie uns in anderer Richtung zu denken, nicht von dem Eisbären in Richtung Erde, sondern von der Erde in Richtung Eisbär. Klingt in der Bildung eines Felles noch etwas nach aus der Erdgeschichte, also aus der Krustenbildung an der Oberfläche unseres Planeten? Aber wir können nicht umhin zu gestehen, daß wir auch dann der Erde organischen Charakter zusprechen. – Und wir möchten auch durchaus nicht davor zurückschrecken! Wofern wir lebend sind, wird auch das, was uns trägt, in irgendeiner Weise lebend, wenn auch nicht pflanzlich-tierisch, sein. Oh, welche guten Gedanken uns unser Weg zuträgt.

Nochmals Blick auf die Erde

In dem Sonnenkraftfeld von Wärme, Licht, Schwere liegt die Erde, wie ein Kind in seinem Kissen im Arm der Mutter. Abgelöst von der Sonne ist die Erde nur im gröbsten; in ihrem Umlauf um die Sonne und in dieser Fesselung durch das Kraftfeld von Schwere, Wärme, Licht hält sie den kindlichen Zusammenhang mit dem Ausgangsorganismus fest. In dem Erdinnern ruht noch die ungeheure Restwärme von dem mütterlichen Stern. Und diese Wärme, so sehen wir jetzt, hat sich wahrhaftig wie ein Tier zum Schutz mit einem Fell bedeckt, und wie heißt dieses Fell? Die Erdrinde. Das ist die steinerne Kruste um diesen Planeten, die eine weitere gefährliche Abstrahlung verhindert. Wir sind da auf einen merkwürdigen Gedanken gekommen, und wir müssen uns fragen, ob hier mehr als ein Vergleich vorliegt. Die Tiere bilden Felle und Federn, sie entwickeln eine Eigenwärme und isolieren sich, zweifellos um ihr Feuer in sich zurückzuhalten. Die Erde hat einen meilendicken Steinmantel um sich aus Feld- und Ackerkrume. Sollte der Gedanke möglich sein: die Erde ähnelt jenen Tieren, oder die Erde ist von der Art dieser Tiere? Daß die Erde eine Art Organismus sei, haben schon manche ausgesprochen, haben ihr auch Augen und anderes angedichtet, was auf Phantasie beruht. Aber hier tritt der Wärmeschutz auf. Es ist sicher und nachweislich, daß die Steinkruste diese Funktion oder diese Wirkung einer Hemmung der Wärmeabgabe hat. Aber da kommt die Frage: ist die Erdrinde wirklich Wärmeschutz oder nicht einfach Abkühlungsprodukt? Wir denken: natürlich zunächst Abkühlungsprodukt. Denn die Erde ist unverhältnismäßig kleiner als die Sonne, und wenn der armselige Planet seine kümmerliche Restwärme notgedrungen an die schreckliche Urkälte, an den gefräßigen, unersättlichen Weltraum abzugeben beginnt, dann kann nicht ausbleiben, was dann wirklich geschieht: sie beginnt zu erkalten, und es kommt zu der oberflächlichen Verfestigung, das heißt zur Bildung der Kruste. Das ist richtig. Es läßt sich aber andererseits nicht leugnen, daß dieser Vorgang der Krustenbildung zu einem Wärmeschutz, ja zu einer Wärmestauung führt. Und was die riesige Sonne mit ihren ungeheuren Mitteln ohne Isolierung vom Weltraum noch unaufhörlich leisten kann, nämlich Wärme zu bilden, das muß der kleine Planet auf anderem Wege versuchen. Der Planet strahlt nicht mehr ab, er hält haus. Und wenn man diesen Planeten, die Erde, im Ganzen ansieht, so bemerkt man noch etwas anderes, das in derselben Linie liegt und unsern Gedanken unterstützt: die Erde hat nicht nur die Steinkruste, sie hat noch darüber Staubmassen, Wolken und die kilometerhohe Dunsthülle der Atmosphäre. Und alle diese haben dasselbe Vermögen, in die Wärmeabgabe einzugreifen. Sie bilden einen eigentümlichen Puffer zwischen Erde und kaltem Weltraum, und sie üben auch eine Funktion bei der Aufnahme von Sonnenwärme. Man könnte diese Oberflächengebilde schon sehr differenzierte Organe der Erde im Kampf gegen Kälte nennen.

Man kann sich schwer näher an diesen merkwürdigen Gedanken bewegen, die Erde sei eine organische Bildung. Man muß aber zugeben, daß das eigentümlich zweckmäßige Verhalten der Erde gegen die Kälte und die Ähnlichkeit des Verhaltens von Erde und tierischen Organismen zu dem Gedanken drängt. Und wir müssen ihn, solange wir nicht mehr zu seiner Unterstützung heranziehen, in der Schwebe lassen.

Wenn man meint, die Krustenbildung, Staubmantel, Atmosphäre seien eine bloß physikalische Wirkung, sie seien ›einfach‹ physikalisch zu erklären, so steht es mit diesem ›Einfach‹ nicht anders wie bei den tierischen Organismen. Auch hier wird die Chemie und Physik, die genetische Forschung, sich bemühen, streng den Weg der Kausalität zu gehen und eins aus dem andern physikalisch-chemisch und nach Massengesetzen abzuleiten. Wir wissen, dies hat sein Recht, aber auch seine Grenzen, es ist unvollständig und läßt viel im dunkeln. Mit der Bemerkung, die Krustenbildung sei eine physikalische Erscheinung, ist nichts gegen eine organische Auffassung gesagt. Denn organische Abläufe vollziehen sich eben in der physikalisch-chemischen Gesetzlichkeit.

Wir haben hier an einen sehr weitreichenden grundsätzlichen Gedanken gerührt. Daß sich die heiße Erde unter der Abkühlung zusammenzieht und eine Kruste bildet, kann physikalisch-chemisch plausibel gemacht werden, aber die physikalisch-chemische Mitteilung notiert nur, was für die Betrachtung von außen geschieht, nämlich, daß sich der heiße Körper in der Kälte abkühlt und überhäutet, eine vollständige Erklärung ist das nicht. Eine vollständige Erklärung wird aus dieser Notiz erst, wenn man den Sinn der Zusammenziehung und der Krustenbildung findet und etwa das Wort Wärmeschutz ausspricht. Und völlig im Zug der Gedanken, die wir auch sonst vorgetragen haben, liegt dies, und wenn wir dort A gesagt haben, werden wir hier auch B sagen.

Was von der Wärme gilt, muß auch für die Schwere und das Licht gelten. Wir werden jede physikalisch-mathematische Beschreibung dieser Naturkräfte und die Aufdeckung ihrer Gesetzlichkeiten und Regelmäßigkeiten annehmen, werden aber an eine Erklärung der Naturkräfte in derselben vollständigen Art, wie wir es bei den Organismen getan haben, denken und solche Erklärung in ähnlicher Weise für durchführbar halten wie eben bei der Wärme. Immer bleibt das Ich das Zentrum, die Achse, durch das Tor des Ich betreten wir die Welt, und das heißt: wir denken erst vollständig, wenn wir organisch denken.

Rolle der Wärme im Tier- und Pflanzenreich

Diese Wärme ist die Naturkraft, die im Innern der Erde wütet und die mit dem Licht von der Sonne her zu uns dringt. Diesen einen Charakter der Naturkraft Wärme haben wir eben erkannt: sie zerstört Formen und vernichtet. Wir erinnern uns aber, daß ein Großteil aller Mineralien Eruptivgestein ist, aus dem Feuer des Schmelzflusses im Innern der Erde stammt. Erst also, wenn die Grundstoffe vom Feuer losgelassen sind, formen sie sich zu Mineralien. Wenn dann das Wasser hinzukommt, wird die Bildung von Pflanze und Tier, des Plasmas möglich. Es ist nun gut, zu wissen, nicht nur, daß sie vom Feuer losgelassen sind und durch das Wasser gemildert sind, sondern auch, daß sie noch ständig während ihres Daseins Wärme benötigen. Leben heißt: sie kommen ohne Sonne nicht aus. Sie gedeihen nur in der Nähe derselben Kraft, die sie vernichtet. Nach dem Erkalten der Erdoberfläche wird das Sonnenlicht und die Sonnenwärme benötigt für das, was organisches Leben heißt.

Die Wärme ist also in der Welt keine belanglose Begleiterscheinung. Pflanzen und Tiere schweben zwischen Erstarrung und Gerinnung des Plasmas. Schuld daran sind zwei Grundbestandteile ihrer Leiber, das Eiweiß und das Wasser. Zur Erstarrung kommen sie bei null Grad und tiefer, weil das Wasser da seinen Gefrierpunkt hat und in dem Eis nicht der Stoffwechsel stattfinden kann, in dem das Leben der Organismen abläuft. Steigt aber die Wärme etwas über 50 Grad, so neigt das Eiweiß der Körperzellen zur Gerinnung. Also innerhalb dieser Grenzen liegt der Spielraum des Lebens für Tier und Pflanze, und um den Kampf mit anderen Temperaturen aufzunehmen und sich innerhalb ihres Spielraums zu behaupten, haben Pflanze und Tier vieles unternommen. Die Pflanzen haben starke Holzstämme mit Borken gebildet, die völlig den Charakter von Wohnhäusern haben. Sie schließen bei Eintritt der gefährlichen Kälte ihre Fenster, sie werfen ihr Laub ab, soweit sie belaubt sind, und halten Winterschlaf unter Einschränkung aller Bedürfnisse. Die enormste Sicherung haben die warmblütigen Tiere geschaffen. Und sie waren auch dazu gezwungen, wenn sie wirklich auf der Flucht und bei wechselnder Temperatur die Nahrungssuche betreiben wollten. Sie haben den einfachen Wärmeausgleich ihrer Leiber mit der Außenwelt verhindert. Sie haben sich von der willkürlichen Außenwärme emanzipiert, so wie sie sich durch ihren Bewegungsapparat vom Boden emanzipiert haben. Außen mit Pelzen, Federn und Kleidern, innen mit Fettmassen haben sie sich abgedichtet. Und um nun nicht wiederum einer tödlichen Wärmestauung zu erliegen, haben sie sich einen Regulierapparat angelegt, die Wärmezentren im Gehirn, welche minutiös genau ihnen Über- und Untertemperaturen angeben und sofort Ausgleiche schaffen, weil sie reflektorisch arbeiten. Sie stehen in Verbindung mit den großen Flächen, welche die Wärmeabgabe leisten, den Flächen der Haut, auch mit den Schweißdrüsen, und so, mit Wasserverdunstung, vermehrter Ausatmung, starker Schweißabsonderung, ja unter Beschleunigung oder Verlangsamung des Stoffwechsels, halten diese Zentra die erwünschte Wärme genau fest.

Einem Übermaß an Wärmeerzeugung entgehen viele Organismen durch die zauberhaften Mittel der Fermente. Diese merkwürdigen Stoffe vermögen chemische Umsätze, zu denen sonst hohe Wärme und viel Zeit gehört, rasch und bei niedriger Temperatur zu vollziehen. Solche Rolle also spielt die Wärme im tierischen und pflanzlichen Organismus, und wir fragen nun: was leistet sie hier, was bedeutet hier ihr Auftreten?

Wenn wir Mechanik, Muskulatur und den Übergang in Wärme betrachten, was geht hier vor? Man sehe das krampfhafte Bemühen der Organismen, Nährstoff anzusammeln, wie das Chlorophyll sich bemüht, Stärke zu bilden, wie wir essen und trinken, und dies wozu? Um es wieder in Bewegung wegzugeben; dies ist die Lust, in der Spannkraft zu lebendiger Kraft wird, und unsere Gier, lebendige Kraft in Spannkraft zu verwandeln. Was da aber vorgeht, können wir jetzt, wo wir den entformenden Charakter der Wärme kennen, verstehen. Wir sammeln Wärme, Feuer zum Auflösen, zum Verbrennen. Wir setzen Stoffe um, aber unser Ich hält wie ein Stern dabei nicht still und ruht nicht bei dieser Form, die es hat, wir brennen und müssen weiter, um uns aufzulösen, und uns weigern, uns neu aufzulösen. Und wenn wir hinsinken, so darum, weil wir nicht mehr brandstiften können, unser Ofen ist verschlackt.

Wir haben die Wärme als die Fortsetzung der mechanischen Arbeit der Auflösung in der Kleindimension erkannt. Der Arm zertrümmert, der Anprall spaltet den Stein, der Dampfhammer mit seiner ungeheuren mechanischen Kraft zermahlt zu Staub, aber noch immer ist der Grundbestand von Stein, Metall, Holz erhalten. Was greift da ein? Die mikromechanische Kraft der Wärme.

Was im Muskel ruht, was da chemisch an Eiweißen und Kohlehydraten gespeichert ist, ist in dieser Form tot und bloße Vorform der Bewegung. Lebendig wird dieser Muskel, wenn er mechanische Arbeit leistet, und die Fortführung dieser lebendigen Bewegung heißt Wärme und ist ein strahliger fließender Ablauf.

Hier ist also die körperliche Dimension verlassen, und die Bewegung selber kommt zu Worte. Die Wärme ist die Repräsentanz dieser Bewegung, und sie hat ihre Richtung gegen den Körper. Denn, obwohl aus Körpern entstehend, wendet sie sich gegen die Körper, lockert ihren inneren Bestand, macht das Feste flüssig, das Flüssige gasförmig und zeigt in der Gestalt der Flamme ihr eigentliches Gesicht, die Zerstörung.

Die Wärme fließt. Aber wenn wir dies aussprechen, fällt uns schon ein, auch die Körper fließen. Daß nichts bleibt wie es ist, daß nichts wirklich ist, ist ja die Grundwahrheit in der zeitlichen Welt. Und gut gehört dahin die Wärme, die Kraft der Bewegung, der unermüdlichen Veränderung, ja der Auflösung. Sie ist wahrhaft eine Kraft dieser zeitlichen Welt. Denn Auflösung ist das Wort der zeitlichen Welt. Nur vorübergehende Etappen sind die Ansammlungen, Speicherungen, – die Formen, Gestalten, Körper.

Da geraten wir nun, scheint es, in ein unübersehbares Fließen, und es sieht aus, als wäre die Welt Kraftansammlung und Ausgabe von Kraft und Gerinnung und wieder Bewegung. Aber wir vergessen eines nicht, den Anfang und das Zentrum unserer Gedanken, die Achse unserer Erkenntnis: es ist ein Ich da, das hält alles zusammen. Die Wärme schwimmt ja nicht frei durch die Welt. Sie ist da, aber sie ist an Gebilden. Die Masse unserer Wärme ist Leistung der Sonne. Wir stellen Wärme fest als Erscheinung und Instrument an geformten Gebilden. Wie wir mit dem Muskel und Maschinen Hölzer und Steine zertrümmern, dies willentlich und bewußt, so arbeitet, ohne unser bewußtes Wissen und unabhängig von unserm Wollen, der Organismus mit der Wärme. Die umwandelnde Kraft der Wärme gehört zu unserm organischen Vermögen. Wir sind selbst als Organismen, und zwar als Plasmawesen, erst möglich geworden durch die Urwärme der Sonne. Das besagt: die Sonne ist die größere Macht und, wie wir sagten, wir liegen im Arm der Sonne oder, wie wir präzis sagen müssen: wir sind Erdenwesen und damit auch Sonnenwesen. Und damit, daß diese Sonnen- und Erdnatur bei uns festgestellt ist, ist deutlich gemacht, daß wir mit der Wärme umgehen und daß sie abgesehen von einer Bedingung unseres Daseins auch ein eigenes Vermögen ihrer Organismen ist.

Wir erkennen: so wichtig die Wärme ist, die eigentliche Baukraft und der Formwille liegt nicht in ihr. Bestimmt hat uns nicht die Wärme geschaffen, denn sie, die die Formen verändert und auflöst, ist das grade Gegenteil einer Formkraft. Aber sie ist eine Triebkraft. Sie ist das, was die Versteinerung verhindert, was die Dinge aus einem geschichtslosen Zustand in die Geschichte treibt, was uns zu kämpfenden und bedürftigen Wesen macht. Übrigens hat uns auch nicht eine Urkälte geschaffen. Denn was wäre Urkälte? Die absolute Untätigkeit, und das wäre die Zeitlosigkeit und für uns ein unvorstellbares Nichts. Eine Sonderkraft der Kälte aber gibt es nicht. Kälte ist kein Urphänomen. Dies ist die Welt der Zeitlichkeit, und zu ihrem Wesen gehört in gleicher Weise Bewegung wie Wärme.

Die Frage nach einer zeitlichen Schöpfung der Formen und Gestalten gibt es für uns nicht. Das Ich ist da, es ist die Grundtatsache und die Urtatsache des Daseins. Es zeigt sich in der Form und Gestalt, in der inneren Ordnung der Organismen, und es kann nur die Aufgabe sein, zu verfolgen, in welcher Art, Form und Gestalt das Ich sich darstellt, und welcher Kräfte es sich bedient.

Von der Wärme, die umgewandelte Arbeit ist, haben wir gesehen, sie ist ein Zertrümmerungsstoff, eine Hilfskraft. Dem Organismus dient die Mechanik im Groben und die Wärme im Feinen. Fermente sind Bemühungen der Organismen, der Gefährlichkeit der Wärme zu entgehen, sie sind ein Ersatz des Hilfsstoffes.

Die Gase sind flüchtig. Sie haben keine Adhäsivkraft. Sie haben eine Fliehneigung. Die Flüssigkeiten halten zusammen durch die Adhäsivkraft. Die Wärme ist das Gegenteil einer Adhäsivkraft.

Sie ist ein Sprengkörper. Sie wirkt als Sprengkörper. Wenn sich in der Wärme besonders leicht Verbindungen herstellen zwischen chemischen Stoffen, so muß man das richtig verstehen. Die Ursache ist eine vorangehende Auflösung der Stoffe.

Der Faustschlag verändert die Form, die Wärme die Struktur. Dies ist der Simson, der blind die Säulen hebt und den Steinpalast über sich zusammenstürzen läßt.

Die Dinge stehen stark und ruhig da. Sie stehen gewissermaßen in dem ruhigen Sonnenschein eines Sonntags. Frieden und Feier ist um sie. Sie sind gefestigt und geordnet. Sie sind gegliedert und gerichtet. Sie sind schön angekleidet, und jedes Gesetz in ihnen lobet Gott, den Herrn.

Da wütet aber die Wärme in ihnen. Da hat ihnen irgend jemand, irgend etwas den schwarzen, roten, heißen und rastlosen Satan der Wärme in die Gedärme gezwungen. Und da bohrt er, und alle festliche Ordnung gerät auseinander. Denn wenn die Dinge sich in dieser Ordnung bewegen sollen, so ist es, als ob sie eiserne Rüstungen anhätten, und es will nicht gehen, es kracht in allen Scharnieren. Die Wärme aber gibt nicht nach, sie macht Dampf. Und da müssen die Dinge vorwärts, schneller oder langsamer, und das ist ein schreckliches und merkwürdiges Schauspiel, und sein Name heißt: das Leben.

Wenn man so dies Leben betrachtet, was ist es? Die Flamme lauert hinter ihm. Überall kann die Flamme hervorschlagen, alles zerstören und sich zum Herrn machen. Es ist aber dafür gesorgt, daß sie es nicht kann, denn sie ist nur mit und an den Formen, und wäre sie Herr, so wäre sie Herr – über das Nichts. Die Dinge tragen bezeichnenderweise dies feurige Wesen, das letzten Endes das Zerstörungsprinzip der Dinge ist, als Triebstoff in sich. Es ist also ein Zerstörungswille schon in der Form, in den Dingen selbst. Diesen todbringenden Widerspruch, für ihn haben wir hier das Element physikalischer Art, die Wärme, als Träger gefunden. Was also ist Leben? Gebändigte Vernichtung,

Vernichtung in kleinen Dosen. Wenn das Feuer ein Löwe ist, so knabbert das Leben nur mit den Zähnchen einer Maus.

Die Wärme, nicht zu vergleichen mit den Stoffen, ist ganz Energie. So etwas also gibt es in der Welt. Von der Wärme her, die auflöst und bewegt und zerstört, kommt man zwar nie zur Form und Gestalt. Aber wir sehen auch, da Wachstum, Stoffwechsel, Muskeltätigkeit mit Wärme einhergeht, daß ohne die Wärme keine Gestalt ist.

Das Licht

Tiefdringend, die Struktur, die Herzen verändernd – das ist die Wärme, die Feindin der Formen, das Hilfsmittel der Bewegung. Den Gefühlston der Wärme, den eigentümlichen und jedem bekannten, hat dieses mikromechanische Mittel mit Recht, denn hier werden wir mitgenommen bis zur Gefährdung. Wärme kommt über uns, das ist ein Signal der Veränderung. Hingabe, Lust und Freude, mit Wärme ist das verbunden. Der Schmerz geht mit Kälte und Erstarrung einher. Mit der Wärme kommt nun von der Sonne das Licht, sie sind miteinander vergesellschaftet, aber wie anders ist das Licht gegen seine Schwester, die durchdringende, erweichende, auflockernde, zuletzt vernichtende Wärme. Wie milde, kühl und obenauf ist das Licht. Eine Naturkraft ist es auch, aber scheinbar wie kraftlos gegen die Wärme. Und sicher ist das Licht in der Welt nicht so mächtig wie die Wärme. Denn das ungeheure Gebiet der Wärme ist ja die Bewegung. Wir werden aber sehen, wie wunderbar auch das Licht bewegt, ja wie es Baukraft einer jungen Art Leben, unseres Lebens, wird.

Das Licht hat eine Doppelrolle: eine oberflächliche und eine tiefe. Es ernährt und es zeichnet die Gegenstände. Es entsteht mit der Wärme, und alle Stoffe, die glühen, haben ihr besonderes Leuchten. Das ist die Flagge, mit der sie sich verkünden, an der zum Beispiel auch die Spektralanalyse sie erkennt. Zugleich mit der Hitze, diesem rastlosen Motor, und mit der Schwerkraft gehen von der Sonne Strahlen aus, die sich an der Oberfläche der Erde brechen oder sich wenig in die Tiefe senken. Diese Strahlen sind vor allem wichtig für die Pflanzen, die (wir sprachen im Pflanzenkapitel davon) daraus ihre Bausteine bilden. Sie saugen diese Strahlen in sich.

Es sind Strahlen von einer ganz bestimmten Wellenlänge, die Nährstoff für die Pflanze sind. Die roten Strahlen, ferner die orangen und gelben des Sonnenlichts sind wirksam, eben dieselben, für die auch unser Auge empfindlich ist. Und in diesen Strahlen findet die Pflanze den Energiestoff, den sie braucht, um die Kohlensäure der Luft zu zerlegen und zu Kohlehydraten und Stärke zu gelangen. Und damit hat die Pflanze eine beispiellose Leistung vollbracht: sie hat organisches Material aufgebaut, und dieses Material ist gespeicherte Spannkraft, die in dem Tier wieder zu lebendiger wird. Hier also ist es nicht die Wärme, welche die Energie gibt, sondern jener leichte helle Schein, das Licht, das wir unter Umständen für belanglos halten.

Wir betrachten mit Staunen das Farbstofforgan der Pflanze, dem dieser helle lichte Schein des Lichts etwas bedeuten kann. Man hat den Farbstoff, der sich dort in den Blättern gebildet hat, sehr genau studiert, weil man weiß, welch wunderbares Organ das ist, beispiellos in der ganzen Tier- und Pflanzengeschichte. Man hat aus den Chlorophyllkörnern, die man hier fand, vier Farbstoffe isoliert, zwei grüne und zwei gelbe, und hat festgestellt, daß das hochmolekulare Verbindungen von Kohlenstoff, Sauerstoff, Wasserstoff sind, in deren Aufbau noch Stickstoff und besonders Magnesium eingeht. Das sind wichtige, aber nur vorläufige, nicht tiefer durchdachte Feststellungen. Diese Farbstofforgane, Farbstoffbildner der Pflanze sind der Grundstein der gesamten tierischen und pflanzlichen Welt. Ihre Fähigkeit, das Licht in sich einzubeziehen und als Energiequelle zu benutzen, hat sie dazu gemacht, und da wollen wir gespannt aufachten. Es gibt ja noch andere Energiequellen in der Welt, zum Beispiel die Wärme. Aber Tiere und Pflanzen, sehen wir hier, sind Lichtgeschöpfe. Wir werden an ihnen auch Wärme und mechanische Kraft auftreten sehen, aber ihr Leben ziehen Pflanzen und Tiere aus dem Licht.

Ungeheuer ist das Wachstum und die Fruchtbarkeit der Pflanzen. Das aber ist ihre Funktion! Nicht allein für die Erhaltung der Art. Die Dinge existieren noch in größeren Zusammenhängen. Man bedenke, wer von den Pflanzen lebt und wer über ihnen ist. Das ganze Tierreich ist ein einziger Parasit und Herr an ihnen. Sie sind zusammen eine einzige Ausbreitung des Lichts.

Die Tiere machen sich einen anderen Charakter der Strahlen zunutze, ihre Fähigkeit, im Tagessinne ›Licht‹ zu sein, das heißt Umrisse zu zeichnen, zu schattieren und zu färben. Tiere entwickeln dazu besondere Organe, die Augen. Schon der Farbstoffträger der Pflanze ist eine Art Auge, und überall, wo wir Farben erkennen an Dingen, werden wir Lichtempfmdlichkeit annehmen, ob es sich nun handelt um Kristalle oder Blüten oder tierische Augen. Die Geburt aus dem Licht und die Urverwandtschaft mit dem Licht kündigt sich so an, dazu auch die Notwendigkeit, mit dem Licht in Zusammenhang zu bleiben und von ihm zu leben.

Die Pflanzen bilden ihre Farbstoffaugen, ihre Lichtempfänger, an den Stielen und den Blättern. Bei ihnen überwiegt die Neigung, Ernährungsorgane aus diesen Organen zu machen. Die Farbstoffe dienen ihnen nebenbei zum Blickfang für Insekten oder als Deckfarbe. Bei den Tieren tritt aber der Ernährungscharakter sehr zurück. Unser Blutfarbstoff kann nicht mehr ernähren, er kann noch mit seinem Eisen den Sauerstoff der Luft an sich nehmen und rasch an die bedürftigen Organe weitertragen, er ist ein sehr verkümmertes Chlorophyll, und wie die Pflanzen haben wir mit seiner Hilfe auch Farbstoffe entwickelt zum Schmuck und als Deckfarben. Unsere Haut ist ein einziges großes Empfangsorgan für das Licht. Alle wissen, daß wir ›blutarm‹ und krank ohne Licht werden. Aber vor allem haben wir die Augen! Was bei den Pflanzen das Chlorophyll ist, ist bei den Tieren das Auge. Das Auge ernährt nicht, wir lassen uns ernähren von den Pflanzen. Der Lichtempfang aber dient der für die flüchtige Tierwelt entscheidenden Fähigkeit des Sehens.

Verschieden sind die Augen der Tiere. Da gibt es beim Regenwurm eine durchsichtige Oberhaut am ganzen Körper, und dicht darunter hat er verstreut seine Sehzellen. Das sind einfache Zellen, die mit einer lichtzersetzlichen Substanz gefüllt sind und mit einem Nervenfaden ausgehen. Andere Tiere haben becherförmige Pigmentzellen als Sehorgane, andere haben Farbstoffbecher. Ich sage noch einmal: die Organismen, die Licht sehen, haben genau wie das Chlorophyll Licht von Haus aus in sich. Es kann ja auch nichts der Schwere unterliegen, was nicht von Haus aus schwer ist. Die Lichtstrahlen haben die Organismen mitgebaut und bauen sie weiter, und so ist Sehen und Farbenerkennen nichts Wunderbares. Es begegnet sich Licht und Licht, es antwortet Licht auf Licht. Ich möchte den Zusammenhang von Licht und Auge in eine Parallele bringen mit der Wärme und dem Muskel, der die Wärme auf mechanischem Wege erzeugt. Die Lichtstoffe, die wir aus unserem Zusammenhang mit der Sonne und dem Urfeuer in uns tragen und aus unserer Ernährung mit den Pflanzen und dem Chlorophyll erneuern, wandeln sich um. Das ist die Energieumwandlung, die den Namen trägt: Sehen. Und das ist das Glück der Farbe, der Phantasie, der Bilder, der Malerei und Plastik.

Das Licht, obwohl so dünn und leicht, ist keine imaginäre Größe. Wir sehen schreckliche Entartungen, geiles Wuchern bei den

Kellerpflanzen, bei diesem phantastischen Mißwuchs, und beim Menschen kennen wir Rachitis und Skorbut, welche ihre Ursache haben im Mangel an lichttragenden Substanzen – Vitamine werden sie genannt.

Die Art des lichtgeborenen Lebens

Schon bei der Entstehung der Kristalle spielt das Licht mit. Es läßt sich nicht über diese fabelhaften Geschöpfe sprechen, ohne daß man auch die Farben nennt. Ja sogar die Elemente, die glühen, zeigen ihre Persönlichkeit in besonderen Farben. Aber es ist doch eine ungeheure Wendung in der Geschichte dieser Welt, wenn dann die Pflanzen auftreten und sich des Lichts bemächtigen.

Was ist die Leistung Prometheus', des Feuerbringers, gegen diese der Pflanzen. Wie nun ist die Art des lichtgeborenen Lebens?

Da hatten sich Elemente entwickelt, einige hatten die Oberhand gewonnen und hatten andere verdrängt. Der Kampf geht weiter. Und schließlich ist das Wasser möglich geworden. Und dann kommt auf der feuchtwarmen Erdoberfläche die Stunde für die Eiweißgallerte. Die ist noch etwas anderes als das Wasser. Es ist eine Absonderung, die sich in der Wärme und Feuchtigkeit halten will. Aber wie? Der Kampf der Elemente geht weiter, die gesamte Erde erlebt ihr Schicksal der langsamen Schrumpfung und Verdichtung, die Geburt des Wassers ist vollzogen, wie will sich Gallerte abgesondert erhalten? Es geschieht auf eigentümliche Weise, und so wird die Tier- und Pflanzenwelt möglich. Den Leitstoff für das Leben der Tier- und Pflanzenwelt gibt ab das Licht.

Da waren nun bei den Kristallen vorher die Vielecke, die mathematisch strengen Figuren, die scharfen Flächen, Kanten und

Winkel. Jetzt unter der Wirkung des Wassers wird alles weicher und runder. Aber der Hauptpunkt ist ein Stoffwechsel. Stoffwechsel ist unerläßlich im Moment, wo Wasser und Gallerte auftreten. Es bleibt ja nichts, wie es ist, wo so viele Umstände und Kräfte einwirken, sogar das starke Wasser verdunstet. Man wird bei dem Plasma und der künftigen Tier- und Pflanzenwelt, diesen Absonderungen feuchter Art, also von vornherein mit dem Vergehen rechnen müssen. Aber es wird sich darum handeln, zu einem Lebensrhythmus zu gelangen. Nur auf einige Zeit Leben kommt es hier an, und dazu sind nötig die Erneuerung des Wassers, die Aufnahme und die Abgabe von Produkten des inneren Umsatzes. Tod versteht sich von selbst, wir zerfließen oder vertrocknen. Ebenso die Fortpflanzung.

Die Gallerte arbeitet im Meere mit dem spielenden Mechanismus des Ausgleiches zweier Salzlösungen. Die halbdurchgängige Haut wird eine wichtige Erfindung. Dann die raschen Umsätze chemischer Verbindungen. Und vor allem nun ergibt sich die Beteiligung des Lichts, die Möglichkeit, das Licht heranzuziehen: das begründet das Dasein der Tier- und Pflanzenwelt.

Die Steine hatten schon Farbe angenommen, aber das war nichts anderes, als wenn ein entlaufener Sklave noch seine Brandmarke zeigt. Das Plasma und was aus dem Wasser auftaucht, nachdem es dem grausigen Feuer entronnen ist, hat an die schreckliche Zeit der Kristalle, an die Zeit der glühenden Gase und Schlacken nur noch wenig Erinnerung. Es ist schon lange her, und dann lebt es ja auch fern vom Schuß, vom himmlischen Feuerzentrum und dem nicht weniger grausigen Feuer im Erdinnern, und die Lichtfülle hat es über sich, und das feuerlöschende kühle Wasser hat den Sieg errungen und lagert über der ganzen Erde wie eine Heilsalbe. Und die Erde erhebt sich aus dem Wasser und paktiert nun langsam, vorsichtig mit dem Feuer. Sie hat sich gerüstet, trotz alledem und trotz allen Mutes; es ist gut, im Feuer einen

Schwimmgürtel, einen Mantel aus Wasser anzuhaben. So erhebt sich die Erde, freut sich einer gewissen Wärme und beginnt mit der Sonne anzubändeln.

Es wird jetzt, nach dieser Vorgeschichte, etwas Phantastisches Ereignis: die Sonne wird Mittel, um eine neue Art Leben zu bringen! Der Lebensfeind wird an den Wagen des Lebens gespannt; das geschieht jetzt. Geringe Wärme und – Licht, so geschieht es. Das Licht wird zu Leben, tierpflanzlichem Leben. Und wenn wir sehen und durchmachen, was für ein Leben das ist, so verstehen wir es jetzt – schwankend in einer einzigen Gefahr, zwischen Leben und Tod in jedem Moment, voller Entsetzen und mit einiger Freude – das war alles vorauszusehen. Was kann von der Sonne kommen! Welch großes Leben! Und zugleich bei allem, was fühlt, die Sehnsucht nach dem Ende, das Verlangen, das Dunkel zu erreichen –

Denn auch das gehört zum Licht: zu erlöschen –

Die Erde, vom Feuer abgefallen, wird wieder lichtreif. Mit Pflanzen, Blüten, Tieren, Menschen reift sie. Ihre Oberfläche bewegt sich mit einem wunderbaren neuen Leben und hebt sich aus dem Wasser dem Licht entgegen. Die Erde, vom Feuer abgefallen, hat darum wieder das Licht einfangen können, in den schleierhaft zarten Wassergebilden. Sie hat in dem grünen Farbstoff ein Organ entwickeln können, in dem sie ihre Lichtabkunft, ihre Lichtreife und Lichtsehnsucht bekundet. Das Licht selber breitet sich in den Lebewesen aus und zieht sich wieder nach dem Licht hin.

Die Plasmagebilde zeigen ihre Unsicherheit, Labilität mindestens in zweifacher Weise: einmal darin, daß sie einen so enormen Stoffwechsel brauchen, und dann, daß sie sich fortpflanzen. Wenn etwas ein Zeichen ihrer schwierigen Situation und zugleich ihrer Tapferkeit und ihres durch das Licht gewonnenen Vermögens ist, so ist es die Fortpflanzung, zu der sie gezwungen sind und gelangen angesichts des schließlichen völligen Versagens ihrer Einrichtungen; denn sie ›altern‹. Sie sind gewiß stabiler als eine Seifenblase, aber doch überempfindlich. Sie treffen im Lauf ihrer Existenzen tausend Sicherungsvorkehrungen; sie nutzen aus, was sich findet, aber schließlich verbrauchen sie doch nur eine Erbschaft, die der großen Schöpfungsstunde.

Die Rettung ist die Fortpflanzung. Und die Macht dieses Willens ist so groß, daß sich ihm nichts entziehen kann, und nichts möchte altern, alles jung bleiben, um immer – zu reizen und sich fortzupflanzen. Man weiß, daß die gewaltigste Erregungs- und Lustmasse um den Fortpflanzungstrieb versammelt ist; das ist die Sicherungsvorkehrung der Plasmawesen und demonstriert den Ernst der Lage. Und sowenig man, ohne zu sterben, den Stoffwechsel unterdrücken kann, kann das lebende Wesen den Fortpflanzungstrieb – der ihm gar nicht direkt als Fortpflanzungstrieb bewußt wird – ausmerzen. Es kann sich peitschen und kasteien, unsichtbar, in anderer Form kehrt der unbändige Trieb, der Gegentrieb des Plasmatodes, wieder.

Vom lebendigen Plasma und seiner Entstehung

Dasjenige, was wir Licht nennen, hat mehrere Seiten. Der Physiker, der mit den Dingen auf technische Menschenart wie mit Werkzeugen umgeht, nimmt es in die Hand und beschreibt es als sehr rasche Strahlensorte von sehr kleiner Wellenlänge. Für die Pflanze ist es ein leichter Nährstoff; für uns ein farbiger Schein. Es ist der Hauptbildner des organischen Lebens.

Es ist denkbar und möglich, daß es nach der Kristallstufe allerlei dumpf spielerische Fehlanläufe zum Protoplasma gab, Zwischenstufen zwischen Kristall und Pflanze. Es wird vieles entstanden sein im Wasser, man muß einen nicht mehr vorhandenen Formenüberschuß annehmen. In einer wäßrigen Lösung – wir denken an das Meerwasser jener Urzeit, und noch dazu an abgeschnürte Teile des Meers, etwa Seen, die rascher verdunsten –, in einer solchen Lösung kommt es zu einer Konzentration, die bald eine Sättigungskonzentration ist. Die gelösten Teilchen bewegen sich hier nicht mehr frei, sie lösen sich nicht voneinander, sie häufen sich zusammen. Bei künstlichen Lösungen spricht die Kristallehre hier von einer Bildung von Ultramikren, das ist von Kristallkernen, die durch Stoffanlagerung weiterwachsen. Bei starker Übersättigung der Lösung in jenen Urmeeren entstehen so schwammige ›Gallerten‹ – keine Kristalle. Die ungeheure Masse der Keime und ihre gegenseitige Behinderung am Auskristallisieren macht diesen Zustand ähnlich dem Glas, das aus einer schmelzflüssigen Lösung unter Vermeidung der Kristallbildung entsteht. Gallerten, diese weichen Massen, das sind solche Haufen von verhinderten Kristallen mit dem Willen, mit dem millionenfachen geformten Willen zum Kristall. Die Kristallidee, der Kristallantrieb lebt – wie sollte er denn tot sein –, aber es sind Umstände da, die ihn umformen und zu ganz neuen Realisationen drängen. Die Erdepoche ›Kristall‹ wird überschritten.

Was sind das für Stoffe, die jetzt in dem wunderbaren neuen Element, dem Wasser, in der Sonnenwärme gelöst und nicht immer gelöst sind? Wir können die einzelnen Elemente nennen, die das Plasma, die lebendige Eiweißgallerte bilden – aber wie wir nicht die Umstände dieser Epoche kennen, kennen wir nicht die Verbindungen, Gruppierungen der Elemente, die zuerst und die später auftreten. Jedenfalls kristallisieren die Elemente und ihre Verbindungen im Wasser nun nicht aus. Es erfolgt Absonderung und Beendigung des schwebenden Zwischenzustands der Gallerte, aber anders als wir es von Versuchen her kennen. Denn Gele sind auch sonst sehr empfindlich, inneren Zustandsänderungen sehr ausgesetzt, und sie gehen auch alternd leicht in den kristallinen Zustand über. Hier, im Urmeere, sind Impulse, die in unseren Laboratoriumsanordnungen nur den Schritt nach rückwärts, zum alten, simplen Kristall führen. Im Urmeere mit seinen eigentümlichen Umständen gibt es eine andere Absonderung vom Wasser. Was ist der Kristall? Eine Kampfform von Stoffen gegen das Feuer oder das Wasser – wie das Wasser selbst schon eine äußerst zähe Kampfform gegen das Feuer, die Wärme ist. Jetzt bilden sich Formen gegen das Wasser – wasserfeste, wasserunlösliche Gebilde, und sie umgeben sich wie der wachsende Kristall mit einer Grenzschicht, mit einer abschließenden nachgiebigen Haut. Es sind sehr komplizierte Gebilde, die sich bei dem Zusammenschluß und der Vergesellschaftung vieler Elemente zur Zelle im Protoplasma zusammengefunden haben. Deutlich schlägt auch hier die Kristallform, aber die eines aus dem Wasser entstehenden, im Wasser lebenden, aber doch wasserfesten Kristalls durch. Das wasserfeste Gebilde, das hier auftaucht, die Form der Zelle hat, das lebende Eiweiß, ist unter den heutigen Erdbedingungen nicht wiederholbar. Wir sehen hier wirksam die besonderen Umstände, welche den großen Urschub ausmachen.

Das Leben der Pflanzentierwelt entsteht im Kampf mit dem Wasser aus dem Wasser. Wasser zu bleiben und doch nicht zu zerfließen, heißt hier die Marschroute. Die Einrichtung des Stoffwechsels wird nötig, denn was im Wasser ist, hat die Neigung, wie das Wasser selbst zu zerfließen und zu zerfallen; der Kristall gibt einen stabileren Zustand als die Zelle; sie bleibt ein gefährdetes Ding, und ihr Stoffwechsel demonstriert ihre eigentümlich schwache Stelle, sie ist immer am Zergehen und muß sich ständig neu aufbauen. Man vergleiche dagegen sowohl die Kristalle wie besonders das Wasser selber, gegen das die Zelle im Anfang hauptsächlich kämpft.

Das Leben der Pflanzentierwelt entsteht also im Wasser, im Kampf gegen das Wasser, und nun wissen wir noch genauer, wie in diese anfängliche Gallerte Leben, Bewegung kam. Die entscheidende Wendung kam an der Oberfläche des Meeres oder des abgetrennten Meeresteils, ganz oben oder in geringer Tiefe. *Denn jetzt – springt das Licht an!* Die Kristalle und Elemente waren schon lichtempfindlich, wie ihre Farben zeigen. Die Gallerte tut aber einen mächtigen Schritt auf diesem Wege; sie erobert das Licht als Betriebsstoff. Das Licht wird Baukraft. Es ist diejenige Gallerte siegreich, deren Zusammensetzung die entscheidende Lichtempfindlichkeit hat. Die Gallerte gewinnt ihre volle Selbständigkeit und Absetzung vom Meer, wo sie das leistet, was das Wasser und alle seine Lösungen nicht können: Lichtstrahlen aufzunehmen und mit deren Hilfe, die ja unaufhörlich erfolgt, ihren Leibesbestand zu erneuern und zu erhalten. Das Wasser kann dumpf der Wärme folgen, aber mit dem Licht kann es nichts anfangen. Die Stoffe, die jetzt gallertig sich im Wasser finden, werden siegreich über das Wasser im Moment, wo sie dies Vermögen, zu sehen also, entwickeln, und wo sie diese höhere Macht, das ferne Sonnenlicht, anrufen. Die Tierpflanzenwelt ist tatsächlich von der Sonne aus dem Meer gehoben, wo sie Ruhe vor dem Feuer hatte. Durch Feuer und Wasser also ist die Tierpflanzenwelt gegangen – und geht sie weiter.

An der Oberfläche des Wassers ist dieses Leben entstanden, und es war damit bestimmt, daß es ein Leben unter der Sonne, an der Erdoberfläche sein werde. Es sind später tiefere unterirdische Wohnsitze möglich geworden, es gibt auch augenlose Tiere, aber dies war erst möglich, nachdem durch das Licht das selbständige Zelleben geschaffen war. Immer arbeitet die Pflanze noch in der alten Weise und verbürgt damit unser Dasein. Die Verbindung mit dem Licht kann nicht abreißen. Das flüchtige Tier erobert sich neue Gebiete, Land, Steppen, Gebirge; das ›Auge‹ verliert da und dort seine elementare Wichtigkeit, es genügt Tasten, es wird Riechen und Hören bei manchen Landtieren unter Umständen wichtiger – aber sie müssen alle, um zu bestehen, direkt oder indirekt, Licht essen.

Wir nehmen als Nahrung Pflanzen und Tiere auf, aber wir geben nicht, im Stoffwechsel, Pflanzen und Tiere wieder. Wir zertrümmern ihre Gestalten mit Händen, Krallen, Werkzeugen, Zähnen, mit Säuren, Alkalien, die unser Mund, Magen, Darm bereitet. Was ist das? Das Aufknacken einer Nuß. Wir streifen die Wachstumskörper dieser Pflanzen und Tiere ab und stoßen zu den Nährkeimen vor. Was ist das, Nährkeime? Wir liegen nicht mehr in jener Urgallerte des Meers. Aber wir können nur in diesem Milieu leben und müssen es unaufhörlich wiederherstellen. Da müssen wir neues Wasser um uns sammeln und altes wegstrudeln – die vielen Stoffe der Urgallerte sind nicht mehr da, sie ist ausgepumpt, aber sie wächst noch in den Pflanzen und läuft in den Tieren herum: so ziehen wir sie an uns. Wir töten sie und heißen sie wieder für uns die Mutterlauge sein. Das heißt zubereiten, essen, trinken.

Schöpfungstage

Es entstehen Zellen nur aus Zellen, Kernschleifen aus Kernschleifen, Farbstoffträger aus Farbstoffträgern. Fest schließt sich Zelle an Zelle und Kernschleife an Kernschleife, und kein Stoffwechsel bewirkt, daß aus einem Salz eine Kernschleife wird. Eindeutig starr und älter als Pyramiden ragt dies durch die Jahrtausende. Einmal aber gab es Zellen doch nicht. Einmal, vor der Bildung des Wassers, waren auch sie nicht möglich. Einmal gab es kein Wasser, als die Erde noch glühte. Die Zelle hatte einmal ihre Geburtsstunde. Viele Dinge werden noch jetzt, die radioaktiven Stoffe zerlegen ständig Elemente, Elemente bilden sich neu, hierfür also ist die Epoche noch fruchtbar. Für die Zelle aber – vielleicht auch für das Wasser – gab es einmal einen Schöpfungsruck. Es gibt große Erdperioden und große Weltperioden, sie werden mit Schöpfungstagen, mächtigen Durchbrüchen von Urkräften eingeleitet. Dann treten stoßartig neue Gebilde hervor, die sich später noch in dem Spiel der Elemente und mit Fortpflanzungen hinschleppen und so ihre Mitgift verbrauchen, sachte abbauen und ermüden. Sie leben wie Rentner vom Reservestoff. Ein großer Coup, der Schöpfungstag, hat ihnen den Reichtum gebracht.

Die Entstehung der Arten in Naturkollektiven

Die neuen Gebilde entstehen aber nicht isoliert, sondern in Naturkollektiven. – Ein Verständnis für die Entstehung der Tier-Pflanzen-Kristallarten auf unserem Planeten ist zugestandenermaßen von der Naturwissenschaft nicht erreicht und kann auch nicht erreicht werden. Der Grund ist nur zu einem Teil die Schwierigkeit der Sache, zum Hauptteil die ängstlich besorgte Benutzung bloß technischer Kategorien. Denn jene Theorien und Beobachtungen der Anpassung, Auswahl, des Kampfes ums Dasein sind Dinge eines Denkens, das Ursächlichkeit, Kausalität allein in Arbeitsgängen wie in einer Fabrik, in einem technisch überblickbaren, verfolgbaren Ablauf erblickt, der möglichst auch experimentell nachahmbar sein soll.

Solche Arbeitsgänge braucht für seine Existenz der Nervmuskelmensch, das konstruierende Gehirntier, und isoliert dazu aus der wüsten reichen Natur irgendwelche Stücke, die ihm gut in die Hand passen und mit denen er dann für die Zwecke des Schutzes und der Ernährung gut umgehen kann. Dazu stehen ihm nun schon nicht sehr viel Kräfte und Gegenstände aus der Natur zur Verfügung, und zwar einfach darum nicht, weil seine Sinne beschränkt sind und seine Erfahrung nicht weit reicht. Aber auf diese Weise, mit dieser Methode von ›Handwerkern‹ im echten Sinne des Wortes, von Praktikern, die wir nun einmal sind, zum Verständnis der Entstehung von Arten vorzustoßen, ist nicht möglich. Das kann ja nur eine finstere Spielerei ergeben, weil es lächerlich ist, der großen Natur, deren Stück und Gegenstück wir sind, zu unterschieben, daß sie in solcher menschlichen

›Kausalität‹, also in technischen Arbeitsgängen produziert (und welche bloß historischen, gesellschaftlichen Vorstellungen stecken in diesem praktisch brauchbaren, aber in seiner Anwendung streng zu begrenzenden Begriff ›Kausalität‹). Dazu sind alle Einzelkräfte, Einzelkörper, Personen, Stoffe, auch Arten nur menschliche Isolierungen und Abstraktionen, die real so gar nicht vorkommen und denen man nur mit dem Satz von der unvollständigen Individuation beikommt.

Es ist sonderbar, daß die Naturwissenschaft nicht merkt, daß sie schon immer mit einer Unbekannten rechnen muß und auch rechnet, und sie hätte nur nötig, sich diese Unbekannte, nämlich das organische Leben, anzusehen, und statt aus dem Unsinn einer Retorte technisch-mechanisch oder wie ein Fabrikarbeiter dieses Leben ableiten zu wollen, sollte sie ins Zentrum vorstoßen und das Technisch-Mechanische von diesem Zentrum, das einfach da ist und nicht zu umgehen und Urrealität ist, ableiten. So kann sie arbeiten, wie sie will, sie kann aus dem Nichtsinn nicht den Sinn konstruieren, aus der technisch-mechanischen Anordnung nicht den verblüffend vernünftigen Effekt – es ›erklärt‹ keine Beschreibung der Trocknung, Quellung und Spaltung bei Trockenfrüchten den phantastisch schlauen und genialen Effekt einer Schleudervorrichtung – und man kann alles bejahen, was diese Naturwissenschaft treibt, aber doch finden, daß sie im Grund mit Blindheit geschlagen ist, und wenn sie auch den Stein der Weisen hätten, der Weise mangelte dem Stein. Uns, die wir das Zentrum, das vom Ich getragene Leben, nicht als Problem, sondern als Erklärungsprinzip haben, ängstigt nicht die Frage nach dem Entstehen des ersten Lebens auf unserem Planeten und des ersten ›organischen‹ Lebens überhaupt – das ist nur eine schwierige Detailfrage, wir haben sie in den Abschnitten von der Zelle, dem Kristall und dem Licht angefaßt – und ebenso steht es um die Frage nach der Entstehung der Arten. Es gilt, den Sinn-Übersinn, die eingeborene Baukraft des Organischen an erste Stelle zu rücken.

Die kleinen Varianten nach Darwin, mit natürlicher Zuchtwahl, können wir für die heutigen Zeiten annehmen, ebenso die Lamarcksche finale Anpassung an die Umstände, aber über diese Nachfolge und den Anschluß einer Lebensart an die beherrschende Lebensart der Umgebung müssen wir eine gleichzeitige Entstehung zusammengehöriger Lebensgruppen, Naturkollektive, setzen. Warum? Wir treffen in der Natur niemals Einzeltiere, Einzelpflanzen, Einzelarten, sondern nur Lebensgruppen mit Landschaften und Geschöpfen. Was heißt das? Wir isolieren nicht, wie ein sorgfältiger Experimentator oder wie ein technischer Arbeiter, Pflanze, Tier, Landschaft, Klima, Planet, sondern da das eine Leben, die eine Welt hier abläuft, sehen wir immer größere Lebensgruppen gemeinsam entstehen, die in sich von Haus aus abgestimmt sind. Sie sind Annäherungen an größere Ganzheiten, größere Gebilde, dieses Zusammen von Pflanze, Tier, Landschaft, Klima, Planet. Die Unvollständigkeit der Individuation überhaupt steckt dahinter. Sie setzt kleine, größere und große zusammengehörige Lebens- und Daseinsräume, niemals allein ein Einzelindividuum. Es ist Unsinn, hier von Wundern zu sprechen, da ja dem Sinn-Übersinn ein Zweck – Zahl und Form dieser Welt – in den Knochen sitzt. Es gibt kleinere und größere Formungen, aber alles verläuft in Kollektivgeburten von niederer und höherer Ordnung. Schon die einzelne Zelle ist übrigens ein sehr zusammengesetzter Organismus – und sie nennen wir doch den Baustein des Organismus –, auch das Atom entpuppt sich als kompliziertes Gebilde.

So wird man zu einem Verständnis der nur dem technischen, mechanischen Verstand auffälligen Anpassungen und der Zugehörigkeit von Tier-, Pflanzen- und Mineralgruppen kommen. Man darf Organismen nur vorsichtig isolieren. Man muß an Großorganismen denken. Darunter verstehe ich umfassende Naturkollektive, in denen Einzelorganismen sich etwa zueinander verhalten wie die Organe in einem Organismus.

Geben wir Beispiele. Jene Giftpistole der Enidarien oder Nesseltiere ist nicht und auf keine Weise durch langsames Ausprobieren und Zugrundegehen von Generationen oder durch Zufallsvarianten entstanden – es lassen sich aber Bände vollschreiben von wunderbaren organischen Einrichtungen und Anpassungen zwischen Pflanzen, Tieren und Landschaft –, sondern diese mikroskopische Maschine der Nesselzelle ist das einzelne Erzeugnis jener denkenden Urmacht, die eben mit dem Individuum in kleineren und größeren Kollektiven konkret sich darstellt. Wie die Zelle und das Atom zeigten, ist dies Kollektivdenken und das kollektive, im engeren Sinne organische Produzieren in der Natur die Regel. Wie lebt die Pflanze mit der Naturmacht Wind? Davon haben wir einiges bei der Charakterisierung der ›Klugheit‹ der Pflanze notiert, bemerken es unter dem neuen Gesichtspunkt noch einmal. Denken wir an die Schleudereinrichtungen der Pflanzen bei der Aussäung ihrer Samen. Das ist eine Art der Symbiose, des Zusammenlebens, die scheinbar nur den Charakter der Herrschaft, des Ausnützens, also des Nachfolgens hat. Es wäre also eine einseitige Fügsamkeit da, nämlich bei der Pflanze. Aber von sich aus könnte die kleine armselige Pflanze, auch die Einzelart, das trotz des besten Willens nicht leisten. Wir können so viel zu sehen begehren, wie wir wollen, wir bringen die ›Augen‹ nicht hervor. Das Unvermögen jedes einzelnen von uns liegt da offen zutage. Wir können immer nur ›Gegebenheiten‹ ausnutzen. Die Frage ist aber grade: wie kommt es zu dieser schlauen Gegebenheit? Da zeigt Darwin mit dem Zugrundegehen des Ungeeigneten und Schwachen die negative Seite. Was erzeugt, fragen wir weiter, das positiv Zweckmäßige? Bei groben Dingen, etwa Haut- oder Fellfarbe in Anpassung an den Erdboden, kann man ruhig das Zugrundegehen zweckwidriger Farbträger gelten lassen. Aber wie organisiert die Pflanze den höchst rationellen Betrieb einer Schleudervorkehrung – aus Zufällen, die ganze Natur eine Sammlung von Zufallstreffern? Das ist eine furchtbar gezwungene Erklärung. Wir müssen ein Kollektivdenken, Kollektiverzeugen erkennen.

Zur Verbreitung – ein anderes Beispiel – sind einige Früchte und Samen ungeheuer klein gebildet, ein bestimmter Orchideensamen wiegt zwei Tausendstel eines Milligramms. Einige Samen haben Flügelanfänge zur Windverbreitung, Windsäcke, Luftsäcke, einige Haarschöpfe, bei einigen bildet der Kelch einen Fallschirm, bei einigen dient die blasige Blumenkrone als Flugmaschine (Cephalophora aromatica). Und was die Vielheit der Formen anlangt, so gibt es Windroller, Schraubenflieger, Segelflieger, Schirmflieger, Plattendrehflieger, Napfflieger und so fort. Denken wir nochmal an den Schleudermechanismus bei Sphaerobolus stellatus: seine Frucht öffnet sich am Scheitel, bildet einen Becher, in dessen Grund der Sporenapparat, die kugelige Peridiole, freiliegt. Nun stülpt sich plötzlich die Innenwand des Bechers konvex nach außen, und der Sporenapparat wird mit schwachem Knall bis über einen Meter weit weggeschleudert.

Für solches Angepaßtsein gibt es im Tier- und Pflanzenreich – Tier mit Tier, Pflanze mit Pflanze, Tier mit Pflanze – massenhaft Beispiele. Hier spricht man von Symbiosen. Darüber hinaus das Angepaßtsein an das Milieu. Wie steht es bei den Steinen?

Die Lehre von den Lagerstätten und Vorkommen der Minerale kennt Mineralgesellschaften, Mineralkombinationen. Die Mineralien haben einen Entstehungsprozeß, der physikalisch-chemischer Art ist, aber beide Faktoren, der chemische wie der physikalische, weisen in der Natur über das einzelne Mineral hinaus und zwingen den Blick auf die geologische Lagerung, in Hinblick auf Temperatur, Druck, chemischen Gehalt. Das ist das Naturkollektiv, dem alleinige Realität zukommt. Mineralien treten in der Natur in Bezugsystemen auf, eben jenen Mineralgesellschaften und -kombinationen, und die Einflüsse aus der Gesellschaft, dem Bezugsystem heraus, nennt man paragenetische.

Auf Erzgängen trifft man in allen Bergrevieren mit Bleiglanz verbundene Blende, Quarz und Kalkspat. Wo Zinnstein einbricht, ist auch Quarz vorhanden, und in der Regel fehlen nicht Wolframit, Topas, Flußspat, Apatit, Arsenkies. Im Granit sind die Mineralien Quarz-Orthoklas-Diotit, im Syenit Orthoklas-Amphibol, im Diorit Plagioklas-Amphibol, im Gabbro Plagioklas-Diallag ständig miteinander verbunden. Wir meinen also:

Die Erkenntnis von der Entstehung der Arten ist dadurch erschwert und steht auf dem toten Punkt, weil man, von anderem abgesehen, einreihig Tiere, Pflanzen, Mineralien, Erdperioden denkt und nicht kollektiv denkt in der Art der Paläontologen, der Erforscher der Erdschichten, und im Kleinen in der Art der Petrographen, der Erforscher der Mineralgeographie und Untersucher der Lagerstätten. Auftritt nicht isoliert die eine Tierart und paßt sich an, sondern es werden in einmaligem Ruck oder in kleineren Stößen Gesamtaktionen planetarer oder provinzieller Art vollzogen, Kollektivgeburten, Assoziationsgeburten oder Umstellungen an Naturkollektiven und Komplexen, entsprechend der Bildung einer provinziellen mineralischen Lagerstätte, unter Führung einer Elementarmacht.

Auf solch wirklichen echten großen Produktionsakt, Schöpfungsruck folgen dann unsere langsamen kleinen Anpassungs- und Umbildungsperioden.

Der Ausgangspunkt einer derartigen Weltrevolution ist das Auftreten – plötzlich oder allmählich – einer neuen, etwa astralen Großmacht und die Notwendigkeit aller anderen Formen, sich anzupassen, zu folgen, oder im Erdleben ein Entwicklungsruck. Denn das Altern des Erdplaneten verläuft in vielen Etappen, und diese Etappen werden keineswegs bloß gleichmäßig abgeschritten. Ist solch Punkt aber da, so wird der noch vorhandene Grad der Fruchtbarkeit und Bildungsfähigkeit jeder Art auf die

Probe gestellt, und andere Dinge verfallen dem Tod und der Einschmelzung. So fallen diese Weltrevolutionen und Erdumstellungen und Neubildungen mit einem Ausbruch der schlummernden Fruchtbarkeiten zusammen, und ruckartig kommt es zu starken echten Mutationen und zu der ineinandergreifenden Bildung neuer Arten.

Unter diesen Umständen ist an eine einreihige Veränderung, etwa isoliert im Tierreich, Pflanzenreich, nicht zu denken, sondern in der Gewalt- und Bruttemperatur solcher Situationen werden, je nachdem, tiefgreifende Kollektivveränderungen von Tier- und Pflanzengruppen, auch von Pflanzen- und Mineralgruppen, auch von Tiergruppen allein, erfolgen. Ebenso kommt es zur Vernichtung und Ausrottung anderer Lebenskreise und Lebenssysteme. Denn um Kreise und Systeme des Lebens handelt es sich. Es sind Simultangründungen neuer Lebenskreise, die bei Weltrevolutionen vollzogen werden und die eine Dauer auch nur eine Zeit hindurch haben.

Wir nannten als einzelnen Ausgangspunkt für den katastrophenartigen Eintritt des Schöpfungsrucks, der Weltrevolution astrale Vorgänge, also Dinge von außen und weit her. Aber auch das Leben, Ringen und Mühen der vorhandenen Organismen und das Hervortreten, wechselnd und sich steigernd, summierend, von Unzuträglichkeiten, Unzulänglichkeiten kann allmählich einen solchen Spannungsgrad erreichen – wir erleben ja alle als Gestaltete, es ist Ich überall in der Welt –, daß auf eine Art, die wir nicht kennen, sich dies ganz in die Tiefe hinein auswirkt und gebieterisch schließlich eine Zerstörung oder Strukturveränderung erfolgt. Was wir in unserem Einzel- und Kollektivleben erfahren, ist nicht sporadisch und unvergleichlich. Unser Dasein, wenn auch noch so winzig, hinterläßt Spuren, und was wir erleben, erleben wir auch für andere.

Die Gliederung der Zeit

Wenn wir die Dinge, wie sie sich in der Natur hinbreiten, Tiere, Pflanzen, Mineralien, Flüssigkeiten, Gase und Kräfte, nacheinander betrachten, so merken wir, daß wir langsam in Gebiete vorrücken, in denen die Räumlichkeit zurücktritt und der zeitliche Charakter sich vordrängt. Wärme, Elektrizität, die Schwingungen, das Licht, das sind Beispiele dafür. Bei dem Tier, der Pflanze, den Mineralien fanden wir räumliche Ordnung und besondere Gliederung, die wir studierten und miteinander verglichen. Es war dieses charakteristische Nebeneinander, freilich auch ein Hintereinander, bei Tier und Pflanze, was ihnen den Rang geformter Wesen und Organismen verlieh. Bei Wärme, Elektrizität, den Schwingungen haben wir nichts unmittelbar Räumliches. Wir werden vor die Frage gedrängt, wie sie sich in der Zeit ausleben.

Am wenigsten von der Zeit berührt erscheint uns das Mineral. Es kennt keinen Stoffwechsel und keine Gliederung seines Lebensablaufs, vergleichbar der Geburt und dem Tode der Pflanzen und Tiere. Wie der Kristall sich hartkantig in den Raum setzt, mit mathematischer Regelmäßigkeit, so ist er fertig und erlebt nur noch Umwandlung und Verwitterung und Zertrümmerung. Eine gewisse Zeitlosigkeit, freilich nur verglichen am Tier, hat das Mineral an sich.

Die Plasmagebilde der Tiere und Pflanzen aber werden mit ihrer Geburt, ihrer Ablösung aus der Umwelt, wie wir schon sagten, schwer fertig, und so flüchten sie in die Zeitlichkeit. Sie schleppen sich hin durch Jugend, Reife, Alter, pflanzen sich fort, der Tod kommt über sie. Das Ganze ist ein einziges mühseliges Nichtfertigwerden. Und wenn man an die neuen Geburten denkt, ein immer wiederholter Versuch. Sie ringen immer darum, da zu sein. In den Plasmawesen wirkt ebenso der Formwille wie bei dem

Kristall. Aber was bei den harten Stoffen so glatt und prompt räumlich gelang, gelingt hier nicht, und so kommt es zu Geburt, Jugend, Alter und Tod, zu dem Ringen um Dasein, zur Flucht in die Zeit.

So verstehen wir die Fortpflanzung aus der Flucht in die Zeitlichkeit und der nicht beendeten Formung. Die Plasmawesen, Menschen, Tiere, Pflanzen, keimen, wachsen und werden reif. Aber dann geben sie in größter Lust, mit Freude und Farbigkeit, mit jeder Pracht ihres Daseins alles her zur Fortpflanzung, – damit nach ihnen wieder ein ähnlich geformtes Leben beginnt. Es kommt das Flammenfeuerwerk der Liebe, das an Katastrophen reich ist und in dem bei manchen Tieren auf ganz natürliche Weise das Dasein verprasselt.

Wir haben bei ihnen die Gliederung eines Lebensablaufs zwischen Geburt und Tod. Und wie sie sich so durch die Zeit hinstrecken, gallertig, geformtes Wasser, läßt der unbändige Formwille nicht nach. Es tritt neben die Plastik im Räumlichen, Zahl, Symmetrie, Raumgitter, neben die vielen organischen Abwandlungen der Geometrie – die Rhythmik, das ist die Gliederung, Formung der Zeit. Und wir erkennen da denselben Formwillen, dieselbe Handschrift.

Wir haben in der Natur die große Gliederung der Zeit in dem monotonen, gleichförmigen, simpel sich wiederholenden Umlauf der Sterne. Das ist der elementarste Gesang in der Welt, eins und eins und eins, Wiederholung und Wiederholung mit ganz geringer, aber ständiger Störung, Einflüssen von außen und Nachlaß von innen. Zu dieser Eins und Eins und Eins kommt die Störung und Variation durch die Nachbarschaft anderer Gestirne und ihre Massenanziehung. Auch sie drehen sich eins und eins und eins, gleichförmige Wiederholung, aber es sind doch zwei Körper und entfernt voneinander und verändern langsam ihre Zeit und Bahn durch ihr nachbarliches Wirken aufeinander. So wird aus dem monoton gewaltigen Eins und Eins und Eins bei der Unzahl der Gestirne und ihrer verschiedenen

Masse und Macht eine ungeheure Mannigfaltigkeit, Modulation.

Das Zahlenwesen, das wir im Räumlichen erblicken konnten, erleben wir hier in der Rhythmik und Periode der Wiederkehr. Der zeitlichen Zahl, dem Zählen folgen auf dem Planeten Erde Sonnenaufgang und Sonnenuntergang, Mondaufgang und Monduntergang und so die Bewegung vieler Sterne und vieler Dinge auf der Erde. Das Meer wird rhythmisch vom Mond in Ebbe und Flut aufgerissen und losgelassen, die Bewegung der Erde um die Sonne und der Erde um sich macht Tag und Nacht, Frühjahr, Sommer, Herbst und Winter, Jahr für Jahr. Und diesen gewaltigen Bewegungen gehorchen und folgen andere auf der Erde. Da gehen wir schlafen und wachen, aber das ist keine so konstant und monoton zählende Rhythmik, das Hin und Her ist im Bereich der Plasmawesen sehr gebrochen. Aber wir haben, der zählenden Natur folgend, die Rhythmik des Pulsschlages, die Atemrhythmik, dann die Peristaltik der Därme und anderes. Diese Dinge an uns gehören der tiefen, anorganischen Urstufe an.

Von der Resonanz

Wir tragen, in der beschriebenen Weise, Tierisches, Pflanzliches, Mineralisches, Anorganisches in uns, und so baut sich das auf, was wir unseren Organismus nennen, den dann über alles noch die Tracht des Nervmuskelmenschen deckt. Man verstehe dies recht. Es zeigt, wir sind nicht ›einfach‹ aus dem Tierreich hervorgegangen, sondern, obwohl wir uns von da zweifellos ableiten, sind wir eben damit auch aus der Ursubstanz der Welt gebacken. Wenn es in der alten Schrift heißt, wir seien aus Staub oder Lehm gemacht (es mußte aber noch ein ›göttlicher Odem‹ hinzukommen), so sieht das nicht weit genug. Wir stammen nicht aus einem Winkel der Natur, die Natur hat keine Winkel – es bewahrheitet sich auch hier, was wir sagten: es ist in allen Teilen die eine Welt, das eine Leben. Grob wiederholt unsere embryonale Entwicklung einige Tierstufen, die der menschliche Organismus passiert hat; diese Stufenfolge betrifft nur die Entwicklung unserer Tracht, wir sehen da nur das Plasmawesen. Dem Plasma, der Zelle ist aber noch, wie wir sahen, der Kristall und Anorganisches vorgebaut. Nun läßt sich gewiß nicht behaupten, daß wir, jedes einzelne menschlich oder anders gestaltete Wesen, einen Weltablauf als Entwicklungsgang absolvieren, wir sind gewiß nicht zeitlich erst einmal Planet, Kristall, Zelle, Pflanze, bis wir Tier und Mensch sind, aber dennoch klingt einiges durch und mit, und unser Dasein spielt im Ganzen deutlich in diesem Gesamtbereich. Und wir wollen darauf hinweisen, daß dieses Nachklingen, wenn auch wenig studiert, noch anderswo deutlich ist, nämlich eben in dem wirklichen realen Zusammenhang mit jenen entfernten Naturgebilden. Die von der Nervmuskeltracht niedergehaltene, unterdrückte, gebändigte Eigenmacht dieser Naturzone ist auch in uns noch jetzt vorhanden.

Wir haben da drei Gruppen, die unsere weltliche Verbundenheit, kosmischen Zusammenhänge zeigen: erstens Lebensidentitäten im Tierischen, Pflanzlichen, Kristallischen, Planetaren, davon sprachen wir – zweitens das Durchschlagen grob körperlicher Gleichheiten und Ähnlichkeiten, die pflanzliche Ähnlichkeit mancher Körpersysteme, das Durchschlagen gleicher Organisationspläne, obwohl hier die Nervmuskeltracht gewaltig vorherrscht – drittens nach den Anklängen und Nachklängen, dem Durchschlagen und Durchgreifen im Lebensablauf und in der Bildung der Form: das Verbleiben eines Realzusammenhangs mit jenen außermenschlichen Naturformen, das Verbleiben einer Eigenmacht des Pflanzlichen, Mineralischen, Planetaren, Anorganischen in uns trotz der Nervmuskeltracht. Wir wollen hier auf dieses Faktum hinweisen, und an dieser Stelle besonders auf den dritten Punkt und auf das Mittel, durch das sich diese Eigenmacht ihr Dasein sichert: die Resonanz.

Die Physik sagt über Resonanz: Eine von einem Körper ausgehende Schwingung kann von einem anderen absorbiert werden, so daß auch er in Schwingungen gerät. Welcher Körper aber läßt sich durch welche Schwingungen beeinflussen? Allgemein formuliert: »Jeder Körper absorbiert die Schwingungen, die er selbst auszuführen vermag.« Das ist nun ein großer Satz, bei dessen Betrachtung wir uns nicht einer Erschütterung erwehren können. Aber wir berichten weiter: »Rufen die Schwingungen eines Körpers eine Ausbreitung ebensolcher in den umgebenden Körpern hervor, die als Überträger dienen, so kann man von ausgesandten Schwingungen reden. In diesem Fall läßt sich das Prinzip der Resonanz wie folgt aussprechen: Jeder Körper absorbiert die Schwingungen, die er selbst aussendet.« Ein bekanntes Beispiel für die Resonanz sind Pendel, die miteinander so verbunden sind, daß sich die Schwingungen eines den anderen mitteilen können – zuerst überträgt sich der Schwingungsimpuls eines Pendels auf das andere in einer charakteristischen Weise: die Ausschläge werden erst größer; dann, bei gleicher Länge der Pendel, nimmt der Ausschlag des ersten Pendels bis zum völligen Stillstand ab und die Übertragung der Bewegung erfolgt nunmehr in umgekehrter Richtung.

Dann Resonanzerscheinungen in der Elektrizität, da spielen sie auf einigen Gebieten eine große Rolle. Bei den elektrischen Schwingungen gilt das Gesetz, daß jedes System von Leitern, Drähten, Kugeln, Platten eine eigentümliche elektrische Schwingungsdauer besitzt, eine Eigenschwingungsdauer. Daher gibt es Schwingungskreise, die miteinander mehr oder weniger in Resonanz sind. Bei unserem Radio ist so die beste Einstellung, wenn die Schwingungskreise des Empfängers mit derselben Frequenz schwingen wie der Sender; sie sind dann in ›Resonanz‹ mit der Sonderfrequenz.

Wir wollen noch von dem Wunder, von dem erhebenden Geheimnis, der Wahrheit der musikalischen Resonanz sprechen. »Eine Saite beginnt zu tönen, wenn ein Klang, in welchem der

Eigenton der Saite enthalten ist, bis zu ihr gelangt. Die Körper sind fähig, aus einer großen Zahl gleichzeitig bis zu ihnen hin gelangender Töne die ihnen entsprechende Schwingung gewissermaßen herauszufangen, selbst wenn diese letzteren für das Gehör sich in ein Geräusch auflösen.« Man ist so zur Konstruktion von Klanganalysatoren gekommen. Im Zusammenhang hiermit stehen noch andere Erscheinungen. Neben der Verstärkung von Schwingungen gibt es auch Störung und Schwächung, das ist das Gebiet der ›Schwebungen‹, das Entstehen von Stößen, wenn die sogenannten Schwingungsphasen zweier Töne entgegengesetzt sind. Dies wollen wir nur berühren.

Was haben wir hier gesagt? Dinge aus der Akustik, Elektrizität, Mechanik. Aber die Erscheinungen der Resonanz sind nicht auf die Physik beschränkt.

Die Resonanz und das Du

Der in Resonanz sich kundgebende Identitätsbereich in der Welt ist groß. Die Resonanz hat einen weiten Wirkungsbereich. Das Erkennen beruht objektiv auf dem Anklingen von Ähnlichkeiten und Gleichheiten zwischen dem Erkannten und dem Erkennenden, und so gehört das Erkennen unter die Erscheinungen der Resonanz.

Die Nachahmung ist eine wichtige Lebensäußerung, die noch das besondere Merkmal hat, daß sie gebieterisch auftritt. Dies ist praktische Resonanz. Ein Handeln zwingt ja, am meisten in der Gesellschaft, zu gleichem Nachhandeln, eine Bewegung zu gleicher Nachbewegung. Es sind aber von vornherein, ähnlich den nachtönenden Violinsaiten, gleichartige Wesen, um die es sich da handelt. Es fällt also auf die gebieterische Kraft der Resonanz.

Hiermit hängt eng zusammen die Massenbildung selber, die Bildung der Gruppen und Herden. Auch ihnen liegt zugrunde die Neigung, das Gleiche zu wiederholen, der Trieb zur Wiederholung, der Zwang zur Resonanz. Man ordnet sich an. Man gruppiert sich um ein Zentrum. Das Zentrum ist und die Führung hat die Stelle, von der die Schallquelle ausgeht. Resonanz ist also ein Mittel und ein Prinzip der Sammlung, sie erzeugt Gesellschaft.

Resonanz ist ein Mittel für die Formung lebender Wesen und Massen.

Ebenso wie das Erkennen gehört das Mitempfinden zu den Erscheinungen der Resonanz.

Resonanz sieht aus, als betriebe sie ein Echo und wäre etwas Passives. Aber letzten Endes sind die Bewegungen der Resonanz nicht passiver als sonstige Bewegungen. Es erfolgt durch sie Erweckung, Auslösung.

Wie nach dem, was wir eben über Gruppenbildung sagten, begreiflich ist, spielt Resonanz im menschlichen Kollektivleben, bei der Ausbreitung von Ideen, bei der Erziehung und Schulung eine mächtige Rolle.

Die Resonanz begründet das Du in der Welt.

Dies betrifft die Gesellschaft, aber auch einiges darüber hinaus. Mit dem Satz: »Resonanz begründet das Du in der Welt« sind wir schon weiter gegangen und haben etwas Generelles beschrieben. Wir haben die wichtige, aktive, allgemeine Rolle der Resonanz in der Natur benannt. Die Resonanz hat etwas von Kitt an sich, sie bewirkt, daß Gleiches zu Gleichem findet. Und sie ist zugleich eine Art Wünschelrute, denn sie deckt Gleichheiten auf, und darüber hinaus: sie stärkt Gleichheiten. Wir haben die großen Formenkreise der Natur genannt und ihr Verbleiben in uns. Hier ist das gewaltige Gebiet der Resonanz, hier wird ständig ein Identitätsbereich festgehalten: Tier, Pflanze, Mineral, Stern, Anorganisches – und mit der Resonanz gestärkt oder geschwächt. Die Physik hat die Klanganalysatoren, Einrichtungen, mittels deren aus einem Klanggemisch einzelne Töne isoliert und festgestellt werden können. Wir haben in diesen künstlichen Einrichtungen das Modell für einen sehr wichtigen Vorgang in der Natur: so wird die Natur von vielen starken und schwachen, sehr verschiedenartigen Kräften durchpulst, und dies sind Spürsamkeiten, die ausstrahlen und auf Gleichartiges treffen, um es zu fördern oder zu schädigen. Während es sich etwa bei dem Stoß der Mechanik, dem Fallgesetz, auch bei der Schwerkraft, der Zentrifugalkraft um direkte und massive Massenwirkungen handelt, liegen der Resonanz Bewegungsäußerungen feiner und feinster Qualitäten zugrunde. Da prallen sie auf in subtilen Eigenschwingungen und rufen Mitschwingungen hervor. So werden Impulse übertragen.

Man begreift, daß es sich hier um einen für unser Dasein elementaren Vorgang handelt. Wir wären nicht aus Stoffen der Welt und lebendig, wenn wir nicht diesen tiefen und subtilen Einflüssen zugänglich wären. Wir denken da an unsere Beziehung zum Licht und Dunkel und zur Periodizität. Ich denke, daß man jetzt, in diesem Zusammenhang, unser allbekanntes Verlangen nach Licht und rhythmischem Wechsel anders und richtiger, vollständiger sehen wird. Worin besteht das Lebenerweckende, Wahrhafte, auch Nahrhafte unserer Verbindung mit dem Licht und dem rhythmischen Wechsel? Darin, daß sich Gestalten gleicher Art begegnen. (Vielleicht, daß sie sich ausgleichen?) Das Gleiche berührt und stärkt sich. Wir haben damit untermauert, was wir in früheren Absätzen über das Licht und die organischen Wesen sagten. Das Gleiche gilt von der Ernährung. Wir sind ja, als Nervmuskelgeschöpfe, nicht einfach Überwindungen aller anderen Sphären, sondern noch immer auch ihre Herbergen. Und dies heißt: es ist unwahrscheinlich, daß wir, wie die gewöhnliche Ernährungspsychologie lehrt, etwa beim Essen und Verdauen völlig abbauen, sondern Tierisches, Pflanzliches und Kristallisches selbst wird als ›nahrhaft‹ gesucht. Gestalt sucht und stützt Gestalt. Wir würden zerfallen, und die Nervmuskelkraft wäre ohne Fundament, wenn es anders wäre. Wir ernähren uns, heißt: wir erhalten uns durch die Berührung mit diesen Gestalten und Zonen, durch das Befestigen des Zusammenhangs mit ihnen. Wir bleiben in ihrem Verein, und dadurch stärkt sich unsere Gestalt, Form, unser Organismus.

Nun ist bei dem so grundeigentümlichen Charakter unserer Menschenfigur, dieses straffen Zellstaates, schon vieles aus den anderen Zonen gefährlich unterjocht, und die Art dieser Unterjochung ist nicht fest, und die Gestalt selber, also der Mensch, ist nicht als fest anzusehen, sondern da findet ein Kampf und Kräftespiel um das Verharren oder das Gewinnen einer neuen Kampfposition statt, was soviel heißt wie: Gewinnen einer neuen Gestalt. Was für uns gilt, gilt mehr oder weniger für alle Gestalten und Formen der Natur. Und da sehen wir die Bedeutung der Resonanz für den natürlichen Kräfteausgleich und also für die Bildung und den Zerfall von Formen.

Für unser eigenes Dasein werden wir an die Krankheiten zu denken haben, die uns befallen. Eine Anzahl von Krankheiten sind Infektionskrankheiten. Da gelingt es Keimen pflanzlicher Art, auf unserem Boden Fuß zu fassen, große Kolonien zu bilden und den menschlichen Organismus zu gefährden oder zu vernichten. Das ist eine grobmaterielle Erdrückung und Ausbeutung; immerhin bedeutet schon die Möglichkeit solcher Ansiedlung pflanzlicher Organismen auf uns etwas mehr, nämlich unsere Zusammengehörigkeit. Der Widerstand gegen sie kommt aus verschiedenen Zonen. Er muß die Formkraft des Organismus gegen seine Partialkräfte zur Geltung bringen. Dann die Geisteskrankheiten. Einige der wichtigsten gehen mit großer Wahrscheinlichkeit mit Veränderungen im System der inneren Drüsen einher. Wir haben da ein Übergreifen und Überschneiden aus früheren Entwicklungsstufen und anderen Formkreisen der Natur. Es kommt zum Anklingen an ältere Tierstufen, aber auch das bloß pflanzliche Dämmern ist möglich, nur ohne die spezifische Klugheit der Pflanze. Es reißt dann eine Unordnung im Herrschafts- und also Formsystem der menschlichen Gestalt ein, wir sehen den schwankenden flüssigen Charakter dieses

Formsystems. Anfälligkeit ist: die Möglichkeit von Sklavenaufständen in ihm. Wir können nicht sagen, ob grobmaterielle oder feinere Resonanzerscheinungen hier die Gründe abgeben. Erblichkeit gibt bald Bausicherheit, bald Lockerung der Befestigung in dem System. Man wird den Sinn mancher arzeneilicher und physikalischer Behandlungsmethoden besser verstehen, wenn man diesen Überlegungen folgt: Alle Behandlung beruht auf der Resonanz und dem Aufbau des Menschen aus mehreren in der Natur befestigten Formenkreisen, dabei wechselnder Stärkung und Schwächung der Systeme.

Vorhin sprachen wir von der Entstehung der Arten in Naturkollektiven. Wir fügen hier hinzu, daß bei einer Neuordnung der Naturverhältnisse die Resonanz eine Hauptrolle spielen wird. Sie ist die Voraussetzung einer ›Anpassung‹.

Die Kräfte der Landschaft

Ein Kenner Ägyptens schreibt: »Die Ufer des Nils waren Tausende von Jahren in den Händen der Ägypter. Trotz unaufhörlicher Einwanderungen und anderer Einflüsse auf den Charakter der Bewohner hat der ägyptische Typus durch all die Zeiten seine Vorherrschaft mit bemerkenswerter Gleichförmigkeit behauptet. Es ist mehr als wahrscheinlich, daß dieser unveränderliche Typus das Ergebnis des Bodens selbst ist und daß der Charakter der Völker, die zu verschiedenen Zeiten an den Ufern des Nils gelebt haben, im Laufe der Jahrhunderte durch den geheimnisvollen Einfluß des großen Stromes in die eine unveränderliche Form umgeschmolzen wurde. Ein ausgezeichnetes Beispiel dieses Prozesses bietet die Geschichte des Arabereinfalles. Mit Ausnahme der Beduinenstämme, die sich von der ägyptischen Bevölkerung deutlich unterscheiden, findet man jetzt unverfälschte Araber nur mehr in den Städten, wo die

Angehörigen dieser Rasse eine Klasse bilden, die Verstärkungen von auswärts erhält. Einen andern Beweis für die umgestaltende Kraft des ägyptischen Klimas bietet der einheitliche Charakter der Haustiere. So nehmen besonders die Rinder, die innerhalb eines einzigen Jahrhunderts doch wiederholt durch Viehseuchen ausgerottet und durch fremde Stämme von allen Ländern der Welt ersetzt worden sind, fast gleichmäßig immer wieder nach wenigen Generationen den von den Wänden der alten Tempel her wohlbekannten ägyptischen Typ an.«

Eine Lehre, eine Religion, eine Kirche spricht mit Worten, und diese Worte können veranlassen, daß einer betet und glaubt und einige Dinge tut und andere unterläßt. Viel mehr aber werden sie bewirken, wenn diese Lehren auf einem Boden, einem Volk wachsen und von da Zuschußkräfte beziehen. Jener Engländer bemerkt, an den Ägyptern habe auch die Kirche Mohammeds wenig verändert. Das ist die Antwort auf die Frage: Wer ist mächtiger, Mohammed oder der Nil? Das ist die große eindringliche Predigt, die einfache, allen verständliche Wahrheit und die Handelnsart von Flüssen, Ebenen, Gebirgen und Jahreszeiten.

Dies gehört aber zum Kapitel der Resonanz. Die Kräfte der Landschaft sind die der Resonanz des Bodens, der Flüsse, des Klimas. Zu einem Teil stellen sich Pflanzen, Tiere, Menschen ›planmäßig‹ (aber auch hinter dem bewußtesten Plan steht ein Folgen, Nachgeben, Reformieren) auf diese Landschaft ein, da gibt es die ›Anpassungen an das Milieu‹ – übrigens auch das soziale Milieu gehört dazu –: da wird einer oder eine Gruppe wetterfest oder klettergewandt oder unempfindlich für Kälte oder schlau und mißtrauisch oder wird zur Tierheit getrieben. Da werden Bergpflanzen zu Sumpfpflanzen oder zu Wiesenpflanzen und entwickeln ganz andere Charaktere. So Menschen unter dem Wechsel der Umstände; es geschieht mit Bedacht und mehr oder weniger Bewußtheit und je nach der Plastizität, der Wandlungsfähigkeit ihrer Person. Zu einem anderen Teil aber erfahren sie Einflüsse und werden geformt, ohne es zu wissen und zu bemerken. Aber wie schwer, wie schief, wie unwahr ist es, diese beiden Teile zu isolieren, wo es sich doch handelt um Folgen aus unserer Doppelgestalt als Stück und Gegenstück der Natur, Individuum gegen die andere Natur, die dialektische Spannung. Wenn wir zurückgreifen auf das, was wir im Abschnitt Handeln und Leiden gesagt haben, werden wir den ersten und zweiten Fall nicht streng trennen. In beiden Fällen stellt sich die Natur der betreffenden Gestalt dar, bald anscheinend mehr aktiv, bald mehr passiv. Wir möchten aber hervorheben, daß zwar starke Resonanzwirkungen der Landschaft immer da sind, daß diese aber ihre größte Stärke bei angewachsener Zahl der Individuen entfalten. Der Mensch bleibt immer ein zu Wanderungen, auch ganzen Völkerwanderungen fähiges Geschöpf, wie die meisten Tierarten, siehe den periodischen Ortswechsel unserer Singvögel nach dem Süden. Es findet da ein Kampf gegen die Resonanz, die Angleichung an den Boden statt, immer erfolgt ein gewisses Nachgeben, aber die Emanzipation der flüchtigen Nervmuskelwesen schlägt durch.

Fortgang der Welt, aber wohin?

Was bedeutet nun die Form selber?

Wie enthüllt sich das Gesicht dessen, was hier vorgeht?

Tief verbunden mit diesem allem, wieviel muß mir daran liegen, dies zu erkennen! Dabei weiß ich meine Grenzen. Ich weiß, was meine Sinne nicht fassen und was nicht in mein Bewußtsein geht.

Der Sinn der Form: die Formen sind kurze Stabilisierungen, Pfähle auf einer ungeheuren Chaussee. Es sieht aus wie Ruhe auf der Flucht. Aber die Formung nützt nichts, es ist eine Täuschung, es geht weiter.

Wer nach Formen fragt und nach ihrer Bedeutung, darf nicht vergessen: die Formen, Raumgitter, Kristall, Tier, Pflanze, werden nicht eingetragen in ein Chaos, sondern in die Welt selber. Und so die Bildung von Sternhaufen, Erde, Meer, Wind und Wetter.

Und die Urstoffe – aber ihre Zerlegung durch Strahlen zeigt, sie sind keine Urstoffe.

Wir erkannten und heben wieder die Wichtigkeit dieser Erkenntnis hervor: die Formen, Gestalten sind Etappenstationen, Orte, die keine Festigkeit und Befestigungen haben, die Welt hat sich nicht verankert in ihnen, es finden Lockerungen statt, sie sind wie Wellengipfel, der große anonyme Weltablauf wirft neue Wellen. Warum ist dies so wichtig? Weil es den ganzen Umfang der Unvollständigkeit unserer Individualität zeigt. Es ist kein Verlaß auf diese Formen. Wir sind viel weniger ›Person‹ als wir glauben. Wir sagten: wir sind Stück und Gegenstück der Natur. Aber siehe da: was bleibt von Stück und Gegenstück? Ja, zu dem Wichtigsten, was wir auf dem Wege vom Menschen zum Anorganischen und mathematischen Gesetz feststellen, gehört die Erkenntnis: jene so weltbeherrschende, weltbestimmende Entgegensetzung ›Stück und Gegenstück‹ verändert ihren Charakter. In unserem Denken, im menschlichen tierischen Gefühl und Wollen – und in dem daraus entspringenden technischen Impuls – war das Einzelwesen, die Person deutlich und vornehmlich Gegenstück. Wir konnten auch noch im Pflanzlichen den Gegenstückcharakter zeigen, denn die Anpassung, die Ausnützung der Umgebung sprach da für diesen Charakter, die Empfindlichkeit für Licht, der Stoffwechsel, aber der Gegensatz Stück und Gegenstück hatte hier nicht mehr die große Schärfe. Die Kristalle entbehrten den Stoffwechsel, aber bestimmt hatten sie eine Empfindlichkeit für Reize von außen, wenn auch wenig im ausgebildeten Zustand, deutlich beim Wachsen. Alle Veränderungen – sind es noch Bewegungen? – hatten einen großartig langsamen Charakter beim Einzelkristall und bei den Gruppen und Kollektiven, den Lagerstätten, bei den Schichten, Bergen,

Gebirgen. Das Merkmal ›Stück der Natur‹ trat überwältigend beim Einzelkristall hervor in seiner strengen Formung, der Raumgitteranordnung. Dieses nun geht über die Zeit und das Individuelle hinweg, es breitet sich in ›Individuen‹ aus, die schon nicht mehr Individuen sind, sie werden, dunkles Wort, Stück der Natur. Was ist denn aber ›Natur‹, wenn ein Faktor der Natur, das Gegenstück, schwindet? Dies erkennen wir hier: der Charakter ›Gegenstück‹ schwindet, und damit sind wir auf eine Weltebene gekommen, wo wieder unser Denken versagt: Formungen sind da, einfacher und immer einfacher, Stück und Gegenstück scheinen zusammenzufallen, Denken und Gedachtes scheint eins zu sein.

Man fragt: was tun diese Gestalten? Es gibt einen ›Fortgang‹ vom Nebel bis zur erkaltenden Erde. Der Druck im Innern der Erde nimmt zu. Die Erde hat jetzt an 5 Millionen Atmosphären inneren Druck. Bei etwa 100000 Millionen wird der Atombestand geschädigt, und spätestens dann erfolgt die natürliche Sprengung der Erde.

Sie wird zerpulvert, zerfällt in Meteoriten und wird von anderen Sternen eingefangen. Gibt es auch ein ›Hin‹? Abgesehen vom bloßen ›Fortgang‹? Man möchte alles wissen, was in der Welt ist, und wenn man nicht den ganzen Verlauf überblickt und keine Richtung da ist, möchte man nicht leben.

Da war nun die Gestalt und Form, die ichhafte Person, ein unvollständiges, zur Welt geöffnetes Individuum. Da sind die natürlichen Formenkreise, Befestigungen von Weltsituationen. Form, Gestalt, Zahl, Ordnung sind es, die Sinn aussprechen – es ist ein anderer ›Sinn‹ als der, den wir haben, und ist in anderer Weise ›Sinn‹, als wir das Wort verwenden. Das Faktum aber einer einzigen sicheren Gestalt verbürgt das. Dies können wir wissen. Anderes und mehr nicht. Und warum nicht?

Wir sind nicht Historiker, denen es erlaubt ist, von weitem zu beobachten. Denn wir stehen als Gegenstück der Welt mitten im Kampf des Ablaufs.

Damit beenden wir diesen Abschnitt.

Es wäre noch vieles heranzuziehen, von der Elektrizität, dem Magnetismus, von der Natur der chemischen Grundstoffe. Wir wollten hier aber nicht ein System hinstellen, sondern einen Weg beschreiten.

Was wir mit diesen Schilderungen geleistet haben, ist klar. Nicht die sukzessive Entkleidung, den Abbau, die Atomisierung des Menschen, sondern seine Darstellung, und zwar die einzig mögliche, nachdem wir die unvollständige Individuation alles Gestalteten und die Konsequenzen dieser Unvollständigkeit erkannt haben.

VIERTES BUCH

VON ZEITLICHKEIT, HANDELN UND LEIDEN

Erster Teil

Was Handeln ist

Das ist nun für uns das Interessanteste, zu wissen, wie wir handeln sollen, – aber sehr selten machen wir noch den einen Schritt weiter zurück und fragen, was denn eigentlich ›Handeln‹ ist, was ›Handeln‹ heißt, also: ob wir handeln, oder wer handelt, was handelt, wie weit wir oder ein anderer an unserem sogenannten Handeln beteiligt ist. Aus unserem Handeln aber, mag es so oder so entstehen, wird ›Geschichte‹; da wird es sehr nötig zu fragen: was wird Geschichte?

Vergessen wir im Beginn das eine nicht: wir sehen eine Welt und sehen uns darin handeln, aber das, was wir sehen, ist nicht alles. Welt ist mehr als wir sehen. Es gibt eine sichtbare und unsichtbare Geschichte, eine kenntliche und eine unkenntliche Geschichte.

Einige meinen, mit Handlung sei nur zu verstehen die mechanische Veränderung der Umwelt, und allein dies Bewegen sei Handeln. Solche Meinung ist Sache eines im schlechten Sinne naturwissenschaftlichen Zeitalters und einer Zeit, die übermäßig unter Mißständen leidet und daher nach greifbarer Veränderung schreit. Die ist sicher gut und nötig und wird erzielt durch jenes Handeln. Es ist aber nur eine einzelne Art Handeln, und ein Ich, das nicht verfallen will, hat in solchem Handeln, jedoch nicht nur darin, sein Dasein zu beweisen. Es ist darum ein Handeln, weil es einer wirklichen Bewegung des Ich entspringt, einer Begegnung, Berührung und Auseinandersetzung von Person und Welt. Wir bemerken nun, daß die Begegnung von Person und Welt nicht allein auf mechanische und greifbare sichtbare Veränderung aus ist, auf sichtbares kenntliches Neuordnen und Organisieren der Umwelt. Denn wir geben ja zu, daß die sichtbare Welt nicht die einzige ist, auch nicht in unserem Dasein. Es gibt eine Zeitgeschichte, die die Historiker schreiben oder zu schreiben vorgeben, und eine Weltgeschichte, die man noch weniger schreiben kann, und für diese Weltgeschichte sind die äußeren Bewegungen, die sichtbaren Veränderungen, die wir erreichen, nur eine einzelne Seite.

Spöttisch lehnen eine Anzahl Realisten, Deterministen, auch Materialisten von vornherein jedes Denken über das Handeln ab mit dem Hinweis, dies Handeln gebe es ja nicht. Sie setzen ›Handeln‹ gleich mit einem ihnen vorschwebenden, freischwebenden ›freien‹ Handeln, und daran verglichen sei all unser Handeln kein Handeln, sondern ein berechenbares Geschehen. Sie sagen: diese Welt ist bestimmt, qualitativ und quantitativ, und wenn eine bestimmte Person einer bestimmten Welt gegenübertritt, so kommt es nur zu einem Reaktionsablauf. Da ›Handlung‹ also das Produkt bestimmter Faktoren ist, gibt es keine Handlung. ›Zweimal zwei ist vier‹ ist auch keine Handlung, sondern ein Ergebnis. Ich ziehe diesen Einwand heran, weil er zusammenhängt mit der Frage von der sichtbaren und unsichtbaren Welt. Die Meinung dieser Deterministen ist der sichtbaren Physik entnommen und hat da und in aller sichtbaren Welt ihren Platz. Vielleicht völlig auch da nicht. Dann, wenn wirklich vom Gesamtverlauf der Realität, die Menschen eingeschlossen, geredet wird, ist diese Meinung ungültig, da sie völlig unbeweisbar ist und die positive Beobachtung gegen sie spricht. Das Faktum des Ich, des Erlebens stört die Rechnung. Es kommt eine Unbekannte in die Gleichung, es gibt nicht mehr die physikalische Bestimmtheit auf beiden Seiten, worauf sich das bestimmte Ergebnis mit Sicherheit einstellt. Das x des Ich macht jede Berechnung unmöglich. Das heißt: es gibt noch andere Ablaufsarten als die physikalischen, der Satz: »Diese Welt ist bestimmt« ist abzulehnen als unvollständig, die Welt ist vielmehr nur in gewissen Grenzen bestimmbar, sonst aber unbestimmt. Dies aber läßt also Raum einem ›Handeln‹, worüber man freilich sehr vorsichtig und mit klarer Front gegen die Fetischisten nachdenken muß.

Unzweifelhaft wird gelebt mit – nicht nur sichtbaren, berechenbaren, bewußten Kräften. Wir können und werden nun untersuchen, was wohl von diesen Kräften der Einzelperson gehört, wieviel vom Handeln ihr Handeln ist, aber die Grundposition bleibt unerschüttert: daß wir uns auszuwirken und darzustellen suchen und dabei unsere Umwelt formen und gegen Stricke, die unsere Hände, Füße, Brust verschnüren, anringen – wir, die Person. Was wir zum Schluß hinterlassen, ist dann nicht bloß das sichtbare, sondern auch ein unsichtbares weltgeschichtliches Material, das wir freilich als Personen so wenig kennen wie das, was wir übernommen haben. Wir ›kennen‹ es nicht, wir sind es mit.

Nach diesen allgemeinen Bemerkungen, die das Handeln in der sichtbaren und unsichtbaren Welt, dann in der bestimmten und unbestimmten Welt betrafen, machen wir eine dritte Bemerkung, die schon eine sehr positive Note über unsere Auffassung vom Handeln enthält. Nämlich wir sagen: es ist Handeln nicht einseitig das, was von der Person in Richtung Welt ausgeht, sondern überhaupt was mit der Person und an der Person geschieht. Das ist nun eine enorme Wendung, und wir müssen sie rechtfertigen. Wir verlassen damit den gewöhnlichen Boden des Wortes Handeln. Aber wir sehen gar keine Möglichkeit, einen zu engen Begriff Handeln – weg von der Person zur Welt – zu halten. Man wird sagen: dann ist auch die Lungenentzündung, die der Person begegnet, oder ihr Schlaf oder ihr Tod eine Handlung der Person. Ich gestehe: gerade so möchte ich den Begriff Handlung verstanden wissen.

Also: es ist nicht bloß Handeln das, was unsere Umwelt erreicht und beeinflußt, sondern auch, was mit uns selber vorgeht. Denn auch dies bezeichnet unsere Art, wir werden dadurch charakterisiert, und wir sind ›wir‹ in allen Stücken und Dingen, und wenn von Handeln die Rede ist, dann sind ›wir‹ auch – im Erleiden. Der Stahl ist hart: seine Unbrechbarkeit, sein Widerstand ist seine Natur und seine Art zu handeln. Sein Zurückschnellen ist nicht in höherem Maße ›Handeln‹ als sein Festbleiben.

So stehen wir in der wirklichen Realität. Wir passieren die Zone des Daseins heute und morgen, beim Eintritt und Ausgang, nicht als dieselben, obwohl wir unsere Form behalten und uns nur geschieht, daß wir altern. Die Welt, die wir berühren, hat auch uns berührt, und wir können uns ihr nicht versagen. Wie soll ein Ringkampf stattfinden ohne diese Berührung. Es heißt immer und notwendig, die Welt an sich herankommen lassen, sie empfangen, von ihr aufnehmen, was man aufzunehmen hat, kann und will. Hier erfolgt aber zugleich die Veränderung des Ich, es ›leidet‹ auch bei der Berührung, es erfolgt die Umformung. Und wir nennen auch dies: Handeln.

Der Begriff ›handeln‹ muß aus der Verknöcherung heraus. Es gibt solche ›Person‹, wie man sie zum landläufigen Handeln hinzudenken muß, gar nicht. Wir werden immer die schlechten leeren Worthüllen wegwerfen und die Realität beschreiben und zu verstehen suchen (wir werden sie bestimmt immer nur teilweise verstehen; denn die Welt ist ihrer Struktur nach nicht zum Verstehen, sondern zum Erleben da). Was wir nun aber an dritter Stelle vom Handeln gesagt haben, wolle man nicht mit Kopfschütteln ablehnen oder zu den abstrakten Gedanken der Deterministen werfen, sondern man verfolge, was wir noch sagen werden.

Notiz über das Leiden

Man begreift, warum wir hier auch von ›Handeln‹ sprechen. Es sieht zunächst gerade nach dem Gegenteil von Handeln, nämlich nach Leiden aus. Man erinnere sich und halte sich vor Augen unseren Begriff vom Ich. Da wurde ja nicht eine feste Person, ein

Ding-Ich als Ich gefaßt, es wurde auch nicht die gesamte Welt, das Welterlebnis als Ich gefaßt, sondern ihre Beziehung zueinander. Diese eigentümliche Spannung und ihr wechselndes Gefälle nennen wir Ich. Ist dies aber so, so ist auch Handeln natürlich nicht das, was die Person, das Ding-Ich tut. Ja, wir müssen dem Wort Handeln einen andern Inhalt geben. Es liegt auch Handeln vor, wenn die Welt auf das Ding-Ich eindringt. Nicht bloß die Bewegung der Person auf die Welt bedeutet Handeln, sondern auch die Gegenbewegung der Welt auf die Person. Es geht in beider Richtung auf Erweichung, Aufschließung und Durchdringung. In beider Richtung erfolgt eine Anreicherung.

Die beiden Pole aber, Person und Welt, kann man männlich und weiblich nennen. Die männliche Aktion, dieser Zugriff des Einzel-Ichs, sein Wille, sich zu entfalten und darzustellen – das ist noch nichts. Auch das Weibliche drüben, die Welt, die erschlossen wird und ruht, dies ist noch nichts. Das Ich und sein Ablauf und also das Handeln ist beides zusammen. Und wo sich die Pole isolieren oder isolieren wollen, wo sich Block gegen Block stellt, da ist, erst da, das Gegenteil von Handeln, nämlich Verhaltung, Absonderung, Verkrustung und Erstarrung. Leiden ist ein Gefühl, aber nicht das Gegenteil von Handeln.

Menschliches, tierisches, pflanzliches, anorganisches Handeln

Der Natur jedes dieser Formenkreise entspricht ein spezifisches Handeln. Da der Mensch an allen diesen Kreisen teilhat und sie ihn aufbauen, läßt sich auch sein Handeln nicht einebnig auffassen. Vorhin sprachen wir von der unkenntlichen Natur des Handelns als eines Weltakts. Jetzt sprechen wir von der Vielebnigkeit des Handelns und der spezifischen Handelnsart jeder Ebene.

Wir hätten nicht richtig und natürlich gedacht, wenn wir nicht Handeln und Wachsen zusammenbringen würden. Das sieht nun so aus, als nähmen wir dem Wort Handeln jeden Sinn und drückten den Menschen auf die Ebene des Vegetativen herab. Aber wir erkennen aus dem, was wir vom Aufbau der Person festgestellt haben, daß eine Abtrennung der Person, welche als Organismus erscheint, von der vegetativen Ebene nicht möglich ist. Dadurch, daß der Mensch, wie die meisten Tiere, nicht an den Erdboden geheftet ist, sondern sich zur Nahrungssuche frei herumbewegt, ist eine übertriebene und fehlerhafte Vorstellung vom Handeln aufgekommen. Man versteht Handeln besser, wenn man von dieser Besonderheit des freien Herumlaufens, der beliebigen Ortsbewegung zur Nahrungssuche absieht und die Pflanze und den angewachsenen Kristall betrachtet. Dann erkennt man, was zufällig, unwesentlich und täuschend ist und was das Wesentliche und Wahre ist. Und dann wird man ohne weiteres den Zusammenhang von Handeln und Wachsen verstehen. Nicht sind im menschlichen Leben irgendwelche Einzeltaten, wie wir glauben und wie uns glauben gemacht wird, das Maßgebende, und nicht bezeichnen sie wirklich und eigentlich ›Handlungen‹. Sondern erst ein tieferer Lebensablauf, jene eigentliche Entfaltung, die das Wort Wachstum bezeichnet und die die ganze Person betrifft, erst dieses verdient den Namen der Handlung.

Wir unterscheiden also beim Menschen in diesem Sinne zwischen Bewegungen und Handlungen.

Die zweite, pflanzliche Art des Handelns und die erste des Nervmuskelmenschen laufen nicht selbständig und berührungslos nebeneinander. Sondern die langsamere zweite Art des Handelns, das Wachsen, färbt und verändert in eigentümlicher Weise jenes erste Handeln. Es schlägt durch in jenes erste Handeln, indem es dort, je nach der Stufe des Wachstums, größere oder geringere Erregtheit, Heftigkeit oder Müdigkeit und Schwäche produziert. So dirigiert es aus dem Hintergrund und unauffällig unsere Tagestätigkeit.

Es ist klar, daß es ebensoviel Arten des Handelns gibt wie spezifische Naturen, Kreise im Menschen. Es gibt also ein zweites, drittes, viertes, fünftes Handeln, jedes unterschieden vom anderen. Die verschiedenen Kreise sind ebenso unterschieden voneinander. Wir haben von der Resonanz gesprochen, daß sie Einflüsse zwischen den Formen der einzelnen Kreise vermittelt: so geben wir Einflüssen in verschiedenen Formkreisen unserer Natur nach. Es wird, je mehr wir die rasche Übersichtlichkeit des Nervmuskelhandelns verlassen und uns von dieser Sphäre entfernen, um so schwerer, hier zu wissen. Es dreht sich hier um ein Durchschlagen von Merkmalen und um das Modulieren der Repräsentativhandlung. Ein einzelnes ausgeführtes Beispiel für eine sehr modulierte Handlung bei hauptsächlichem Durchschlagen aus dem anorganischen Bezirk geben wir in dem Abschnitt von der Kunst.

Da es für uns keinen Unterschied zwischen ›Handeln‹ und ›Erleiden‹ gibt und beides ›Handeln‹ ist, nämlich ›Erweisen der Natur oder der Art oder des Charakters‹, so müssen wir einen Punkt betrachten, der für viele wichtig ist: wie hängt Geburt und Tod dieser Person selbst mit ihrer Art und mit ihrem Handeln zusammen? Anhänger der alten Lehre von der Seelenwanderung geben ja hier bekannte Antworten, und würde die ›Seele‹ eine bestimmte Größe fester Art sein, so müßte man zweifellos nach Zusammenhängen in verschiedenen Daseinsepochen und nach Zusammenhängen, bewirkt durch das Handeln, suchen. Wir aber kennen keine solche ›Seele‹. Wir sprechen von der Person, die eine leibliche ist, eine organische Ichformung, wie wir ausführlich demonstriert haben. Sie ist zwar Individualität, aber es liegt eine unvollständige Individuation vor. Gerade die Unvollständigkeit der Individuation verhindert solche ›Seele‹ und auch die Konsequenzen, auf die die Träumer von einer Wanderung und Prüfung des Einzel-Ichs aus sind. So wäre also, fragt man, alle Leistung dieses Einzel-Ichs, das ja kein wirkliches Einzel-Ich ist, vergeblich, unbelohnt, ungestraft, wirkungs- und folgenlos? Sie ist nicht wirkungs- und folgenlos. Aber da das Einzel-Ich nicht der in jenem Sinne oder Unsinne verantwortliche Täter seiner Taten ist – warum drängt man sich so, die Folgen seiner Aktionen zu übernehmen? Wir sind aus vielen Welten aufgebaut, Resonanzen aus verschiedenen Zonen beeinflussen uns, welche kindliche Vorstellung von sich hat der Anbeter der ›Seele‹. Wir sind nicht in jener fürchterlich monomanischen Weise überhaupt ›Person‹, aber doch darum nicht weniger, sondern viel mehr. Die eine Welt, das eine Leben. An dem Punkt, den wir berührten, Geburt und Tod, verlassen wir nun völlig das Gebiet der Person, und da kommt zur Geltung unsere Leistung in Gestalt der Erbschaft, die wir aus unseren Taten hinterlassen, und ist nicht mehr der Geltungsbereich der Person, sondern der Welt selber. Unter allem Handeln und allem Werden und Vergehen der Formen und Personen tönt der Generalbaß des Weltvollzugs.

Übrigens:

Wir stellen nicht den Menschen in die Mitte der Welt. Die Welt dreht sich nicht um den Menschen. Freilich der Mensch auch nicht um die ›Welt‹. Er gehört zu ihr. Wie – haben wir gezeigt und zeigen weiter. Der Mensch ist in seiner unvollständigen Individuation am Weltablauf beteiligt.

Die doppelte Bewegung in der Welt

Wie es sich aber auch immer mit jenem Generalbaß der Welt verhält, wir müssen festhalten, daß wir und unser Handeln durch diese Riesenunterstimme nicht verkleinert werden. Denn die Bewegung in der Welt ist doppelt. Nichts bewegt ohne bewegt zu werden. Und das gilt für die Riesenwelt ebenso wie für uns. Beim Bewegen verändert sich auch derjenige, der bewegt, und gleicht sich dem Bewegten an.

Das Wort von der doppelten Bewegung in der Welt bezeichnet die Eigenart unserer Beziehungen zur Welt, nämlich außer der gewöhnlichen und uns bekannten, täglich geübten Art der Beziehung, wobei wir Dinge ergreifen und verändern, die andere Art: wir werden ständig verändert. Das hängt mit dem offenen System zusammen als seine Folge. Die Veränderung, die wir erfahren und erleiden, müssen wir aber auch zu uns schlagen, und es geht nicht an, wenn wir es auch gerne möchten, bloß die Aktionen unseres Formtriebes als unser zu bezeichnen. Daß uns die Welt ständig durchdringt, gehört auch zu uns. Und verschieden langsam erfolgt diese Veränderung, sowohl bei den einzelnen Individuen wie bei den Gattungen des Tierreiches, Pflanzenreiches, der Mineralien. Es ist eine oberflächliche handwerkerliche Auffassung, nur das einseitige Verändern, das wir üben, Handeln zu nennen. Sie machen sich ein Bild von den Dingen, wie es ihre Praxis mit sich bringt: die Welt sei aus Ton, und da sei der Handwerker Täter, und er macht sich aus dem Ton einen Topf. Aber solch Bild ist nicht brauchbar, wo es um Welt und Person geht.

Bewußtsein und Handeln

Wenn von Handeln gesprochen wird, beim Menschen, dem Nervmuskeltier, muß die Natur und Rolle des Bewußtseins geklärt werden.

Es besteht die Neigung, vom Bewußtsein verächtlich zu sprechen, ›Rationelles‹ herabzusetzen. Diese Neigung besteht in der Psychologie, Psychoanalyse, in den Ausstrahlungen des biologischen Denkens von Nietzsche, bei den philosophischen Theoretikern des Marxismus. Wenn wir die Namen Nietzsche, Freud, Marx nennen, so haben wir ebenso viele Positionen gegen das Bewußtsein genannt. Bei Nietzsche erfolgt die Degradation zugunsten des Leibes, des Organischen, bei Freud zugunsten der

Libido und des Unbewußten, bei Marx zugunsten des materiellen Unterbaus des Lebens überhaupt. Es wäre aber einseitig, unserer Zeit nur diese Degradation des Bewußtseins zuzusprechen. Interessanterweise findet sich in der Praxis das Gegenstück zu diesen Theorien. So ist die Technik, die doch im Vordergrund dieser Epoche steht, eine ständige Leistung bewußter menschlicher Denkarbeit, Nietzsches geistfeindliches Denken mündet in einen Appell, zu dem ihm bewußtes Denken das Material liefert, von der menschlichen Art zu einer Überart zu kommen, die Freudsche Lehre stellt zwar Libido und Unbewußtes in den Vordergrund, praktiziert aber sehr bewußt und weist dem Bewußtsein im Heilungsvorgang einen hervorragenden Platz an, und der Marxismus benutzt seine Kenntnisse von der materiellen Basis der Gesellschaft nur dazu, um das Bewußtsein aufzufordern und anzuspannen, diese Basis zu verändern.

Das ist eine auffällige Situation. Sie stellt selbst eine Realität dar, und wir müssen angesichts dieser scheinbaren Unstimmigkeiten und Widersprüche um so heftiger darauf aus sein, zu wissen, wie es wirklich um das Bewußtsein steht. Es empfiehlt sich, nicht beim Menschen zu bleiben, sondern sehr einfache pflanzliche Wesen zu betrachten. Die Flagellaten etwa, die Geißeltierchen, einzellige Organismen, die viele Formen entwickeln, stehen auf einem Zwischengebiet zwischen Pflanzen und Tierreich. Man kann sie als Ausgangsformen für die Protozoen des Tierreiches wie für die Gruppe der sogenannten Tallophyten ansehen, zu denen die Bakterien, Algen und Flechten gehören. Diese Flagellaten nun bewohnen teils als freie Zellen und nackt, teils in gallertigen Zellkolonien das Wasser. Sie bilden mannigfache, sehr subtile Skelette aus Kalk, Kieselsäure. Wie sieht im übrigen solch Pflanzentierchen aus? Es hat eine Plasmahautschicht, die Bewegung erfolgt durch Geißeln, gelegentlich auch durch Verschiebung der Protoplasmamasse nach Art der Amöben. Im Innern trägt es einen Zellkern, sogenannte Vakuolen und Farbstoffträger. Zu dieser Gruppe gehört übrigens auch das Trypanosoma, das bei dem Menschen im Blut lebt und die Schlafkrankheit macht; eine andere Art ist Ursache der Tsetsekrankheit der Rinder. Wenn nun ein solches Pflanzenwesen frei schwimmt, sich mit Geißeln bewegt oder wie eine Amöbe kriecht, Nahrungskörperchen aufnimmt und gelegentlich in seinem Innern Stärke oder Öl produziert, wenn es keimt, sich fortpflanzt, in Kolonien sich anordnet – was könnte man da Bewußtsein und andererseits auch Nichtbewußtsein nennen? Man betrachte solch Wesen etwa unter dem Mikroskop, wie es hin und her zuckt und wirbelt, einfache Zellen, und sofort wird einem klar sein, daß der Ausdruck Bewußtsein hier nicht am Platze ist. Nein, diese Flagellate hat kein Bewußtsein – aber sie hat etwas anderes.

Nehmen wir einmal eine ausgewachsene Pflanze. Man betrachte eine gewöhnliche Kiefer im Walde: hat sie Bewußtsein? Man wird sofort antworten: nein, aber man wird auch sofort die Antwort ergänzen durch die Bemerkung: die Frage ist falsch. Ebenso falsch wie die Frage der Kiefer: hat der Mensch Wurzeln, wann fallen seine Nadeln ab?

Diese Antwort besagt: Bewußtsein ist ein spezifisch menschliches Vermögen. Dies Vermögen ist kein größerer Vorzug an der menschlichen Art – aber auch kein geringerer – als die Wurzeln und die Nadeln bei der Kiefer oder die Geißeln bei der Flagellate. Beide pflanzlichen Wesen vermögen zu leben und alle Lebensfunktionen auszuüben mit den ihnen entsprechenden Organen, aber einen Assoziationsapparat, einen abgekapselten Gedächtnisapparat haben sie nicht entwickelt. Aber sie erinnern sich und wissen genau so wie wir, was sie nötig haben. Die Flagellate, das Geißeltierchen, hat nicht das, was wir, wir untersuchenden Menschen, Bewußtsein nennen, und das Pflanzentierchen könnte nicht fassen, was wir unter Bewußtsein verstehen, sowenig wie es Auge versteht oder Geruch, aber es weiß im Wasser, einzeln schwebend oder in Gallertkolonien oder im menschlichen Blut oder im Blut der Rinder, zahllose Dinge, die nun wiederum wir, wir Menschen, nicht verstehen.

Das heißt, man muß sich nicht als Mittelpunkt oder Spitze der Natur sehen, sondern alle Dinge an ihrem Platz in ihrer besonderen Lagerung erkennen. Wenn man fragt, hat der Falke, der auf eine Taube herabstößt, Bewußtsein, so wird man vielleicht schon schwanken, aber man wird grade an diesem Zwischenfall erkennen, worauf es ankommt, nämlich auf die Situation und den Ort. Bewußtsein ist nichts, Vermögen, sich zu behaupten und die Umgebung zu bewältigen, alles. Dementsprechend bilden sich Organe. Also nicht nach Gleichem, sondern nach Entsprechendem ist zu fragen.

Diejenigen, die die große Rolle des Unbewußten hervorheben, in Gestalt der Begierden oder des Leibes, der Abstammung oder der materiellen Grundlage und der Stellung in der Gesellschaft, haben schon recht. Aber sie kämpfen nicht gegen das Bewußtsein, wie sie glauben, sondern gegen eine falsche Auffassung des Bewußtseins. Das Bewußtsein schwebt wirklich nicht in der Luft. Es gehört zu diesem Wesen und dieser Situation und ist eine lebenswichtige Einrichtung beim Menschen. Ich kämpfe hier gegen eine falsche Idealisierung des Pflanzenhaften oder Dumpftierischen oder Bloß-Materiellen. Aber dies ist nicht pflanzenhafter an der Pflanze und nicht dumpftierischer am Tiere, als sich gehört.

Man weist hin auf die vielfachen Schwankungen des Bewußtseins und wie entscheidend Instinkte wären. Es empfiehlt sich nicht, Instinkte und das Bewußtsein gegenüberzustellen. Es gibt kein leeres Bewußtsein. Hinter allem bewußten Denken stehen alte Erfahrungen, Neigungen. Nur eine kranke und unsichere Zeit wird diese Trennung Bewußtsein – Instinkt vornehmen.

Man weist schwärmerisch hin, um das Bewußtsein herabzusetzen, auf die Ebene des bewußtlosen Wachstums. Man zeigt auf den Säugling, der bewußtlos monatelang schläft und doch lebt. Da sei doch ein Leben ohne Bewußtsein und ein gutes, ruhiges, und ebenso etwa bei einer Bauernschaft, die alles so scheinbar im Schlaf verrichtet. Aber man muß sehen, daß dieses Kind ohne

Bewußtsein nicht möglich wäre, wenn nicht an anderer Stelle ein Bewußtsein da wäre, nämlich das der Eltern, die ihm den Nestschutz gewähren und es ernähren. Ein narkotisiertes Tier lebt zwar, ein Tier, das schläft, lebt zwar, und manche Tiere halten Winterschlaf. Aber das ist nicht die ganze Realität. Der Schlaf wäre nicht ohne das Wachen möglich, der Winterschlaf setzt Vorräte voraus, die zu sammeln waren. Dieses tierische Leben ohne Bewußtsein ist nicht möglich. Genau so bei dem Bauern. Er ist bei ›automatischer‹ Arbeit bald ein rückständiger und verhungerter Mann.

Der freie Wille

Zu dem vielen Unsinn, den der Kopfgeist produziert, oder: der auf einer Linie steht mit der Erfindung eines Geistes in unserem Kopf, gehört das Gerede vom freien oder unfreien Willen. Da wollen Aufgeklärte einen unfreien Willen kennen – andere müssen es sich gefallen lassen, als unaufgeklärt zu gelten, weil sie von einem freien Willen sprechen. Aber man soll doch nicht den Gedanken großziehen: man ›habe‹ einen Willen außerhalb von dem, was in uns will und was man eben ist.

Instinkt und Bewußtsein

Wer gegen das Bewußtsein ist, ist gegen die menschliche Art. Wir müssen Bewußtsein und Instinkt ihres Ding- und Fetischcharakters entkleiden und sehen, was hinter ihnen steckt. Bewußtsein, so sagen wir zur Orientierung, ist der Ort, an dem die augenblicklichen, durch die Situation gegebenen Eindrücke mit älteren Eindrücken und den angeschlossenen Erlebnismassen zusammenstoßen. Zu den Erinnerungen und der angeschlossenen Erlebnismasse gehören frische und ältere Erfahrungen.

Es tritt eine Koppelung zwischen diesen Erfahrungen und dem herangebrachten Situationseindruck ein, mit größerer oder geringerer Schnelligkeit, mit größerer oder geringerer Promptheit. Der bloße Eindruck ist blind und wertlos; ist aber der Vorgang wichtig für den Organismus und kann er gefährlich sein, so muß er durchsichtig gemacht werden und seinen Wert bekommen. Es finden nun Denkoperationen statt, rasche Vergleiche, Annehmen und Ablehnen. Das Denken ist das Gegeneinanderabwägen, Prüfen, es ist ein Einstellungsverfahren, das Einrangieren des Eindrucks an seinen zugehörigen Ort. Dieses Einstellungsverfahren, das spielende Hin- und Hergehen und Vergleichen von Eindrücken, das Suchen und Erwecken zugehöriger älterer Eindrücke ergibt die Erscheinung des Bewußtseins. Es ist ein Kontaktphänomen. Augenblickliche Situationen und ältere Erfahrungen berühren sich hier. Die Raschheit der Operation, des Hin- und Hergehens, die Erschwerung des Findens, das macht den Grad der Helligkeit und Stärke des Bewußtseins aus.

Man muß dies verstehen: nicht die Raschheit der Begegnung von Eindruck und Erinnerung steigert die Helligkeit, nicht ihr momentanes Zusammenprallen, sondern grade die Erschwerung des Suchens und des Kontaktes. Ist der Kontakt erfolgt, die Denkoperation gelungen, so tritt die Koppelung mit den zugehörigen Erlebnismassen ein, und es folgt ein Handeln, eine Aktion. Wir können von einem Rangierbahnhof sprechen.

Die erste Etappe ist da, wenn etwa der Tiger den Kopf hin und her wendet, Witterung nimmt und über dem Gras oder am Waldrand eine Bewegung feststellt. Hier sammelt er Eindrücke, kombiniert. Die zweite Etappe ist die Mobilisierung älterer Eindrücke. Er weiß etwa, wer um diese Zeit sich am Waldrand bewegt oder welche Tiere diese bestimmte Witterung geben. Die dritte Etappe, nach erfolgter Denkoperation, ist die Koppelung von Erlebnismassen, früherer Erinnerungen, die das Tier dann in der vierten Etappe veranlassen, zu flüchten oder loszuspringen.

Bewußtsein ist ein Phänomen, das mit dem Grad der Anstrengung beim Suchen und Vergleichen, bei der Denkoperation sich einstellt. Schwanken und Unsicherheit gehören zum Bewußtsein. Daher ist auch Bewußtsein eine Angelegenheit der flüchtigen Tiere. Es besteht weder ein Grund, das Bewußtsein herabzusetzen, noch eine Hymne auf die dumpfe Seele und die Instinkte anzustimmen. Jeder existiert auf seine Weise.

Das Kapitel Bewußtsein und Instinkt ist wichtig genug, daß wir noch ein genaues Beispiel hinzufügen. Wir betrachten den Brutinstinkt der Vögel. Bei den meisten Vögeln zeigen sich in der Brutperiode Brutflecken, entstanden durch Ausfall der Federn an der Bauchseite. Dieser Ausfall wird durch die Tätigkeit innerer Drüsen verursacht, das Tier ist jetzt auch dauernd wärmer als normal. Man kann nun den Vorgang der Brutneigung weiter folgendermaßen beschreiben: Das Tier liebt es nach dem Ausfall der Federn, auf runden Gegenständen zu sitzen, und zwar wegen seiner erhöhten Temperatur auf solchen, die kühl sind. Nun, da ist das Ei, und das Tier brütet, solange es diesen Reiz empfindet.

Für den Mechanisten ist nun dieser Brutvorgang etwas Eigentümliches und Rätselhaftes. Er stellt richtig fest: Lust und Unlust sind es, die den Vogel bewegen, sich zur Linderung seines Reizes auf das kühle runde Ei zu setzen. Keineswegs, stellt er ebenso richtig fest, beschließt das Tier dies für sich, weil es die Art fortpflanzen will. Da aber das Brüten dennoch auch eine zweckmäßige Handlung ist, weil es nämlich der Fortpflanzung dient, so bleibt dem Mechanisten nichts weiter übrig, als von einem Parallelismus zu sprechen, nämlich zwischen der glatten Kausalitätsreihe der Reize und ihrer Befriedigung bei dem Vogel und der Zweckmäßigkeit in der Natur; es ist also eine präformierte Harmonie da. Dies ist wiederum für uns Mystik und das Signal einer unzulänglichen Erklärung. Wenn in der bestimmten Brutsituation das Huhn mit Vergnügen seine federlose, sehr warme Bauchseite auf das Ei drückt, geschieht das wirklich zufällig oder aus einer merkwürdig zweckvollen individuellen Lust?

Die Pseudokausalisten und Mechanisten suchen vergeblich nach einem Grund dafür, daß hier in einer klaren Kausalreihe mechanischer Art noch richtig passende Gefühle des Huhns eingehängt sind. Aber die Ursache für das vergebliche Suchen liegt nicht in der Sache, sondern in der falschen Theorie. Seit wann gibt es denn ein bloß mechanisches Hintereinander von Hormonentstehung, Federausfall am Bauch, Temperaturerhöhung am ganzen Körper? Schon diese Dinge sind vernünftig und mit Sinn (siehe unser Naturbuch) geordnet, und zwar vorgeburtlich. Die Kausalisten sind Beobachter, aber unvollständige Beobachter. Sie stellen eine Kausalreihe fest, zu der schon ärgerlicherweise solche Dinge wie Gefühle gehören, aber ganz ärgerlich wird es, wenn sich bei der Kausalreihe noch eine Zweckmäßigkeit, etwas Vernünftiges, Planvolles ergibt. Dann bleibt ihnen nur übrig, das Faktum des zweckmäßigen Gesamtablaufs und Resultats anzuerkennen, aber als göttliche Fügung oder prästabilierte Harmonie von Vernunft und Unsinn. Ja, daß diese biologischen Mechanisten letzten Endes auf Gott, den außerweltlichen Schöpfer, gedrängt werden, ist sicher, wenn sie es vielleicht auch nicht wahrhaben wollen. Aber man hat nur vollständig zu beobachten, und schon ist man vor Sackgassen und vor Mystik bewahrt. Und die vollständige Beobachtung – sie steht im Beginn aller unserer Sätze – heißt: Die Organismen, unfertige Resultate der unvollständigen Individuation, sind Werkzeugträger des Ich – in welcher Weise, hat das ganze vorangegangene Naturbuch langsam entwickelt , in den Organismen stellt sich dar, formt sich etwas, das wir auch in unseren Antrieben haben. Und ginge nicht diese Formung allen Einzelvorgängen, also auch dem Brutvorgang, voraus, so gäbe es gar kein Huhn und kein Ei. Vor der Geburt des Individuums, ja vor der Entstehung seiner Art ist dieses Prinzip des Organismus da, und selbstverständlich, wir denken an Pflanzen, Kristalle, auch vor der Entwicklung des Bewußtseins, das ja nur seine Sonderaufgaben bei flüchtigen und bedrohten Tieren hat.

Wer aber sich noch wundern will, daß es so um den Instinkt und das Bewußtsein steht, den weise ich nochmal auf den sehr niedrigen Tierstamm der Nesseltiere; sie gehören in die Gruppe der Hohltiere, die wie die Schwämme nur einen einzigen Hohlraum haben. Diese sonst höchst simpel gebauten Nesseltiere – man kann ihren Körper durch Schnitte in der Richtung ihrer Radien in gleiche Stücke zerlegen – besitzen, wie schon berührt, mikroskopische Giftmassen, Nesselkapseln, und das sind ungeheuer komplizierte und sinnvolle Maschinen. Es ist eine Kapsel, die mit einem Deckel verschlossen ist, dort ist ein Schlauch eingestülpt. Die Kapsel enthält eine Flüssigkeit, der Schlauch eine andere, und der Schlauch trägt an seiner Innenwand noch feine Borsten. Außen trägt die Nesselzelle, die diese ganze Kapsel einschließt, einen spitzen Fortsatz. Nun setzt nach einer Berührung der Nesselzelle folgender Vorgang ein: der Kapseldeckel springt ab, der Schlauch wird sehr schnell mit außerordentlicher Kraftentwicklung nach außen gestülpt, die Schlauchflüssigkeit klebt den Schlauch an den feindlichen Fremdkörper, die feinen Schlauchborsten dringen wie ein Stilett in den Körper des Feindes, sie klappen auseinander, erweitern dadurch die Wunde, der Nesselschlauch dringt durch diese Öffnung ein und läßt in den Feind das sehr heftige Kapselgift einfließen. Man stelle sich dieses Geschoß vor, diese Giftbombe, und bezweifle, wenn man es kann, die vorgeburtliche Vernunft dieser Organismen! Nein, falsch, nicht ›dieser Organismen‹, sondern hinter und in diesen Organismen. Man glaube doch nicht, das einzelne Tier habe durch mühevolle Vorversuche diese Schutzwaffe entdeckt. Es ist undenkbar, daß es durch die komplizierteste Laboratoriums- und Lebensarbeit solch Instrument im Innern einer Zelle entwickelt. Es muß dem Individuum, nein, der Art schon einer die

Arbeit abnehmen. Und sie ist ihnen abgenommen, im Moment, wo sie da sind.

Es gibt übrigens auch gewiß in der üppig produzierenden Natur tausend ›Fehlschlager‹, Erzeugnisse, die zugrunde gehen, und was wir in dieser Erdperiode um uns haben, sind nur die Restfälle der überlebenden Arten, zu denen auch wir gehören.

En-bloc-Denken

Über unser wirkliches ›Denken‹ weiß man sehr wenig. Es gibt solch Hintereinanderdenken, wie man schreibt und spricht, nicht. Man denkt en bloc. Es wird sehr wenig gedacht. Große Strecken unseres ›Denkens‹ sind leer. Zu vielen Dingen ist wenig, minimal wenig Denken nötig –, ein ›Gedanke‹, mehr: ein Bild mit einem Ziel, und schon läuft alles ab, komplizierte, zweckentsprechende Bewegungen, unter völliger Gedankenleere.

Der tierische und der menschliche Arbeitsprozeß

Die Menschen, die, wie die meisten Tiere, nicht am Boden angewachsen sind und wie viele Tiere in Rudeln leben, vermehren ihre Massen zu kleineren und größeren Verbänden, zu Völkern. Sie suchen möglichst fruchtbare Landstriche und beuten sie, so gut sie können, aus. Gibt der Boden, der Baum oder Tierbestand des Landes nichts mehr her, so muß man neuen Boden besetzen, und es kommt zu Völkerwanderungen und Kampf um den Boden. Dies ist also eine Stufe sehr starrer Bodengebundenheit und bringt immerhin noch in die Nähe des pflanzlichen wurzelhaften Lebens. Die Abhängigkeit vom Boden ist gefährlich und wird besonders bei einer kargen Natur und bei einer Natur mit vielen Wechselfällen gefürchtet, und die menschlichen Organismen sind imstande, diese Schwierigkeiten zu bewältigen.

Sie behalten zwar immer und bis zum heutigen Tag den alten Drang zur Völkerwanderung und zur Expansion bei. Aber vor allem entwickelt sich eine Arbeitstechnik. Dies geschieht nicht in der Art des pflanzlichen oder auch des sonstigen tierischen Vorgehens: die Tiere entwickeln ebenso wie die Pflanzen Organe, wodurch ihnen eine Bewältigung der neuen Umstände möglich wird. Die Menschen aber schaffen sich Werkzeuge, Arbeitsmittel. Der Arbeitstheoretiker Marx nennt den Arbeitsprozeß einen Stoffwechsel zwischen Mensch und Natur. Er sagt: »Eine Spinne verrichtet Tätigkeiten, die denen des Webers ähneln, und eine Biene beschämt durch den Bau ihrer Wachszelle manchen menschlichen Baumeister. Was aber von vornherein den schlechtesten Baumeister vor der besten Biene auszeichnet, ist, daß er die Zelle in seinem Kopf gebaut hat, bevor er sie in Wachs baut. Am Ende des Arbeitsprozesses kommt als Resultat heraus, was beim Beginn desselben schon in der Vorstellung des Arbeiters, also schon ideal vorhanden war.« Wir nehmen das Gleichnis von dem Arbeitsprozeß als einem Stoffwechsel zwischen Mensch und Natur an, obwohl wir präzisere Vorstellungen vom Menschen haben, die uns zwingen, das Wort Stoffwechsel für einen besonderen Vorgang festzulegen. Aber nicht können wir annehmen, wie man ja wohl auch nach unseren früheren Bemerkungen über Instinkt und Bewußtsein erwarten wird, eine bloße, nicht vergleichende Gegenüberstellung der menschlichen Arbeit und der Arbeit der Spinne und Biene.

Die Einzelbiene hat wirklich nicht die Wachszelle in der Weise im Kopf wie der Baumeister sein Gebäude. Das wird man zugeben. Aber es ist auch nicht in der Weise eine Einzelbiene in der Natur da wie der Einzelmensch. Zur Einzelbiene ist ebenso notwendig ihr Staat zu denken wie zum Einzelmenschen seine Gesellschaft. Für ihr gesamtes Dasein hat die Einzelbiene schon nicht solche Einrichtung wie ein Großhirn nötig. Trotzdem ist ihr, im Zusammenarbeiten, die Zelle und der Zellbau auf sehr präzise Weise gegenwärtig –, in dem Reaktionsablauf des kollektiven Arbeiters, dessen Sicherheit durch Erbfolge gewährleistet ist. Am Ende des Arbeitsprozesses kommt dann auch bei der Biene ein Resultat heraus, das schon beim Beginn desselben, verbürgt durch die Instinkttatsache des Staates, vorhanden war – und zwar selbstverständlich nicht als die ›Vorstellung‹ einer kollektiv lebenden Einzelbiene, eines Einzelfunktionärs.

Bei dem Bau der Zelle handelt es sich um einen durch zahllose Generationen im Staat festgelegten Ablauf von Reaktionen. Das nennen wir einen ›instinktmäßigen‹ Ablauf, und wir haben diesem Ablauf gegenüber den Eindruck des naturhaft Notwendigen, ja Zwangsmäßigen. Was den Menschen von der Biene unterscheidet, ist die größere Wahlbreite, die für gewisse Tierarten notwendig ist, welche unter sehr wechselnden Verhältnissen leben und welche noch nicht zu solcher fabelhaften Staatenbildung vorgedrungen sind wie die Biene. (Es ist übrigens nicht ausgeschlossen, daß eine andere Tierart mit dem Blick auf unsere Häuser und Städte ähnliche Vorstellungen hat, in bezug auf Freiheit, Willkürlichkeit und Instinkt und zwangsmäßiges Handeln, wie wir beim Blick auf die Arbeitsbiene.)

Wir kommen also zur Einsicht in die realen Verhältnisse beim ›Instinkt‹ nicht durch beliebige ›Gegenüberstellung‹, sondern durch den Blick auf den realen Ort, und gebrauchen anstatt der beliebigen Gegenüberstellung den Gedanken vom ›entsprechenden Verhalten‹ und von der ›Situationsgerechtigkeit‹.

Kopfdenken und Realdenken

Ungesunde Probleme entstehen aus der Isolierung des Kopfes, gesunde, wenn der Kopf seinen Ort am Leib findet. Tödlich ist die Auflösung der Welt in die Zweiheit der räumlichen Dinge und des denkenden Geistes, die sich nicht finden. Es ist nötig, von dem falschen Denken und der falschen Enthaltsamkeit der Denkenden zu sprechen. Manche von ihnen glauben verzweifelt sein zu müssen, weil ja das Beste die sogenannte Tat wäre, welche durchaus eine Tat unter den greifbaren Dingen sein müsse. Sie preisen die ›Praxis‹ und verkennen den ›Geist‹. Der richtige, reale und realisierende Geist hat, wie ich zeigte, eine über alles Bekannte hinausgehende Hoheit und Macht. Die Neigung zur Resignation und zu einer unsinnigen Verzweiflung ist charakteristisch für Länder, wo man, infolge geschichtlicher Umstände, nicht dicht am eigenen Leben lebt und denkt, wo man sich mit fremden, auch jenseitigen Vorstellungen herumschlagen muß und wo man sich verrannt hat in das Erfinden von Lehren, Begriffen, Plänen, Dogmen, die man an die politisch widerspenstige Realität heranbringen will –, man macht es sich da unheimlich schwer, die Realität läßt sich mit etwas weniger ›Tiefsinn‹ und mehr offenen Augen und festen Händen viel besser traktieren. Man ist unheimlich weit hinaus über das Einfache, was ich eben das ›entsprechende Verhalten‹ und ›die Situationsgerechtigkeit‹ nannte. Der Funktionscharakter des Denkens wird beinah aufgegeben. Im Protest gegen die ungesunden Probleme, die solch Mißdenken hervorbringt, kamen nun andere zur Mechanik. Sie sind geneigt, frisch und fröhlich das Geistige zu etwas Abseitigem, zu einem Anhängsel eines sogenannten ›Materiellen‹ zu entwürdigen. Aber diese Tatsachenmenschen, ob sie nun mit Maschinen oder Gewehren umgehen, sind gar keine Tatsachenmenschen, sondern selbst wieder trübe Dogmatiker, Dogmatiker mit anderen Vorzeichen. Nun erscheint in dieser starken und vielfältigen Welt, zwischen den Wahrheiten, die sich um uns bewegen, das Spintisieren wirklich erbärmlich. Aber wer nennt ein Sich-selbst-Beschnuppern, die Selbsthypnose und Bannung unter eine Idee auch ›Denken‹. Das echte Denken ist da und hat seine Aufgabe im Erkennen der Situation, im Erleben überhaupt, verbunden mit der ganzen Tatsächlichkeit der Person.

Wir unterscheiden Kopfdenken und Realdenken. Das Kopfdenken der Einzelmenschen sucht, plant. Dies Denken gehört zum Sondergut der Person an ihrem Ort, der unvollständigen

Individualität. Es ist zugleich Einzelinstrument und Unterart des großen Realdenkens, das sich auswirkt und hinstellt in jenen Formen, Gestalten und Formkreisen, die wir zeigten. Dieses echte Denken, das Realdenken, woran in charakteristischer Weise die Einzelperson auch teilnimmt, ist eine mächtig hin und her gehende, den Organismus und die fernen Objekte durchdringende Gewalt. Dem Realdenken wohnt aktive Kraft inne. Die ganze Welt mit lebenden und sterbenden Organismen beherbergt seine Resultate. Dies Denken ist nicht bloß ordnend, anreihend, sondern formend und schaffend.

Das Realdenken und der Weltenbau

Wir sagten erstens, das Denken gehöre zum Ich ebenso wie das Fühlen und Wollen und Sehen und Hören, und erklärten: die Erscheinungen der Welt sind da; das Fühlen, Wollen und Denken gehört zur Welt. Wir haben zweitens uns abfällig geäußert über die Auffassung, das Denken geschehe im menschlichen Kopfe, in einem kompakten Gegenstand, in dem es offensichtlich nur Hirnmasse, Blutgefäße, Lymphräume, Zellen und Zellstränge gibt. Wir werden drittens noch über das Denken sprechen, wenn wir von der Erbschaft, den Querschlägern und der Geschichte sprechen und uns über die Frage des Sinnes und Zieles unseres Daseins äußern. Wir sagen da: man darf die Welt nicht als bloß physikalischen Ablauf betrachten, es ist Schmerz und Lust da, das Zentrum des Ich und die aktiven Antriebe, die aus diesem Zentrum fließen; der unvollständig individuierte Organismus ist Werkzeugträger des Ich, und weil dies so ist, ist es ganz überflüssig, Ziele nachträglich aus dem Bewußtsein und aus den Gedanken zu erfinden, weil dieses Ich solcher nachträglichen Erfindungen und zweifelhaften Bewußtseinsprodukte nicht bedarf. Unzulänglich für eine ›Sinngebung‹ sind wirklich spekulierende Gedanken, aber die Realität bedarf eben bei der

Eigentümlichkeit ihres Sinnes gar nicht erst solcher spekulierender Gedanken.

Diese drei Bemerkungen zeigen, wie wir zum Denken stehen. Wir lehnen den subjektiven Charakter des Denkens ab. Geist ist keine Angelegenheit menschlicher Köpfe. Wir sehen und stellen fest ›Geist‹ in der Natur; schon die physikalischen und chemischen Vorgänge verlaufen gesetzmäßig, sind mit der Zahl zu erfassen, die organische Natur plant. Aber grade, wenn man so denkt, wird die Frage nach der Natur unseres Denkens und der Rolle unseres Erkennens und Denkens schwierig. Denn es sieht dann so aus, als ob wir die Natur sich ruhig selber ohne uns ablaufen lassen können, wir können ja doch nichts dazu tun oder vielleicht nur stören. Das ist aber eine völlig irrige Auffassung. Denn, da wir denken, müssen wir fragen, wer hat uns zur menschlichen Art des Denkens gebracht. Wir uns selbst nicht. Das Einzel-Ich an sich kann das nicht. So gehört also unser Denken zu unserer konkreten Realität und weiter zur Natur und Welt selber. Es ist unser als einzelner Charakter der in die Natur eingelagerten Person. Wer baut diese Welt? Wir haben geantwortet: das ist eine Leistung zwischen der Person und der anderen Welt. So ist also, weil das Erleben am Weltenbau beteiligt ist, unaufhörlich Denken, auch unseres, wenn auch nicht Spekulation, am Weltenbau beteiligt.

Die Sprachforschung will das Denken degradieren. Sie tut etwas Richtiges, wenn sie zeigt, wie unser menschliches Denken an die Sprache gebunden ist, wie die Sprache an das Leben gebunden ist, an das reale Ich und seine Bedürfnisse. Ja, das ist wirkliches Denken. Aber so wird durch Sprachforschung und Sprachkritik das Denken tatsächlich nicht degradiert, sondern erhält seinen wirklichen Rang im realen Leben, und man sieht, daß das Denken zum Organismus gehört und selbst Organ ist und bauen hilft –, mit den Wirkungen, von denen wir vorhin gesprochen haben.

Vom Nervmuskelapparat habe ich gesagt, er sei ein Anbau, Ausbau. Aber da ist die Möglichkeit eines Mißverständnisses, nämlich: der Nervmuskelapparat am Menschen wäre etwas Fremdes und eigentlich Unnatürliches. Der Apparat, sage ich aber, ist Organ des Menschen. Der Mensch hat sich so differenziert. Er ist in dieser Differenzierung und durch sie Mensch, ein Nervmuskeltier. In die Nervmuskeltracht hat dieses Wesen seine Kraft gegeben. Daraus ergibt sich für das Bewußtsein und das Erkennen diese Fähigkeit des Zurechtfindens: sie sind nicht naturfremd oder naturfeindlich.

Der Geist widerstreitet dem Leben der Natur, klagen Romantiker. »Die Welt ist vollkommen überall, wo der Mensch nicht hinkommt mit seiner Qual.«

Wir haben gesehen, wie das Tier als flüchtiges Wesen seine Organe entwickeln muß. Es baut seine Nervmuskelorganisation auf. Für viele Situationen gibt es Instinkte, manche Tierarten haben sich in Herden und Staaten kollektiv organisiert, für andere Tiere und viele Situationen wurden rasche Wahlreaktionen und Kombinationen von Erinnerungen nötig. Das ist der Fall des ›bewußten Geistes‹. Er gehört zu dieser tierischen und menschlichen Art und ist ihre Erhaltungsbedingung. Daran herumzukritteln, ist geschmäcklerisch. Wenn einer sich eines Werkzeugs nicht zu bedienen vermag, ist das Werkzeug noch nicht schlecht. Welch ein Unsinn überhaupt, ernsthaft zu glauben, etwas in dieser Welt gehöre nicht zur Welt, und eine Handvoll Wesen könne dieser Natur ›feindlich‹ und ›Widersacher‹ sein.

Was ich über den Geist und die Welt zu sagen habe, habe ich damit getan. Wo die Welt so ganz und gar von Ich und Wider-Ich gebaut ist, da ist schwer Platz zu finden für etwas, das sich noch besonders Geist nennt. Freilich ist in dem Ich allerhand, was einem Intellektbegriff ›Geist‹ nicht paßt. Aber ich habe gar keinen Bedarf an solchen Intellektbegriffen. Solcher ›Geist‹ meint speziell Moral, Denken und ähnliches sehr Hoheitsvolles. Die Existenz dieser Ichbewegungen und ihre Bedeutung ist unbestritten. Aber was maßt sich Geist an, wenn er die Geistigkeit der Existenzsorgen, des Kampfes ums Dasein, des täglichen Lebens herabsetzen will? Was ist das für ein dummer Geist, der nicht die Liebe, den Hunger, Schmutz und Entbehrung, den Zank, Krieg und Auseinandersetzung sieht und nicht in dieser großen und kleinen Geschichte Realität und Wahrheit erkennt, Messen von Ich und Wider-Ich und damit Geistigkeit. Wie wenig ist gegen die wahre Realität die jenes ›Geistes‹! Im Konkreten, im Physikalischen, Chemischen, in den Daten der Naturgeschichte und der Weltgeschichte ist geistiger Ablauf.

Was ist Idee, wenn es nicht die Bewegung etwa des kletternden Weins ist, der sich windet und mit Saugnäpfchen anheftet? Dadurch erfolgt keine Degradation der ›Ideen‹. Es sind unsere ›Ideen‹ vielmehr Vorstufen der Realität, beginnende Realisierung. Unser Gedanke ist Vorspuk des Wollens und damit des Herausdrängens aus der Innerlichkeit, des Herauswerfens und der Konkretisierung. Die Realität ist vollzogen im Aufeinanderwirken von Ich und Wider-Ich, Person und Welt, und was als konkrete Realität erscheint, ist geistig geformt und geistige Bewegung.

Es wird andererseits viel gesprochen von einer ›romantischen‹ Flucht ins Innere. Das lehnen die sogenannten Praktiker, Politiker und Ökonomisten ab. Sie halten sich an die Realität der sogenannten Tatsachen und wollen ihre Entwicklung. Wirklich ist der Geist, der in den Köpfen der Einzelnen sitzt, Ideologie, aber gleichzeitig damit in doppelter Hinsicht mehr als Ideologie. Nämlich einmal ist dieser vereinzelte Geist, dieser Kopfgeist, gehörig zum Ich eines lebendigen Wesens, und zweitens will er weg von diesem Wesen, will auf andere übergehen und sich ihnen einprägen.

Deutlich sieht man: es ist keine ›Seele‹ in die Welt hineingelegt worden. In den Staub, der geformt ist, ist kein Odem geblasen worden. Das Ich ist aus der Welt nicht wegzudenken, die Welt bestünde nicht ohne das Ich, und die Zeitlichkeit verliefe nicht ohne das Ich. Ich ist kein Zusatz und Wunder, sondern Grundtatbestand der Welt und Motor der wirklichen Zeitlichkeit. Denn man muß unterscheiden zwischen wirklicher Zeitlichkeit und der bloß vorgestellten. Der automatische Ablauf der Pseudophysiker und Pseudowissenschaftler kommt real ebensowenig vor, wie ihre ›Tatsachen‹ vorkommen. Diese ›Realisten‹ sind abstrakte Idealisten, Fetischanbeter, der Fetisch heißt Tatsache und ist von ihnen selbst gemacht. Die Welt bewegt sich, und wie? Über das Ich, das fühlt, leidet und will. Die reale Bewegung ist etwas anderes, vollständig und mehr als die pseudowissenschaftliche Bewegung.

Das zweckvolle Handeln und die Kausalität

Wie verhält es sich mit dem Zwecke beim Menschen? Da fühle ich Hunger. Hunger heißt, mein Magen ist leer, auch mein Dünndarm, sie sondern ab, zugleich brauchen meine Körperzellen die Zufuhr von Zucker, Fett, Eiweiß, es stellt sich eine sehr komplizierte Körperempfindung ein, die mit Schwäche und Erregtheit verbunden ist, und nun setze ich mich, einem eingeübten Verhalten folgend, in Bewegung und laufe, um etwas zu holen. Mein

Körper ist nicht im Gleichgewichtszustand, meine Körperempfindungen sind verändert. Was leisten nun meine Bewegungsorgane, mein denkendes Hirn, unterstützt von Sinnesorganen? Sie holen Brot, und das stellt, aufgenommen, wenigstens vorübergehend den Gleichgewichtszustand wieder her. Diese Bewegung und dieses ›wenigstens vorübergehend‹ charakterisiert die plasmatischen Wesen. Sie sind durch ihre ununterbrochen ergänzungs- und ersatzbedürftige Gallert-Eiweißnatur zu einer ständigen Wiederherstellung ihrer Normlage gezwungen, ihr ganzes Leben ist ein Pendeln um diese Normlage, ein ›Kampf ums Dasein‹. Sie kämpfen, um dazusein und nicht zu vergehen, besonders nicht zu vertrocknen. Da müssen sie ständig Organe in die Nährlösung, die Umwelt, in diesen Mutterkuchen senken, Wurzeln, Blutgefäße. Aber diese Blutgefäße sind nicht an den Mutterkuchen angewachsen, sondern müssen immer neu und meist an anderen Stellen angesetzt, eingetrieben werden. Das ist die Ernährung und Atmung.

So schrumpft, was von ›Zwecken‹ zu sagen ist, zusammen auf die Feststellung: die Plasmawesen bilden sich mühselig und erhalten sich so, und zwar langsam, zeit ihres Lebens – im Unterschied etwa von Kristallen, die sehr rasch fertig sind mit der Erstarrung aus dem Schmelzfluß.

Blätter, Wurzeln, Arme, Beine, Sinnesorgane sind Verbindungsfäden mit der Mutterlauge, und die Formung nimmt ihren Fortgang. ›Zweck‹ ist die Fortdauer der Formung. Was also unterscheidet Pflanze – Tier – Mensch, die organisch und ›zweckmäßig‹ existieren, von den ›kausalen‹ Mineralien, Kristallen, Gasen, Flüssigkeiten? Der geringene Grad von Deutlichkeit in der Absetzung von der Umwelt, die Langsamkeit der Bildung aus der Lösung.

Organe hat das Plasmawesen und bewegt sich zweckmäßig, heißt: es hat einen Grundkörper, der nicht fertig und allein existent ist und der immer erneut den nährenden Anschluß an die Umwelt braucht. Ein empfindliches Selbstgefühl bis zum

Bewußtsein ist als Hilfs- und Dienst- und Zwischenorgan dazu entwickelt worden. Die langsame, das ganze Leben dauernde und nicht beendete Ablösung von dem Mutterboden ist der Grund des organischen ›zweckvollen‹ Verhaltens, die rasche Abschnürung und Selbstdarstellung der Grund des bloß ›kausalen‹ anorganischen Verhaltens.

›Finalität‹ ist demnach die Sonderart der ›Kausalität‹ bei Plasmawesen.

Bei den Kristallen steht die innere Form, das Raumgitter, voran. Das Dasein in solcher Form ist durch die Situation bedingt, denn die Kristalle existieren so nur bei bestimmtem Druck und Temperatur. Unter anderen Umständen, etwa in der Sonne oder im Schmelzfluß, existiert eben dieser Kohlenstoff, dieser Schwefel, Silizium, Mangan, Chlor und so weiter ohne Verbindung miteinander frei, sie sind Gase und freie Moleküle. Also es ist eine bestimmte Phase seines Lebens, die den Kohlenstoff zum Diamanten macht oder zum Graphit, oder die dem Schwefel diese polyedrische Form gibt und dem Silizium jene. In diesen Phasen haben die Stoffe den unwiderstehlichen Hang zur Gestalt und zur Kristallordnung. Wie auch das Wasser die ganz bestimmten Umstände unseres Winters braucht, um als Schnee zu kristallisieren.

Sehen wir dies, so wird uns auch die Form des Organischen, der Lebewesen mit Organen also, und die Zweckbewegung deutlich: wir werden ihre Form und ihre Bewegung nicht anders sehen als die der Mineralien, also als Existenz von Plasmawesen unter bestimmten Umständen. Es tritt nur bald mehr, bald weniger stark die Wichtigkeit und die Wirkung der Lagerung in der Umwelt hervor, jene Bindung an die Umwelt, die alle Systeme zu offenen macht, das Hervorgehen aus der Umwelt und die weitere Verknüpfung mit ihr. Als Zweck erscheint bei den Plasmawesen die Fortdauer der Bildung und das Sichtbarwerden der

Bildungstendenz. Und nochmal: Finalität ist die Sonderart der Kausalität bei den gallertigen Plasmawesen. Ihre Wassernatur steht letzten Endes dahinter.

Damit beenden wir den ersten Teil dieses Buches über das Handeln. Wir zeigen jetzt die Zeitlichkeit der Welt und wie hier das Handeln auftritt und sich niederschlägt.

Zweiter Teil

Die Zeitlichkeit der Welt

Das Hauptwort in dieser Welt ist die Zeitlichkeit. Ich suche eine Realität, aber etwas Feststehendes kann ich nicht finden, die Dinge sind in Bewegung, die Welt läuft ab. Das ist nun der erste Fund bei der Suche nach der Realität in der Welt. Es ist eine Tatsache, aber eine sehr eigentümliche, daß alle Dinge im Fluß der Zeitlichkeit sich verändern, ablaufen und sich auflösen, und ich selbst unter ihnen. Auch ich laufe mit ihnen ab. Das Strahlen der Sonne oben kann ich einen Augenblick als bloße Tatsache erleben. Aber dann gehen schon Wolken über die Sonne, das Licht verändert sich, und nach einiger Zeit, wenn ich Geduld habe, steht die Sonne anders. Es kann sein, daß die Sonne sich nicht verändert hat, absolut gesprochen. Aber man kann nicht so absolut sprechen.

Ich bin geneigt, den Tisch vor mir als ›festes‹ Faktum zu empfinden. Aber ich kenne zu genau seinen Lebenslauf, sein Entstehen aus einem Baum, aus Holz, seine Herkunft aus der Fabrik. Und wenn ich mich selbst betrachte, so ist da ein enormes Wechseln im Körpergefühl. Ich erinnere mich, in der Nacht geschlafen zu haben, da war es anders wie jetzt. Und so ist es mit allen

Dingen: ich kann keine stehende Realität finden. Zeitlichkeit ist das Hauptwort in dieser Welt.

Ich finde aber nicht Zeitlichkeit ›in‹ der Welt. Zu sagen: Zeitlichkeit ist ›in‹ der Welt, ist falsch. Was ich gesehen habe, war Zeitlichkeit ›der Welt‹. Es war: die Welt läuft ab. Und sogar das ist noch ungenau. Denn es sieht aus, als wäre da eine Welt, und sie tut etwas, oder es geschieht etwas mit ihr, nämlich das Ablaufen. Aber so ist es nicht. Sondern ›Welt‹ existiert im ›Ablaufen‹, und was wir Welt nennen, ist eben der Vorgang oder das Geschehen. Ja, der Zusammenhang zwischen dem, was wir Welt nennen, und der Zeitlichkeit ist so eng und die Notiz ›Zeitlichkeit‹ so zugehörig zu dem Wort Welt, daß wir sagen müssen: wir würden besser das Wort Geschehen und Ablaufen gar nicht gebrauchen und tun es nur, weil die Sprache und ihre Grammatik uns so schlechtes Material liefert. Im Wort ›Welt‹ müßte ›Zeitlichkeit‹ und ›Geschehen‹ liegen. So kann man auch nicht in der Welt vom ›Menschen‹ und der ›Person‹ sprechen und ihnen nachträglich ›Sterblichkeit‹ als Attribut oder Merkmal oder Eigenschaft beilegen. Für theoretische Zwecke tut man das. Aber wenn wir von der Realität reden, so wissen wir: wie nicht die Wirbelsäule oder die Lunge oder das Gehirn vom Menschsein getrennt werden kann, so auch nicht die Sterblichkeit.

Es gibt also an der Welt kein ›Merkmal‹ Zeitlichkeit. Und wir werden auch nicht zugeben, daß es eine Anschauungsform Zeitlichkeit gibt. Denn die würde einen von der Form unabhängigen Inhalt voraussetzen. Aber welcher soll der im Fall der Welt sein? Was berechtigt zu der Konstruktion einer Anschauungsform, wo doch Welt und Zeitlichkeit so verbunden miteinander sind.

Das sieht nun so aus, als sei nichts mit dieser Überlegung gewonnen für das Erfassen der Realität. Aber die Wichtigkeit dieser engen Zusammenführung Welt und Zeitlichkeit erkennt man bald, wenn man ins Detail geht.

Man kann nicht unterscheiden die Dinge, etwa einen Tisch, ein Messer oder einen Baum, eine Wolke, einen Stern – und diesen Dingen nachträglich Zeitlichkeit zuerteilen, Zeitlichkeit allgemeiner Art und bestimmte zeitliche Existenz. Vielmehr wissen wir: wie lange sie existieren, das hängt aufs engste zusammen damit, was sie sind. Wie lange sie existieren, das ergibt sich aus ihrer Natur, aus ihrem chemischen, physikalischen und eventuell biologischen Charakter selbst. Ob ein Stück Holz lange bestehen wird, und wie lange es sein wird, das wird sich aus der besonderen Natur dieses Holzes, aus seiner Trockenheit, Festigkeit, Zusammensetzung und ferner aus seiner Lagerung ergeben. Wie lange also das Stück Holz bestehen wird, das ist kein nachträglicher und gelegentlicher Zusatz zu seiner Natur und Existenz, sondern das Ergebnis seines wirklichen bestimmten Daseins, der Ausdruck seines Bestimmtseins, seiner Natur. Wie es ja offenbar zur Natur des Holzes gehört, am Boden, der feucht ist, zu faulen, zu zermürben, sich aufzulösen und zu zerfallen. Und bei der Annäherung an das Feuer ist das Ende seines Daseins bestimmt allein dadurch, daß es eben Holz ist und das andere Flamme. Bei der Begegnung miteinander geben die beiden ihre Naturen zu erkennen, wie Visitenkarten, und die Flamme wächst mächtig höher, und das Holz ist Holz gewesen und ist zu Kohle und Gas geworden, und man kann nicht mehr von Holz sprechen.

Das wirkliche Dasein ist Gegenwart

Mit allem ist Zeitlichkeit verbunden, und das, woran keine Zeitlichkeit haftet, ist das Unbestimmte, das vollkommen Leere, der Nullpunkt auch des Vorstellens. Das Überzeitliche, Unzeitliche ist nicht vorstellbar. Und wenn wir die Dinge schwinden sehen, mit Trauer Vergänglichkeit erleben, und wenn wir uns das Asyl der Unvergänglichkeit bauen, so haben wir, sobald wir es näher bezeichnen, auch ihm Eigenschaften gegeben, etwa Ruhe oder

Glück, und schon sind wir in das Gebiet der Zeitlichkeit geglitten, und diese Unzeitlichkeit ist nur beruhigte und besänftigte Zeitlichkeit.

Aber wenn dies auch deutlich ist, so ist doch auch jetzt noch eine Undeutlichkeit an dem Begriff Zeitlichkeit. Ich erlebe die Dinge nicht ›zeitlich‹, sondern nur gegenwärtig. Keiner erlebt gestern, und keiner erlebt morgen. Aber auch das angeblich allein reale ›Jetzt‹ erlebe ich nicht so, wie man es mir vorschreiben will, nämlich punktuell! Dieses ›Jetzt‹ und ›Gestern‹ und ›Morgen‹ sind scholastische und ärgerliche Worte. Es sind Rattenfängerworte, die einen von den Tatsachen ablenken. Das ist Glatteis, auf dem man hinfallen muß. Mit diesen spintisierenden Begriffen der Zeitlichkeit, Unzeitlichkeit und Überzeitlichkeit komme ich an keine Realität heran, und es ist nichts mit ihnen. Ich muß, befreit von dem Wortzauber, heran an das, was wirklich ist. Und was erlebe ich, wirklich, unabhängig von Jetzt, Vorhin und Nachher?

Ich sitze am Schreibtisch, empfinde die Härte und das Holz der Tischplatte, sehe die Streichholzschachtel vor mir, fühle meine Beine am Sessel, meine Fußsohlen stehen in den Stiefeln und Strümpfen auf dem Boden unten, meine rechte Hand hält den Federhalter, am Hals scheuert leicht der Kragen, von der Straße höre ich Rufe, die Elektrische brummt, knirscht und rollt vorbei. Das ist eine zusammengehörige, verfilzte, zusammengegossene und einheitliche Realität. Das ist die konkrete Wahrheit. Hier kann ich einiges voneinander abtrennen mit der Uhr in der Hand, es kann einiges unterschieden werden von anderem als Vorher und Nachher, ich kann mit der Uhr in der Hand feststellen und aufschreiben: die Elektrische kam um zwölf Uhr dreißig um die Ecke, der Straßenhändler rief um zwölf Uhr zweiunddreißig. Aber das sind Berichte, Analysen – und nicht das Erlebnis selber. Es ist die nachträgliche Sektion eines verstorbenen Sachverhalts, aber die Hauptsache ist weg.

Ich muß schildern, wie ich das Jetzt erlebe: und zwar als ausgedehntes, breites und tiefes Jetzt, als eine Ausgefülltheit. Ich erlebe das Jetzt nur an seinem Inhalt, nur der ausfüllende Inhalt ist Jetzt. Der Tisch, das Zimmer, das Licht ist Jetzt, aber ihr wirkliches Dasein allein, und nicht die Erinnerung an sie oder der Bericht von ihnen, ist Jetzt. Und gerade dies ist die besondere Würde dieser sogenannten Gegenwart. Es ist ganz unmöglich, diese Gegenwart in auch nur eine einzige Beziehung zu einer Vergangenheit oder zur Zukunft zu stellen. Das Jetzt ist eine Sonderklasse. Es ist gegenüber dem Vorhin und Nachher einfach die Realität.

So steht also das Jetzt, die Gegenwart, nicht in der Zeit, sondern sie ist, wenn man wenigstens Vergangenheit und Zukunft mit zur Zeit rechnet und die Gegenwart nur ein beliebiger Punkt dazwischen ist, etwas völlig anderes als die Zeit. Es ist ein anderes Gebiet. Das Jetzt, die Gegenwart, ist die einzige Realität, sie ist allein das Dasein, und zwar Dasein in dieser Ausfüllung. An der Gegenwart haftet Leben. Allein das Jetzt wird erlebt. Dies hebt ganz deutlich das Jetzt aus aller Zeit heraus. Gestern und Morgen, das Jahr 1000 oder die heutige Jahreszahl oder das Datum des heutigen Tages: all das ist bloße Möglichkeit, leere Unbestimmtheit, Spekulation gegenüber dem unvergleichlichen Faktum des Jetzt, und es können auch alle Dinge innerhalb dieses Jetzt vernichtet werden – das hindert nicht, daß das Jetzt selbst unzerstörbar, unvergleichbar ist. Das Wort ›ist‹ läßt sich ebensowenig mit dem Wort ›war‹ oder ›wird sein‹ vergleichen, wie sich das Wort ›Ich‹ mit irgendeinem andern Wort vergleichen läßt. Denn ›Ich‹, das ist die Sphäre aller Gefühle, Triebe und des Denkens. Und so kann man, wenn man recht sieht, vernünftigerweise weder konjugieren noch deklinieren. Denn man kann zwar das Du und Er und Ihr und Euch nebeneinander auf eine Ebene bringen, aber nicht auf dieselbe Ebene mit dem Ich.

Das Jetzt, die Gegenwart – die alleinige Wahrheit. Und der Inhalt, die Bestimmtheit, diese ganz besondere, nicht wiederholbare Ausgefülltheit des Jetzt: das ist die Ebene, in der sich alle Realität abspielt.

Auf dieses wunderbare Becken des Jetzt zielt alles hin, und weil etwas hierin eingetreten ist, von diesem Wasser getrunken hat, hat es Existenz, hatte es Existenz und wird Existenz haben. Es ist die ungeheure Streitfrage des geschichtlichen Ablaufs, was in dieses Becken treten wird. Es ist ein Wettrennen vieler Möglichkeiten, hierhin zu gelangen, und alle Dinge spannen sich an, um bei der furchtbaren Jagd nicht zu erliegen. Was nicht hierher gelangt, ist tot, ausgelöscht, bloß gedacht. Aber gefeiert, gesegnet und geheiligt ist, was in dieses Becken steigt.

Was steigt in das Becken des Jetzt?

Und wenn man die unvergleichliche Wahrheit, die Einzigartigkeit, die alleinige Realität des Jetzt so empfindet und weiß, so muß man fragen und ist aufs höchste gespannt zu wissen: wie das sein muß, was in dieses Becken steigt. Und da blicken wir uns um und sehen: die Straßen, die Plätze, Geschäfte und Fabriken, Arbeiter, Arbeitslose, Kaufleute, Besitzer, wir sehen Kinder, Männer und Frauen, wir sehen Vergnügungspaläste, Kinos und Gefängnisse, es gibt Verbrecher, harmlose Tiere, Ameisenvölker, das Jetzt ist bald Tag, bald Nacht, es ist Freundschaft, Haß und Liebe, Boden, Meer und Himmel – und diese trinken alle zugleich aus dem Brunnen dieses Jetzt und sind zugleich hier angelangt, zugleich, und es ist nicht möglich, sie auseinanderzureißen, sie bilden das Ganze, sie stellen die Ausgefülltheit und die wirkliche Wahrheit dieses Jetzt dar. Sie – gehören alle zusammen. Wie gehören sie zusammen? Wer sind sie? Wer sind wir?

Es ist ein ungeheurer Gedanke, daß sie zusammengehören! Es ist Unsinn zu glauben, daß dies alles hier zufällig zusammengelaufen ist wie auf einem Markt. Nichts auf der Welt hat einen wirren, zusammenhangslosen Charakter. Aber daß dies alles, das von verschiedenen Seiten hergewachsen ist, diese Milhonen Sonderschicksale und Begebenheiten, die sich im Jetzt treffen, daß sie zusammengehören, man kann es kaum ausdenken. Denn es zwingt, an die Verbindung aller zu denken. Ein Dasein eint dies alles. Das aber heißt: sie sind miteinander verbunden, sie haben einen Kampf auszufechten und berühren sich darum. Das, was hier und da in das Becken des Jetzt einsteigt, bald näher zu mir, bald ferner von mir, steht in Beziehung zueinander. Diese Gleichzeitigkeit im Jetzt ist eine einzige Wahrheit, eine sinnvolle Begebenheit. Man kennt in der Zeitlichkeit die Bindung der Ereignisse aneinander und hintereinander durch die Kausalität. Man hat praktische Gründe, dies Hintereinander gut zu studieren. Aber darüber hinaus ist noch der Zusammenhang des Nebeneinander, der Gleichzeitigkeit, die Aneinanderreihung im ausgefüllten Inhalt des Jetzt zu bedenken.

Dies ist die Gleichzeitigkeit, das Jetzt. Und eben habe ich das Gefühl und habe gedacht am Schreibtisch, und jetzt erhebe ich mich, gehe ein paar Schritt und blicke auf den leeren Tisch zurück. Und wo ist jetzt – das Jetzt, das ich eben gefühlt habe? Der große Augenblick ist vorbei. Nein, der große Augenblick ist wieder da, er ist immerzu da. Aber ein anderer Inhalt ist da, der Inhalt hat sich fortgesetzt. Ich muß überdenken, wie dies beides zueinander steht, der Inhalt und das Jetzt, in dem der Inhalt wächst und aus dem er entlassen wird. An der Zeitlichkeit ist nichts, was nicht Inhalt ist. Aber was bedeutet das Jetzt für den Inhalt, dieses ganz besondere Jetzt, der Inbegriff der Realität? Ich spreche so eingehend von dem Jetzt, weil das Jetzt die wirkliche Realität einschließt, die auch alle Arten unseres Handelns faßt. Darum muß ich mir über die Art und den Charakter der wirklichen Realität Klarheit verschaffen. Das Jetzt zog wie das Licht eines Scheinwerfers über den Ablauf der Dinge; das Vorher und Nachher sank ins Dunkel. Das Jetzt war der Schieber an einer Rechenmaschine, er gleitet an dem Lineal entlang und hält an der wichtigen Stelle. Die Inhalte, die durch die Feuerzone der

Gegenwart laufen, haben ein breites und tiefes, ganz und gar nicht punktuelles Leben. Und wenn die Gegenwart, das Jetzt, ein Scheinwerfer ist, so sind die Inhalte eine Riesenschlange, deren Leib, wie er sich windet, an einer kleinen Stelle unter dem grellen Licht auffunkelt. Pferde, Pflanzen, Steine, Wolken, das Licht, der Schall führen ihr eigentümliches Leben. Was ist da das Jetzt?

Nun lasse ich also das Jetzt, wie es über die Dinge fällt, und beschreibe die Dinge, wie sie durch das Jetzt laufen. Wenn ich hier sitze und schreibe und im Schreiben mich bemühe, das Jetzt zu fassen, eben wenn ich diesen letzten Buchstaben schreibe, so bemerke ich zweierlei: sowohl die große schon beschriebene besondere Würde des Jetzt, die Einzigartigkeit seiner Realität, als auch seine Hinfälligkeit, das gräßlich Flüchtige, das unfaßbar Huschende, das lautlos Versinkende am Jetzt. In phantastischer Weise ist im Jetzt vorgebaut, was im Einzelleben sich auf einen breiten Raum erstreckt: das Dasein und Vergehen, das Leben und der Tod. Im Jetzt ist momentan mit dem Leben und dem Dasein auch das Verschwinden und der völlige Tod gegeben. Denn ich kann jetzt etwa die Zeit neun Uhr fünfundfünfzig Minuten dreißig Sekunden erleben, aber ich kann noch nicht die Realität dieses Jetzt recht empfunden haben, und es ist schon weg, schon längst tot. Die Zeit fließt behaglich und entwickelt alle Merkmale, das Jetzt blitzt zugleich Leben und Tod. Und durch dieses Sperrfeuer von Blitzen müssen alle Inhalte passieren.

Ich nehme ein Beispiel. Ein Radfahrer hält an der Ecke, die Verkehrsampel zeigt Rot, er wartet, er blickt auf das Zeichen, den einen Fuß auf der Bordschwelle. Dann zeigt die Scheibe Gelb, er setzt an, das Zeichen geht auf Grün, und nun ist seine Spannung überwunden, seine Füße treten eilig die Pedale, das kleine Paket schaukelt an der Lenkstange, er saust davon, gebückt mit rundem Rücken, den Blick nach vorn.

Dann geht da ein Kind neben andern Kindern, und es hat seinen Frühstücksbeutel in der rechten Hand, und im Gehen faßt es den Riemen des Beutels und fängt an ihn zu schwingen, jetzt hoch, jetzt runter, jetzt springt das Kind aus der Reihe und wirbelt den Beutel über seinen Kopf.

Das sind zwei gegenwärtige Vorgänge. In diesem Moment sind es freilich schon vergangene. Aber in dem Moment, wo ich sie erlebe – und nehmen wir an, ich erlebe sie jetzt was fange ich angesichts dieser Vorgänge mit jenem punktuellen Jetzt an, was werde ich wirklich als die Realität bezeichnen?

Ich muß sagen, wie ich bei diesen fließenden und laufenden Vorgängen solches ›Jetzt‹ empfinde. Als ein unsinniges Wort, beinah, aber nicht ganz als ein bloßes Wort, ein räuberisches Wort, denn es will diesem Fluß des Daseins seine Realität rauben, es will das Frühere als abstrakt und bloß möglich und ebenso das Spätere beiseite schieben. Ich kann solch punktuelles ›Jetzt‹ nicht gelten lassen, und es kann noch so viel Wahrheit in sich haben, weil es nicht gerecht wird der weichen Hingeschmolzenheit, dem Gestorbensein und doch Dasein des Gestern und Vorgestern, der gebärenden Wahrheit und der zwingenden Kraft der Geschichte, und weil es nicht anerkennt das Morgen, das Lockende, Zerrende, was wären wir ohne dies Streben nach morgen, ohne die Begierden, die immer zugleich heute und morgen sprechen. Die Realität will ich haben, was ist sie?

Wenn der Radfahrer vor der Verkehrsampel hält, so ist die wahre Realität nicht ein herausgeschnittenes punktuelles Jetzt, sondern dieser eine Zug, den die Schilderung selbst gibt: das Blicken, Warten, Ansetzen, Abfahren. Und ebenso wenn das Kind seinen Frühstücksbeutel schaukelt: Realität hat die Handlung und nicht der Moment. Die Dinge der Welt, alle ohne Ausnahme, und deutlich unsere Triebe spotten des Jetzt. Sie rasen durch dieses Sperrfeuer. Fließend ist die Realität, denn sie geht aus der Natur der Dinge hervor.

Und da ist von Erbschaft zu sprechen. Jeder Zustand nimmt an sich und läßt nicht vergehen den vorigen, er erbt ihn. Wie steht es mit den alten Worten Jetzt und Zeitlichkeit, die ich doch an die Dinge heranbringen muß? Sie sind praktische Begriffe,

Gesprächsworte zur Orientierung. Einen Tatbestand analysieren sie nicht. Der ist sehr komplex, und daran hängt die Realität. Real und wahr ist im Zeitlichen Spannung, Entladung, Auffüllen, neue Ladung, Spannung. Diese komplexe inhaltliche Realität ›Jetzt‹ soll man anblicken und sie nicht unsichtbar werden lassen. In ihr hat man zu handeln, zwischen dem noch realen geerbten ›Vorhin‹ und dem ziehenden ›Nachher‹.

Das Jetzt als Gericht

Dem Jetzt wohnt eine zweifache Würde inne. Sie stammt erstens daher, daß das Jetzt eine unendliche, wirklich unübersehbare Zahl von Faktoren zusammenbringt, zusammenschließt und zu einem Vorgang vereint. Das Zusammenschließen und das Vereinen ist die Konkretion, das Resultat das Konkrete. So war gestern das Luftdruckgebiet so, es wurde aus bestimmten Gründen bis zu dieser Sekunde so – gleichzeitig erlebte ich gestern dieses, und daher bin ich heute so – gleichzeitig widerfuhr dem Herrn X dieses, und daher geht es ihm heute konkret so. Und alles Jetzt ist zweitens, infolge des Zusammenpralls der zusammengeführten Kräfte und weil sie sich nun aneinander messen, eine Probe, ein Gericht, eine Entscheidung. Es kommt zu Vergleichen, zum Aneinanderschmelzen, Amalgamieren. Aber keinem Jetzt gelingt eine endgültige Schlichtung; vor dieser Unzahl der Parteien und ihren immer erneuten Kraftreserven versagt das Gericht, auf Jetzt folgt Jetzt, Berufungsinstanz nach Berufung, die Zeit rollt und – bringt es – nicht zustande

Jedes Ding hat seine Realzeit

Die Uhr vergleicht abstrakt. Sie ist abstrakter Zeitmesser. Aber es gibt eine reale Zeit. Das ist der wirkliche Ablauf der Dinge. Da die Zeitlichkeit zum Charakter, zur Natur, zur Bestimmtheit der Stoffe und Dinge gehört, haben alle Stoffe und Dinge, außer der abstrakten Uhrzeit, auch diejenige Realzeit, die ihrem Charakter, ihrer Natur, ihrer Bestimmtheit entspricht. Eine Maus hat eine andere Zeit als ein Adler, ein Mensch eine andere als ein Quarzkristall, zwei Pflanzen haben verschiedene Realzeiten.

Die Aufhebung der Zeit

Im Kunstwerk, in den menschlichen Scheingebilden der Kunst, gibt es eine völlige Freiheit über die Zeit. Aber das ist mehr als ein bloß souveränes und phantastisches Schalten über Zeitabschnitte und ein tolles Fabulieren. Wir haben ja eine einzige Lebenssubstanz, es ist die eine Welt, das eine Leben in allen Gestalten, und da können unter Umständen Dinge vieler und ferner Zeitabschnitte, gewesener, heutiger und kommender, in uns schwingen, Nachresonanz oder Vorresonanz. So können frühere Vorgänge gut erkannt und wahre oder ähnliche Gestalten gebildet, nachgeformt werden, es können frühere Zeitalter und frühere Denkweisen beschworen werden. Wenn wir konsequent denken, werden wir auch die Möglichkeit der Voraussage, der Ahnung, jedenfalls des Überspringens und Ausschaltens der gerade gegenwärtigen Zeit für gegeben halten. Aber dies von Kunst und Prophetie nur nebenbei.

Zeitlichkeit gehört zusammen mit Dinglichkeit und Unvollendung. Die Unvollständigkeit unserer Individuation, von der wir schon oft sprachen, schließt die Unvollendung des Individuums ein. Beweglichkeit, also Zeitlichkeit ist der Grundcharakter des gesamten Systems Welt. Da wir in der Zeitlichkeit leben, sind wir von Unvollkommenheiten umgeben. Diese Unvollkommenheit ist kein bloßes Urteil von uns, sondern eine Tatsache. Denn alles ist unvollkommen, was nicht beendet ist. Physikalisch könnte man darauf hinweisen: die Dinge sind nicht im Gleichgewichtszustand.

Es besteht aber in der zeitlichen Welt überall die Neigung, den Ausgleich, den Gleichgewichtszustand herzustellen. Das kann niemals gelingen. Selbst wenn die deutlichste Störung des Gleichgewichtszustandes, das sogenannte organische Leben auf der Erde, durch zunehmende Vereisung dieses Planeten beseitigt wäre, so wäre damit noch nicht die große kosmische Störung des Gleichgewichts beseitigt. Da stünden dann noch als Urfakta die Kräfte, die wir physikalisch nennen und die sich bekriegen, das Ureis im Weltäther, das Feuer der Sterne, die Stoffe der Sterne selber. Es ist gut vorgearbeitet, daß die Zeit nicht abreißt.

So haben die Dinge zugleich mit der Zeitlichkeit das Element der Unvollkommenheit, das heißt der Unvollendung in sich. Und daß sie es in sich haben, zeigen wir selbst, die zu diesen Dingen gehören, an, und zwar durch unsere Unbefriedigung. Mit den Stoffen, aus denen wir geschaffen sind, haben wir das fressende Element der Zeitlichkeit mitbekommen, und es wird uns bewußt, und wir geben es zu erkennen in der Form der Triebe und Begierden. Und da müssen wir ununterbrochen hungern und uns ununterbrochen sättigen. Ununterbrochen müssen wir einatmen und ausatmen. Die Zellen in uns gehen dauernd zugrunde und bedürfen Ersatz, Ergänzung zum neuen Aufbau. Und um uns können wir die Dinge nicht ruhen lassen. Daher kommt es, daß vor uns kein Ding bleibt, wie es war, daß eine Million uns bald soviel ist wie tausend Mark, daß wir am Dasein schleppen wie an einem Stein, der immer wieder einen Berg herunterrollt.

Ich sage nicht, daß er herunterrollt – ich sage nicht, daß unser Dasein solch tödlicher Unsinn ist, das Gegenteil ist sicher. Aber der Einzelne gestaltet keinen Generalsinn dieses Daseins. Erlebend und handelnd, fühlend und denkend spielen wir die Rolle des Einzelwesens, des vom Prinzip der Vereinzelung getroffenen Geschöpfs.

Und da kann nichts bei uns aushalten. Das ist ein dauernder Umwertungs- und Entwertungsprozeß, den wir vornehmen.

Wir haben in uns dieses rastlos schmetternde, natürliche Triebwerk, mit dem wir uns identifizieren, aber uns verläßt auch nicht ein unklares Tasten nach Zielen, Zwecken. Wir haben, ob wir weise oder töricht sind, eine dunkle Einsicht in die Natur der Triebe, und es ist schon diese bloße Einsicht, mit der wir uns der Natur gegenüberstellen. Wir haben das Gefühl zu leben, aber nicht völlig dazusein, und das Verlangen, zum ›wirklichen Dasein‹ zu gelangen.

Es gehört zu uns, daß wir uns den Dingen gegenüberstellen und sie prüfen. Alle Zustände haben sich vor uns nur zu legitimieren, und was sich nicht legitimieren kann, ist festzunehmen und beiseite zu führen. Da muß der Welt gegenüber unser Grundgefühl Kraft und Wille sein. Ohne unser Zutun sind wir in die Umstände hineingeboren, aber nicht ohne unser Zutun bestehen sie. Die Frage, wer herrscht, wird immer neu entschieden. So haben wir in unserm Dasein erst das Bett zu wählen, in dem wir liegen können. Wenn wir auftreten, sind wir kaum da. Wenn wir älter werden, brechen wir durch und suchen uns Luft zu schaffen. Viele bleiben dabei liegen. Wer Glück hat, hat schließlich um sich Raum geschaffen und steht aufrecht da, die Dinge beengen ihn nicht mehr, und dann ist es meist Zeit zu sterben.

Die Zyniker, die höhnend und spottend gelebt haben und so

gestorben sind in Zeitaltern der Aufklärung, waren mangelhaft aufgeklärt. Sie kannten nicht das richtige Diesseits. Unsere Natur als Ich gewährleistet uns eine größere Existenz als die des materiellen Dinges. Unermüdlich werden im Weltablauf Aufgaben erkannt und verworfen, mit ihren Trägern zusammen gehoben und verworfen.

So ist das Bild unseres Handelns: Moses, der sein Volk aus Ägypten führte, durch das Rote Meer, durch die Wüste und durch viele Gefahren. Dies ist seine Leistung, und das ist viel, ungeheuer viel, er weiß es selbst, und dann gelingt es ihm noch, sein Volk bis nach Palästina zu führen. Aber er selbst kommt nicht in das Land hinein, er stirbt an der Schwelle. Und das ist der typische Fall und ein wirkliches Beispiel. Wenn ein Handeln etwas war, so war es von dieser Art. Man dringt vor bis zu einem gewissen Punkt, man hat eine Tür öffnen können, und dann ist es zu Ende. Die nächste Generation steht an demselben Fleck. Die Zustände sind wieder zusammengesunken, sie passen nicht mehr, wieder muß man sich aufmachen, kämpfen, gehen bis zur neuen Tür. Kraft und Wille bezeichnen unsere Grundhaltung, sagte ich vorhin. Jetzt füge ich hinzu: ein Gefühl von Tragik. Aber das ist kein lähmendes Gefühl. Es zeigt an, daß wir Menschen sind und daß unser Weg ein ständiges Durchstoßen ist. Wir sind in die Zeitlichkeit hineingestellt, und die erfordert Wanderer und Menschen, die unermüdlich weiter wandern, und immer neue Generationen sinken hin, und immer neue wandern weiter. Das ist unsere Welt, darüber kann man nachdenken, aber es ist unsere Welt und unser Dasein.

So geht es von Einsturz zu Einsturz. Die Dinge außen stürzen zusammen, die Einrichtungen verfallen, und andererseits sind wir so gemacht, daß uns nichts genügt. Die ewige Unbefriedigung ist mit uns geboren. Was wir anfassen, ist wie ein Gummiband, das man weitet und das immer wieder zusammenschnellt. Wie ein Stein, den einer auf den Berg schleppt, allmählich lassen die Kräfte nach, der Stein rollt wieder abwärts. Wie eine Quelle, die man mit Stein faßt und freilegt, sie versandet wieder. Es ist so eingerichtet, daß die Dinge um uns immer wieder zusammenfallen. Es nutzt nichts, daß ich eine Million besitze, die Million ist mir bald nicht mehr wie tausend Mark. Man sitzt in einer Höhle, macht sie um sich geräumig, aber man ist doch im Berg geblieben, der Nächste empfindet es und arbeitet weiter. Das ist wie in einem Traum, wo man in einem Vorhang, hinter einer Gardine sich etwas bewegen sieht, ein Tier – eine Maus oder eine Ratte – hat sich da verfangen, sie arbeitet, aber sie zerreißt das Gewebe nicht, man steht daneben und sieht entsetzt, wie es drin zappelt.

Ein unendlicher Stollendurchstoß. Der Einzelne ist auf diesem Marsch für sich und die Gesellschaft auch. Daher wird jeder Tag neu geboren. Jede Generation sieht sich am Anfang. Es geht gegen die Familie, gegen die Eltern, gegen die Schule, die Behörde, den Staat. Die Unbefriedigung ist mit uns geboren. Sie läßt die Weltgeschichte nicht einschlafen.

Der ständigen Unzulänglichkeit der Dinge steht unsere Unzulänglichkeit gegenüber, wenn wir verzagen. Aber dann sind wir selbst in den Verfall, in den Einsturz der Dinge mit hineingerissen, und wir sind nicht mehr wir. Solange wir aber sind, ist die ständige Unbefriedigung grade der Quell der Bewegung und der Anreiz und Antrieb, die Arme zu bewegen und um uns zu blicken.

Es stehen sich zwei Mächte, zwei Gewalten gegenüber. Da ist die Welt, die wuchert, hinstürzt, und da sind wir. Das ist ein endloser Kampf, weil der Weg endlos ist. Die Schlacht wird immer neu geschlagen. Jeder Tag fordert uns neu heraus. Jede Generation sieht sich verhindert und fühlt sich neu herausgefordert. Dies ist unser Dasein. Wir wissen von keinem Ziel. Viele glauben an keinen Sinn. Die Vollendung, der Abschluß und die Ganzheit eines Sinns ist in keinem zeitlichen Einzeldasein.

Aber andererseits: die Welt ist nicht ohne uns. Sie läuft auch durch uns. Es ist daher nicht gestattet, sich zu mißachten.

Es ist nur der Naivste, der an einen gradlinigen ›Fortschritt‹ in der Weltgeschichte glaubt. Der Zweifel daran regt sich, sobald man einen Blick in ein Geschichtsbuch tut. Dann fragt man, warum es ein Fortschritt sein soll, wenn die mittelalterliche geschlossene Welt mit ihrem Glauben, ihrer Ordnung und ihrem wirtschaftlichen System einstürzt, und wenn sich später der Handel entwickelt, die Entdeckung Amerikas Gold und wirtschaftliche Krisen und Kriege bringt, und wenn noch später unsere Technik auftritt und damit die Fabrik, die Industrie und alles, was wir heute erleben. Blickt man in eine Weltgeschichte, so wird einem erzählt von Babylon, Ninive, von Assyrien, Persien und Ägypten, von den Kulturen in diesen Reichen, wir hören von der peruanischen Kultur, von den Reichen der Inkas und der chinesischen Kultur. Wer vermag, wenn er hierauf blickt und an heute denkt, von ›Fortschritt‹ zu sprechen. Man kann es nicht, man glaubt es nicht: jede Norm fehlt, es ist keine Vergleichsskala da, und am nächsten liegt uns noch die Auffassung, daß es abgegrenzte Entwicklungen, Fortschritte in einem kleinen, umschriebenen Bezirk gibt, und die lassen sich so wenig mit den Ausdrücken ›höher‹ und ›niedriger‹ bezeichnen, wie man eine Tiersorte verglichen mit einer andern ernsthaft ›höher‹ oder ›niedriger‹ nennen kann.

Vor dieser Tatsache ist man zunächst bereit, zu verzweifeln und alle menschliche Anstrengung als hoffnungslos und aussichtslos zu empfinden, und es ist wirklich so: wer die Weltgeschichte als grade Linie ansehen will und glaubt, hier menschliche Vervollkommnung zu finden, der irrt. Aber welchen Sinn soll denn alle Anstrengung haben und wie schauerlich ist es, wenn wirklich alles so ins Leere fällt! Man ist bereit, zu sagen, und Skeptiker haben es hundertmal gesagt: die Bestie Mensch lebt unverändert fort, bald auf die Weise, bald auf jene Weise, man soll nur in den Tag leben, seinen Vorteil suchen und genießen, was einem in den Weg kommt.

Dies ist eine dumme Verzweiflung. Denn, wenn erst im Ablauf Entwicklung erfolgt, Formen sich bilden aus der konkreten Situation heraus, wenn die Zeitlichkeit zur wirklichen Natur der Gestalten gehört, so kann in einer solchen Welt kein Platz für einen fertigen Plan sein. Was ist, wird ja erst mit uns, auch mit unserem Verhalten.

Aber an unserem Ort wissen wir, was uns fördert und schädigt. Von Haus aus, durch unsere Natur. Wir empfinden Recht und Unrecht, wobei es ganz unsinnig ist, zu fragen, ob wir mit Recht oder Unrecht das Recht und Unrecht empfinden. So wie wir jetzt sind, in dieser konkreten Situation, in der faktischen Realität dieser Stunde, weiß jeder in den wichtigen Sachen, wie es um ihn und die Dinge der Umwelt steht. Er kennt seine Interessen, wie er auch weiß, was seinen Hunger stillt und was Stein und nicht Brot ist. Er ist mißtrauisch und lehnt verdächtige Pilze ab. Dazu braucht er nur den klaren Verstand und seine gesunde Natur. Es ist alles so eingerichtet, daß es ohne Unterricht und Gesetzestafeln abgeht. In den wichtigsten und entscheidenden Dingen hat die Natur keinen im Stich gelassen.

Da es so ist, so können wir handeln. Und wir können richtig handeln. Was dabei herausspringt, kann ein nachträglicher Beobachter einreihen, wie er will. Es wird bestimmt irgendwie im Zusammenhang mit der vergangenen Geschichte stehen. Aber uns kann es gleichgültig sein, ob spätere Beobachter und Historiker das, was wir tun, Fortschritt oder Rückschritt nennen. Wir leisten, was wir für nötig halten, das genügt uns – die heutige Abwendung des Unheils, Beseitigung eines Übels, Schaffung neuer Lagen.

Es ist nicht Sache der Menschen, Historie zu treiben, aber es ist ihre Sache, mit den Dingen um sich, in ihrer konkreten Lagerung, fertig zu werden. Und dies vermögen sie mit verschiedener Klarheit und Entschlossenheit, unter Hervorheben dieser oder jener Besonderheit an der Situation. Daraus wächst Geschichte, bildet sich Welt.

Da sind die Triebe, die nur die Fragen unserer konkreten – aber sehr vielschichtigen – Situation beantworten, aber sie gehören zu den geformten Individuen und formen weiter. Man soll unsere Triebe und Begierden, wie uns selber, nicht läppisch nennen. Es sind die Triebe, die diese Welt unermüdlich wie Stafettenläufer durchrasen und in Bewegung bringen. Sie stürzen zusammen, ein anderer nimmt den Stab auf, wir leben in der Zeitlichkeit. Wir wissen: es ist die erschütternde Tätigkeit dieser immer wieder zusammenbrechenden Stafettenläufer, die die Welt mit Sinn, Form – mit Schönheit und immer neuen Reizen erfüllt.

Das ewig falsche ›Wozu‹ des Nervmuskelmenschen

»Dies geschieht auf dem einzelnen Stern Erde, dem erkaltenden Planeten unter seiner Dunsthülle. Zugleich dreht sich der Jupiter mit seinen Ringen, die Sonne rast mit Raketengeschwindigkeit auf einen Punkt im Herkules hin, sie reißt alle Planeten mit, auf denen vieles geschieht. Es zerfallen radioaktive Stoffe, Masse wird zu Energie, pufft in den Äther, sammelt sich da an. Und das ist nur ein Ausschnitt von dem, was wir wissen und was uns bewußt wird. Aber es geschieht noch mehr. Und wenn nun das große Spiel beginnt, die Geschichte der Menschen und Tiere, die Weltgeschichte der Menschen, so ist sie mit viel Glück, Schmerz, Trauer, Entsetzen und erlahmender Apathie gefüllt – und es sieht aus, als wenn, je mehr man sich dem Menschen nähert, die Empfindlichkeit, der Grad der Berührung wächst. Der Mensch ist das flüchtige und erregte Wesen mit schrecklich überwachem Bewußtsein, mit unheimlicher Reizbarkeit. Was sagt das? Wozu die Jagd durch die Geburt, die Lebensalter und den Tod?«

Ach, wenn man nur das Aufhören des falschen ›Wozu?‹ erreichen könnte. Es ist das spezifische ›Wozu‹ nur einer einzelnen Lebensstufe, des Nervmuskelmenschen. Wann wird dieser

Eckensteher endlich seine Gedanken besser verstehen und gebrauchen lernen?

»Worin also unterscheidet sich, was du sagst, von dem, was die alten Frommen sagen? Du sagst: die große Natur, der große Sinn, die sich ordnende Welt, worin der Mensch ein kleines Etwas ist – die Frommen sagen: Gott, vor dem der Mensch ein kleines Etwas ist.«

Aber ich bin nicht geschaffen von ›Gott‹. Ich bin ein Stück, und zwar ein nicht herauszureißendes, innerhalb dieser großen Welt, und bin selber zugleich Gegenstück der Welt. Ich habe diese Welt mit zu ordnen und zu vollziehen. Und das ist ein Unterschied.

»Aber diese grausige Stummheit! Gott redet wenigstens zu den Menschen, aber dieses Grenzenlose, Ungeheuer-Ungeheuerliche, ›Welt‹ geheißen? In dieser grausigen ›Welt‹ ist alles voll Ich, und wo ist das Du? Was leistet diese ›Welt‹ als Dasein? Unerträglich ist sie, imerträglich! Schaurig, stumm, trotz des Lärms wie eine Katastrophe.«

Aber auch das ist nicht richtig. Sie ist voller Sprachen und Gesänge, denn sie ist voller Personen wie du, der fragt, voller ähnlicher Formen. Du fragst und weißt es doch besser, als Stück und Gegenstück der Welt, besser.

Ablehnung eines buddhistischen Gedankens

»Was es auch an Kümmernissen, Wehklagen und Leiden in mannigfachen Formen in der Welt gibt: sie bestehen, weil man etwas Liebes hat. Ist Liebes nicht vorhanden, so sind jene nicht. Darum sind ja diejenigen glücklich und frei von Kummer, denen nicht irgend etwas lieb in der Welt ist. Darum schaffe sich nicht irgend etwas Liebes in der Welt, wer kummerlos und frei von Staub zu werden wünscht.«

»Dies nun, ihr Mönche, ist die hohe Wahrheit von der Entstehung des Leidens: es ist jener Wiedergeburt erzeugende, von Wohlgefallen und Lust begleitete Durst, der bald hier, bald dort ergötzt, das will sagen: der Durst nach Sinnenlust, der Durst nach Werden, der Durst nach Vernichtung. Dies nun, ihr Mönche, ist die hohe Wahrheit von der Aufhebung des Leidens: es ist ebendieses Durstes spurloses, restloses Aufheben, Aufgeben, Verwerfen, Ablegen, Vertreiben.«

»Wen dieser niedrige Durst, der die Welt beherrscht, überwältigt, dem häuft sich der Kummer immer mehr, wuchernd wie das Biranagras.«

Dies sagt Buddha. Wir denken:

Wir stecken im fortdauernden Begehren, wir müssen immer atmen, essen, trinken, das ist unser Ich, das dies macht, und es gibt kein anderes Ich, es ist unsere unvollständige Individualität, die das macht, – aber damit – leiden wir nicht. Es ist eine überirdische, ekstatische, übermenschlich und gedanklich übersteigerte Figur, die unter dem Atmen, Essen, Trinken, Begehren leidet. Vielmehr ist mit dem Dasein auch – oder besser grade in der unvollständigen Individualität, mit dem ständigen Einsenken unserer Saugwurzeln in die Grundsubstanz der Welt, mit der Herstellung der Verbindung mit ihr – Wohlbehagen und Lust verbunden. Das bloße Dasein freut das gesunde Wesen aller Stufen, die Begierden spannen und erregen, aber mit dieser Spannung ist nicht Schmerz, sondern eigentümliche Bewegtheit und Erregung gegeben, die wir schätzen, und auch dann schätzen, wenn sie bloß erregt und treibt. Nur gerade die Unfähigkeit zur Spannung und das Fehlen von Spannung mögen wir nicht, dies macht betrübt, und wir finden das bei Depression, Melancholie.

Es könnte skeptisch und herabsetzend von den Trieben gesagt werden: in ihnen liegt schon eine Bewegung gegen die Triebe selbst, denn sie gehen auf Befriedigung, also auf ein Ende aus, aber finden es nicht. Ein Ende gibt es nicht, so führt jede Triebbewegung zur Enttäuschung, und man muß in langsamer

Selbstabtötung bewußt eine Wendung gegen diese sinnlose Maschinerie machen. Damit wird zweierlei gesagt, einmal: die Triebe mit ihrer Wiederkehr bringen Enttäuschung, und das bedeutet Leiden, das haben wir schon abgelehnt – das andere Mal: die Triebe selbst sind eine Art ständiger Ansatz, um – das Nichts zu erreichen! Die Enttäuschung kommt daher, daß sie dies Ziel nicht erreichen. Mit den Trieben ist gewissermaßen eine zeitfeindliche und lebensfeindliche Instanz uns eingepflanzt, aber eine unfähige, und unser Bewußtsein muß nachhelfen. Wir denken: unsere Triebnatur hat in nichts einen zeitfeindlichen Charakter. Mit unseren Trieben langen wir wie mit Wurzeln und Blättern in die Welt, und nur darin berühren wir uns mit dem eben erwähnten Gedanken: wir stoßen immer in das Nichtindividuelle vor, stärker durchbrechen wir immer wieder die Individualität und ihre schwachen Mauern, und nur die ständige Umarmung und Vermählung mit dem herrlichen Anonymen der Welt labt uns und hält uns am Dasein. Nicht auf das Nichts, sondern, wie es sich bei unserer durchlöcherten, unvollständigen Individuation versteht, auf das Überindividuelle zielen wir, und wir wollen immer darauf zielen, und diese Berührung ist kein Leiden, sondern tut uns innig wohl.

Die Erbschaft und die Geschichte

Es gibt keinen von uns zu vollziehenden Plan. Aus der Gegenwart schlagen rechts, links, quer durch die Zeit Handlungen hin, von Einzelnen, Gruppen oder Massen, *Querschläger*, die eine Veränderung, Zerstörung, Erneuerung bezwecken, eine Verbesserung der Lage ebendieser Einzelnen, Gruppen, Massen. Nur so wird gelebt und setzt sich das Gewebe der Zeit zusammen. Ständige Auseinandersetzung allein mit den gegenwärtigen Zuständen.

Von der Art der Querschläger sind die Bemühungen der einzelnen Menschen. Geschichte ist die nachträgliche, meist von Gelehrten im Studierzimmer vollzogene Aufreihung dieser Einzelleistungen, der Querschläger. Sie ist ein Phantasma von Leuten auf Stühlen, die gewohnt sind, aufzuräumen und eine Ordnung zu machen, ferner von solchen, die sich für ihr eigenes Vorhaben Eideshelfer verschaffen wollen. Sie erfinden sich dazu irgendwelche Gesichtspunkte. Es ist zweifellos eine sehr interessante Arbeit. Verschiedene Gelehrte schreiben natürlich verschiedene Geschichte, ebenso wie dieselbe Epoche verschiedenen Absichten als Eideshelfer dienen kann. Und obwohl zahlenmäßig alles gleich verläuft, verläuft es doch anders, weil man anders vor- und zurückdenkt, den Akteuren andere Motive unterlegt. Der Übergang von der Historie zum historischen Roman ist daher fließend.

Der Zusammenschluß der Querschläger und ihrer Wirkungen wird in dieser Weise allein nachträglich in Gelehrtenstuben oder von Pressechefs legitimationsbedürftiger Akteure vollzogen und ist ein gelehrt-phantastisches Amüsement.

Es gibt aber real die Erbschaft.

Jeder vollzieht Querschläger in der Art, wie er die Welt sieht. Und welchen Querschläger er schlagen will, bestimmt die Erbschaft. Die bewirkt, daß es neben einer nachträglichen, phantasierten Geschichte eine wirkliche, gelebte gibt. Diese aber wird niemals zu schreiben sein, weil ihre Realität und Konkretheit zu groß und mannigfaltig ist. Sie müßte zugleich alles Physische und Metaphysische in sich fassen. Solche Geschichte würde also ein anderes Gesicht zeigen als die nachträgliche, die uns vorgesetzt wird. Es ist begreiflich, daß historische Romane, weil sie grade sehr viele physische und metaphysische Faktoren in starker Konkretheit heranziehen, sich der wirklichen Geschichte mehr nähern als die abstrakten Aufreihungen der Historiker.

Einer schreibt, Nietzsche habe gelehrt, »die Sinn- und Ziellosigkeit des Daseins zu bejahen und in einem heroischen Pessimismus aus dieser Bejahung heraus zu leben, machtwillig diesseitig und sinngebend«. Aber ich sage: es ist eine Oberflächenwahrheit, von der Sinn- und Ziellosigkeit des Daseins zu sprechen. Ich erinnere an den Grundriß des Weltaufbaus, an die doppelte Natur des Ich, an den Charakter des Ich, ein Spannungsgefälle zu sein zwischen Person und Welt, und daß hier eine Bewegung ist, dauernd die Welt mit Ich zu durchtränken – wobei immer wieder die Welt über das Einzel-Ich kommt und es unterwirft. Hier ist es widersinnig, von einer Sinn- oder Ziellosigkeit des Daseins zu sprechen, wenn auch menschliche Worte, menschliches Gehirn und unser Einzeldasein den Sinn und das Ziel nicht wie das Ziel einer Rennbahn beschreiben können. Der Grundriß zeigt: dies ist nicht spielende Atomistik, leere Wellenbewegung und autonome Physik.

Hinter der Hoffnungslosigkeit und der krampfhaften Verzweiflung der Worte »sinnloses und zielloses Dasein »und« man muß es bejahen und aus dieser Bejahung heraus machtwillig und sinngebend leben« steht das Nichtwissen um die menschliche Aktivität und um ihren Platz, um den Platz des Ich überhaupt im Weltbau.

Tausendmal wiederhole ich es: die Welt wird nicht erkannt, wenn man sie bloß betrachtet und wenn man in ihr nur einen physikalischen Ablauf sieht. Es ist Schmerz und Lust da, das Zentrum des Ich, die Antriebe, die aus diesem Zentrum fließen, die Aktivität dieses Zentrums. Tausendmal wiederhole ich: obwohl eine beliebige Einzelperson, ist diese Einzelperson doch der Organismus eines Ich, sein Werkzeugträger, und seine Aufgaben und Ziele sind nicht erst nachträglich und aus dem Bewußtsein zu erfinden. Dieses Ich bedarf nachträglicher Erfindungen und zweifelhafter Bewußtseinsprodukte nicht. Es steht sinnvoll selber und höchst zentral, in der eigentümlichen Weise, wie ich es schilderte, in der Welt da. Vergänglich und flach wird und muß da eigentlich alles sein, was aus dem Bewußtsein und aus spekulierenden Gedanken als sogenannte Sinngebung vorgebracht wird. Aber darüber braucht niemand zu verzweifeln. Man muß nicht auf das Blatt sehen, sondern auf den ganzen Baum. Heroismus ist gut, aber es ist weder von Pessimismus noch von Optimismus zu reden – freilich, es wurde schon öfter gesagt, von einer Tragik bei allen Einzelgestalten.

Es hilft auch nichts und führt nicht über den Abgrund weg, krampfhaft machtwillig diesseitig zu sein. Was ist Macht? Eine große Quantität Energie. Aber die größte Quantität Energie hilft nichts. Man hat nicht Schmerz und Lust und das Ich und die Werte gesehen. Man hält da auf naturwissenschaftliche Art Werte für etwas Sekundäres, Subjektives. Es ist klar, daß man hier letzten Endes auf das Tier kommt, das ist die blonde Bestie. Die blonde Bestie ist das letzte Wort der naturwissenschaftlichen Periode. Wir wissen, es war die Periode einer Teilwissenschaft. Man glaube aber nicht, mit dieser blonden Bestie auch nur in die wirkliche Zoologie geraten zu sein. Es gibt nicht solche Zoologie. Es gibt nicht eine einzige Wahrheit in der Natur und in der Welt ohne das Ich!

Eine ungeheure Last hinterlassen wir, hinterläßt alles, was lebt und hingeht, unsere Leistungen, unser Geglücktes und Mißglücktes, unsere Gedanken, unsere ausgeströmte Kraft – dies unseren Kindern, die nun speichern, was wir sind. Und unsere Kinder selbst hinterlassen wir, die entstanden sind aus unseren Trieben und unserem Entschluß, mit diesem Weiblichen oder diesem Männlichen zusammenzugehen. Welch tolles Produkt ist das, was lebt. Welch gewirkter Teppich. Was trägt sich da durch die Zeitlichkeit, welch flatterhaft leichter, sündhaft geschüttelter, geschwollener Trieb. Getränkt ist das mit den ausgetobten Säften von Menschen-, Tier- und Pflanzengeschlechtern.

So sieht die Erbschaft aus. Sie schlägt sich in geformten und weiterdrängenden Gestalten, Menschen und Einrichtungen, nieder.

Wenn so Erbschaft da ist aus unserer Art, unseren Leistungen, den Querschlägern, und aus unserem Ich geboren wird, aus allen seinen Zonen, dann ist es aber unmöglich, daß das Ganze, das sich so bildet, sinnlos, sinnfremd ist. Es ist dann kein Spiel da! Es ist kein leeres Hin und Her da! Es ist kein bloßer Kreislauf da. Zusammenhang und Folge ist da.

Wir können nicht von Zielen sprechen. Aber vom Ich geborene Erbschaft auf Erbschaft: aus solchen Bausteinen baut sich keine Zufälligkeit. Wenn wir das Wort ›Sinn‹ aussprechen, so erinnern wir uns freilich, wie anders ›Sinn‹ aussieht in der Zone Mensch, Tier, Pflanze, Kristall, anorganische Natur.

Man soll nicht zuviel von Menschen verlangen

Man soll von Menschen nicht zuviel verlangen. Man lebt so hin in der Harmlosigkeit und Getriebenheit des Daseins. Trotz aller Schwierigkeiten und Erschwerungen fühlen sich die Wesen immer wieder wohl in ihrer Haut. Sie ›passen‹ sich an. In den unmöglichsten Situationen, unter den schwierigsten Verhältnissen gibt es Behagen. In dieser Lust des Daseins ist weder Verbrechen noch Sünde. Es ist eine natürliche Wahrheit, die jedes Blatt, jedes freie Tier empfindet.

Man soll nicht zuviel von Menschen verlangen. Sie wollen essen, trinken, schlafen, wollen ihre Liebesfreuden haben, wollen Wärme oder Kühle, je nachdem. In Rudeln sitzen sie zusammen, reden über dies und das, und wenn sie genug geredet haben, essen sie wieder, trinken und gehen nach Hause. Wenn ihr Leben so verläuft und sie Kinder in die Welt gesetzt haben, sind sie zufrieden und altern und sind schließlich eines Tages tot. Andere beerdigen sie, und die machen dann alles ebenso. Manche sind kriegerisch, auch manche Rudel. Die haben eine Sprung- und

Wanderbestie in sich, da verläuft das Leben stürmischer. Sonst ist alles dasselbe. Manche Menschen und Rudel sind wie Tiger, manche wie Parasiten, manche wie Hamster. Das sind Spielarten.

Man soll nicht zuviel von den Menschen verlangen. Wie sollen sie auf den Gedanken kommen, ›Geschichte‹ zu machen oder sich zu entfalten oder sich darzustellen? Solche gebildeten Sorgen haben sie nicht, das kommt in der freien Natur nicht vor. Das Alltägliche, essen, trinken, Kinder in die Welt setzen, arbeiten, klagen über das Schicksal und immer fragen und nicht wissen: dieses bißchen, das sind wir, und das ist etwas, dieses bißchen hinschleichendes oder hinfließendes, gelegentlich hinjagendes Nichts, unterbrochen von Wildheitsausbrüchen der rätselhaften Natur in uns oder um uns. Dieses bißchen Nichts ist unser Dasein.

Und da sieht sich der Sohn eines Lords in vornehmen Schulen, als Offizier auf einem Kriegsschiff, er sportelt, jagt, hat Frauen, träumt an der Riviera, und das ist so gekommen, er weiß nicht warum, es ist schön, aber vielleicht auch nicht ganz so schön, man hat den Herrenblick, aber fühlt sich etwas leer.

Oder da trägt ein Junge im Morgengrauen Zeitungen aus und wird später Fabriksklave und hat sein bißchen Alkohol, Liebe und Parteiempörung.

Oder da ist man gestern russische Fürstin, weiß nichts von der Welt, und heute muß man eine Bar in Paris aufmachen und sehen, wie man den andern, denen man vorher kaum die Hand zum Kuß gereicht hat, wie man ihnen zu Gefallen, vielleicht sogar zu Willen ist, und morgen möchte man Sprachunterricht geben und denkt nicht mehr, wie das einmal war, wo der Diener vor einem die Tür aufriß, im Frack, mit weißen Handschuhen, ein hübscher, ausgesuchter Junge, den man gelegentlich im Spiegel anlächelte, und unten stand an der Treppe der Chauffeur im Pelz, wenn man jetzt so einen zum Mann hätte, wie lange ist das her.

Oder da ist man Leiche im Massengrab bei Verdun oder in Polen oder in den Karpaten oder in Serbien, wo sind keine Massengräber, eine enorm kräftige Bombe kam, Triumph der Artillerietechnik, ein Stolz der Chemiker und Physiker, und bewies, was sie konnte: drückte die Decke eines als vorzüglich gepriesenen Betonunterstandes ein, und an hundert Mann waren im Bruchteil einer Sekunde ein Matsch organischer Substanz, aber nicht mehr Menschen. Und diese waren alle sorgfältig erzogen, bis zuletzt vorschriftsmäßig gekleidet, sie hatten als Kinder glückliche Geburtstage gehabt, waren meist konfirmiert worden, einige waren wegen Gewissensbedenken aus der Kirche ausgetreten, ohne zur richtigen Klarheit gekommen zu sein, dann hatte der Kampf im Beruf angefangen, manche hatten auch geheiratet, und das war wirklich ein Fest, bei dem einen in größerem, bei dem andern in kleinerem Stile, sie hatten sich teils um Bildung bemüht, teils Sport getrieben, teils nur Geschäfte gemacht, und jetzt waren sie, Oberleutnant, Leutnant, Feldwebelleutnant, Feldwebel, Gefreiter, Sanitäter und Gemeiner, dazu Telegraphisten und ein paar Besucher – ein organischer Matsch zwischen Betonblöcken. Sie Leichen zu nennen, wäre schon Übertreibung. Das also war ihr Dasein. Was soll man vom Menschen verlangen.

Aber warum so weit suchen. Welches Jahr schreiben wir jetzt? 1932. Wieviel Jahre sind vergangen, seit es Menschen gibt? Ich weiß es nicht. Jedenfalls, wann ist es anders gegangen, wo ist es irgendwann, irgendwem, Einzelnen oder Völkern anders gegangen?

War jener Gajus Julius Cäsar, nach dem sich noch heute Kaiser nennen, nicht groß? Ein Standardexemplar von Mensch. Er war es, in Hinsicht auf Macht, Können und Ruhm, in bezug auf die Größe dessen, was er wollte und erreichte. Und dann dachten andere anders darüber, steckten sich Dolche in ihre Umhänge und bewiesen dem Cäsar, daß das Dasein Schwierigkeiten in sich hat, die noch fürchterlicher als ein Flußübergang sind. Überdenken konnte er es nicht mehr.

Mehr Zeit dazu hatte der erste Napoleon. Man gewinnt

Schlachten, man verliert Schlachten, man setzt sich auf einen Thron, man schreibt Erinnerungen auf Sankt Helena, dann kommt der Magenkrebs. Und dann können die anderen nachher noch so viele Gedichte, Dramen, Romane, Geschichtswerke verfassen, darüber, dafür und dagegen: man ist tot, hat gelebt – und vom Weltgeist gesehen, mag es ein besonderes Leben gewesen sein, wer weiß das übrigens, für den Mann Napoleon war es, ist es und wird es in alle Ewigkeit das Leben sein, wechselvoll, von vielen Seiten beengt, bedrückt, schließlich ein Magenkrebs.

Der Tod, der rüstige Schläger

Es gab eine große französische Revolution, sie brach 1789 aus, aber von dem, was damals groß war, lebt heute keine Laus.

Sie bekämpften sich wie Löwen, sie schlugen sich die Köpfe ab, aber sogar die, die bloß Zuschauer waren, liegen schon lange im Grab.

Der Marat und der Danton, Mirabeau und Robespierre, sie haben alle ins Gras gebissen und liegen in der Erde.

Es hat sie sämtlich Napoleon besiegt, und den haben dann die Engländer gekriegt. Die Engländer haben sich mächtig gefreut, jetzt schlafen sie neben ihm geraume Zeit. In Frankreich folgten sich Kaiserreich und Republik, doch machen die nur die Geschichtsbücher dick. Denn die Männer, die einstmals so hitzig gekämpft, hat inzwischen gleichmäßig der Tod gedämpft.

Er ist ein gerechter Herr, ein geduldiger Zuschauer, für ihn haben die Dinge nur kurze Dauer. Er sagt: mach du, und jetzt mach du, und dann haut er zu.

Er hat sich im Laufe der Jahre eine große Technik erworben, infolgedessen wird ohne Unterbrechung durchgestorben. Man hat es jetzt äußerst bequem zu krepieren. Sie brauchen sich gar nicht zu genieren. Sie können sterben morgens, mittags und abends, ganz unabhängig von dem Stande Ihres jeweiligen Guthabens.

Und ob Sie grün sind oder gereift, macht nichts, der Tod hat noch jeden eingeseift.

Drum leben wir nur hin, es ist gar nicht schwer. Kommt der liebe Herr Tod, so halten wir den Kopf hin und sagen: Bitte sehr, bitte sehr.

Von der Vollendung und Überhöhung

So ist und bleibt in allen sogenannten Höhen unser Dasein menschliches Dasein, das von dem roten Faden der Trauer, Tragik und des sanften Nichts durchzogen wird. Und ebendarum darf man diesem einfachen Leben nicht unrecht tun. Es ist Essen und Trinken, Nahrungssorge, Liebesfreude und Schmerz, Kinderpflege, Krankheit. Und das hat schließlich jedes Tier auch. Aber die Klage über Unvollendung liegt über allem menschlichen Dasein! Und zuletzt, für den Alten, Ermüdeten, ist es noch ein Glück, den Tod zu empfangen, nachdem er bemerkt hat: eine Vollendung gibt es doch nicht. Die Unvollendbarkeit gehört zum Dasein eines jeden von uns. Die Unvollendbarkeit des Menschenwesens aber, die Trauer und Tragik, die aus dem simpelsten Dasein fließt, zeigt etwas Hoheitsvolles an. Was da klagt, was da schließlich resigniert, ist nicht die einfache warme tierische Natur, die sich erkalten fühlt. Es ist deutlich mehr. In dem Beengen, Versagen, Erkalten fühlt etwas in uns Grenzen, die es unter keinen Umständen anerkennen will. In dem Schmerz um die Unvollendung, um die Krankheit und den Tod ist mehr als die banale Klage: ich möchte doch glücklich und gesund und unsterblich sein. Ich möchte – Vollendung. Wer da klagt, was da Schmerz empfindet, weiß – um Vollendung.

Das aber ist ein Punkt, wo es sehr aufzumerken gilt. Einzelwesen, zeitlich beschränkte, träumen von Vollendung! Und das ist kein Gedanke von Gelehrten, sondern ein dunkles oder helles, einfaches Gefühl in jedem. Wie ist das möglich? Wir wissen von nichts, scheint es, als von Geborensein, Wachsen, Blühen, Welken und Vergehen. Wir gehen mit nichts um als mit Dingen, die entstehen und zugrunde gehen. Nichts ist da, was das Wort ›vollendet‹ verdient. Jedem von uns ist das ganz sicher. Aber da steht in uns etwas auf: schon in der Kunst strebt es nach Vollendung, schafft Bilder, Abläufe, die Vollendung anzeigen sollen. Und dann hat es Religionen, die Vollendetes, Allervollendetstes geben, und daran hält es sich, Himmel, Gott, Engel, Heilige. Das muß es über sich aufbauen.

Diese Überhöhung müssen wir unaufhörlich vollziehen. Ein grenzenloser Bautrieb ist in uns gelegt. Unvollendbar sind wir, auf Vollendung soll und muß es aber gehen.

FÜNFTES BUCH

VON DER KUNST

»Diese Überhöhung über uns müssen wir unaufhörlich vollziehen. Ein grenzenloser Bautrieb ist in uns gelegt. Unvollendbar sind wir, auf Vollendung soll und muß es aber gehen.« So beendeten wir das Buch von der Zeitlichkeit und dem Handeln. Hier ist unmittelbar die Kunst anzuschließen, eine charakteristische Art des menschlichen Handelns und Leistens. Es geht bei ihr und in ihren eigentümlichen Scheingebilden, um es gleich zu sagen, besonders auf ›Vollendung‹, auf die Ergänzung unserer unvollständigen Individualität.

Der Mensch ist zwar ein einzelnes Gestaltetes. Aber, ohne daß es wirklich zu einem ›Mikrokosmos‹ kommt, beteiligen sich an seinem Aufbau, an seiner Formung dieselben Kräfte, die sich in anderen Zonen, bei Pflanzen, Tieren, Kristallen, Sternen, isoliert auswirken und selbständig darstellen. Da der Mensch an all diesen Kräften teilnimmt, sich von ihnen ableitet und sie in sich zusammenzieht, kann es nicht ausbleiben, daß die eine große Urgewalt Welt, die sich zu Pflanze, Tier, Kristall, Stern ausgestaltet hat, auch im Menschen noch weiterarbeitet und Pflanzliches, Tierisches, Anorganisches anklingen läßt, wenn auch unter der beherrschenden Generaltracht dieser Gestalt Mensch, eines vom Erdboden abgelösten, freibeweglichen Nervmuskelwesens. In der Kunst – aber auch in der Religion, dort auf andere Weise – drängt der Mensch, mit jener Keimkraft behaftet und begabt, mit dieser Fruchtbarkeit und Baukraft, auf Entwicklung seiner Anlagen und Ansätze, auf Ausgestaltung, soweit es seine Generaltracht zuläßt. Wir werden das richtig verstehen. Die beherrschende Generaltracht, Mensch geheißen, ist da; sie ist eine Isolierung in dem universellen Weltgeschehen, aber Geburt und Tod, Atmung, Essen und Trinken, kurz die Unvollständigkeit der Individuation zeigen an, wie notwendig wir die Gemeinschaft mit der einen universellen Welt haben. Wir drängen aber niemals auf einen allgemeinen ungeformten Mutterboden hin, sondern auf ältere Formungen, auf Pflanzliches, Tierisches, Mineralisches, Astrales, Anorganisches, das uns umlagert. Dies klingt, eine Resonanzerscheinung, ständig in uns an, und wir haben manchmal in uns schon im Leben, unter der Herrschaft der Generaltracht, die Neigung zum Zerfall, zur Auflösung, zur Hingabe an unsere Grundelemente, und es drängt sich Pflanzliches von bestimmter Art, Tierisches von bestimmter Art, Anorganisches in den Vordergrund des Daseins. Neben dieser simplen Zerfallsbewegung gibt es eine umfassende planvolle, in der das unvollständige Individuum nach Vollständigkeit, Ganzheit drängt. Das ist ja an sich ein unmögliches Bemühen, aber doch nicht so sinnlos, wie es auf den ersten Blick scheint. Denn an dem großen Weltwesen nimmt jedes Individuum sowohl als Gestalt wie als Ich teil, und wenn es ihm als Individuum auch nie gelingen kann, das ganze Weltwesen zu erreichen oder gar zu sein, so ist die Hinwendung zu ihm natürlich. Diese Bewegung und Hinwendung, der Drang des unvollständigen Individuums auf Vollständigkeit, ist nun in Ethik wie in Kunst die Hauptkraft. Die Unvollständigkeit unserer Individuation enthält den Stachel, der treibt.

Wir wiederholen: es handelt sich in der Kunst, wie besonders der Durchgriff des Anorganischen zeigen wird, um spontane Ansätze zur Überwindung der Individuation.

Obwohl dies so ist, geht diese Bewegung gegen die Individuation doch von einem Individuum aus. Und so bleibt Kunst gebunden an die menschliche Generaltracht, vor allem menschliche Sache – und beschreibt, malt, besingt menschliche Angelegenheiten, stellt menschliche Gestalten, Schicksale hin, und es ist beinah unmerklich, daß dabei ›Kunst‹ zustande kommt, nämlich in der Art der Gestaltung, wobei nun Überindividuelles massenhaft einströmt.

Die Kunst stellt einen Durchgriff der nichtmenschlichen –

tierisch-pflanzlich-anorganischen – Welt auf menschliche Erzeugnisse dar. Über diese kosmische Artung des künstlerischen Scheingebildes ist die menschliche gelegt, so daß der Aufbau von Kunstwerken bald stärker bald schwächer dem Aufbau des Menschen selbst ähnelt.

Der Anteil am Kunstwerk und die menschliche Förderung durch Kunst beruht auf der Wiedererinnerung und lebhaften Berührung mit den nicht menschlichen starken Aufbaukräften des Menschen. Wir gewinnen eine Ausweitung und Sicherung durch diese Berührung. Es ist ein Heraustreten aus der Nervmuskelhaltung, eine Entlastung davon ins Elementare hin.

Man meint: was Kunst leistet, in der Dramatik, Epik, Lyrik, in Malerei, Plastik, Musik, sieht nicht aus nach einer menschlichen Neigung, die unvollständige Individuation zu verlassen und in Welt aufzugehen, sondern im Gegenteil nach menschlicher Neigung, als Individualität soviel ›Welt‹ als möglich zu schlucken. Also Kunst naturalisiere nicht den Menschen, sondern humanisiere die Welt. Wirklich geht Kunst vom Menschen aus, und da bei aller Kunst die menschliche Art ihres Schöpfers am meisten durchschlägt und die Führung hat, sieht ein Kunstwerk wie ein humanisiertes Stück Welt aus, also wie etwas, das der Mensch gekaut und auf seine Art schlecht und recht verarbeitet hat. Da widersprechen wir nicht. Die Frage ist nur, ob wirklich das Kunstwerk ganz eindeutig Instrument der neuromuskulären Figur Mensch ist, Werkzeug für Zwecke dieser Ebene, und auch in der Arbeit als solches erkenntlich. Das ist nicht der Fall. Bei aller neuromuskulären Führung geben andere Faktoren dem Erzeugnis seinen besonderen Charakter. Denn wer ist jener ›Mensch‹, von dem Kunst ausgeht? Nicht der tiefgehend befestigte, geformte, ja erstarrte Typus Nervmuskelmensch, genauer: nicht er allein, sondern er in der Auflockerung, mit dem Mutterboden, mit jener ganzen Ausstrahlung oder jenem Anfang, von dem unser Naturbuch sprach.

Schopenhauer beobachtet das ›interesselose‹ Vergnügen an Kunstwerken. Die schreckliche Begierde, der Wille, schweige vor ihnen, und das sei ›reine‹ Freude. Wir zeigen anders, welcher Art Vergnügen da vorliegt und wie es begründet ist. Da ist einmal, trotz Schopenhauer, dennoch wirkliche weltliche Freude an Figuren, Vergnügen, die sich von alltäglichen nur dadurch unterscheiden, daß sie grade das Höchste von Reiz, Anreiz bieten, und es ist diesem Kunstreiz zweitens noch das mitgegeben, daß er sogleich befriedigt werden kann. Denn diese imaginären Gebilde und Abläufe sind jedem zugänglich, werden Gut und Besitz jedes, der nach ihnen die Hände ausstreckt. Diese Sterne begehrt man und freut sich ihrer Pracht. Das ist der dritte ungeheure Vorzug der Kunst: daß ihre Gestalten und Vorgänge imaginär sind und darum nicht enttäuschen können bei einer Begegnung, also sichere Freude.

Also bei Aufführungen, Tänzen, vor Bildern findet ein Massengenuß, ein öffentliches Saturnale statt. Das ist der Gemeinschaftswert der Kunst. Und neben dieser einfachen weltlichen Freude an den Figuren, Bildern, Vorgängen, Situationen schwingt der tiefere Baß, der zuverlässige anorganische Durchgriff. Da werden andere Dinge in uns angesprochen als der Nervmuskelmensch. Es horcht auf und tönt in Resonanz mit – unser Grundbau. In Rhythmik, in der Wiederholung, in übersichtlichem Zusammenhang des Geschehens bewegt sich die große Welt um uns, wir sind in ein Planetarium geführt.

Was leistet das? Uns geschieht in der Kunst ein doppeltes Glück: der Nervmuskelmensch kommt zu seiner Lust auf einer unwirklichen Ebene, Kunst geheißen, diese Unwirklichkeit aber legt bloß und läßt frei walten sehr tiefe und mächtige Realitäten, die der anorganischen Welt, und die Bewegung auf diese Ebene hin bedeutet Entlastung von der isolierten scharfen Tracht des Nervmuskelmenschen. Dies bedeutet, da die

Gesetze dieser mächtigen Realität auch dunkel in uns sind, Stärkung unserer pflanzlichen, kristallischen, anorganischen Substanz.

Von den anorganischen Zeichen

Welche Rolle Formung in der Kunst spielt, ist bekannt. Die Grundart dieser Formung entstammt der anorganischen Welt. Wir lassen in der Kunst die anorganische Welt über unsere gehirnmuskuläre Gestaltung Herr werden. Die Zahl und die einfachen geometrischen Gebilde sind Grundgewalten der anorganischen Natur wie der Kunst. Die Malerei kehrt, ohne zu wissen warum, leicht wieder zu den einfachen Gebilden des Kubus, des Kreises, Dreiecks zurück. Geometrismus in der Malerei, das ist anorganischer Durchschlag. Die Entkleidung der gestalteten Dinge dieser Welt möglichst ihrer dinglichen Tracht, Rückführung auf einfache Formelemente und Hinstellen dieser Formelemente, das Klingenlassen des bloßen Tones, das Malen der bloßen Farbe ohne Bindung an empirische Gestalten, das liegt auf derselben Linie und zeigt: Kunst will Einsenkung in die anorganische Welt. Wie in dieser anorganischen Welt die Zahl und Geometrisches im Räumlichen und in der Gliederung der zeitlichen Abläufe wirksam sind, haben wir im Hauptstück von der Natur gezeigt.

Wir wiederholen, wo von Kunst die Rede ist, die einfachen astronomischen Gesetze. Das Gravitationsgesetz nach Isaac Newton: Jeder Körper übt auf jeden anderen eine anziehende Kraft aus, deren Größe sich direkt verhält wie die Masse des anziehenden Körpers und umgekehrt wie das Quadrat seines Abstandes. Alle Anziehung ist gegenseitig. Nach Kepler bewegen sich die Planeten in Ellipsen, in deren einem Brennpunkte die Sonne steht. Der Brennstrahl, die von Sonne zum Planeten gezogene

Linie, durchläuft in gleicher Zeit immer gleiche Flächenräume. Die Quadratzahlen der Umlaufzeiten zweier Planeten verhalten sich wie die Kubikzahlen ihrer mittleren Entfernungen von der Sonne.

Beim Hervorbringen wie beim Empfinden von Schönheit wirkt die universelle Naturkraft, die Resonanz, mit. Es gibt da eine gehemmte, unvollständige und eine ungehemmte vollständige Resonanz. Wenn wir betrachten und beschreiben, sind wir im Zustand eines verhaltenen unvollständigen Mitschwingens mit unserem Objekt. Die Resonanz, die nicht voll ausschwingt, erlaubt uns, zu erkennen, beobachten, beschreiben. Ihr gegenüber steht die zeugende Resonanz. Sie gehört ins Gebiet der Kunst, des Erlebens, der tätigen Teilnahme. Hier wird nicht gedämpft, nichts zurückgehalten, nicht entschlossen unsere Position als bestimmtes Tier, als Nervmuskelwesen festgehalten und verteidigt, sondern unser Inneres wird getroffen, seine Eigenschwingung ist berührt, und jetzt verstärkt sich nicht nur die ganze Schwingung, sondern es kommt auch zum breiten Mittönen von Obertönen, Untertönen. Wo voll gelebt wird und wo wirkliche Kunstäußerung erfolgt, haben wir die zeugende Resonanz vor uns. Hier klingt ein Stück Welt. Hier kann Berührung, Bewegung von anderen Menschen erfolgen: Kunstwirkung.

Schönheit

Es gibt Schönheit in der Natur. Sie ist da nicht Produkt einer Sparsamkeitsrechnung, zielt nicht auf Nutzen. Sie ist unmittelbar Signum und Geste des Urwesens dieser Welt. In Kristallen, Blumen, Tieren: überall stellt sich die Natur ›schön‹ dar. Es wird keinem gelingen, auch nur annähernd den Nutzen der Schönheit einer Knospe, einer Blattäderung nachzuweisen. Von der Schönheit geht eine Lockung aus, die sich bis zum Zwang steigert. Die Bewegung daraufhin ist mit Sehnsucht und Lust verbunden und heißt Liebe. Schönheit ist ein wirkendes Weltphänomen. Es hat gewiß größere Kraft und universellere Bedeutung als das Einzelphänomen der Schwerkraft, der Elektrizität. Ästhetik in diesem Sinn steht über der Physik und Chemie.

Ich empfinde die Schönheit als großartiges Schrecknis, als nicht beschreibbares Phänomen, das aufs mächtigste mit dem Weltgrund im Zusammenhang steht. Das Schöne ist eine sehr moralische Erscheinung. Das bloß Ästhetische ist das entleerte Schöne.

Liebe, die Begierde, der wilde Drang sich zu versenken, ist mit Anbetung verbunden. Liebe ist nicht genügend erkannt als ›organischer Drang‹. Ja, sie ist ›organischer Drang‹, aber man sehe, was organischer Drang ist, worauf er sich richtet. Er richtet sich auf ein angebetetes Objekt, in ihm steckt die Freude an der Schönheit, und da will etwas ›schön‹ werden.

Beide sind identisch: ästhetische Freude und Liebe. Der innerweltliche Drang nach Schönheit ist so übergroß, daß wir, die wir Werkzeuge herstellen können, uns noch Bilder, Figuren, Elemente zum Lieben, Anbeten, Hindrängen, zur ästhetischen Freude schaffen. Wir suchen überallhin Spuren von Schönheit zu werfen.

Im Varieté

Im großen Variete stand seitlich an der Barriere ein Matrose, hatte die Mütze auf und sah zu, mit solchen Augen. Vorn spielten sie allerlei, man lachte viel, es war bei feinen Leuten, das Fräulein des Hauses trat auf, sie benahm sich höchst gebildet, dann kam ein Masseur, der wollte zur Mama, aber er traf sie nicht, und so ging das weiter. Davor stand der Matrose, seine Augen gingen auf, es war das Gelobte Land. Das Leben, die Ziele. Das war ein Lehrstück für ihn, er wird weggehen und es nicht vergessen und wird sich eine Freundin oder eine Frau danach suchen und wird politisch danach wählen. Das macht das Variete, das schön geschminkte Fräulein, die Mama, die nicht da war, der Masseur, und er stand seitlich an der Barriere.

Die Saftströme

Man kann sich diese Welt als eine Überart Organismus, als Überorganismus vorstellen – sehr vorsichtig und da hat er Saftströme, Saftansammlungen, trockene Stellen. Manchmal schießt irgendwo in der Welt, bei Völkern, im Erdleben stärker der Saft ein, und wir lieben nichts so sehr, als wenn wir die Pulsation dieses Einströmens spüren. Das sind die großen nüchternen Berauschungen und Antriebe unseres Daseins, die Überzeugungen, die großen Personen, dann der Alkohol, die Gifte.

Der Rausch ist etwas Elementares und von vielen Menschen und Tieren Geliebtes, aber auch Gefürchtetes. Er erschüttert die komplizierten Bestände, bringt das Wogen in die Gemäuer und ist der Urfeind der berechnenden Nervmuskelsphäre. Daher erscheint in ihm kein gleichmäßiger ruhiger Schritt, sondern der Tanz, der Sturm. Er senkt uns auf die monotone dunkle, sehr einfache, unterschiedsarme Urzone. Daher liebt er den Tod, die Religion, die Kunst.

Kunst- und Naturwerk

Die Kunst bringt imaginäre Dinge hervor, die sich, in Dichtungen, als Geschehnisse, Figuren, Helden, Bösewichte, Landschaften, Musiken, Farbenkomplexe neben und gegen, auch über die Natur stellen. Sie konkurrieren mit der gewaltigen Natur, der sie viele Zeichen entnehmen, nach deren Schritt sie gehen. Und sie haben nicht nur den einen Sinn, uns zu fördern, indem sie uns aus der Individuation, wenigstens im Anlauf, heben, sondern auch den besonderen Sinn, die Natur zu überhöhen. Das ist also etwas Entgegengesetztes: wir werden gefördert durch den Weg in die dunklere Natur, die Natur aber wird bewegt durch dieses unser Erzeugnis, das Kunstwerk. Im Kunstwerk legen wir unsere Ansprüche an die Natur nieder und legen sie auf eine Weise nieder, daß die Natur sie versteht. Es geht auf Übergipfelung und Formung. Sehr deutlich zeigt die Kunst, auf welche Weise wir zugleich Stück und Gegenstück der Natur sind.

Wir bringen viele Dinge hervor, die nicht da waren, Geräte, Häuser, Techniken. Aber diese stehen alle selbst in der Natur und arbeiten in ihr. Kunst steht als Ganzes ohne zwecklichen Bezug der Welt gegenüber.

Das Hervorbringen solcher Gebilde muß uns interessieren. Wie gehen sie aus den Menschen hervor und haben eine Art, die erinnert an die Rippe des Adam, aus der Eva wurde? Sie vervollständigen ja. Wenn solche Werke aus den lebenden Individuen sickern, und wenn sie so aufdringlich den Charakter der anonymen Zone der anorganischen Welt tragen, so müssen wir ihr Entstehen in die Nähe der Fortpflanzung rücken. Es ist keine komplette Fortpflanzung, aber eine unkomplette, und dazu eine ungeschlechtliche.

Wahrhaftig, kein Kunstprodukt ist das Kunstwerk, sowenig der Künstler selber ein Kunstprodukt ist. Es ist aus einer Zentralstelle, einer ursprünglichen Keimzelle in ihm gekommen, gediehen wie im Körperlichen der junge Sproß aus dem ›Auge‹ der Pflanze. So hat es sich als Stück von ihm entwickelt, verselbständigt.

Es ist lange ein Gedanke von mir, daß die oft analysierte und aufgezeichnete ›Gesetzmäßigkeit‹ der Naturdinge und die sonderbare Ähnlichkeit zwischen künstlerischen und Naturleistungen einen einfachen Grund hat, einen sehr einfachen, beschämend einfachen: der Mensch ist selbst Natur, nicht nur geschaffene, auch schaffende. Seine Produkte müssen die Merkmale der schaffenden Natur haben. Es wird stärkere, schwächere und stärkste Geschöpfe, Menschen geben, deren Produkte eben um so stärker und schwächer die Merkmale, ich möchte sagen: die herrscherischen erhaltenden Insignien der Natur tragen. Dieselbe Kraft entfaltet sich in den Naturformen, arbeitet in unseren Artefakten.

Es besteht bei den Plasmawesen, den weichen, unbeständigen, vom Wasser getragenen ›organischen‹ Wesen, die Grundneigung zu variieren, bei aller Konstanz der Vererbung. Es ist eine Neigung, die ihrem unsicheren Gesamtcharakter entspricht. Sie sind ungeheuer zusammengesetzt und empfindlich gegen geringe Schwankungen in ihrer Umgebung, etwa gegen den Säure- oder Alkaleszenzgrad, gegen ihren Salzgehalt, den Druck, die Temperatur.

Ganz Verschiedenes kann gezeugt werden. Es kommt darauf an, wie stark der variierende Impuls war, wie intensiv er die Schale zertrümmerte, wie heftig sich ferner das Geschöpf, das Einzelindividuum überhaupt gegen den Ansturm der Zeugung, die überindividuell ist, sträubt. Das Geschöpf hat allemal Neigung, nein zu sagen, sich zu bewahren, zu bleiben und doch sich aufzugeben. Fast alles aber von dem, was aus den Lücken des Individuums hervorsickert, ist der Ansatz zu einem neuen Geschöpf. So wie jedes Blatt, jedes Wurzelstück, jeder Blütenteil der Ansatz zu einer neuen, leicht variierenden Pflanze ist.

Es gibt ungeschlechtliche Produktionsstätten in uns. Die Geschlechtlichkeit beherrscht nicht völlig die Stunde. Bei den Pflanzen kennen wir die Fähigkeit zu Ablegern. Auch niedrige Tiere können sich nach der Zerstückelung völlig regenerieren. Je ausgebildeter ein Organismus ist, um so weniger kann er sich nach der Zerstörung regenerieren, seine ganze plastische Kraft ist in fertigen Organen verbraucht, und das Vermögen, sich selbst neu zu schaffen, sich fortzupflanzen, ist selber in ein einzelnes Organsystem hineingestopft und damit abgerissen vom Gesamtorganismus. Die neue, heutige Tierpflanzenwelt ist sehr geschlechtlich geworden. Aber das Alte lebt noch. Kunstwerke und technische Erzeugnisse haben die Zeichen der alten schaffenden Natur, der ungeschlechtlichen Fortpflanzung an sich. Die Technik führt Arbeitsprinzipien der Natur fort. Man hat bemerkt, daß Werkzeuge und sogar Maschinen Organprinzipien wiederholen. Die Werkzeuge verlängern, vergrößern die Gliedmaßen; sie greifen, schneiden, reißen, stoßen wie diese. Da sind entstanden die laufenden rollenden Beine, die Lokomotiven. Die Natur verbessert sich: sie schafft Schienen für diese Beine. Da sind Anordnungen stählerner Art für schleppende, hämmernde, stanzende Muskeln. Es ist derselbe Weg: der alte embryonale Trieb, Neues von Art des Alten zu bilden, es zu wiederholen, zu steigern, zu variieren. Es ist der ungeschlechtliche Trieb zu Ablegern, Stecklingen. Beim Menschen wäre das Vollkommenste der Homunkulus.

Die Kunstwerke werden in der Einsamkeit, nicht Zweisamkeit geschaffen. Was da erwacht und den sonderbaren Rausch der Konzeption und Arbeit ausmacht, ist erotischer Art – Liebe und Nichtliebe –, es ist der Zustand der ungeschlechtlichen Fortpflanzung. Das Erzeugnis selbst, das Kunstwerk, ist nicht von gleicher, aber ähnlicher Art wie die technischen Werke, die Maschinen. Es wiederholt und ergänzt den Erzeuger. Es steigt aber sehr tief aus ihm und ist nicht ›gemacht‹. Das beweisen und bewirken die Zeichen der anorganischen Natur, die es trägt. Was hervorgebracht wird, sind steinerne oder gemalte Bilder von Menschen oder von Situationen, oder bloße Farbenträume, dies in der Plastik und Malerei – oder es sind die liebevoll oder gehässig hingesetzten Idealfiguren der Dichtung, oder Schilderungen oder Gestaltungen von Gefühlen, Zuständen – oder die erregenden oder dämmernden, klaren oder dunklen Gestaltungen der Musik.

Warum ist so vieles, was aus einem Menschen kommt, menschlicher Art – die Bilder am liebsten Menschen oder von menschlicher Art – die Dichtungen Gestaltungen von Menschen, wenn auch besonderer? Da wiederholt sich, erweitert, verändert sich seine Natur, treibt Ableger. Die Kunstwerke sind entweder solche Wiederholungen, Erweiterungen, Veränderungen oder stellen Umstände, Reize zur Veränderung dar. Wir erinnern an das, was wir vom Menschen, oder überhaupt vom Gestalteten, als Stück und als Gegenstück der Natur gesagt haben. Auf dem Wege des Gegenstücks sehen wir die Kunst, wenn sie zu Erhöhungen, Übergipfelungen treibt. Der Mensch hat das Vermögen, sich geschlechtlich fortzupflanzen, aber das Dunkle, Mannigfaltige, Unübersichtliche der körperlichen Vermischung genügt ihm nicht. Nicht persönlich, nicht genug vom allereigensten Ich hat das, was da hervorgebracht wird, so scheint ihm. Ein Kind ist ein dunkles Geheimnis, ein geheimnisvolles Wort über die Erzeuger. Da hat das Kunstgebilde viel mehr sein Blut, kommt ihm vor; viel mehr erkennt er sich in ihm »wie in einem dunklen Spiegel«.

Ich sagte, es liegt da ungeschlechtliche Fortpflanzung vor. Dem widerspricht nicht, daß die Wirkung eines Mediums, ein Reiz der Umgebung zur Auslösung hinzukommt. So wirken auch bei der geschlechtlichen Fortpflanzung, bei der Verbindung von Samen und Ei, immer zwei Dinge zusammen, eine spezifische Übertragung von Keimbestandteilen, Gamen, vom Samen auf die Eizelle und die einfache, chemisch-physikalische Anregung, die man gelegentlich durch Veränderung des Säure- oder Alkaligrades ersetzen kann. Solche unspezifische allgemeine Reizwirkung nun üben die gesellschaftliche Lage, Vorgänge in der Umgebung auf den Prozeß der Reifung und ungeschlechtlichen Fortpflanzung in der Kunst. Man muß sich hüten, mehr als Reizwirkung hier zu sehen. Der Künstler ist lebendiges Einzelwesen in seiner Umgebung; was zu ihm gelangt, erregt ihn oder nicht; die Fruchtbarkeit ist seine persönliche; es ist aber in dieser oder jener Zeit mehr oder weniger Reizwirkung.

Kunstproduktion und Ansatz dazu ist überall zu finden, nicht bloß bei anerkannten Kunstwerken. Der Trieb ist allgemein verbreitet, meist bleibt es beim Ansatz.

Die Aufhebung der Zeit in der Kunst

Das Kunstwerk, ein nicht technisches, sondern den Naturgewächsen ähnliches Erzeugnis – es sind sonderbare kleine Weltschöpfungen, Schaubildungen, hervorgebracht von etwas, das selbst Geschöpf, aber nicht nur Geschöpf ist –, das Kunstwerk hat ein eigentümliches Verhältnis zur Zeitlichkeit. Wir wollen auf den Hervorbringer, den Künstler, zurückgehen. Er hat einiges erfahren, erlebt, weiß mancherlei, er steht aber beim Schaffen mit noch viel mehr Dingen in Verbindung, über die nicht er, aber seine Lebenssubstanz weiß, eben den tieferen bis zum Anorganischen. Diese Verbindung wird bei der Produktion freigelegt und wirksam. Da hat er nun, ohne oder gegen sein Wissen, Zugang zu entfernten und auch zu zeitentlegenen Dingen. Und durcheinander kommen – in einer übergelagerten Regelung – im Kunstwerk allerlei Zeitepochen zum Wort und zeigen sich vorhanden und noch lebendig. Das ist, wie wenn das Licht eines Sterns, der erloschen ist, uns jetzt trifft. Aber dies Bild ist nicht ganz genau, eigentlich gibt es hier kein Erlöschen. Durch die Erbschaft werden sehr viele Dinge aufbewahrt, und so weich und so vielseitig ist die lebende Substanz des Erzeugers, daß ganz Entlegenes, auch Zeitfernes, in ihm schwingt, resoniert und resonieren kann. Es ist da ein Brachboden in ihm, eine unausgenutzte, undifferenzierte Lebensmasse. Da glaubt vielleicht einer, er könne auch König oder jeder Verbrecher oder jedes Weib sein, aber das kann er gar nicht sein, es ist nur die undifferenzierte Lebenssubstanz in ihm, die durch ihr leises Schwingen Berührung mit vielem Menschlichen, Tierischen, ja Pflanzlichen, Anorganischen hat und sie in Gestalten und Worten erkennt und hervorbringt, sagen wir, scheinbildet.

Es gibt also im Kunstwerk ein anderes Zeitgebilde, einen anderen Zeitkomplex, als wir haben. Obgleich etwa ein Werk der Zeitkunst, Dramen, Epos, Lyrik, Musik, in dem gewöhnlichen zeitlichen Vor und Nach verläuft, ist der zeitliche Fluß in ihm aufgehoben. Es wird aus einem unzeitlichen oder doch zeitunbestimmten Medium hervorgebracht. Es geht diagonal durch viele Epochen, und zwar auch dann, wenn ein Werk etwas ganz Heutiges darzustellen vorgibt. So kommt es zu der eigentümlichen Dunkelheit vieler echter Kunstwerke, auch vieler echter Einsichten, Erkenntnisse (denn dies gehört zusammen, es liegt nur eine andere Ausdrucksweise vor). Die Werke und Erkenntnisse sind eigentümlich verständlich und unverständlich, und wenn sie dauern, verdanken sie es diesem sehr tiefen zeitfremden Ursprung.

Zwei Dinge ermöglichen im Kunstwerk die Aufhebung der Zeit: die Erbschaft, die eingeprägt im Künstler außerordentlich fein und unbewußt schwingt und, wenn Umstände eintreten, stärker resoniert und gespenstisch wahre Gestalten und Scheingebilde hervortreten läßt, und der ungeformte unausgenutzte Brachboden der großen, einen, allgemeinen Lebenssubstanz im Künstler, der diese Gestalten und Scheingebilde von sich aus hervorgehen läßt.

Vom Spiel

Die Abkehr von der Individualität sehen wir gut bei der Schauspielerei. Da ist die Freude an der Verwandlung, das Springen in andere Menschenformen. Kein wirklicher Schauspieler spielt sich, er spielt, wie der Autor, seine Ergänzungen oder Abkehrungen von sich und gibt sich hin – er weiß nicht wem. Daß es nicht dies harte zwingende Leben in der angeborenen Zwangsperson, sondern anderes Leben in einer anderen Person ist, macht für den Autor wie für den Schauspieler – und auch für die

Zuschauer viel aus. Denn auch die Zuschauer sind begierig, dieses Spiel »Weg von meinem Leben und meiner Person« zu spielen, und darum können sie, sind sie bereit, die Verwandlungswege zu gehen, die künstliche, künstlerische Metamorphose zu vollziehen, wenigstens für zwei Stunden somnambules Dasein, Erleichterung, Urlaub vom Ich, Spiel, aber wenn auch nur Spiel, so doch Durchbruch durch die Mauern der Individualität. ›Brot und Spiele‹ der Römer, es gilt auch für heute, Sättigung für die feste Person, Sättigung für die unfeste Person-Nichtperson.

Zwei Ursprünge hat das Spiel, einen aus der Natur, einen aus der Bewegung: weg von der Natur.

Aus der Natur: das gute, satte, freudige Leben schwärmt und spielt, es braucht keine ›Zwecke‹ mehr zu verfolgen, kann nun flattern – aber siehe da, wie es spielt, in diesem Auf und Ab, Hin und Her, senkt es sich in tiefere Ordnungen ein, nimmt ihre Merkmale an, wird rhythmisch, harmonisch.

Zugleich haben die Gestalten, etwa Menschen, die Bewegung: weg von dem Dasein ihrer Gestalt. Das erkennen wir nun auch als eine Art Zeugungswille und Zeugungsakt. Die Natur, nachdem der heftige Kampf der Person, sich zu behaupten, zu sättigen, beendet ist, wirft ihren Lasso weiter. Jetzt kommt ihre grenzenlose Fruchtbarkeit hervor. Kunstdinge werden hervorgebracht. Es geht zu Übergestalten, Überleben. Man läßt sich entrücken. Auch da klingen sonor die tieferen Ordnungen an, der große Humus.

Einzelnes zur Kunst

Nichts wird für das Kunstwerk aus einer Überwelt und von einer mystischen Macht geholt. Die Welt ist reich genug, und die Gestaltungen der Kunst sind Fortsetzungen der Realität, aus der flüssigen Substanz der Realität selbst gezogen. Wir schreiten zu den Elementen und entkleiden die Realität, um die Elemente zu finden, ihres Zweck- und Dingcharakters. Wir geben rein den Reiz der Farben, die Raumproportion. Der Tonklang in der Stimme oder im Instrument wird selbst gesucht und ist Reiz. Man freut sich der Sinnlichkeit selber.

Die mindere Bedeutung der Kunst heute. Es ist keine Hoheit wie bei den Griechen oder den mittelalterlichen Menschen daran gebunden. Aber sie ist nicht ohne das. Sie hat seelisch und gesellschaftlich heute keine wichtige Funktion. Sie dient in ihrer entarteten und heruntergekommenen Form dem Vergnügen und wird wirtschaftlich ausgebeutet.

Zur Kunst gehört, daß sie im menschlichen Medium gebrochen wird. Immer erscheint Zweckhaftes, Religiöses, Politisches auch in den Kunstwerken, und daher ist nichts so begreiflich wie der Streit um die Tendenz von Kunstwerken.

Das Entweder-Oder von Kunst als Spiel und Kunst als Pädagogik oder Didaktik ist Unsinn. Ist etwa Spiel keine Belehrung? Es ist charakteristisch für eine gelehrte Zeit, daß sie keinen Sinn für die Lehrart der Kunst hat, welche entschlossen frei macht von den selbstgerechten Formen der Politik und der Gesellschaft. Indem die echte Kunst von diesen Formen, die sie ablehnt, frei macht, schießt sie nicht ins Blaue hinaus über Staat und Gesellschaft, sondern belebt sie eigentümlich. Sie führt hinter den Staat und die Gesellschaft. Das zeigt auch die Natur des Künstlers, der sich hier nicht festlegen läßt und behindert ist, unwahr zu sein. Die mangelnde Behinderung zur Wahrheit zeichnet den künstlerischen Menschen sogar vor dem wissenschaftlichen aus.

Die anorganischen Gesetze und die Musik

Wir gehen auf die Physik zurück, um zu zeigen, wie – aber das ist wohlbekannt – die Musik auf der Zahl und Zahlenverhältnissen, also der primitiven Formungsweise der anorganischen Welt, ruht.

Ich erinnere an die Strenge und die große zahlenmäßige Übersichtlichkeit bei den Tönen. Da verhalten sich die Schwingungszahlen der aufeinander folgenden Oktaven desselben Ausgangstones wie eins zu zwei, zu vier, zu acht, zu sechzehn, was eine geometrische Reihe ist. Bei den Intervallen besteht die größte zahlenmäßige Durchsichtigkeit. Die Prime verhält sich wie eins zu eins, die Oktave wie zwei zu eins, die Terz wie fünf zu vier, die Quarte wie vier zu drei, die Quinte wie drei zu zwei, der große ganze Ton wie neun zu acht. Die Schwingungszahlen der drei Töne des Dreiklangs verhalten sich wie vier zu fünf, zu sechs. Konsonanz und Dissonanz haben ihre Erklärung seit Helmholtz. Die Konsonanz ist um so vollkommener, je größer die Zahl der gleichen Nebentöne ist, welche zwei Tönen angehören. Dissonanz entsteht durch die Schwebungen, also Störungen zweier gleichzeitiger Töne, deren Schwingungszahlen sich nicht allzusehr voneinander unterscheiden. Der vollkommene Wohlklang des Dur-Akkords beruht zum Teil darauf, daß die Schwingungszahl der Differenztöne sich zu der der Akkordtöne in einfachem Verhältnis befindet.

Von Musikgestalten

Wenn von Musik die Rede ist, wird leicht an etwas Schwebendes, Unfaßbares und Dunkles gedacht. In bezug auf den Charakter der Kunst ist die Musik am hellsten und deutlichsten. Grade die Greifbarkeit von Kunst an der Musik ist das Besondere an ihr. Es ist schon in dem Material zu suchen, das so in der Natur nicht vorkommt. Es ist in der alten einfachen Liedform zu fassen, in den Tänzen, Märschen, aber auch die großen Formen der Sonate und Sinfonie sind davon getränkt, zu schweigen von der Fuge und dem Kanon. Die Musik ist mächtig davor bewahrt, in das Chaos zu verfallen. Der Dichtung wird es heute schwer, sich daraus zu erheben, schwer auch der Plastik und Malerei. Das Chaos der Dichtung heißt Reden, Schildern, Roman, Feuilleton.

Freilich verfällt von Zeit zu Zeit auch die Musik in das Chaos, dann, wenn die alten Formen abgenutzt sind. Dann geht es an die Zertrümmerung heran, die klassische Tradition, die leergewordene Hülle wird abgefetzt, und was dann bloßliegt, ist einige Zeit lang der quasi nackte Musikkörper, erst allmählich wird das Gesetz wieder darüber Herr. Das sind die gefahrvollen Umschwungszeiten. Es ist ein Zeichen für die Wichtigkeit und Feinfühligkeit der Musik in unserer Epoche, daß sie früher als andere Künste das unterirdische Kulturbeben anzeigte. Sie wird voraussichtlich auch früher als die anderen Künste wieder Kunst werden.

Die Musik hat keine Worte und keine ›Begriffe‹, ›Gedanken‹, aber Gedanken einer anderen Denksphäre. Man kann sich an Hand der Musik ein Bild machen, wie etwa ein Kristall oder das Wasser denkt, für eine Pflanze ist es ein zu bewegtes Denken, beim Menschen aber kann es Kunst sein – die Auflösung, das Einsenken in die anorganische Welt. Musik ist, obenhin, etwas Leidenschaftliches, Schwärmerisches, Hübsches, Warmes oder Trauriges, Trägerin eines Ausdrucks, mit Marschrhythmik, Tanzrhythmik. Jetzt – ›denkt‹ sie. Man sehe, höre Zusammenschlüsse, Begriffe. Man höre das, was ein musikalischer ›Begriff‹ ist. Deutlich gibt es auch für das Ohr Begriff und Logik.

Übrigens wäre es wunderbar, wenn es nicht so wäre. Es ist ein und derselbe Mensch, der hört, sieht, malt, schreibt, denkt. Er ›denkt‹ (oder ›wird gedacht‹; was soll angesichts der unvollständigen Individuation die Unterscheidung Aktivum und Passivum?) aber immer, einmal so, einmal so. Das fruchtbare Ich steht hinter allem. Dies Denken hier erfolgt in mehreren Ebenen, auch greifbar in der Linienführung der Stimmen. Es kommt zu Zusammenschlüssen und Verbänden, die einen Gedanken anfangen, ausführen, enden – dann durchdiskutieren und widerlegen. Auf dem Gefühlsmäßigen liegt nicht der Hauptakzent. Es ist nicht wichtig, *was* sich ausspricht, sondern *daß* sich etwas ausspricht und *wie*.

Musik kann den weiten Weg von der geistigen Helligkeit bis zur vegetativen Dumpfheit gehen. Es ist das Schlecht-Sinfonische, das von Quellen außerhalb der Musik gespeist wird, das sich davon führen, besser: verwirren läßt.

Es gibt zerebrale, Hirnmusik, Ganglienmusik, Muskelmusik. Bald ist es dieses, bald jenes Organsystem, das denkt und spricht. Deutlich übermittelt manche Musik organische Gefühle, etwas Tierisches, Vegetatives, aus der Zone des Nervus sympathicus. Das Stöhnen, Drängen, Seufzen, Lachen, Stammeln. Es ist Ganglienmusik. Aber sogar da wird man Reste des Logischen, Gehirnlichen bemerken, mindestens in der Faktur, im Sprechen, ja in der Notwendigkeit zu sprechen.

Zaubermusik ist die Gefahr der Musik – die Vergewaltigung durch die allerlei ›Inhalte‹. Da bleibt man stecken im Material. Keine Wissenschaft, keine Kunst ohne Material – aber auch nicht ohne Bewältigung, ohne ›Erkenntnis‹ des Materials. Man sieht und erlebt mißlungene Ring- und Boxkämpfe; überall triumphiert die Materie über Leute, die nicht gekonnt haben.

Was ist das Chaos, die Materie in der Literatur? Der Roman, das Viele, die lange Betrachtung, das Feuilleton, das Reden, Schildern, Schwatzen. Aber: man lese bei Karl Marx das Kapitel von Ware und Geld, diese streng gegliederte, analytische Auseinandersetzung der Bewegung von Ware zu Geld und neuer Ware – entgegengestellt der Bewegung von Geld zu Ware und Mehrgeld –, und man wird in dieser strengen und doch fließenden Gedankenlinie ›Musik‹ finden. Warum übrigens Musik und nicht Architektur? Weil Bewegung etwas Zeitliches ist und darum Musik und Geistiges am dichtesten nebeneinander stehen. Wenn ›Musik‹ in der Gedankenlinie gefunden wird, so ist das kein poetischer Vergleich, sondern die Feststellung des gleichen Strukturgesetzes.

Also: es ist im Geistigen Musik möglich.

Im Musikalischen hat es der Geist sogar leichter als im Sprachlichen. Das gegliederte Hintereinander, zugleich eine Gleichzeitigkeit in der Tiefe, eine Simultaneität, kann in der Musik rasch und leicht gegeben werden. Man kann in der Musik leichter und freier, auch tiefer denken als in der Sprache.

Das sprachgebundene Denken hinkt. Die Musik steht der Wissenschaft näher, kraft ihrer Struktur, als der Dichtung. Die Strenge und Logizität der wirklichen Musik ist nicht (jedenfalls jetzt nicht) Sache der Dichtung (welche zu viel im Orphischen schwelgt, das heißt im Sympathicus), sondern der Wissenschaft. Es wäre daher konsequenter, statt eine Gedankenabfolge logisch zu nennen, sie musikalisch zu nennen und die Lehre von der ›Logik‹ Lehre von den musikalischen Grundgesetzen.

Von der Dichtung

Der Wortschatz des Alltags, der Umgangssprache unterliegt auf dem Wege zum Kunstwerk bestimmten sprachlichen und geistigen Prozeduren. Das ist das Allgemeinste, was man über den Produktionsprozeß sagen kann. Jedenfalls beginnt jede Produktion dichterischer Art mit dem Willen zur Entfernung von der Realität. Wenn einige sagen oder gesagt haben, man habe im Literarischen grade möglichst Realitäten abzuspiegeln oder Realitäten in konzentrierter Form zu geben, so irren sie oder sagen nur die halbe Wahrheit; die Literatur tut etwas zur Realität hinzu, die Daten der Realität werden auch benutzt, um zu zeigen, daß man zusetzt und wo und was man zusetzt. Ich will das unangenehme Wort ›schöpferisch‹ vermeiden, es genügt der einfache Ausdruck: Zusatz zur Realität.

Entfernung von der Realität und den Gegenständen, dabei aber Benutzung der Realität und ihrer Objekte und Ausgehen von ihr, das ist der biologische Tatbestand des Wachstums. Der Mensch ist schaffende Natur. Im übrigen produziert die Natur ja außerhalb des Menschen und ohne den Menschen Kunstwerke und Kunstformen.

Phantasie heißt der Ort des zusetzenden, hinzufügenden Wachstums. Verblaßte, verwaschene und lückenhafte Wirklichkeit ist nicht Phantasie. Dichtung setzt voraus ein übernormal scharfes Sehen und Sinn für die Realität, selbstverständlich, da Dichtung aus der Wirklichkeit wächst und nie die Realität verläßt. Daher die Abneigung wirklicher Dichter gegen Weisheiten der Parteibüros, was ihnen die Bisse der Zeitungskläffer einbringt. Homer hat, bevor er sang, sehr scharf gesehen. Viele Autoren haben von Homer nur die Blindheit geerbt. Phantasie gliedert und gruppiert aus der Realität gewonnenes und frei erfundenes Material vollkommen souverän.

Dichtung unterscheidet sich deutlich von der zweckgetragenen Schriftstellerei. Der Unterschied ist für den, der den Unterschied zwischen Kunst und gewöhnlichen praktischen Zwecken begriffen hat, leicht erkenntlich und leitet sich wie dieser von der Natur des Nervmuskelmenschen ab. Auch in der Dichtung ist die, wenn man will, Abbau- und Rückgangsbewegung oder Erweiterungsbewegung entscheidend: von der vernünftigen zweckvollen Art des sich bewegenden Tieres und Menschen zur langsameren Art der Pflanze und am stärksten zur einfachen inneren Ordnung der Kristalle und zu den Zahlengrundsätzen der anorganischen Natur. In aller Kunst wird dieser Durchgriff und das Verlangen nach dem Durchschlagen der allgemeinen Kräfte deutlich. Da ist nichts Überirdisches zu suchen, wir sind ganz im weltlichen, wirklich konkreten Raum. Wir entfernen von uns die Tracht des Nervmuskeltiers, die über uns liegt, denn wir wissen, daß eigentliches Wachstum nicht aus dieser Zone kommt. Wir halten uns die weiteren und tieferen Regionen offen.

Was die Schriftstellerei, die Reportage und ähnliches betrifft, so will man damit, unter Nachahmung mancher Zeichen von Kunstwerken, irgend etwas Vernünftiges erreichen, etwa was der Autor sich an Ethik ausgedacht hat. Schriftstellerei und Reportage wollen agitieren, oder sie wollen patriotisch, religiös, sozialkritisch wirken und aufklären, oder sie wollen der Ort sein, wo der geplagte Autor sein Herz ausschütten kann. Das ist alles sinnvoll, begreiflich und hat seine Berechtigung. Besonders ein Zeitalter, das mechanistisch ist, wird diese Berechtigung nicht bestreiten, und wir wissen ja auch, wie gern unser Publikum solche Werke liest, sie sind ihm Inbegriff der Literatur. Es ist aber illegale Wissenschaft oder illegale Politik oder illegale Ethik, in keinem Falle legale Kunst. Von Wortkunst ist in der Regel in diesen Werken überhaupt nichts zu finden. Freilich gilt schon, wer einen Satz bauen kann, bei uns für einen Dichter. Das Herabsinken in das ganz Begreifliche charakterisiert die Entartung des Kunstwerks.

Das sieht aus, als meine ich l'art pour l'art, was soviel bedeutet, als lehne ich die Wirkung des Kunstwerks auf das Leben und den lebendigen Menschen ab. Das Gegenteil ist richtig. Vielmehr hat grade das Dichtwerk seine ›Zwecke‹, die auf das Leben und auf die Menschen wirken. Vehement schlagen auch die Erregungen unseres realen Alltags hier hinein, aber die Wiedergabe, Nachahmung, Kritik und Analyse dieser Erregungen kommt an Wirkung, vor allem an spezifischer Wirkung auf den lebenden Menschen, nicht an die eigentümlich lebenfördernde Kunst heran, die wir charakterisiert haben.

Gesinnung ist ein bloß psychologisches Moment im Autor. Man kann, wie es sich von selbst versteht, als Bürger auf einem politischen oder ethischen Standpunkt stehen. Das ist so lange Privatsache des Autors, wie er sich nicht durch ein Kunstwerk legitimiert hat. Übrigens haben im allgemeinen die Künstler nur verkümmerte politische und ethische Standpunkte. Jedenfalls hat die Gesinnung in der Regel nur die Aufgabe, den künstlerischen Prozeß einzuleiten. Der Produktionsprozeß, wenn er wenigstens ein künstlerischer sein soll, verläuft alsdann nach eigenen Regeln.

Man muß dem Tendenzwerk Gerechtigkeit zukommen lassen: Gesinnung gefährdet zwar leicht das Kunstwerk, aber der Gesinnungskünstler hat auch erkannt, daß das bloße ›Kunstwerk‹ ein Spielzeug ist und etwas anderes sein muß als ein kunstgewerblicher Gegenstand. Wirklicher Zusatz zur Realität kann nur durch echte Realität gegeben werden, nicht durch muffigen Humbug, durch idealistische Nachahmung alter Kunst. Das Tendenzwerk sucht Kontakt mit dem Leben, aber leider ebenso nur mit den entliehenen oder gestohlenen Requisiten älterer Kunstwerke. Daher findet in den gewöhnlichen Tendenzwerken gar kein Kontakt statt zwischen Kunst und Leben, sondern Kurzschluß.

Die Stoffe

Im Kunstwerk verlieren alle Stoffe ihren faktischen Charakter. Und sie verlieren auch, wenn sie im Kunstwerk erscheinen, vollkommen die Wirkung, die sie draußen haben, um welcher Wirkung willen man grade gefordert hat, sie sollen im Kunstwerk erscheinen. Im Kunstwerk kann nichts von Erinnerungen an die Wirklichkeit leben. Da ist Wallenstein nicht mehr Wallenstein, Bismarck nicht Bismarck, und wenn sie Sacco und Vanzetti bringen, es sind nicht mehr Sacco und Vanzetti. Im Spannungsfeld des Kunstwerks verändern sich alle Dinge, und das ist so wie in den kleinen Glaskästen, die die Kinder haben, in denen Holundermarkkügelchen liegen. Die liegen nun da und sind zunächst nur schwer. Dann aber reibt man oben die Glasplatte, und schon fangen die Kügelchen einen merkwürdigen Tanz an, von der Decke zum Boden und hin und her. Das ist die Wirkung der neu aufgetretenen Kraft, des Magnetismus, der bewegt die Kügelchen. Und so werden im Kunstwerk die Fakta und die Vorgänge mobil gemacht nicht durch sich, sondern durch eigene Triebkräfte, die das Kunstwerk hergibt. So entwertet, entseelt das Kunstwerk jeden Stoff. So frißt der Moloch Kunstwerk die schönsten und ergreifendsten Stoffe zum Leidwesen und zur Verblüffung der Dilettanten und Idealisten. (Sie waren ja Stoff nur geworden durch den Zusammenhang in dem großen Werk und Prozeß ›reale Welt‹, aus dem man sie also nicht herauslösen darf.)

BETRÜBLICHES ZWISCHENSPIEL

Erster Teil

Die Welt als Wahn und Schicksal
Betrübliches über das Denken

Wenn ich so still in meiner Stube sitze und denk an dies und denk an das, so ist es wohl für manches nütze, aber ich weiß bloß nicht, für was. Ich habe meine Ruhe jetzt und denke, ich kann jetzt denken meilenlang, aber schließlich, wenn ich jetzt nicht denke, dann ist es gänzlich ebenso. Das ist betrüblich sehr für jemand, der denken will und denken mag. Es läßt sich aber nicht verbergen, es kommt nachher doch an den Tag. Wenn ich es darum recht betrachte, so kann ich mir das ganze Denken schenken. Ich kann auch Fliegen fangen, zum Fenster raussehn oder anderswie die Menschen kränken.

Wenn ich so still in meiner Stube sitze und denk an dies und denk an das, so ist es wohl für manches nütze, aber ich weiß bloß nicht, für was. Es ist bei Gott für gar nichts nütze, davon bin ich tief überzeugt, ich habe daran meinen Gefallen, das habe ich schließlich nicht geleugnet. Der eine legt den Kopf aufs Kissen, der andre treibt Philosophie, verschieden muß man manches müssen, was richtig ist, das weiß man nie.

Darum will ich den Himmel preisen, der mir das Denken hat beschert. Im Leben kann man viel versehen – wer denkt, tut andres nicht verkehrt.

Wenn ich so still in meiner Stube sitze und denk an dies und denk an das, so ist es wohl für manches nütze, aber ich weiß bloß nicht, für was. Die Sterne am Himmel ziehn hin und her – ob das Vernunft hat, wer weiß das, wer? Des Menschen Leben währt siebzig Jahr, und wenn es nun gar nicht gewesen war? Die Tanne wächst zehn Meter hoch, nachher brennt sie im Ofenloch. Es tröstet sie der Philosoph: alles sei Verwandlung, aber darum brennt sie doch. Gewaltig herrschte Julius Cäsar, nachher hat er im Bauch ein Messer. Und wenn die Fürsten kein Messer erleben, so holt sie der Krebs oder das Fieber eben. Sie müssen dran, wie sie alle laufen, erblassen, verrecken oder ersaufen. Und was war das alles? Schrecklich Geschrei. Wenn es nicht ist, ist es einerlei. Dann kann ich mich schließlich auch beruhigen, wo ich nur Denken vor mich bring. Die andern können auch nichts tuigen. Wir sind eben allesamt kleine Kind.

So viele Gedanken hat man gedacht und hat sie aufgebaut wie Steine aus einem Baukasten vor sich her, kleine und große, große und kleine. Das sieht so aus wie ein richtiges Gebäude, und man möcht glauben, man kann wohnen drin, aber wenn man es einmal wollte versuchen, ist es ein Gebäude nach Potemkin – zum Anschauen gut und zum Betrügen, zum Spielen und sich zu belügen, für manche Stunden ein Behagen, um sich und andere zu ertragen. Ein Windstoß, und es liegt pardauz, und das großartige Theaterspielen ist aus.

Wenn ich so still in meiner Stube sitze und denk an dies und denk an das, so wäre es besser, ich nehme meine Mütze und gehe raus und trink einen Schnaps. Ein Schnaps ist billig, ist rechte Freude, er rinnt dir warm und scharf durch das Blut, man setzt sich mitten unter die Leute, die singen und grölen von heute und heute, und das und das, mein Herz, ist gut.

Was gestern war, was morgen ist, das soll kein Menschenherz bekümmern, das Heute fordert, daß man lebt, daß man an keinem Dinge klebt, bis einem der Tod den Kopf abschlägt, da hilft ja doch kein Wimmern.

Ich hatt einen Kameraden, einen bessern gibt es nicht, der Kamerad, das ist das Heute, es geht an meiner Seite, in gleichem Schritt und Tritt.

Im Hirn hab ich Gedanken, die hab ich nun einmal, doch alle hohen Gedanken, die will ich gern verschanken für einen einzigen Schnaps.

Wenn ich den Wirt werd fragen: Herr Wirt, hier bring ich was, es ist nicht für den Magen, es ist, wie soll ichs sagen, verfluchte Philosophie – dann hör ich den Wirt schon lachen: mein Herr, das kennen wir, hier muß man bar bezahlen und nicht mit Philosophie. Schnaps ist reelle Ware, wer die kauft, hat was davon. Aber von Ihrer verfluchten Ware stehen rum zehntausend Tonnen.

Man kann in jeder Bibliothek stehen sehen 12000 Bücher von 12000 Köpfen, und 100000 fressen täglich aus diesen Näpfen. Sie werden nicht dicker, sie werden nicht dünner, sie werden nur frecher und auch dümmer und helfen sich nicht und helfen nicht andern, und die Welt muß ohne sie weiter wandern.

Da tun die Soldaten zehntausendmal besser, sie sind Spieler und Lieber und Saufer und Fresser. Das Leben geht hin, und wenn man sterbt, hat man nichts verloren und nichts erwerbt. Und wenn man sterbt, dann ist man tot, Leben und Sterben: dasselbe Brot. Dasselbige schlecht durchbackene Brot, dasselbe undurchgorene Brot, dasselbe kleber-klebrige Brot, bloß machmal dabei ein reifes Stück, ein gares Stück – runter damit mit zehn großen Schlück. Aus und Schluß, unser Glück.

Wenn ich so still in meiner Stube sitze …

Die Welt als Schicksal

Was macht es, was verursacht es, was ist der Grund, daß dies, gerade dies, meine Welt ist, diese Welt und keine andere? Wenn es Milliarden Gebilde gibt, Tiere, Pflanzen, Kristalle, Steine, Wärme, Kälte, Elektrizität – warum bin ich als Person so und nicht so geworden, warum bin ich Mann und nicht Weib, geboren in diesem

Zeitalter, unter dieser Zone, warum bin ich geboren und aufgewachsen in dieser Gesellschaftsschicht und bin nicht Sohn eines Maharadschas? Was habe ich verschuldet oder geleistet, daß ich überhaupt Menschengestalt habe und nicht im Wasser fließe oder in anderen Welten lebe? Warum bin ich nicht ein Maulwurf unter der Erde? Da fliegt eine Libelle mit breiten schönen Flügeln, sie ist kräftig und wiegt sich unter ihren Gefährtinnen: warum ist sie Libelle und ich steh am Ufer mit Knochen, Muskeln und Sehnen, in dicken Kleidern und bin unbehilflich wie eben ein Mensch? Ein Hirsch blickt mich im Zoologischen Garten durch das Gitter an, er hat ein ungeheures Geweih. Ja, was ist daran schuld, daß du ein Fell trägst und hinter einem Gitter stehst und ich stehe davor. Wir blicken uns an, etwas dämmert auch in deinem Gehirn, wir ahnen etwas, wir verstehen es beide nicht.

Mit dieser Welt, in dieser kriegerischen Zeit in einem rauhen Klima in einem zerrissenen Volke – so ist mein Ich da, ist so geworden und treibt hin. Da sind aber noch andere Welten möglich, das ist kein Traum. Ja, wenn das Ich so da ist, wenn ich Mensch bin und keine Pflanze oder gar irgend etwas Unfaßbares in irgendeiner anderen Welt – wenn ich Mann bin und nicht Frau –, wenn ich diese Form und diese Zeit erlebe: so ist das nicht grundlos. Erst ist das nur ein dunkles Gefühl: wenn ich Blicke tausche mit anderen Menschen aus anderen Schichten, aus anderen Zonen, mit Menschen, die Frauen und nicht Männer sind, mit Menschen, die Kinder und nicht Männer sind, mit jedem anderen, der nicht Ich bin, mit dem Hirsch durch die Gitterstangen hindurch, mit dem Schimpansen, der uralt langsam durch seinen Käfig schleicht.

Dann wird es ein Wissen: dieses Dasein ist Schicksal. Dieses hier soll ich erleben. Hier habe ich mich zu beweisen.

Ach, du meinst, das Torpedoboot dort auf dem Meer ist für sich da, gebaut in einer Werft, gesteuert von irgendwelchen Männern, und braucht dich nicht? Was bist du für ein Phantast, daß du glaubst, es braucht dich nicht. Es fährt jetzt langsam auf dem Meer, es stößt schwarzen Rauch aus – in dir, mit dir ist es da, es ist nicht von dir abzureißen, du nicht von ihm. Daß es da fährt, ist die Wahrheit und Wirklichkeit deines Ich. Glaube mir: nur so ist Wahrheit und Wirklichkeit da, nur solche Wahrheit und Wirklichkeit ist da; wo kein Ich ist, ist keine Welt; die Welt braucht Ich, sie will erlebt sein; die Entzweiung sitzt der Welt tief in den Knochen.

Dieses Ich aber, das du bist und erfährst, ist ein eigentümliches, sonderbar bewehrtes, herrisches und liebliches Ich. Es ist ausgestattet mit Panzern und Gewehren, mit Wald und Seen, mit Meeren, Schiffen und Inseln, es hat liebende Arme, eine sehnsüchtige Brust, es lächelt und weint, mordet und verzeiht, es hofft und verzweifelt. Dein Ich, so auftauchend, so erscheinend als Mann, hat sich vergraben, vereinzelt in diesen Leib. Es ist kein stiller, göttlich ferner, stummer Beobachter, es ist ein allergräßlich wildester Erleber. Höre nur, du, begreife auch gut, was das heißt: geboren wird Ich, altert und stirbt, aber es gibt größere und kleinere Ichs, umfassendere und ganz umfassende, das ist zuletzt der Stillstand unserer Gedanken, die nur Gedanken engerer, kleinerer Ichs sind. Vielleicht erweitert sich auch unser Ich noch, es ist vielleicht auf dem Marsch dazu. Es könnte sein, wir kommen noch zu einem anderen Ich. Oh, welch Schimmer, welch fremder, herrlicher, beseligender Silberstreifen an unserem Horizont! Wenn du diesen Silberstreifen erreicht hast, ach, lieber, wilder Kolumbus, dann erst war deine Fahrt gut gewesen, dann sprich auch zu uns aus, was du gesehen hast – aber wirst du auch heimkehren wollen?

Wer das Ich so erlebt, geboren im Fluß der Zeit, alternd, vergehend, inzwischen verzehrend, sich sättigend, liebend, verzweifelnd, einsam, hoffend, Ich, Glück und Schmerz streuend wie ein Schwärmer im abendlichen Feuerwerk, ein Funkengestiebe, bevor es in die große mütterliche Nacht einsinkt – dem ist auch die Welt draußen nicht bloßes Objekt dieses Gegenstandes Ich, sondern, sondern, sondern – sein Schicksal! Ich auf allen Wegen, auf allen Landkarten, in allen Himmelsstrichen!

Dies Ich mag sich anblicken im Torpedoboot, in den Palmen an der Riviera, in den Tannen der Mark, im Gewühl der Großstadt, und staune da und erstarre und frage: warum bin das alles und dieses alles – Ich?

Wenn du dieser Frage entgehen willst, so schlage dir dein Fühlen und Wollen ab, zertrümmere deinen Körper, entleibe dich. Du kannst es nicht, du vernichtest damit nicht einmal das Ich, so wie du es einmal bist und wie du dich hast.

Ja, sieh den Himmel an, es gibt Tag und Nacht. Starre die Figuren an, die über dir auftauchen und die dich umgeben, und zweifle nicht, beiß ein, du kommst nicht darum herum! Es ist Schicksal, hier erlebt sich Ich. Du erlebst dich. Dies ist Ich.

Und darum, du, vollziehe weiter dein Schicksal. Der Himmel, der Tag, die Nacht, das Torpedoboot, die Palme gehören dir! Versteh es gut. Dies ist ein Konzert, und du bist Kapellmeister! Du mußt mehr und mehr Kapellmeister sein. Daß du dich der Welt einprägst, und daß du dein Schicksal siehst.

Was Seele in dir ist, was Auge, Ohr in dir ist, laß es aufwachen!

In der Untergrundbahn

So blicke nur gut hin, du zarte Frau! Du meinst, du hast eine kleine Handtasche auf dem Schoß, da liegt das Portemonnaie drin, die Fahrkarte, das Taschentuch, eine Büchse Puder, der Lippenstift, ein paar Briefe, die du zärtlich verwahrst, morgen zerreißt du sie oder bündelst sie ein – und da ist auch ein kleines

Oval, ein Handspiegel, und du nimmst ihn, und wer dich da anblickt, die Nase, der Mund, die Augenbrauen, ja sie sind gut gezogen, die Wangen sind etwas blaß, ich muß etwas auflegen, das, meinst du, bin Ich? Wie bist du anspruchslos! Wie zage! Wie verkennst du dich! Habe nur Mut! Greif das Sitzpolster unter dir an, die Bank, blick dich im Wagen um, du fährst Untergrund, sieh die Damen, Herren, die sich am Gurt oben festhalten und die bequem und gedrängt sitzen, einer bei dem anderen, Knie bei Knie, und einer kennt den anderen nicht und prüft den anderen und blickt wieder vor sich, was fällt mir noch ein, und es schaukelt heute sehr – das bist du! Greif unter den Wagen, du hast einen ungeheuren eisernen Arm, du bist die Luftdruckbremse, die so rattert, du bist die Schiene und das schwarze Betongewölbe, das schwer und lang gebaut wurde und so viel Geld verschluckte.

Und dann steigst du aus, gehst die Treppe hinauf, es wird hell, weiß. Schnee und Matsch liegt, du bist dieser Wittenbergplatz, die Marktbuden, heute ist Freitag, du bist das Kadewe, ja, denke und laß dich nicht verwirren, du warst immer das Kadewe und hast es bloß nicht gewußt, stoß dich nicht daran, wenn ein anderer behauptet, er besitzt es – glaube mir, er besitzt es nur, aber du – das Ich – bist es. Und du bist auch der dicke Schutzmann mit den weißen Manschettenhandschuhen und bist die neuen Auslagen, sieh, was dir immer zufliegt, jeden Tag neu, da kann es ja nicht ausbleiben, daß das Ich glücklich ist und andererseits auch eines Tages müde und sagt: es war genug, nicht wahr?

Der Riesenschatten

Blicke ich aber durch das Fenster auf die Straße und sehe die mächtigen Häuser, die Balkons, die Läden, das nasse blanke Pflaster, über das die Autos fliegen, den Schupo an der Ecke, die vier Arbeitslosen, die als Hofsänger gehen und das Geld aus dem Papier holen, die Frauen unter dem Schirm, den Kinderwagen und das Mädchen, das den Wagen schiebt – dann fällt ein Riesenschatten auf mich. Das ist Dasein, aber das – ist nicht mein Dasein! Nicht meines! Ich weiß nicht, wessen, aber nicht meines. Hinter all diesen Gebilden, Häusern, Läden, Wagen, steht ein – Un-Ich.

Ich bin nicht Herr über diese Dinge, ich begegne ihnen, nehme sie auf, gliedere sie mir an, stoße sie ab. Ich sage Ich zu dem Leib, auch zur Farbe, zum Bitter, Süß, aber ich sage auch ›Un-Ich‹ zu ihnen – denn daß sie auftreten, warum sie auftreten, das ist nicht von mir. Es ist ein Un-Ich da.

In seinem Umkreis kann das Ich einiges bewegen und verändern, aber auch da arbeitet es mit dem, was da ist und was es hinnehmen muß. Hinnehmen, das Wort ist richtig. Gegebenheiten: das Wort ist richtig. Sicher ist mir, ich bin hier nur wenig Täter. Ich weiß kaum, worin ich Täter bin.

Als Ding unter Dingen

Erst ruhte ich selbstherrlich, und mir kam vor, als griffe ich allen Dingen freundschaftlich auf die Schulter. Da gab es Töne, Farben und Formen, die mich umwarben, und ich nahm sie alle gern an. Die Töne und Farben, Formen und Dinge glitten mir wie mein Werk aus den Fingern. Als hätte ich einen Pinsel in der Hand, malte ich um mich die Welt an die Wände. Sie strahlte mich an, ich strahlte sie an, wir haben Gutes einander getan. Ich dachte, das ändert sich nie, aber es wurde eine Elegie.

Da fahren Autos auf der Straße, der Schupo hebt seinen Arm, halt an. Ich frage: was habe ich, was hat mein Ich damit zu tun?

In China steigt der Jangtse über die Ufer, er durchbricht die Wälle, überschwemmt Dörfer, Städte und Land: was habe ich, was hat mein Ich dazu getan?

Ich weiß, wie die Bäume vor meinem Haus im Laube standen. Wie wogte die Masse großer Blätter. Dann wurde es frostig, die

Blätter fielen ab, da stehen schwarze Gerippe: was habe ich, was hat mein Ich dazu getan? Wie bringe ich das Wort Ich davor über die Lippe?

Es ist ein Etwas da ohne Gewicht, ich bin nicht nur ein Mensch mit diesem Namen und Gesicht. Ich ist das Etwas ohne Gewicht, der Grundtitel meines Daseins ist das Ich. So habe ich gedacht, und es ist wahr, aber es ist noch etwas anderes wahr.

Wahr ist der Jangtse, der über die Ufer steigt und dabei mein Ich zu Boden neigt – der die Wälle durchbricht, Städte überschwemmt und dabei mein Ich über den Haufen rennt.

Wahr ist der Schutzmann, er steht an der Ecke und hebt die Arme. Die Autos kann er anhalten und durchlassen, aber mein Ich kann da nicht passieren.

Und die Bäume, sie waren eine grünflammende Pracht. Sie waren voll, und ich sprach sie an, sie wurden kahl, und ich sprach sie wieder an.

Das blühte auf und geschah nicht von mir. Sie blühten und welkten, und ich blieb hier.

Da war etwas Fremdes, das warf mich zurück. Jetzt kann ich nicht mehr sagen: Ich.

Ich muß klagen. Ich habe gelernt: ich bin von aller Welt entfernt.

Die Welt als Wahn

Ideen vom Wahn sind keine Wahnideen. Sie sind wahr: die Welt ist auch Wahn. Kein denkender Mensch könnte eine Minute leben, wenn er nicht, wenigstens heimlich, auch wüßte: diese Welt ist Wahn. Er denkt und fragt und fragt und denkt: dies ist mein Schicksal, ich versteh es nicht, ich weiß nicht, wie ich dazu komme. Er denkt: ich lebe – aber so, wie ich das Leben hier sehe, ist es wüst und sinnlos – und so ist es nicht, das ist nicht das wirkliche Leben.

Die Welt ist Wahn: und was ich von ihr weiß, ist Wahn. Und was ich tue, ist schwach, falsch und kläglich. Es hat nicht die volle Wirklichkeit.

Und warum taucht dieser Gedanke immer wieder auf? Weil er wahr ist. Und warum ist er wahr? Nicht, weil sich hier nicht alle Wünsche erfüllen – nicht weil Wünsche sich erfüllen, aber die Begierden wie eine chronische Krankheit tauchen immer wieder auf – nicht weil alles so erbärmlich hinschwindet – sondern weil wir selbständig die Welt verwerfen, umwerfen, und weil wir sehen, wie noch anderes, Mächtigeres, die brennende Sonne, das mahlende Meer, der jagende Wind, uns angreifen und zum Hinsinken bringen, zum Schatten machen, und weil hier nicht der Anfang und das Ende des Ich ist.

Geburt ist nicht seine Geburt, Tod nicht sein Tod. Hier wird Ich nicht erfüllt. Hier hinein bin ich verzaubert, geschickt, geworfen, verschlagen. Passant bin ich hier. Sie soll nicht so großartig auftreten, diese Welt, sagt jedes Ich. Ich ist mehr als diese Welt. Ein Traum, ein Fieberschauer, eine kurze Angst, ein Wahn ist diese Welt.

Dies ist eine Welt des Seins, sagte ich. Sie wird ständig verworfen und zu einer Welt des Scheins gemacht. Immer wieder tauchen daher Gedanken von dem Traum und Wahn der Welt auf. Es ist nicht nur das Vergängliche der Welt, das man erkennt. Es ist auch das Gefühl der niemals völligen Beteiligung an den Dingen und Abläufen der Welt. Immer wieder seufzt etwas in uns und löst sich von der Welt. Niemals wird das wegzuwischen sein, immer wird es wieder auftauchen: die Welt, was sich Welt nennt, ist Wahn und Traum. Mit vielen verschiedenen Worten wird es gesagt und erlebt. Darauf werden sich Menschen zu allen Zeiten in die Wüste zurückziehen. Sie werden ihren Nabel betrachten und sich konzentrieren. Sie werden die Fesseln der Begierde zerreißen, sich von dem Blendwerk der Sinne lösen. Fort mit dieser falschen Welt.

Ihr stoßt ins Leben uns hinein, ihr laßt den Armen schuldig werden, dann überlaßt ihr ihn der Pein, denn alle Schuld rächt sich auf Erden.

Wir Armen haben immer Schuld. Solang wir arm sind, sind wir schuldig. Doch alle Armut, alle Schuld kommt nur daher, daß wir geduldig.

Und wieder in die Welt hinein, sie wird schon einmal anders werden, und anderen gehört die Pein, denn alle Schuld rächt sich auf Erden.

Und wieder in die Welt hinein, durch Kampf und Armut und Beschwerden, und immer schwächer wird die Pein, denn alle Schuld vergeht auf Erden.

Ach süßes Schlafen in einem Arm und nicht zu wissen von Tag und Nacht, und wenn man erwacht, nur warm sich zu räkeln, und dann sieht man das Schiff, die Segel, die Fracht, und selber ist man eine Fracht, und wieder geht über die Augen die Nacht, und unter uns liegt die schwere Pracht des Meeres, und die Wasser gießen, und ferne zieht ein Möwenschwarm. Ach süßes Schlafen in einem Arm.

So aufgehoben segle ich durch die Jahrtausende, die Jahrmillionen. Durch die Äonen segle ich und wache auf und schlafe. Und nirgends kann ich lange wohnen. Mit aufgehobenen Armen stehe ich am Ufer und winke, ich gebe mit der Pfeife ein Signal. Und auf den Pfiff erscheint draußen im Meer mein Schiff, lächelt mich an, ein weißes Lächeln des Wiedersehens, wir lächeln uns zu. Und das ist das Zeichen meines Vergehens. Es nimmt mich auf in einem sehnsüchtigen Nu. Im Nu bin ich herübergehoben, und aufgehoben segle ich durch die Jahrtausende, die Jahrmillionen.

Ein Rückfall!

Welch betrübliches Denken! Welche Schwermut, was für ein Träumen. Aber es ist da, wir können es nicht abweisen. Da es wahr ist, müssen wir es aufzeichnen. Es ist ein Rückfall. Wir sind durch die Zeitlichkeit und die Natur gegangen. Die Trauer ist da, wie im Anfang, wo ich allein durch die Stube ging, die Arbeit ließ einen los, der Kater mauzte sein Murrmurr, ich rollte meine Kügelchen hin und her, der Spottvogel sang vom Spekulieren. Ich darf es aber nicht dabei bewenden lassen, zu sagen: betrübliches Denken. Ich bin meiner Sache sicher. Ich muß den Kampf mit dem Drachen aufnehmen. Ich sehe ja, was letzten Endes hinter dieser Betrübnis steckt: der alte, feste, nicht ausrottbare, noch nicht genug, nicht völlig ausgerottete Irrtum über das Ich, ja das segelt durch die Jahrtausende, die Jahrmillionen.

Auf die Betrübnis folgt die Wiederaufrichtung. Wir müssen unser Schiff besteigen und den alten Gespenstersegler ›Ich‹ in Brand stecken. Bleibt draußen, die ihr an dem schon einmal durchgefochtenen Kampf kein Interesse habt. Das Ende wißt ihr schon. Bei den ›kleinen und großen Menschen‹ des nächsten Buches wollen wir uns wiedersehen.

Zweiter Teil

Die Wiederaufrichtung

Da redet man so hin und her und ist Geschwätz und gar nichts mehr. Man redet lang und redet schräg, man redet über jeden Weg, man redet tief, man redet hoch, man redet in die Erd ein Loch. Man redet um die Ecke rum, man redet alle Leute krumm, sie biegen krumm sich wie ein Schlauch, sie halten sich entsetzt den Bauch. Sie schreien aus dem Maul heraus: »Wann hört der Kerl zu reden auf? Fängt der vielleicht schon wieder an, was haben wir ihm denn getan? Hör auf, hör auf, verfluchter Strolch, wir bohren dir ins Maul ein Dolch, den Dolch bohrn wir dir in den Schlund, du ganz unsagbar blöder Hund. Zwei Stunden hören wir schon zu, nun laß uns endlich mal in Ruh.« So schimpfen mich die Leute aus und rücken einem schließlich aus. Zum Schluß steht man begossen da. Was hat man nun von dem Trara?

Wir müssen, da die Beunruhigung über die Natur des Ich und der Rückfall da ist, entschlossen vorgehen und von dem Punkt beginnen, der sicher ist, von der Hauptstation unseres ersten Buches, welche heißt: »Ich bin der, der erlebt.« »Ich bin nicht in den Augen da, im Sehen bin ich da, und so im Hören, Schmecken, Riechen, Tasten, Fühlen, Denken, Wollen.« Dies heißt: im Fühlen, Denken, Wollen, Empfinden bin ich selber, in ihnen ist ›Ich‹. Wenn ich den Konzern des Tierleibes ansehe, so ist er ein beliebiges Erlebnis, Inhalt, Gegenstand meines Erlebens, des Empfindens, Fühlens. Es ist nichts außerhalb des Empfindens, das empfindet. Das Empfinden, Denken, Fühlen, Wollen sind Zeichen, Äußerungen, Darstellungen des Ich. Das Denken, Wollen, Fühlen, Empfinden allein hat ichhaften Charakter, und es ist nichts da, das ihm diesen Charakter verleiht, sondern er wohnt ihm inne. Ich zu sein ist die Natur des Denkens, Fühlens, Wollens, Empfindens.

Wir wollen, indem wir so sachte vorgehen, dem Gespenst eines ›Ich‹ zu Leibe gehen, das vorhin zu solchen müden betrübten Sätzen verleitete wie: »Und aufgehoben segle ich durch die Jahrtausende, die Jahrmillionen.« Aber dies Gespenst ist ja noch an Schlimmerem schuld als an einem einzelnen lyrischen Satz.

Ich bin ein Etwas ohne Gewicht

Ich habe mich herumgeschlagen, bin durch die Straßen und Städte gefahren, bin älter geworden und habe allerlei getan unter den andern im Volk der Städte. Dieser bestimmte Mann war ich, sein Name steht vor diesen Worten.

Aber obwohl ich manches habe getan und gedacht, in einem war ich noch nicht erwacht, noch nicht gut, nicht ganz erwacht. Es war das Wichtigste und das Schwerste, am letzten Gelernte.

Ich bin nicht nur ein Mensch mit diesem Namen und Gesicht. Ich bin auch ein Etwas ohne Gewicht.

Dies Etwas ist kein Wesen in mir. Es ist meine eigene, ureigene Art. Sie lag unter Wüstensand verscharrt.

Ich bin ein Etwas ohne Gewicht. Der Grundtitel meines Daseins ist das Ich.

Es ist das Etwas, das empfindet, denkt, will und fühlt, das sein Blut durch Körper und Dinge spült.

Mein Körper lebt nicht durch sein Gesicht, durch seine Knochen, Muskeln, Nerven lebt er nicht. Er lebt nicht aus sich, er wankt nicht allein durch die Straßen. Es ist das Ich, das muß ihn fassen. Das faßt ihn unter und muß ihn führen. Nun kann er durch alle Straßen und Türen. Jetzt kann er sehen und sprechen und hören und ist lebend, er, der tot war, ehe ihm das Ich geschah.

Wie welke Blätter wären alle Dinge, wenn sie nicht am Baum des Ich hingen. Das Ich ist die Mutter, die alles gebärt. Das hat mich diese Stunde gelehrt.

Wie ›sehe‹ ich das Zimmer? Wie ›fühle‹ ich Lust? Wie? Und da finde ich etwas Merkwürdiges. Es ist Unsinn, wenn ich sage: ich ›sehe‹ das Zimmer, und ich ›fühle‹ Lust. ›Sehe‹ ich wirklich das Zimmer?

›Sehen‹ ist etwas Abgeleitetes. ›Sehen‹ ist eine Konstruktion, die Verbindung zwischen einem bestimmten Organismus und einem Gegenstand. Aber da ich fand, in Empfinden, Fühlen ist Ich, und von einem wahrnehmenden Organismus und seinem Gegenstand ist keine Rede, so muß ich nicht sagen: »Ich sehe das Zimmer«, sondern: »Ich erlebe mich im Zimmer« und sogar: »Ich erlebe mich als Zimmer.«

Ja noch weiter muß ich gehen, wenn von einem wahrnehmenden Organismus und seinem Gegenstand keine Rede sein kann. Dann kann ich mir auch das ›Ich erlebe‹ schenken. Denn hinter dem ›Ich erlebe‹ steckt ja noch immer der wahrnehmende Organismus. Es genügt ›Zimmer‹ zu sagen. Zugleich damit und allein so ist ›Ich‹ gesagt.

Ein Beispiel. »Ich sehe die Lampe« – jetzt sage ich ›Lampe‹. ›Ich sehe‹ ist alte Metaphysik.

Statt vom Sehen hat man zu sprechen von Farben, Formen und Formveränderungen, statt vom Hören von Tönen und Geräuschen, statt vom Schmecken vom Süßen, Sauren, Salzigen, statt vom Tasten vom Rauhen, Weichen, Glatten. Indem man so sagt, hat man auch ›Ich‹ gesagt. Und indem man so ›Welt‹ sagt, erst dann hat man ›Ich‹ gesagt. So fallen ›Welt‹ und ›Ich‹ zusammen, sie füllen, konkretisieren sich so.

Hören ist keine Funktion eines Sinnesorgans. Sondern der Ton ist da, und im Ton erlebe ich das Ich.

Ich ist nicht ›in‹ Lust, Schmerz, Gedanken, Farben – sondern Ich ist Lust, Schmerz, Gedanken, Farben, Töne, Süß, Hart.

In den Erscheinungen der Welt bin ich und stelle ich mich dar. So ist Ich real und konkret.

Es ist ein kleiner Schritt, wenn ich von Lust, Schmerz, Formen, Farben, Veränderungen mich geradeswegs begebe zu den Gestalten, Gebilden, Dingen, Gegenständen! Es ist ein notwendiger Schritt. Denn auch die ›Farben, Formen, Schmerz, Lust‹ haben noch etwas von einem wahrnehmenden Organismus hinter sich, sehen noch nach ›Sinneseindrücken‹ aus. Zu den Gestalten, Gebilden bin ich gekommen. Wenn ich ›Ich‹ sagen will, muß ich Erde, Sonne, Mond, Wind, Zimmer, Straße, Wärme, Regen sagen. Ich muß auch das Tier, den Menschen nennen, auch – siehe da – diesen einzelnen bestimmten Menschen, der hier sitzt.

Ich suchte mich und fand die Welt.

Es ist ein Ich da, das hält alles zusammen

Leicht war der Weg nicht, den ich ging. Es war ein wunderbares Gehen. Man schwärmt wie Bienen aus dem Haus, macht eine weite, immer weitere Reise. Es wird ein höchst verwegenes Stück, man weiß nicht, findet man noch zurück.

Was war das für ein Abenteuer. Wie zu einer Feier zog ich mich zurück, aus den Kämpfen, Arbeiten zog ich mich zurück, die Formen, die Gebilde draußen mußten verschwinden, das schien mir die Art, um mich zu finden.

Ich wollte wissen, wer ich bin, das da in einer stummen Stube. Erst war sie still, dann verschwand die Ruhe. Die Wände weiteten sich, die Fenster sprangen auf. In ein Tönen und Klingen werd ich gezogen. Es wird ein Brausen, es ist ein Meer. Ich rufe mich, das Rufen wird schwer. Ich glaube, ich muß hier ertrinken. Ich suche mich, wie werde ich mich jemals wieder finden.

Ich bin nicht das Sehen, ich bin das Licht. Ich bin nicht das Hören, das Ohr bin ich nicht. Ich bin die Freude, der Schmerz und der Ton, in allem, was ist, muß ich jetzt wohnen. Ich Fels, im Gebirge, in Seen, in den Tannen, es ist mir ein Klingen, ich fliege von dannen.

Nein, ich kann still sein, ich brech nicht auseinander. Es ist ein Ich da, das hält alles zusammen.

Die Streichholzschachtel da, der Aschenbecher, das Hörrohr, der Hammer, der Blutdruckmesser, die Briefumschläge, der Vorhang, das Fenster, die Maiglöckchen in der Vase – sind Ich? Das Mädchen, das jetzt in die Stube tritt und mir Briefe bringt – bin Ich? Das Klingeln, die Männerstimme draußen im Flur, das Drehorgelspiel vom Hofe herauf – bin Ich? Die Luft im Zimmer, die Regale, die einundzwanzig Grad Wärme, der Teppich unter dem Stuhl, das Licht, das ins Zimmer fällt – bin Ich?

Ich antworte: Ja. Ich bin zu einem andern Ich durchgestoßen, als ich früher kannte. Wenn ich nach dem realen Ich frage, so kann ich nicht auslassen die Streichholzschachtel, ohne mich auszuhöhlen und unwahr und abstrakt zu machen. Und ich muß all das hinzunehmen, was sich hier begibt, Aschenbecher, Hörrohr, Klingeln, Männerstimme, Drehorgelspiel, Luft im Zimmer, einundzwanzig Grad Wärme, Licht – und auch das Sitzen des Menschen hier, des Tiers, des Zellstaats, des Konzerns. Sie alle zusammen, dies alles zusammen: wenn es da ist und abläuft und sich begibt, wenn also Welt da ist, dann ist Ich da, real und konkret da.

Geständnis

Ja, keinen Stein kann ich mir entreißen lassen. Die Lampe und den Stuhl muß ich ehrfürchtig grüßen, sie sind eingelassen in mein Haus, sind da, bei mir. Die Sonne geht auf, die Sonne geht unter, ich halte sie fest, sie bleibt bei mir. Ich halte ein Streichholz in der Hand, bis jetzt hatte ich mich nicht in ihm erkannt. Es zerknickt zwischen meinen Fingern, ich muß träumen und mich erinnern: was geschieht da? Was geschieht mir da? Mein Leben, das ich erlebt, die tausend Personen, die vielen Orte, was war mit ihnen, wie erscheint mir das jetzt. Sie erscheinen mir wie Boten aus einer fernen Landschaft. Hab ich ihr Ansehen nicht verletzt? Hab ich sie genug geehrt und gewürdigt, verhielt ich mich recht zu ihnen, wie es ihnen gebührt? Ich habe manches erlebt und erfahren, ich glaube, ich habe viele Worte überhört.

Wie in einem Schneetreiben geh ich durch die Welt. Wie Schneeflocken dick und weiß fällt es auf mich herunter. Ich geh darunter und freue mich. Es mag nur immerfort so schneien, flocken und wallen, es ist mir ein unermeßlich großes Gefallen. Es fließt wie ein Mantel um mich her, nichts in dem Dasein gefällt mir mehr. Ich könnte immerfort so gehen, mit geschlossenen Augen gehen, und fühlen, wie die Flocken wehen.

Von den Arbeiten und Tätigkeiten, von der Welt draußen zog ich mich einmal auf das Zimmer zurück, um mich zu besinnen. Und jetzt – bin ich dazu gekommen zu sagen: wenn ich in die Welt gehe, wenn Welt da ist, dann und erst dann ist Ich da, bin Ich da! Umständlicher Weg, von der Welt zur Welt. Gewaltig ist der Menschengeist –

Gewaltig ist der Menschengeist

Es war ein Mann, der wollte mal von einem Berg herab ins Tal. Das Tal war nicht besonders tief, vielleicht dreiviertel Stunden zu laufen, fünf Minuten zum Verschnaufen, dann war man da. Der Mann setzte sich in Trab und lief nicht etwa diesen Berg hinab. Nein, er hatte einen Kopf, und in dem Kopf einen Gedanken, und der Gedanke war: zwar ist das Tal nicht besonders tief, vielleicht dreiviertel Stunden zu laufen, fünf Minuten zum Verschnaufen, dann ist man da – aber man soll nicht abgetretene Wege gehn, das ist nicht schön, das ist bequem. Man soll sehn, daß man seinen Weg findet aus eigener Kraft. Selbst ist der Mann, und so wirds geschafft. So setzte er sich flott in Trab. Stolz war der Mann und nicht zu knapp.

Wir haben auf Erden seit alter Zeit zum Reisen vier Himmelsrichtungen bereit. Willst du nach Süden, so wandre du munter der südlichen Richtung zu. Für nördliche Wanderer scheint uns mehr die nördliche Himmelsrichtung näher. Der Westen und Osten ist eingerichtet für den, dens nach Westen und Osten gelüstet.

Unser Wanderer, frisch gewandt, nahm die Füße in die Hand. Lief nach Norden immerfort, denn – im Süden, im Süden lag sein Ort.

Gewaltig ist des Menschen Geist, wenn er ihn anzuwenden weiß.

Zehn Monate wanderte der Mann nach Norden. Und nachdem er zehn Monate älter geworden, beschloß er – gewaltig ist des Menschen Geist, wenn er ihn anzuwenden weiß –, nunmehr nach Westen zu marschieren, um sein Tal, sein Tal nicht aus dem Auge zu verlieren. Das Tal lag inzwischen ruhig da und erwartete seinen Mann, trara.

Zehn Monate darauf gewandert nach Westen, schien es dem Mann genug gewesen – gewaltig ist des Menschen Geist, wenn er ihn anzuwenden weiß –, und er beschloß nach Osten zu marschieren, um nicht sein Tal aus dem Auge zu verlieren und um nicht jene zu amüsieren, die glaubten in ihrem Unverstand, er liefe planlos durch das Land.

Es kam nach Monden zehn der Osten, wo Russen und wilde Stürme tosten, wo es viel Kälte gibt und Kummer, der Wanderer litt Frost und Hunger. So fand er dann – gewaltig ist des Menschen Geist, wenn er ihn anzuwenden weiß –, er wäre jetzt genug gewandert und hätte wohl genug getan zu Ehren des Geistes und für seinen Plan, und man staune genug, wie er käme ans Ziel ganz ohne Kompaß, bloß nach Gefühl.

Und er wandert nach Süden. Und siehe da, der Berg und auch das Tal war da. Der Berg lag oben, das Tal mehr unten, dazwischen lagen dreiviertel Stunden. Er stellt sich befriedigt in Positur: dreiviertel Stunden nur! Ich habs in dreißig Monat geschafft, aber mit eigenem Sinn und aus eigener Kraft. Ein Stein fällt abwärts durch Schwergewicht, der Mensch tut solches von selber nicht. Er folgt nicht den Trieben der Natur, dem eigenen Sinne folgt er nur.

Ja, gewaltig ist des Menschen Geist, wenn man ihn auszuschalten weiß.

Das schlechte Ich ist ausgerottet

Zur Welt bin ich gekommen! Das schlechte Ich ist vernichtet! Abgeworfen! Jetzt bin ich da, Luft, herrliche Luft! Herrliche weite Welt! Das ist nicht mehr eine Flucht aus dem Käfig. Das ist eine Geburt. Ich war noch nicht da. Ich war ein Mensch mit diesem Namen an diesem Ort? Eine Spinne in einem Winkel war ich. Eine eingemauerte Leiche war ich. Ich bin da! Ich atme. Welch Geschenk!

Was ich jetzt kann. Ich kann gehen, wirklich gehen. Konnte ich es nicht vorher auch? Doch. Aber ich kroch. Jetzt bin ich auf meinen Straßen, und die Straßen fühlen, daß ich hier gehe. Sie fühlen mich, wie ich sie. Luft ist um mich – wie wahr, daß sie so dicht um mich ist – wie gut, wie wahr, wie beseligend, daß ich sie einatme, ausatme. Was ist ein Stück Brot für einen, der um Brot kämpfen muß. Ich habe das Brot, ich kenne es und ehre es.

Wie wunderbar ist es, daß ich hier auf der winterlichen Straße spaziere. Es ist Frost, die Luft ist streng. Es ist ein Grüßen und Glückwünschen nach allen Seiten. Ob die Menschen sehen, was hier geschehen ist? Es ist einer frei geworden.

Nicht ›Ich‹, sondern ›dies begibt sich‹

Hier geht Ich vor.

Man muß sich einen Ruck geben, um das zu verstehen und um überall, beim Herumgehen, beim Stehen vor einem Schaufenster, beim Treppensteigen zur Untergrundbahn, zu wissen: man geht nicht und steht nicht eingekapselt da als Wesen mit Augen und Ohren und horcht und sucht in die Welt – sondern »dies begibt sich hier!« Das Zauberwort. Erlösendes Wort.

Gesang des Spottvogels

Ein böser Geist pokulierte mit einem Kerl auf grüner Weide.

Nicht ›Ich‹, sondern: dies begibt sich. In ein ungeheures Bett bin ich gelegt. Klein hab ich mich geglaubt, habe mich nicht für mehr gehalten als eine Maus, eine Spinne. Wie ist jetzt alles weit geöffnet!

Wie groß, groß ist mein Haus.

Klage um das verlorene Ich

Wie schrecklich bin ich mir entfremdet, wie hat sich alles abgewendet, wie ungeheuer steh ich da. Die Häuser stehen da aus Steinen, wie soll ich sie mit mir vereinen, ward ich nicht selbst zum Steine da?

Der Funkturm bin ich und sein Feuer, der Mond am Himmel, täglich neuer, ich brenne in einem Glühen hin.

Die Nächte und die Tage bin ich, die Straßen und die Plätze bin ich, mir sind die Glieder ausgerenkt.

Die Wagen schmettern auf den Schienen, ich muß mich ihrer jetzt bedienen und muß erkennen mich in ihnen.

Die Autos sausen den Damm entlang, mein Leben saust denselben Gang. In allen kahlen schwarzen Bäumen muß ich mir mein Bett einräumen.

Verloren habe ich mein Zimmer, vergangen ist sein Lampenschimmer vor jenem mächtigen fernen Feuer, wer nimmt sich jetzt noch meiner an.

Wo kann ich jetzt die Höhle finden, in die ich lautlos mag verschwinden und presse mich an Wände an.

Wo finde ich die dunkle Ecke, in die ich diesen Leib verstecke, und bin so klein wie sonst ein Mensch?

O grauenhaftes weites Dasein, o Überfülle ohne Hiersein, ach wie entrinne ich dir nur.

Wie schrecklich bin ich mir entfremdet, wie ist mir alles jetzt entwendet, wie leer, bestohlen steh ich da.

Das Ich dankt ab

Wer, was ist nun Ich?

›Es begibt sich‹ und ›das bin ich‹, oder, da ich ja anonymisiert bin, ›das ist Ich‹. Welt und Ich fallen zusammen. Mein Anteil an der Welt wäre also, daß ich sie erlebe. Das also wäre Ich: der Erlebnisträger, die Erlebnisfunktion, das Erlebende.

Aber sprechen wir es ruhig aus: wir brauchen das Wort ›Ich‹ nicht mehr. Wenn es nicht an der Person haftet, hat es keinen Inhalt. Es bleibt übrig: Dasein. Wenn man durchaus das Wort Ich verwenden will, muß man einfach und ohne Hintergedanken die organische, einzelne Person beschreiben. Dasein ist da, die Welt ist da – und in der Welt findet sich auch die organische Einzelperson, die sich aus praktischen Gründen besonders benennt.

Ja, wir können ›Ich‹, nachdem wir so weit sind, nicht mehr unterbringen. Die Welt ist da, das Dasein ist da, die Person dabei. Und ich? Das ist eins der vielen überflüssigen Worte, die hier herumlaufen. Die Menschen sind merkwürdig; erst machen sie überflüssige oder fehlerhafte Worte, und dann soll man entdecken, was damit gemeint ist. Komisch. Was bleibt übrig für ›Ich‹? Ein Ehrenplatz im Museum der Sprachen.

Wir haben uns auf das hohe Roß gesetzt, wir haben roh und lieblos den Organismus, die Person als nicht ichwürdig abgewiesen, jetzt sind wir ad absurdum geführt. Man kann mit Ich nichts weiter meinen, als was diese Person von sich sagt. Über die einfache Praxis hinaus, die diese Person bezeichnet, ist mit dem Wort Ich nichts anzufangen. Einer, der redet und auf den man die Blicke hinwenden soll, heißt Ich und spricht von sich als Ich. Es steckt gar nichts dahinter. Er kann auch P.K. 26 sagen im Unterschied zu dem, der neben ihm steht und P.K. 27 heißt. Jawohl, das ganze ›Ichproblem‹ verschwindet, wenn man es vernünftig macht wie ein kleines Kind, das sagt: »Lotti hat Hunger« oder »Mäxchen hat Weh.«

Gesang des Spottvogels

Da war es zu Ende mit dem König Nebukadnezar, und ein böser Geist führte ihn auf eine schöne grüne Weide und befahl ihm, Gras zu fressen. Und der König tat, wie man ihm befohlen hatte. Und alle, die herumstanden, lobten ihn und sagten: »Seht, er spekuliert nicht.« Und es war eine einzige Freude in Babylon.

Trauermarsch

Es folgt der Trauermarsch und das feierliche Leichenbegängnis des Ich. Aufgebahrt auf einem Wagen, den zwanzig schwarzbehangene Pferde ziehen, ist das Ich. Es ist in größter Armut gestorben! Hinterlassen hat es nichts. Man hat es auf einen riesigen Stoß Bücher gelegt, darüber hat man ein großes Pergamentblatt gebreitet und mit schwarzen Samtbändern an den Seitenstreben des Wagens befestigt. Unter dem Pergamentblatt liegt es, das tote Ich. Trompeten blasen voran. Trommeln wirbeln. Das Ich ist nicht zu sehen. Es ist kolossal zusammengeschrumpft. Übrig sind nur die drei Buchstaben ICH, die stehen oben auf dem Pergament.

Die Menschen am Wege drängen und flüstern: »So gewaltig war das Ich, und jetzt ist es so klein, drei Buchstaben. Jetzt tun sie es in das Museum, und kein Mensch weiß davon.«

Andere rufen: »So eingeschrumpft ist es. Achtung, jetzt sind wir dran!« Und schimpfen hinter dem Zug: »Rache, Bösewicht, Giftmörder.«

Andere lachen und sind bloß froh. Das sind die meisten.

So zieht das feierliche Staatsbegräbnis des Ich hin, Trompeten voran, wirbelnde Trommeln.

Nachruf
Fehlerhafter Fischzug oder die mißglückte Ichsuche

Ein Jüngling saß in dem Gebüsch an einem Teich, um einen Fisch aus diesem Teich zu angeln. Die Stange hielt er in der Hand, das Fischen war ihm wohlbekannt, er dachte in seiner Seele: es kann mir an nichts fehlen.

Er wartete und wartete, er harrte und er harrtete. Die Fisch, die bisseten nicht an. Er fragt, woran das liegen kann.

Wo liegt das hin, wo liegt das her, der Junge überlegt das sehr, liegt es zur Rechten oder Linken, dem Jüngling aber tät nichts dünken. Er sah zum Himmel, sah zur Sonne, die waren da und wohl gesonnen. Er sah herab auf diese Erde, auch da gabs keinerlei Beschwerde.

Woran dann aber liegt es dann, so fragt jetzt unser Unglücksmann, daß ich hier sitz von früh bis spät und nichts an meine Angel geht. Der Teich ist da, und ich bin da, die Angel, seht, sie ist auch da. Was kann die Fische quälen, die Angel zu verfehlen? Ich trage sie schon manches Jahr, als ich noch Hosenbüblein war. Ja damals hab ich schon geangelt und Fischlein aufgehangelt. Das war ein munteres Zappelchen, ein Zückelchen, ein Schnappelchen. Vom heutigen Vergnügen, da müßt ich grade lügen.

Es stand da auf der Jüngeling und überlegt ein neues Ding. Er sagt: »Ent oder weder, es liegt wohl an dem Köder.«

Den Köder hat er nun gewechselt und freundlich in den See gelächselt. Der See, der lächselte nun auch, das ist bei Seen so der Brauch.

Es war nun schon ein andrer Tag, der Knabe noch am Teiche lag. Er saß ganz unverdrossen auf seinen nassen Hosen. Ganz unverdrossen er da saß, bis zu den Ellenbogen naß, und langte in den Teich hinein, dem Jüngling fiel nichts andres ein.

Am dritten Tage hatt er Hunger, da ging er in den Teich herunter. Den Köder wieder wechselte er, den Teich von neuem anlächselte er. Der Teich, der ging ihm an den Bauch, aber lächseln, lächseln, das tat er auch.

Die Angel flog und schwang in Ruhe, das Wasser stand in größerer Ruhe, der Köder schwamm im Wasser, es wurde naß und nasser. Der Jüngling tiefer watete, die Fischlein er erwartete. Die Fischlein bisseten nicht an, weil doch das niemals ein Fischlein kann, welches nicht da ist. Und dies war der Fall bei diesem Teich nun allemal.

Später ging unser Jüngling unter. Er war schon vorher nicht mehr ganz munter.

Fluch und Forderung

Aber gibt es denn plötzlich kein Ich? Gibt es kein Erleben? Gibt es nichts, was das alles an sich nimmt, an sich nehmen muß?

Man kann sagen, ableiten und beweisen, was man will. Verflucht!

Es bleibt wahr: die Welt ist mein Erleben! Ihr kriegt die Welt nicht aus meinen Fingern. Ihr werdet sie niemals ›objektiv‹ machen. Die Welt kommt nicht in die neutrale Zone! Schopenhauer sagte: »Die Welt ist meine Vorstellung.« Sie ist noch mehr, mein Erlebnis. Sie sitzt an mir, umgibt mich, und wenn ich auch nur eine Einzelperson bin: die Welt gehört zu mir, sie ist mein, sie gehört zu meinem Ich!

Es wird niemals gelingen, sie von mir abzureißen und zu einer bloßen Gegebenheit, zu einem Dasein zu machen.

Was das heißt? Irgendwo müßt ihr mir einen Platz anweisen!

Aschenputtel

Jetzt will ich dich aus dem Winkel holen, du Aschenputtel ›Person‹. Dich, den Leib, das Tier, den Organismus will ich hervorholen, an die Sonne führen, und du sollst offen sagen, wer du bist. Und zwinkernd und unsicher trittst du jetzt näher an das Licht dieser Welt, die auch deine ist, weil sie ja Erleben heißt. Warum ist es jetzt Zeit, das Aschenputtel hervorzuholen? Weil wir ein wirkliches Ich sehen wollen. Und da stehst du da und meldest mit deiner kleinen heiseren Stimme Protest an. Im Beginn ist deine Stimme kaum zu vernehmen in diesem Riesenkreis der Sonnen, Monde und Sterne, der Erdteile, Tier- und Pflanzenklassen. Dann aber legst du los, du kommst in Zug, sie rücken zusammen, sie fangen langsam an, dich zu begreifen, was hilft es auch, wenn sie dich nicht begreifen, es wird klar, daß du, irgendeiner von ihnen und aus ihren Reihen, ihnen gegenübertrittst, ihnen allen, du, den Sonnen, Monden und allen Pflanzen und Tieren.

Was du sagst? Du willst nichts gegen sie sagen, du hast nichts gegen sie. Du bist ja einer von ihnen. Aber du willst festgestellt haben, wie es um dich steht, obwohl du einer von ihnen bist. Du willst hier gelten als das, was du bist. Du willst hier stehen an der Stelle, die dir zukommt, man soll sich klar sein über deine Rolle. Das willst du, und dem gibst du mutig Ausdruck. Es ist aus mit der Aschenputtelei. Daß du ihnen gegenüberstehst, sollen sie merken. Und da sagst du etwas, was sie alle in das größte Erstaunen setzt. Du redest Sonne, Mond und Sterne an und fragst sie, ob es etwa genug damit sei, daß sie am Himmel ihren Kreislauf machen. Was ist ein Kreis oder eine Ellipse? Ein Kreis oder eine Ellipse, – aber damit ist nichts geschehen. Soll das das ganze Leben sein, das Dasein, Feuer und Eis, Licht und Finsternis, mit Erkalten, Pflanzenwachstum, sich so nach astronomischen Gesetzen da am Himmel zu drehen? Kinderei! Das ist nicht Leben, noch lange nicht, und sagt einmal: glaubt ihr wirklich, ihr selber, ihr schwebt und dreht euch nach solchen Gesetzen und mehr sei an euch nicht? Kennt ihr euch so wenig? Dann kennt euch meinetwegen nicht. Aber von mir weiß ich es besser. Seht mich! Hier ist ein Ich, weder die ganze, noch die halbe, noch ein tausendstel Welt, sondern ein einfaches, kaum erkennbares Ich, ich sage: ich fühle, ich leide, ich will, ich handle, ich bin. Ja, ich bin, ich bin etwas für mich, ich bin abgesondert von euch, ich bin etwas in mir, und das heißt Ich, ich bin in mir, ich bin Fühlen, Wollen und Handeln.

Und da klingt diese Stimme stählern, die Stimme einer kleinen Person im Riesenkreis der Sonnen, Gestirne, Pflanzen- und Tierklassen. Sie hat sich kräftig gesprochen. Und unversehens ist die Welt in zwei Teile zerfallen. Es hat sich drüben die Front der Welt gebildet, und einsam steht und redet das kleine, fühlende und handelnde Ich.

Weder Gott noch Welt, sondern der kleine Kerl

Und dann hat die kleine erregte Person noch immer nicht genug geredet. Jetzt hat sie funkelnde böse Augen und richtet sie auf mich. Sie brüllt: Und was führst du selber hier für ein Theater auf. Was machst du Reime, statt dich um vernünftige Dinge zu kümmern. Das ist Theologie und Scholastik, was du redest. Und mich willst du auch nicht – das Denken, Fühlen, Wollen willst du, irgend solch phantastisches Denken, Fühlen, Wollen in der Luft, und dazu am liebsten die ganze Erde, die ganze Welt, es ist ja ein Mundaufmachen. Aber wenn es darauf ankommt, wirklich einmal zu wollen und zu fühlen, etwas Richtiges zu wollen und zu fühlen, dann kneifst du. Selbstversenkung, Rausch, Betrunkenheit, Trunkenheit mit Worten, bequeme Sache. Aber sieh mich an, das wirkliche Ich, faß mich an, wenn du Mut hast. Gott bin ich nicht, und die Welt bin ich nicht, und irgendein allgemeiner Mensch bin ich auch nicht, aber ein kleiner wirklicher Kerl mit Haut, Knochen und Haaren, mit Zähnen, Händen und Füßen. Den magst du nicht. Das frißt der Bauer nicht. Aber du wirst es müssen. Bis hierher hast du dich glücklich durchgedacht. Jetzt heißt es zupacken. Jetzt ist der richtige Moment da. Ich lungere auf der Welt herum, und du reißt mich da nicht heraus, und du kannst deinen Kopf in Stücke zerdenken, denn ich habe hier ein Geschäft zu besorgen. Ich such mir hier meinen Ort, ob du es mir gestattest oder nicht. So gellt die Person. Sie schlägt mir gegen die Brust. Wirklich, das ist eine solide Welt. Wer nicht sehen will, muß fühlen.

Die Person tritt der Welt gegenüber, leiblich, lebendig. Dem apathischen Satz ›Welt geht vor‹ steht der andere energische entgegen: »Ich, die fühlende, wollende, handelnde, leibhaftige Person bin da, erlebe und bewege die Welt!«

Wo aber steckt die Wahrheit? Wo bin ›Ich‹, wo ist Ich, dort in der Welt, die vorgeht, meine Person dabei, oder hier als fühlende, wollende, handelnde Person? Ich kann mir nicht genügen, in dem Einen noch in dem Andern zu sein, Ich bin auch nicht beides zusammen, sondern Dies und das Andere, und dann weiter die Entzweiung des Einen und des Andern, und dann die Bewegung des Einen auf das Andere. – Versteht man das? Nicht? Man erwarte nicht, daß das Dasein mit Tod und Leben, Lust und Schmerz ein Einmaleins ist.

Die Wendung ist da. Realer Boden ist betreten, konkretes Dasein ist da. Der greifende, schaffende, wertende Organismus ist da, wir brauchen uns nicht zu wiederholen, das Stück und Gegenstück der Natur.

Nun hebe wieder den Kopf, du Betrübter. Träume nicht zuviel. Du segelst nicht durch Jahrtausende, durch Jahrmillionen. Du bist nicht du – ohne den Körper.

Wenn ich so still in meiner Stube sitze –. Wenn ich so still die Türe öffne –

SECHSTES BUCH

VON KLEINEN UND GROSSEN MENSCHEN

Man soll nicht glauben, unser Erleben hebe uns in einem großartigen Sinn über die Welt. Erleben und Ich heißt nicht ›sittliche Macht‹ oder ›Inbegriff der sittlichen Antriebe‹, die es ja auch gibt. Sie gibt es, sie kommen in unserem Erleben vor, aber sie sind es nicht, sie schaffen es nicht. Ich oder das Erleben oder die Unmittelbarkeit des Erlebens ist etwas viel Einfacheres, Elementareres, nämlich die Tatsache selbst, daß wir sehen, hören, fühlen, denken, wollen, begehren. So und nur so treten wir dem Gestalteten gegenüber. Warum ich das jetzt wieder sage? Weil wir uns dem zweiten Hauptteil unseres Buches nähern, dem, der von Menschen und Völkern handelt. Und da treten sie ja auf, von denen wir sprechen, da sind sie selbst, äußern sich, wir sehen ihr Leben wirklich vor uns, wie es einzeln und in Massen und Verbänden abläuft. Da wird sehr rasch alles Mißverstehen über ein Gegenüberstehen korrigiert. Welcher großen Harmlosigkeit begegnet man da. Was sollen die großen Worte da, die prunkenden pompösen Fahnen. Wir erinnern uns an einige Hinweise, die wir beim Betrachten von Pflanzen machten. Es ist immer gut, aus der wort- und gefühl- und trugreichen Zone der Menschen in die ganz stummen Regionen zu steigen. Da fanden wir gar nicht die romantisch sanfte und idyllische Pflanze, die in Unschuld auf den Fluren dahinlebt, während die bösen Tiere und gar die Menschen – wir sahen sie raffiniert und geschickt, sie war im Besitz einer schlauen Technik, sie führte den Kampf ums Dasein gegen Kälte und Austrocknung, gegen andere Pflanzen und gegen Tiere mit der größten Zähigkeit und Gewandtheit. Sie benahm sich, fanden wir, geradeso wie wir, nur ohne Phrasen. Und grade darauf gründeten wir unseren Satz von dem Erleben auch bei Pflanzen, und das Erleben bekam einen anderen Sinn, nachdem es von seinem Wortgepränge befreit war. Und wir können ja auch Pflanzen gar nicht so sanft und zartbesaitet finden, wenn wir an Milzbrand, Typhus, Tuberkulose denken, schreckliche Krankheiten, die jährlich Millionen Tiere und Menschen hinraffen, mehr als im Krieg – Mörder sind die Pflanzen.

Wir haben schon bei der Kunst gesehen, wie – zuletzt in der Überhöhung – das Gegenstück der gestalteten Natur arbeitet. Wir haben in dem Buch von der Zeitlichkeit und dem Handeln gesehen, wie die Triebe der Natur gegenüber arbeiten und sie bewegen. Hier stellen wir die Menschen und ihre einfache Lebensart selber hin.

Ich melde einen Traum, den mir gestern einer erzählte, ein ruhiger kleiner Mann, die Sanftmut in Person, er lächelte mich etwas ängstlich an, wie er sprach. Er hätte im Traum plötzlich seine Frau vermißt, hätte sich im Zimmer nach ihr umgesehen, und dann kam sie durch die Tür herein mit glücklichem Gesicht, so fremd, so jung, so strahlend glücklich, daß er sie fast für seine älteste Tochter hielt, und ein maßloser Schmerz befiel ihn, wie sie ihn ansah, denn er wußte, auch ohne daß sie sprach, ihr Glück stammte nicht von ihm, ein anderer ging neben ihr und war mit ihr durch die Tür gekommen. Da hatte er schon ein Messer in der Hand und stach auf den Fremden ein. Der kleine sanfte Mann erzählte mir weiter, er sei dann bald aufgewacht, aber er sei noch lange nicht das Gefühl des Unglücks und des Schmerzes über das böse strahlende Gesicht seiner Frau losgeworden.

Da war vor 2000 Jahren folgendes geschehen, die Geschichte weiß es nicht genau, aber es hat viel Wahrscheinlichkeit für sich. Im Lande Syrien geht ein zarter feiner Mensch herum, die Leute um ihn sind verknöchert in ihren Gesetzen, die sie Religion nennen, er kennt nur und will nur kennen das einfache menschliche Gesetz seines reinen Herzens und spricht davon. Dann kennt er auch noch den Gott in dem schönen Himmel, dessen Kind er ist und alle, die reinen Herzens sind. Ein Dutzend armer Menschen zieht mit ihm herum an den Seen unter dem weichen Himmel, und obwohl er sanft ist, reizt und erregt er die Menschen, er ist ein Störenfried, ein Besserwisser, ein unerträglicher Querulant. Sie entledigen sich seiner ohne Umstände. Es gibt einen Hochverratsprozeß, es hätte auch einen anderen Prozeß geben können, vielleicht hat er mal was unterschlagen, vielleicht lassen sich ihm Gotteslästerungen nachweisen, kommt nicht drauf an. Kommt nur darauf an, daß man sich seiner entledigt, und das Paragraphen-Gesetzbuch ist ausreichend groß. Darauf hängt man den Mann auf. Ein Tiger hat ein Veilchen abgerissen, ein Dschingis-Chan, im Vorübergehen, es ist eine bunte Bestie, es gefiel ihm so, im Vorübergehen. Das ist das Leben.

Und nun ist es Frühling. Über Nacht sind mit einem Schwall alle Triebe der Bäume hochgeschossen. Das ist ein betäubendes Blühen, ein Rauschen von Grün und Weiß, Blatt und Blüte auf den Alleen. Und schon sind die Vögel da, die singen, flöten, und schon fressen sie. Und wie ich den Bahndamm entlang gehe im Freien, da wehen über den Weg die feinen Gespinste, die Samen der Blüten, die Federkörbchen. Und es hat schon ausgeblüht, und ob die Vögel fressen oder nicht, sie fliegen zu Millionen über die Wege, das ist wie ein Feuer, Dschingis-Chan marschiert mit seinen Mongolen über die Erde. Ich sehe das und fühle das und nehme es in mich auf. Es gießt durch meine Adern. Der Abscheu in mir ist aufgehoben, was da fliegt, weitet mich auch, hier kann sich nichts halten, wer ein Herz hat, muß es hingeben, damit es bricht.

Die drei Zufluchten

Ohnmacht, Schlaf, Tod sind dicht beieinander. Das vor sich selbst oder vor andern fliehende Individuum hat die Wahl zwischen den drei Zuständen.

Tiere stellen sich in Gefahr tot. Ein Naturforscher vermutete, der Schlaf wäre überhaupt keine Naturnotwendigkeit, sondern sei von den Tieren, auch Menschen, zur Nachtzeit gewählt als Form des ›Sichtotstellens‹. Angst lähmt, macht quasi tot. Also:

man stellt sich nicht nur tot, man ist es auch beinah. Wer Angst einflößt, hat schon halb getötet. Die Angstlähmung gehört neben den freilich viel angenehmeren Schlaf. Frauen wenden gern die Ohnmacht als Form des Sichtotstellens an.

Die stärkste Form des Sichtotstellens als Fluchtbewegung, die sicherste Mimikryhaltung ist der Tod selber. In den flüchten die Selbstmörder. Angstlähmung, Schlafneigung, Ohnmacht gehen ineinander.

Vom Glück des Nichtseins

Wir haben außer dem Allesbeender Tod die Ohnmacht, den Schlaf – auch den Rausch und die Narkose. Wenn sie schön sind, so sind sie zu einem Teil schön, weil sie ein überspitztes Bewußtsein vorübergehend auslöschen. Das Bewußtsein dient dem Such- und Nahrungstrieb, dazu dem Schutz der flüchtigen Lebewesen. Ist der Schutz da und der Trieb befriedigt, hat die Funktion des Bewußtseins keinen Zweck und das Bewußtsein kann abgeschaltet werden. Daher neigen Gesättigte zum Schlaf. Wenn ich wach bin, heißt das: es ist Gefahr da, und es sind Bedürfnisse da.

Das ist das Glück des Nichtbewußtseins. Aber schon der Rausch zeigt, es ist nur ein Teil des Schönen, Erfreulichen, den das Erlöschen des Bewußtseins, das bloße Nichtswissen gibt. Es gibt ein Übermaß von Leiden, wo schon das Nichtleiden in Schlaf, Ohnmacht, Narkose, Tod als Wohltat und Glück erscheint, aber wir können da nicht sprechen vom Glück des Nichtseins. Glück, nämlich Lust, hat das Sein, ein anderes Glück ist uns unbekannt, das Glück des Seins ist positiv.

Es ist schon mit dem bloßen Dasein eine dunkle Art Glück verbunden, und wenn Menschen und Tiere nicht sterben wollen, so haben sie diese Tatsache vor Augen. Und es ist nicht wahr, daß in den Trieben und Begierden selbst Unlust stecke. Das Hunger-

und Durstgefühl und vieles andere sind, obwohl Entbehrungen hinter ihnen stehen, mit der merkwürdigen Farbe des Reizes gezeichnet. Das ist eine Tönung, die ganz für sich auch in die grob ausgesprochenen Zustände von Lust und Unlust hineinschlägt und die Spannung, Lust, Unlust, alles zusammen ist. Reiz ist der Spannungsuntergrund von Lust und Unlust, und ihn, wenn er etwa beim Hungergefühl stark auftritt, Unlust zu nennen, geht nicht an. Er ist eine Kategorie des Erlebens für sich, und nur das Vorkommen des besonderen Charakters des Reizes konnte zu Philosophien des Passivismus und der Abstinenz führen.

Wie es mit den Lüsten und Schmerzen selbst steht, wollen wir nun sehen.

Die Arten der Lüste und Schmerzen

Einige halten Lust für die bloße Abwesenheit des Leidens oder für das Gefühl nach Wegfall oder Befriedigung von Bedürfnissen. Dagegen spricht die Mannigfaltigkeit der Lüste und Unlüste. Hunger und Durst sind quälende Zustände, aber Nichthungern ist etwas anderes als befriedigter Hunger und Durst, nämlich der Geschmack der Erdbeere, eines Weins. Es gibt das große Geschmackslustlexikon der Feinschmecker, der Feinfühler, Feinseher, Feinhörer (musikalische, malerische, taktile Genüsse). Das sind positive Freuden und Vergnügungen. Dies gehört auch ins Kapitel ›Kunst‹ und bewahrt uns vor einer überirdischen Auffassung der Kunst.

Wir sind nun als Menschen, wie wir im Buch von der Natur gezeigt haben, vielerlei. Und daher ist auch das, was uns wohltut, vielerlei. Einiges tut dem kämpferischen Nervmuskelgebilde in uns wohl, und da wollen wir Abenteuer, Jagden, vielleicht Kriege, aber immer Siege – einiges breitet sich mehr langsam am Boden aus, da ist manches in der Malerei mit ihren Farben, das spricht zu der Pflanze in uns – dann die Formen, die der Geometrie und Algebra entnommenen oder angenäherten Figuren und Proportionen mit ihrer Symmetrie und Spannung zwischen Symmetrie und Asymmetrie, die mathematischen Funktionen, das rührt an unser Anorganisches. Es sind alles besondere Lüste und beim Nichteintreffen besonderes Mißvergnügen und Uninteressiertheit.

Von allerhand Leuten

Ein Handlungsangestellter. Mitte Dreißig, ruhig, ernst, reist viel. Sie nett, rundlich, etwas liebebedürftig. Der Mann hängt an der Frau, ist aber gelegentlichen Spaziergängen zur Linken nicht abgeneigt. Als er wieder längere Zeit in Berlin ist, bemerkt er, daß auch seine Frau sehr auf Geselligkeit aus ist, besonders in seinen Ruderklub eingeführt werden will. Dort ist sie und der Mann bald mit einem älteren Mann sehr liiert. Der wird überraschend schnell von der Frau eingeladen, man duzt sich zu dritt. Ostern macht der Mann wieder eine Reise. Nachher ist die Frau verändert, erregt, weinerlich. Es treffen anonyme Briefe ein, sonderbare telephonische Anfragen an den Mann. Zuletzt nach einem Tränenausbruch erklärt sich die Frau. Sie hätte jenen Herrn schon lange gekannt, hätte ihn in den Ruderklub gebracht, es sei reine Freundschaft gewesen. Dann Ostern habe sie sich über den lieblosen Abschied des Mannes geärgert. Der Herr sei zudringlich geworden. Sie hätte sich nachher entsetzlich geschämt. Hätte schon mit einer Freundin darüber gesprochen, die muß weiter davon geredet haben. Sie selbst könne es nicht bei sich behalten. Darauf ist der Mann erst wütend und fällt mit gemeinen Ausdrücken über die Frau. Dann geht er auf die Jagd nach dem Herrn, der sich ihm zwei Tage entzieht, dann nur in Begleitung eines handfesten Freundes spaziert und die Schmähungen des Mannes ruhig einsteckt. Zuletzt verzeiht der Mann der Frau.

Beide treten in Opposition zu dem erbärmlichen älteren Herrn. Der Mann kommt aber schwer über die Angelegenheit hinweg. Er wird verschlossen, finster, quält die Frau, hängt sichtlich noch enger mit ihr zusammen als vorher. Sie spielt erst ›krank‹ in der gefährlichen Zeit. Die Affäre ihres Ehebruches endet damit, daß die Ehe sehr gefestigt ist und daß die Frau die Vorhand bekommen hat.

Eine ganz leise Geschichte. Wieder der arbeitsame, ernste Mann. Er hat keinen Sinn für Vergnügungen, nur für Schachspiel und Zigarettenrauchen. Wenn er tagsüber nicht zu Hause ist, muß er, seit Jahren, genau wissen, was die Frau stündlich tut. Ruft oft bei ihr an. Er ist gut zu ihr, liebt sie, behütet und bewacht sie. Debatten über den ›Mann‹ und die ›Frau‹, über ›Ehe‹, Theaterstücke dieser Art sind unsympathisch. Sie, sehr zart, gebildet, hat im Laufe der Ehe alles von sich abgeschlossen. Sie haben nur einen sehr kleinen Bekanntenkreis. Es sind fast alle Bewegungen und Gedanken in dieser kleinen, kinderlosen Ehe stereotypisiert, sakrosankt. Sie liest viel, ist mokant geworden, kleidet sich überaus elegant. Die Frau legt außerordentlichen Wert auf Garderobe, ist aber unauffällig. Hat sich vollkommen in Bücher und elegante Toiletten verkrochen. Es ist eine Freude, mit ihr zu sprechen. Sie achtet sehr auf ihren Körper, pudert sich, zieht die Lippen rot und sitzt mit ihren braunen, glänzenden Augen sehr fein und abweisend, fast feindlich, scheu da. – Diese ist ein ›Opfer‹ des Mannes. Sie genießt ihr Leben noch in Surrogaten und hinter dem Vorhang.

Zwei Kämpfer. Er robust und sie robust. Keine Kinder. Er selbständiger Handwerker, Ende Dreißig – sie Mitte Dreißig. Die Ehe wird nach kurzer friedlicher Ouvertüre hart. Er ist kurz angebunden, oft grob; sie ist eben seine Frau. Sie gibt von Beginn an nicht nach, verachtet den Mann, ekelt sich zuletzt vor ihm. Sie lehnt wochenlang jedes Gespräch mit ihm ab. Er ist gemütlich, hat die Frau gern, trinkt öfter, ist eifersüchtig. Sie ist verbittert, hat niemals Blicke für einen anderen. Ihre Ehe ist zuletzt von eiserner Härte. Die Frau ist mehrfach weggegangen, nach außerhalb; er hat sie ökonomisch kirre gemacht. Sie will immer weg, aber da ist die Wohnungsnot, und ihre Möbel will sie ihm nicht lassen. So leben sie, schlagen sich, schließen Frieden.

Ein Paar hat sich aus Liebe geheiratet. Im Krieg hat er in sich Schauspielertalente entdeckt. Die Ehe paßte ihm von dem Augenblick an ›prinzipiell‹ nicht mehr; sie war sozusagen für ihn jetzt nicht standesgemäß. Er equipierte sich mit Liebschaften. An einer kleinen Bühne bekommt er ein kleines Engagement. Die Frau hatte ihn im Beginn der Ehe in der Tasche. Jetzt, nach seiner Emanzipation, erklärt er strahlend: er fühle sich frei, sei wirklich Mann, Herr. Es hat ihn nämlich – eine andere in der Tasche. Die geht bald in denselben Haushalt ein. Die Ehefrau wohnt in einem Zimmer, der Ehemann und die Standarte seiner Freiheit im anderen. Die Ehefrau kämpft um eine Wohnung. Die Frau, die den Mann noch liebt, drängt ihn, die zweite zu heiraten. Er aber erklärt, er fühle sich völlig selbständig, lege von sich aus nicht den geringsten Wert auf die Ehe, werde höchstens heiraten, wenn die Standarte darauf bestehe. Die Frau ist, als sie endlich ausziehen kann, gebrochen. Sie hat sich schon vorher selbst ernähren müssen, da das Geld des Mannes von der anderen beschlagnahmt ist.

Zweiundzwanzigjähriger Beamter, junges intelligentes Gesicht, sehr nachdenklicher trauriger Blick, braune, glattgekämmte Haare, spricht verbindlich, höflich. Er stammt aus einer alten Beamtenfamilie in Westfalen. Er hat vor zwei Jahren geheiratet. Aus Liebe. Das Mädchen, in seinem Alter, war mittellos; seine Eltern waren mit der Sache nicht ganz einverstanden, aber sie liebten sich sehr. Sie ist auch aus gutem Haus, »wenigstens ordentliche Leute«, wie er sagt. Ihre Ehe war anfänglich ganz ungetrübt. Da erkrankte die Frau an Fieber, und während dieser

Zeit kam ein gerichtlicher Brief ins Haus. Die Frau wurde als Angeklagte in einer schweren Einbruchsaffäre vorgeladen. Der Ehemann war aufs höchste erschreckt, hielt es für einen Irrtum, sagte ihr, die im Fieber lag, nichts von der Ladung, ging selbst zum Termin. Da erfuhr er, daß es sich um einen Fall aus der Zeit ihrer Verlobung handelte. Sie wurde beschuldigt, bei einem großen Leinwanddiebstahl mit Einbruch mitgewirkt zu haben. Sie soll Schmiere auf der Straße gestanden haben, während die drei Männer ›arbeiteten‹, soll dann in einer westlichen Pension ein Zimmer zum Unterbringen der Sachen gemietet haben. Im Termin wurde ohne die Frau verhandelt, die schwer belastet wurde. Er besprach den Fall mit seiner Frau. Sie sagte, sie sei von den Männern, die sie vor längerer Zeit im Café kennengelernt habe, nur vorgeschoben worden. Es sei eine andere Frau, die Geliebte des einen, die sie nicht bloßstellen wollten, die sei jetzt längst über alle Berge. Sie weinte furchtbar über die schlechten Männer, er tröstete sie, sie war noch krank. Nach einiger Zeit kam wieder ein Brief vom Gericht. Es war nun wegen Diebstahls eines goldenen Ringes. Er gab der Frau gleich die Ladung. Sie erklärte empört: sie habe eine Freundin gehabt, mit der sie sich schlecht gestanden habe. Als es der schlecht ging, seien sie einmal zusammen in ein Goldwarengeschäft gegangen, die Freundin wollte sich etwas kaufen, tatsächlich aber hat sie sich allerhand eingesteckt und aus Schabernack auch ihr einen goldenen Ring in die Tasche getan. Sie habe gleich am nächsten Tag, als sie das merkte, den Ring zurückgetragen, sei verhaftet worden und man hätte sie auch etwas festgehalten. – Jetzt schwebt in der Einbruchssache ein neuer Termin. Der junge Mann liebt seine Frau. Er ist gebrochen, weiß nicht, was werden soll. Die Frau hat er zu ihren Verwandten aufs Land geschickt; er klagt: »Sie ist auch ganz hin von dem Unglück.« Es ist ja furchtbar, ganz unertragbar zu denken, daß die Frau verurteilt wird und seine Eltern erfahren von dem Fall. Er geht beängstigt herum, in einem Hin und Her des Zweifels, der Sehnsucht, der Scham.

Qualifizierter Arbeiter, ernster großer Mann, etwas passives Wesen, große Hornbrille, glattes Gesicht. Er kannte ein junges Mädchen, ist mit ihr gegangen, er hatte sie gern, es ist aber zu nichts weiterem gekommen. Er mußte in den Krieg. Währenddessen heiratete sie. Als sie zwei Jahre verheiratet war, kam er zurück, suchte sie auf. Sie kamen sich jetzt sehr nah. Der Ehemann bemerkte ihre Beziehungen, stellte den Ehebruch fest, die Ehe wurde geschieden. Der Arbeiter wollte, als er von einer Montage zurückkam, die Frau nun heiraten. Aber jetzt läuft sie wieder – zu dem ersten Mann! Der Monteur muß krank in ein Nervensanatorium gebracht werden. Inzwischen lebt sie bei dem geschiedenen Mann. Der Monteur hat sich schon völlig – sagt er – von ihr gelöst; aber da kommt sie immer wieder! Sogar im Sanatorium hat sie ihn besucht! Er liebt sie, ist untröstlich. Wenn sie ihn nur ließe, wenn er nur los von ihr käme.

Ein junges Mädchen ist in Angst. Sie weiß sich keinen Rat. Ein Kapellmeister ist da, ein fast fünfzigjähriger, wohlkonservierter, lustiger Mann mit Glatze. Der hat ihre Schwester kennengelernt, in ihrer Familie. Der Kapellmeister wird von seiner Frau geschieden wegen Ehebruches mit dieser Schwester. Jetzt kann er seine Geliebte nicht heiraten, weil sie schuldig ist. Eines Tages fragt der Mann das junge Mädchen, ob sie ihn nicht heiraten wolle; mit der Schwester mache es Schwierigkeiten. Sie sagt: »Warum nicht.« Er ist solch netter ulkiger Mann. Sie kommen oft zusammen, versagen sich nichts; das Aufgebot wird gemacht. Da erfährt jene zuerst schuldige Schwester von dem Vorfall! Erscheint wieder in der Wohnung des Kapellmeisters, tobt. Der Kapellmeister verläßt nach einigen Wochen das Mädchen. Er kann die eine nicht heiraten, darf die andere nicht heiraten. Pendelt daher – vergnügt zwischen beiden!

Fesche junge Frau, übermütig, lacht, hat schlaue Mienen, öfter einen falschen neckenden Ton. Sie hat – aus kleinbürgerlichen

Kreisen – in der Stadt schon locker gelebt. Hat einen jungen kräftigen Schiffer kennengelernt, mit ihm gewohnt. Der wollte sie aber nicht heiraten. Zu ihm kam einmal sein Bruder, der war Portier in einem Warenhaus in einer anderen Stadt, ist sehr ernst, ruhig, gar nicht wie der andere, macht ihr, als er das zweitemal wiederkommt, einen Heiratsantrag. Sie nimmt an; der geliebte Schiffer ist einverstanden. Sie läuft, in eine Kleinstadt kommend, dem Mann nach einigen Monaten weg, treibt sich in Berlin herum, kehrt zurück. Das tut sie einigemal. Der Mann droht, sich von ihr scheiden zu lassen. Aber sie möchte nicht. Wenn der Schiffer kommt, liebt sie den. Der Portier ›versteht‹ sie wiederum besser.

Die ›Natur‹ gibt es nicht

Die Liebe führt von der Gesellschaft weg. Man kann die Liebe nicht moralisch machen. In der Liebe erfahren viele Menschen, besonders Mädchen, eine Entlastung von der Scham. Das ist die Entfernung vom Druck einer bestimmten Gesellschaft und Moral. – Übrigens: die ›Natur‹ gibt es gar nicht. Das ist nur ein anderer Gesellschaftszustand.

Dieses ist ein Café

Dieses ist ein Café. Es ist ein Uhr mittags. Das Café ist ein niedriger Raum, im hinteren Teil mit Glasdach, langgestreckt, ein langes Rechteck. Stühle und Tische sind aufgestellt, an den viereckigen Marmorsäulen brennen rötlich die Lampen, die Seitenwand drüben ist von Fenstern durchbrochen. Davor kauern Menschen auf Stühlen, lesen, rauchen, essen, trinken, schwatzen. Es sitzen zusammen zwei Herren, sie haben leere Kaffeetassen vor sich, der eine ist Ende Dreißig, der andere vielleicht zehn

Jahre jünger. Der Ältere ist gedrungen, kurz, schwarzhaarig, die Haare fest angeklebt, er trägt einen schwarzen kleinen Schnurrbart und blickt sich viel um. Der andere spricht inzwischen mit Bewegungen der linken Hand heftig auf ihn ein. Jetzt steht der Ältere, Kleine auf, zieht das Jackett fest, steht auf den starken Säulen seiner Beine, rückt an seinem Schlips, dann marschiert er links ab zum Telephon. Jetzt ist der Herr wieder da, die beiden sprechen nicht, der Jüngere ruft die Kellnerin. Die hält eine Masse Kleingeld in der linken Hohlhand, mit der rechten wühlt sie in der Geldtasche unter ihrer weißen Schürze. Sie ist eine ältere Person, ich finde die Bewegung des Wühlens in der Tasche nicht anständig, jetzt gibt sie den Herren heraus. Unter dem linken Arm die Serviette schwänzelt sie in raschem Tempo nach vorn, wie oft mag sie heute schon hier abgegangen sein. Aber die beiden Herren sitzen nun zusammengesunken da, auch der vorher stramme Ältere hat einen krummen Rücken, der andere blickt in die Zuckerdose und macht unmotivierte Mundbewegungen, die ihm offenbar wohltun. Sie können sich nicht aufraffen zu gehen, bezahlt haben sie schon, aber sie sitzen noch da, das Sitzen kostet nichts, und sie versäumen nichts. Die Kellnerin kommt schon wieder dazu und wischt vor ihnen den Tisch ab, der jüngere Herr hat seine Zigarettenasche auf den Tisch fallen lassen.

Jetzt nähert sich mir eine junge schmächtige Kellnerin, sehr blaß, mit dünnen knickrigen Beinen, die Röcke reichen ihr nicht bis an die Knie, sie sieht zart und kindlich aus. Über dem schwarzen Röckchen hat sie ihre weiße Schürze, unter der weißen Schürze hat sie ihr schwarzes hochgerafftes Röckchen, darunter hat sie einen Schlüpfer, wahrscheinlich einen roten, einen blauen, einen schwarzen, und ihren Leib und die dünnen knickrigen Beine. Sie lacht sehr breit im Gehen und zeigt ihre schiefgestellten Zähne. Sie geht aufrecht, schiebt im Gang die Stühle zurück. Ein junger Herr an der Rückwand bittet sie lächelnd um eine Chaiselongue, – ob er denn so müde sei, wo waren Sie denn gestern, der Herr in den Hemdsärmeln lacht sie an, und wo waren Sie denn heute nacht, der Herr in den Hemdsärmeln lacht sie an, und wo waren Sie denn, im Bett, das glaube ich schon, na also. Da hat er sie als Frau erkannt und sie ihn als Mann, und das haben sie offen im Lokal getan, und es ist alles erlaubt. Jetzt trägt sie wieder ein leeres Tablett zurück und sieht sich um, ach Gott, da sitzen ja zwei neue Herren.

Hat aber dieses Kellnerfräulein, dieses überschlanke, junge, lange, dünnbeinige, ein Tempo am Leibe. Sie trägt von hinten ein Tablett nach vorn durch den Raum, sichtbar steht auf dem Tablett eine dicke Tasse Schokolade mit einem Stück Biskuit, ein Glas Wasser und ein Löffel, an der Tasse kann man mehr Porzellan essen als Schokolade trinken, damit enteilt sie gehobenen Kopfes, ihre Schritte hört man nicht, ich sehe noch weit hinten ihre Rückenpartie über einem Tisch über einem Streichholzständer, die fest und hoch gebundenen Schürzenschleifen über ihrer Taille, weiter abwärts fällt ihr schwarzer Rock und laufen ihre Beine.

An einem Ständer aus Metall, gelb, hängt, einem Tische zugewandt, ein zweifellos neuer Filzhut, ein sehr empfindlicher Hut mit herabgebogener Krempe und schwarzem Band. Er hängt an dem oberen Ring des Aufhängers. Von dem unteren Ring hängt eine schlaffe lange Stoffmasse herab, die ich als Paletot erkenne, wahrscheinlich zugehörig zu dem Hut. Und nun ist die Frage, die ich aufwerfen könnte, wem von den beiden Herren, die da bei dem Ständer dicht über der Tischplatte diskutieren, gehören die Sachen. Von dem Tisch kommen die Worte zu mir herüber, die da gesprächsweise fallen: Wissen Sie, ganz so dämlich, wie ich aussehe, bin ich ja nicht. Darauf diskutieren sie weiter, und die Frage des weißen Filzhutes und des langen Mantels kann ich nicht klären.

Ich blicke mich um im Café und weiß nicht, was es da noch alles gibt. Mit einem Blick erfasse ich zwei Garderobenständer, einer ist völlig leer, das Publikum meidet ihn, er sieht dabei aus wie jeder andere, es muß daran liegen, daß er an der Tür steht und man ihn immer streift. Ein anderer ist mit zwei Hüten besetzt und einer Pelerine. »Ein Herr Hornstein«, ruft jetzt ein Fräulein aus der Konditorei in das Lokal, dieser Herr wird am Telephon verlangt, es erfolgt keine Reaktion im Lokal, Fräulein, ich möchte zahlen, eine Mark siebenunddreißig, ich habe aber kein Kleingeld. Die Dame zahlt, die Kellnerin räumt ab, es bleibt übrig ein leerer Tisch mit Stuhllehne und silbriger Zuckerdose, Quadrate auf dem Fußboden, schwarz, einige Rechtecke. Und ein Fräulein an der Fensterwand hat ein Tuchkäppi auf und will Rätsel aus der Zeitung raten, sie reibt sich immer die Oberlippe, bald wird der Finger an die Nase stoßen, es ist fraglich, ob er rechts oder links geht, jetzt hebt sie den Kopf, ob ihr einer zusieht, der Finger rutscht von der Lippe zwischen die Zähne, es war wieder nichts, sie blickt auf das Rätsel.

Dämon oder Verstimmung?

Ach wovon sind wir Menschen abhängig. Welche Gewalten stehen über uns und drängen, treiben, erdrücken uns. Es sind nicht nur die dunklen organischen Abläufe in uns, die inneren Drüsen, der rasche oder langsame Stoffwechsel, unbekannte physikalische und chemische Prozesse in uns – es sind auch äußere Dinge. Wieviel verrät schon die Selbstmordstatistik mit ihrer Regelmäßigkeit. Bekannt ist uns einiges, das meiste klingt als dunkle Resonanz in uns an, bewegt uns, aber wir wissen nicht, was es ist.

Ich mußte vormittags nach dem Potsdamer Platz. Ein guter Bekannter wollte sich mit mir unterhalten. Ich schlenderte langsam und gleichmütig hin. Im Café setzte ich mich oben an ein Fenster. Der Anblick des mir so wohlvertrauten unteren Raumes hatte mir schon gar nicht gefallen; ich merkte es, aber es kam mir nicht recht zum Bewußtsein. Es war Rauch da, sehr besetzt: sonst saß ich gern dazwischen, aber irgend etwas stach mich bei dem Anblick. Ich mußte die Treppe hinauf. Da fing das Leiden an.

Ich saß erst ganz arglos. Mein Bekannter war noch nicht da. Ich kramte in meiner Mappe, nahm den Stirnerband zur Hand, den ich immer mit mir schleppte. Er sprach mich nicht an. Er war mir sogar etwas – unangenehm, ganz von weitem peinlich. Ich legte ihn in die Mappe zurück, saß mit aufgestütztem Kopf. Ich merkte etwas an mir, mit mir, aber nur sehr dunkel. Der Ober, der Kellner kam. Ja, was soll ich bestellen. Ich trinke sonst immer Kaffee; ich trinke gern Kaffee, er bringt mich ganz rasch in eine fast glückliche, mutige Stimmung; ich werde nach Kaffee ganz gefährlich mutig. Jetzt blickte ich mich um, was trinken die anderen? Kaffee? Ah, das süße Zeug. Schokolade, nein. Ich ließ mir Bouillon mit einer Pastete bringen. Und saß dann wieder mit aufgestütztem Kopf da, atmete. Die Menschen nebenan redeten; unten in der Bellevuestraße fuhren die Autos, die Wagen; alle Augenblicke klang das Tuten des Grünen vom Potsdamer Platz herauf. Ich merkte: ich bin nicht da; ich kann mit dem allen nichts anfangen, obwohl – ich mich darum bemühe.

Mein Bekannter kommt, mit offenem Mantel. Er strahlt mich von weitem an. Er ist in glänzender Verfassung; wir haben uns lange nicht gesehen. Ich bin fast bestürzt, wie ich ihn sehe. Was soll ich mit ihm machen, was soll ich reden. Ich spreche, frage, krampfhaft zwinge ich mich, etwas zu erzählen. Es gelingt mir schwer, ihm zu folgen. Er merkt zuerst nichts. Dann versage ich völlig, muß zum Fenster hinausblicken, rauche und – staune, staune. Ich weiß nicht, was vorgeht. Ich sehe die beiden Herren vom Nachbartisch an: sie sprechen und gestikulieren erregt; sie sind für mich ein Phänomen: wie das denkt, wie das erregt ist; was geht mit ihnen vor. Ich beneide sie, ich bringe es zu keinem Gedanken. Auch mein Bekannter merkt jetzt etwas: ob ich müde sei – aber es ist vormittags, ich war noch vor einer halben Stunde frisch; mir ist nichts passiert. Er bestellt sich ein Glas Tee. Da ziehe ich meinen Paletot aus, und statt ihn über meinen Stuhl zu legen, komme ich auf den Einfall (kommt der Einfall zu mir): ihn über den Tisch weg auf den Stuhl drüben zu legen! Und nun hebe ich den Paletot über den besetzten Tisch auf beiden Armen; ein Ärmel hängt herunter, reißt seinen Tee um. Den Mantel laß ich herüberfallen; er wird von dem heißen Tee völlig begossen. Mein Bekannter lächelt, ich nicht. Den Mantel reib ich ab; mein Taschentuch wird naß; ich habe Schnupfen; nun fehlt mir das Taschentuch. Ich sitze ergeben wieder da. Ich hole mein Notizbuch heraus, um dem Herrn etwas darin zu zeigen, reiche es ihm herüber. Er legt es in die Nässe. Und wie er es merkt und mich um Entschuldigung bittet, fällt es ihm aus der Hand und in die Teepfütze unten. Es ist nur außen benäßt; aber drin lagen schöne Federchen, die ich mir immer gern ansah. Die schwimmen in der Pfütze.

Ich sage ihm: Ich bleibe nicht mehr hier. Er ist einverstanden, daß wir gehen, sofort; er hätte sich vorhin beim Eintreten schon die Hand an der Drehtür unten geklemmt. – Wie ich zahlen will, hebt der Kellner vom Boden seine Handschuhe auf; die schönen Glaces sind heruntergefallen, sind naß und beschmutzt. – Ich weiß, wir müssen rasch raus. Auf der Straße suggeriere ich mir: jetzt ist es besser. Aber da schwatzt er freundlich, gleichgültig. Ich jammere innerlich: wir sehen uns doch so selten, ich muß nett zu ihm sein. Aber er reizt mich mit jedem Wort. Ich fahre zusammen, wenn ich ihn im Gedränge berühre. – An einem Laden in der Budapester Straße schlägt er mit seinem Stock den Boden; der Sand bespritzt mich. Da sieht er selbst ein: wir müssen uns sofort trennen. Ich gehe rasch. Ich bin von einem dunklen Haß, einer Wut bis oben gefüllt. Wie ich am Kriegsministerium auf eine Elektrische warte, fährt zuerst die kritische 13 vor. Gleich dahinter meine 76. Zu Hause mein Zimmer. Ich weiß: hier bricht der Bann, ich darf nur nichts unternehmen. – In einigen Stunden wich dann der Druck. Ich wurde wieder frei, meine Gedanken wieder beweglich. Ich sah auf den Vormittag wie auf etwas Schreckliches zurück.

Pathologischer Zustand, Verstimmung? Nein. Ich kenne solche Vorfälle seit Jahrzehnten. Es ist eine Störung in der äußeren Welt, in der ich lebe! Ich kann nicht dagegen an. Ich werde rechts und links behindert. Je mehr ich mich dagegen wehre, um so schlimmer wird es, um so deutlicher wird der feindliche Widerstand, die böse Durchkreuzung. An diesem Morgen hatte das ›Böse‹ mit mir und meinem Bekannten sein Spiel. Es hilft nichts dagegen als: sich tot stellen. Nichts unternehmen.

Es ist ein Dämon, ich weiß nicht, welcher Naturart.

War ihre Zeit erfüllt?

Man kennt Goethes Wort: Der Mensch stirbt, wann er will. Wenn man bei Todesfällen, gewollten und ungewollten, nachforscht, wird man oft finden, es war recht so, es war in der Ordnung. Der Tod ist von dem Gestorbenen beschlossen worden; dieser Teil der Selbstmörder hat erkannt, daß ihr Knecht, der Leib, und die Seele ihnen nicht mehr nach Wunsch dienen können. Aber es gibt auch andere.

Ich kenne eine Zahl Menschen, die das Ende ihres Lebens selbst bestimmt haben, die Gebrauch von dieser Fähigkeit gemacht haben, welche so wunderbar ist, daß man sie in einer Welt der Erhaltung von Stoff und Energie nicht fassen kann, Gebrauch von dieser Freiheit, welche fast eine Freiheit von der Natur ist. Eine Frau in den Vierzigern hing einmal am Kleiderhaken im Klosett, ein jammervolles Bild, ein Bündel, und so leicht war sie auch abzuheben. Sie hatte heftig zu leben verlangt bis zuletzt, leidenschaftlich und mit Erbitterung. Von Tag zu Tag bemerkte sie deutlicher, daß man sich weniger mit ihr beschäftigte, daß das Urteil der Ärzte über sie offenbar feststand. Die Speisen gingen immer schwerer durch den Schlund, sie litt an einer bösen Geschwulst, man konnte sie nicht mehr sondieren. Kläglich fragend sah sie den Arzt morgens an, forschte die Schwestern aus, machte schließlich eines warmen Nachmittags ein Ende. Wie sie die Ärzte haßte, die ihr nicht helfen konnten. Sie ist mit Grollworten fortgegangen. War ihre Zeit erfüllt? Nein. Sie ist vom Leben vor die Tür gesetzt worden.

Die junge Frau, die lustige, maniakalische, die ruhig und gelassen das Sanatorium verließ und schon am nächsten Tage zu Haus einen freudigen Sprung von ihrem Balkon im dritten Stock machte. Als wenn ein Verbrecher hinter der jungen Person stand, ein Lustmörder, und ihr den Stoß gab und sich über das Zerschellen freute! Es war kein freier Wille von ihr, und welches war die unheimliche Gewalt, die ihren Tod beschloß? Sie wurde im Halbschlaf hinausgeschleudert.

Was hat hinter dem jungen Mädchen gelauert, welche überirdische Gewalt, daß sie, blühend anzusehen, gehätschelt, umflirtet, eines Nachts sterbend auf der Treppe lag, röchelte mit gedunsenem, blaurotem Gesicht, der Speichel lief aus dem Mund, die Augen irrten weiß herum. Notizen und Erkundigungen zeigten, daß sie in wilde, überhitzte erotische Dinge versenkt war. Sie war ihre Angst nicht losgeworden und hatte nachgegeben.

Der junge Anatom, ein elastischer kluger Mann, Mitte Dreißig: er begegnet einer verheirateten Frau, betreibt ihre Scheidung, sie ziehen zusammen. Er stellt da fest, sie geht heimlich schlimme Wege, ja sogar in bekannten Straßen. Vor den Kopf gestoßen, trennt er sich von ihr. Aber es läßt in ihm nicht nach. Er schreibt ihr. Sie will von ihm nichts wissen. Er sucht sie auf. Sie läßt ihn stehen. Er depeschiert, zeigt an, daß er sich umbringen werde. Zuletzt depeschiert er die Stunde, in der er sterben werde, wenn sie nicht antworte. Sie antwortet nicht. Er hält Wort. Am Morgen finden wir ihn – den Abend vorher hat er am Tisch gesessen, lärmend, durcheinander bei Bier, Wein, Schnaps, und er konnte von nichts betrunken werden – in seiner Wohnung dicht an der Tür liegen, die Jalousien sind noch heruntergelassen, das Gas brennt, der Oberarm ist mit einem Rasiermesser bis auf den Knochen glatt durchgeschnitten. Diese Krankheit haben viele Hunderte und Tausende erlitten. Er ist gestorben – weil er fertig war? Sagen wir einfach, weil die tödliche Kraft stärker war als er. Aber er brauchte nicht sterben! Es ist kein Muß, daß man an Grippe oder Typhus stirbt! Unsere Heilkunde ist, wie unser ganzes Wissen, noch schwach entwickelt.

Von hier ist nur ein Schritt zum Tod, den wir den natürlichen nennen: eine Krankheit rafft gewaltsam den Menschen weg. Es ist kaum ein Unterschied zwischen der nicht mehr jungen Pflegerin, zu der ich eines Abends gerufen wurde – sie lag in ihrer Kammer, man hatte den Schuß gehört, schrecklich schwarzer Einschuß an der rechten Schläfe; ich taste auf ihren Leib, ja, sie ist schwanger –, zwischen ihr und den vielen Dutzenden, die ich im Westen im Krieg bei jener schrecklichen Grippeepidemie habe sterben sehen. Die jungen, baumstarken Männer kamen zum Tod, sie wußten nicht wie. Bauernjungen, eben noch marschiert und exerziert, und schon diese blaublasse Gesichtsfarbe, diese fliegende Atmung, der trübe, ängstliche Blick und der schwere Schweiß: Ratlosigkeit, Verwirrtheit, Verzweiflung. Kein Beschluß, kein Entschluß zu sterben. Und der Berliner Kellner, dem ich im Elsässer Lazarett begegnete; er freute sich, einen Berliner zu treffen, noch dazu aus dem Osten, er merkte nicht, was ihm ist; wir erzählen uns von der Jannowitzbrücke und vom Wedding. Dann kommt das Delir, er lacht dauernd, freut sich über das drollige Lazarett, das Bett schaukelt immerfort, es schaukelt, als wenn es ein Boot wäre; er läßt die Arme rechts und links heraushängen, weil das die Ruder sind. So schwimmt und rudert er hinüber. Irgend etwas spielt mit ihm, gedankenlos, verbrecherisch. Physik?

Die Kinder und Frauen, denen in Lothringen im Krieg Fliegerbomben in ihrer Wohnung auf den Kopf fielen, waren mit dem Leben nicht fertig. Der kleine Junge, der frühmorgens um halb neun in der elsässischen Kleinstadt spielte, vom Luftdruck einer schweren Bombe über das Dach geschleudert wurde und sich zerschlug, hatte seine endliche Seele und seinen Leib noch nicht versucht. Die Zehntausende, die im Nu, in ein und demselben Nu, in Messina und San Francisco und Yokohama beim Erdbeben verbrannten und erstickten, Große, Kleine, Alte, Junge: alle plötzlich, gleichzeitig von der Unzulänglichkeit ihrer jetzigen Daseinsform überzeugt? Nein. Sie erlitten den Tod als ein Fremdes, ein mörderisches Verhängnis, etwas Unverständliches, Widersinniges, einen finster über sie kommenden Schreck.

Eines Mittags werde ich aus der Rettungswache gerufen nach der Kommandantenstraße. Es ist ein kleiner Uhrmacherladen, ich muß durch den Hausflur, links ist die Tür. Schreckliches Bild: ein einfaches, fast ärmliches Zimmer, zugleich Wohn- und Schlafzimmer, flüsternd und suchend gehen einige Männer herum, Kriminalpolizei. Auf dem hölzernen Fußboden vor den Betten liegt ein Mann und ein Fräulein, beide tot, die Gesichter sogar mir gräßlich, so tief blauschwarz, mit Blut überkrustet, der Uhrmacher und seine Tochter, eben ermordet. Von dem Fräulein liegen noch die Handschuhe auf der Kommode. Sie war eben aus dem Geschäft gekommen. Der schwindsüchtige Mörder ist später gestorben, bevor er abgeurteilt wurde. Wie ist der Tod über sie gekommen?

Aus dem Gefühl einer inneren Gewalt, eines drängenden Reichtums, einer Sicherheit hat Goethe gesagt: »Man stirbt, wann man will.« Er glaubte sich sogar über den Tod wegtragen zu können, seine ›Entelechie‹ duldete kein Sterben. Sein beglückendes Wort bleibt bestehen als sein persönliches und als hilfreiches. Er segnete das Leben: »Ich gehe nicht eher weg, bis ich mich restlos erfüllt habe. Widerstände halten mich nicht auf. So verankert bin ich im Leben, so halte ich es fest. Die Naturgewalten lasse ich nicht an mich heran; sie sollen mich erst hinlegen, wenn ich sie rufe.«

Und dies mag man wissen: es gibt zweierlei – unsere Unvollendung, als Zeichen, daß wir Gestalten sind – und den strahlenden Stolz und die Kraft des Ich, das in einzelnen, wenigen durchschlägt. Fernes Leuchten und die Wärme, die noch aus den Schöpfungstagen stammt.

Wir sprachen von den ›Querschlägern‹, von unseren Handlungen in unsere Zeit hinein, und wie die Masse dieser Querschläger zur Geschichte und zur Erbschaft wird. Hier wird von solcher Erbschaft erzählt. Sie erweist sich stärker als der Erbe. Der harte Vater siegt über das Grab hinaus über den Sohn. Ich gebe das Bild dieses Sohnes, eines Menschen, der ein einfaches bürgerliches Leben in unseren Jahren geführt hat und nach eigenem Entschluß unter den Rädern einer Lokomotive endete.

Der Mann stammt aus einer sonderlichen Familie. Der Großvater ist gesund und kraftvoll, er wird 95 Jahre alt.

Der Vater lebt mit seinen drei Söhnen in einem schloßartigen Haus in einer Mittelstadt. Er ist wohlhabend. Mit einundvierzig Jahren setzt er sich zur Ruhe. Er ist kalt, ernst, korrekt. Die Frau stirbt ihm weg, als der Sohn, von dem ich sprechen werde, ein und ein halbes Jahr alt ist. Der Mann bricht da zusammen. Wir wissen nichts Näheres davon. Man bringt ihn in eine Anstalt, er wird wiederhergestellt. Er verwaltet nur noch seine Häuser. Seine Söhne müssen im selben Zimmer wie er schlafen. Er hält sie überaus knapp. Es zeigt sich, der älteste Bruder ist schwachsinnig. Der Bruder von R., von dem ich sprechen werde, ist das Lieblingskind des Vaters. Das Gefühl des Vaters gegen R. ist schon mehr als streng und hart. Es hat Zeichen von Haß. Es müssen sich schlimme Gedanken des Vaters an seine Geburt, an Dinge der Mutter gebunden haben. Vielleicht hat das Kind mit Schuld am Tod der Mutter, vielleicht wollte der Vater das Kind überhaupt nicht. R. ist der Jüngste, er ist ganz und gar nicht der Verwöhnte, Verhätschelte.

Als einmal R. beim Schlittschuhlauf auf dem Eis einbricht, fast nackt nach Hause kommt, schlägt der Vater auf den Jungen mit dem Pfeifenrohr ein. Der vergißt es bis in seine letzten Jahre nicht. Der Vater läßt den Jungen einmal zur Strafe – es ist wie im Märchen – auf Erbsen knien. Der Junge wagt nicht, dem Vater schlechte Zeugnisse zu zeigen. Das Verheimlichen beginnt, das Verstellen: er macht sich selbst Unterschriften.

Und bis zu seinem Ende hat der harte, nörglige Mann an den Sohn keine Freundlichkeit verschwendet. Er hat ihm auf gelegentliche Briefe fürchterliche Antworten gegeben. Und als der alte Mann in der Inflationszeit stirbt mit einem Vermögen, das gleich Null geworden ist, findet der Sohn Briefe von sich bei ihm vor, uneröffnete. Der Alte las seine Briefe nie, er schickte sie immer an den älteren Sohn, den eigentlichen Sohn – der übrigens Junggeselle bleibt und sich gesellschaftlich ganz isoliert.

Der junge R. lernt Kaufmännisches. Wir erfahren nicht, wie der Rest seiner Kindheit und wie die Pubertät verläuft. Er ist um sein zwanzigstes Jahr ein idealistisch gestimmter junger Mann, kein drängender Idealismus, ein gefühlsmäßiger, ruhender. R. ist überhaupt passiv. Keine schärferen Züge treten hervor, auch keine besondere Begabung. Das Weiche, Gefühlvolle bleibt voll entwickelt bis zum Ende seines Lebens; dies und die Neigung, in sich zu verharren, trotz einiger späterer äußeren Aktivität, erkennen wir als zentrale Dinge an ihm. R. ist draußen rege, strebsam, ordentlich; er ist schon vom Vater früh angeleitet worden, sorgfältige Haushaltungsbücher zu führen. Er bleibt den größten Teil seines Lebens später beim Buchführen.

Er geht, lernbegierig, nach der kaufmännischen Arbeit in Vorlesungen, hört Nationalökonomie, treibt Sprachen, aber alles mehr beflissen, ohne Ehrgeiz, mehr in seinem Schülerdasein forttreibend. Aus einer späteren Zeit liegt die Aufzeichnung eines ›Traums‹ vor: eine lyrisch-farblose Naturschilderung mit Elfentanz, silbernem Lachen, Heinzelmännchen. Also spielende Dilettantismen, Gefühlsausfluß auf das Papier. Ich möchte übrigens bemerken, daß das schwere Milieu und auch R.s Art, dem Milieu nach innen auszuweichen, günstig für die Entwicklung einer künstlerischen Kraft wäre. Es kommt nicht dazu.

Es kommt zur Ehe. Er heiratet eine Frau, die ganz anderer Art als er ist. Sie ist resolut, grade, frisch. Sie ist arm. Ihre Verwandten: ein Pastor, eine Lehrerin. Daß er sie trifft, ist ein besonderer Glücksfall. Daß er sie festhält, ein sicherer Instinkt von ihm. Es ist unvermeidlich, daß der Vater der Verlobung widerspricht. Der nörgelige herrscherische Mann hätte auch widersprochen, wenn die Frau reich wäre. Die Verlobte trifft den Geliebten nach der Rücksprache mit dem Vater aber in einem veränderten Zustand. Als sie sich aussprechen, hört sie zum erstenmal das Wort, das sie erschreckt zurückwirft: »Am liebsten hätte ich mich aus dem Zug geworfen.« Wir horchen auf.

So gewaltig also wirkt dieser Widerspruch des Vaters, so schwere Entschlüsse werden in R. durch diese selbstverständliche, ohne weiteres zu erwartende Gewohnheitsopposition des Alten mobil gemacht. Früher, als Junge, hat er bei Schlägen geschrien, ist weggelaufen. Jetzt – will er auch weglaufen, in der Art des Mannes, sich umbringen. Dieser Mann ist mehr als weich. Er hat eine mächtige, allzu mächtige Leidensfähigkeit entwickelt! Der unterwirft er sich rasch und leicht. Er ist ein übermäßig Geschwächter, Entwaffneter, Wehrloser. Es ist in ihm etwas von einem Genießer des Schmerzes. So passen sich Organismen an ihre Umgebung an. Solchen Honig ziehen manche Bienen aus giftigen Blumen. Ein gefährlicher Honig.

Diese Leidensfähigkeit, Verdammungsgeste ist nicht notgedrungen ›er‹. Hier ragen fremde Kräfte in seine Seele hinein, haben seine Seele furchtbar eingebeult. Er ist innerlich entstellt durch den Vater. Durch den Haß des Vaters sind Energien in ihm von ihrer natürlichen Richtung abgebogen, werden verbraucht für Furcht, Erwartungs-, Spannungs- und Abwehrgefühle. Wieviel steht ihm noch von seiner Seele zur Verfügung, nachdem er zwanzig Jahre dieses Beisammenseins, dieses Klimas hinter sich hat? Wenn er später allein ist, ohne den Vater, sind dessen Kräfte noch so sehr über ihm, daß er sie übt wie ein Hund das Scharren im Körbchen, obwohl keine Steppe da ist. Er trägt wie beschwörend, dienend, abwehrend, gehorsam auch sonst manches von der Seele des Vaters an sich herum, die Ordnung, die Korrektheit. Und als er lange später seine gehegte Häuslichkeit verläßt, um nicht lebend wiederzukommen, da ist es charakteristischerweise der Vorwurf, untreu gewesen zu sein, geschäftlich betrogen zu haben, der ihn in den tödlichen Gefühlswirbel treibt.

Er sucht sich den Platz, wo er am besten gedeihen kann. Und man muß sagen, wenn man diese Menschenpflanze betrachtet: sie hat optimal gefunden, was sie brauchte. Sowohl zur möglichst vollständigen Genesung wie zum Wachstum. Er ist viele Jahre Angestellter, Buchhalter in einer Eisenhandlung gewesen. Er lebt in einem Vorort, in einer recht kleinen Wohnung, er, der Sohn des Mannes, der Häuser besitzt. Aber er hat ja Knappheit und Strenge kennengelernt, Freiheit und ›sich etwas gönnen‹ sind ihm fremd. Von Vergnügen zieht er sich zurück? Gesellschaften bedrücken ihn. Sein Haus – er hat zwei Jungen – ist ihm alles. Er führt ein geborgenes Leben, ist innerlich entlastet, arbeitet. Er hat keine Freunde, keine Passion.

Gelegentlich fallen Angstkrisen über ihn. Er ist ›nervös‹. ›Kleinigkeiten‹ regen ihn auf. Er kann bei Aufregungen wie ein Wahnsinniger schreien, Gegenstände werfen, ins Essen speien. Siehe da, er leidet doch! Einmal sagt ihm ein Arzt, er habe Lungenerweiterung. Da liest er im Lexikon die schrecklichen Konsequenzen dieses Leidens nach. Jetzt setzt er der Frau furchtbar zu; er ist nicht zu beruhigen, er ›muß sterben‹. Was ist das? Der Todesgedanke hat eine Angst- und Verfolgungskrise ausgelöst. Er will sich vernichten, er will sich nicht, er ist, ohne es zu wissen, voll furchtbarer Rachsucht gegen den schrecklichen Alten. Später besänftigt ihn ein Wort.

Er macht in der Ehe um sich einen weiten Raum frei für die Liebe. Ja, er liebt. Er kann lieben. Er kennt alle Innigkeit und Zartheit der wirklichen, echten Liebe. Seine Liebe ist groß, überaus groß. Sie ist von einer unglaublichen Stärke und Beständigkeit. Er hat Liebe in seiner Kindheit entbehrt, sein Idealismus zeigt den Liebestrieb gerichtet auf allgemeine Objekte. Jetzt lebt er sich aus. Dies ist ihm vergönnt. Ich las die innigen Briefe an die Frau; sie enthalten keine besonderen Gedanken, behandeln keine besonderen Situationen, spielen um keine Konflikte, aber sie sind ehrwürdig als Dokumente eines einfachen, starken Gefühls.

Die Photographien zeigen ihn als kräftigen Mann mit intelligentem Gesicht, gescheitelt, kluger, ja scharfer, eindringender Ausdruck, die Augen hinter einem randlosen Kneifer. Es könnte das Gesicht eines Parlamentariers sein. Auf manchen Bildern gibt er sich behaglich, freundlich-passiv, auf den letzten tritt etwas Scharfes, Bitteres, Angreifendes hervor.

Das Leben des Mannes, eines ruhigen Angestellten in einem Vorort, hätte ungestört so weiter verlaufen können. Die Menschen werden aber auf die Probe gestellt. Das ist wie die Belastungsprobe bei Baumaterialien, Eisenteilen; sie halten es eine Weile aus, geht es aber länger, so kommen neben aller Festigkeit auch Gußschäden heraus. – Es kommt die Inflationszeit. Aus der Eisenhandlung wird eine Aktiengesellschaft. R., bisher Buchhalter, wird Direktor. Er zieht um in eine vornehmere Gegend, hat eine Neunzimmerwohnung, fährt Auto. R. macht alles mit, freut sich seiner Frau und Kinder wegen. Weihnachten 1923 beschenkt der Mann noch die Frau und die Kinder reich.

Die Deflation setzt ein. Die Aktiengesellschaft bricht zusammen. Der Mann, noch eben Auto gefahren, wandert als Agent für kleine Firmen herum. Er findet keine feste Anstellung. Zuletzt kommt er in einer Firma unter, die zwei Geschäftsführer hat; er ist der Reisende, der Kunden wirbt. Mitte 1926 ist der Geschäftsgang schlecht. Er erhält, von dem Auf und Ab schon mürbe, nach den vielen vergeblichen Anstrengungen die Kündigung. Die große Wohnung ist schon zum Teil abvermietet. Da rät man ihm, und er will auch, sich in der Branche, in der er zuletzt reiste, selbständig zu machen.

Er war immer Angestellter gewesen. Jetzt selbständig werden: das ist über seine Kraft. Wie soll er das leisten? Dort, jenseits der Geborgenheit, erhebt sich etwas, was ihn ängstigt. Er kann doch nicht sein ganzes Leben revidieren. Er ist Agent geworden, hat sich schwer durchgeschlagen, hat buchstäblich öfter gehungert. Er ist schlaff geworden. Eine Photographie dieser Zeit zeigt ihn mit tiefen Gesichtsfalten, ein Lächeln in dem vergrämten Gesicht, sein Haar ist sehr weiß geworden. Wieviel ist an Spannkraft, an Willen oder gar an entwicklungsbedürftiger Keimkraft noch in solchem Menschen? Wenn er jetzt in die Lage kommt, seinen Geldschrank, den seiner Seele, aufzumachen, so wird er kaum etwas finden.

Und wie er sich umsieht und bedenkt, wer ihn hetzt und wer ihn verfolgt, da ist es die Familie, die er liebt – die jetzt in eine merkwürdige Reihe mit anderen Dingen rückt, die ihn erschrecken. Warum erschrecken sie ihn? Sie treiben ihn in diesem jämmerlichen Moment, sich selbst anzusehen, die Inventur seines Lebens, seines ganzen Wegs aufzunehmen! Er wird, sprechen wir es deutlich aus, wo man ihn so drängt, in eine gefährliche Krise der Selbsterkenntnis getrieben. Er hebt die Faust gegen die, die ihn treiben. Und nun bekommt, was er liebt, die Familie, ein verändertes Gesicht.

In diesen Tagen, wo er bald fröhlich, bald geängstigt ist, nie von seinen Dingen spricht, weil er ihnen nicht in die Augen sehen kann, sie bange und schmerzlich für sich behält – es verbinden sich noch ängstlichere, entsetzliche Gefühle mit ihnen –, in diesen Tagen trifft den Mann etwas, was ihm – er fühlt es und spricht es aus – den Rest gibt. Er spricht es aus, nicht nur klagend und bitter, sondern auch erlöst. Denn es ist der Rest, das Ende der Verfolgung.

Der Mann erliegt einem Konkurrenzmanöver. Die Herren, seine Chefs, haben erfahren, daß er in ihrer Branche sich selbständig machen will und darangeht, einen Teil ihrer Kundschaft an sich zu ziehen. Er wird eines Morgens, als er im Büro der

Herren anruft, zu ihnen bestellt und erhält die fristlose Kündigung, denn fünfundvierzig Mark habe er unterschlagen, fünf Mark Provision sich unberechtigt geben lassen. Es liege Betrug, Unterschlagung, Untreue vor.

Er hat in den Tagen der Unruhe gestöhnt: »Der Kampf ist zu schwer, am besten, man macht Schluß«, ein Wort, das die Frau kaum ernst nimmt. Was jetzt geschieht, läuft in der Linie des zwingenden, aufsaugenden Milieus und zeigt den entweichenden, zusammenbrechenden, auslöschenden Menschen. Sein Vater hat ihn gezeugt, der Vater erschlägt ihn, der tote Mann im Grabe holt ihn. Die Konfliktspannung seines Lebens, in der Jugend einsetzend, tobt sich jetzt aus, wo er wieder allein, ohne Sicherung ist.

Was über dem Mann zusammenstürzt und ihn zu Boden wirft, ist leicht zu erkennen. Der Vorwurf, der ihm gemacht wird, ist nur der Funke, der in ein Pulverfaß fällt. Der Mann spricht sich in der Familie über die Sache aus, aber nur über den ›Funken‹. Nahestehende beruhigen ihn. Er selbst weiß: es ist nicht einmal etwas bewiesen, es ist nur ein Konkurrenzmanöver und in jedem Falle eine Banalität. Aber das, wie sonderbar und ihm selbst unverständlich, nutzt alles nichts. Es sitzt da etwas fest in ihm, ist nicht wegzuwischen. Es ist in seinem Inneren etwas eingeleitet und wirkt sich aus. Wie er aus dem Büro nach Hause kommt mit der fristlosen Kündigung, faßt er sich an die Stirn. Wenn man ihn fragt, ist er mit seinen Gedanken woanders. Er spürt: es hat sich eine Welle über ihn erhoben, die im Begriff ist, auf ihn herunterzuschlagen. Das ist die Angst, das alte dunkle Schuldgefühl, das Wissen, das Gefühl, gehetzt und verfolgt zu werden. Und nicht minder das schreckliche Leidensgefühl, das brandende Leidensgefühl, Unrecht zu leiden, um fünfundvierzig und fünf Mark! Darin frißt er sich ein, in das aussichtslose Widerstreben, in das Ankämpfen gegen das offensichtliche Unrecht – die wohlbekannte, hundertmal eingefahrene Situation. Die alte Schmerzlust, der furchtbare Honig, den er schon früh zu bilden gelernt hat. Und die Rachsucht, weil er versagt. Und die Bitterkeit, die Bereitschaft, sich der Verzweiflung in die Arme zu werfen. Das war seit Jahrzehnten heimlich und dauernd in ihm, genährt von dem Gefühl, am wirklichen Dasein verhindert zu werden. Es arbeitet in ihm die letzte Woche vor dem Tod.

Jetzt kämpft das vegetative, tiefe Ich, der organische Lebenstrieb, mit den mörderisch eindringenden, überwuchernden Milieutrieben.

Es ist ein neuer Sport, den Tod seines Ernstes zu berauben, ihn zu vermenschlichen, zu verniedlichen, indem man ihn komisch und banal nimmt. Schwächlinge biegen sich so die Dinge zurecht. Man sieht einen grausigen Ernst.

Der tiefe Lebenstrieb, der bloßgelegte, seiner menschlichen Krönung beraubte, regt sich in dem geschlagenen Menschen. Es gibt Menschen, die existieren famos grob und derb hin. Sie trifft nicht viel. Wer sie treffen will, muß schon mitten in ihre Organe hauen, zwischen die Rippen oder in den Hals. Andere haben ›Seele‹, aber mit Maß. Dann gibt es welche, die entwickeln etwas wie ein seelisches Blatt- und Laubwerk, wie einen Baum, der atmen muß und ohne diese Lungen sogar sein organisches Pumpwerk nicht bewegen kann. Von dieser besonderen Art ist der Mann, von dem wir sprechen. Die Seele geht ihm gewissermaßen – und nicht bloß gewissermaßen – tief in das Vegetative hinein. Sie vibriert ihm bis in die Därme.

Der Mann ist auf Stunden noch fröhlich. Ein einziges Mal wünscht er vor seiner Frau, er möchte eine wirkliche Hilfe, er möchte ›eine Mutter‹. Ein wunderbares, eigentümliches Wort. Er hat seine Mutter nicht gekannt, er hat keine Mutter gehabt. Immer war nur der Alte da. Nicht einmal eine Mutter hatte der ihm gelassen. Und diese Klage verbindet sich mit dem Wunsch nach dem Tode, so heißt die mütterliche Einhüllung. Sonst ist er von Erregung, Bitterkeit, Wut, Scham durchwühlt. Diese letzte Woche: ein einziges Abschlachten, ein inneres Absterben. Der Widerstand aus der vegetativen Tiefe läßt nach. Er öffnet den Mund nicht. Er hat das Privateste, was es gibt, mit sich auszutragen.

Sonderbar, wie sich dann alles wiederholt. Die Neigung, sich auf die Schienen zu werfen: es ist seine alte Idee. Er hat darum einen Widerwillen, Stadtbahn zu fahren. Er kommt einmal nach Hause: er habe auf dem Bahnhof gesessen, der Zug fuhr ein, am besten wäre es, sich vor den Zug zu werfen. Am Sonntag wird das neue Büro zu Hause, sein Büro, eingeräumt, Montag der Gesellschaftsvertrag mit der Frau unterzeichnet. Der Mann ist sehr still. Ein Besucher berichtet ihm, die Gegenseite habe gesagt: »Wir werden ihm in den Weg legen, was nur erdenklich ist.« Er erwidert nichts.

Er zuckt viel mit den Augen, mehr als sonst, er kann kaum ordentlich die Augen aufmachen.

Er will sie nicht aufmachen. Dienstag ist der Todestag. Die Frau bringt ihm zum erstenmal das Frühstück ins Zimmer. Es sieht wie ein besonders froher Tag aus. Sie spricht ihn gut an. Er bewegt sich müde herum, zeigt ihr immer den Rücken, sie kann ihm nicht ins Gesicht sehen. Er kommt von einem Gang zurück: die Ausstreuungen der Gegenfirma sind ihm schon begegnet. Er ruft eine Firma auswärts an, in Erregung, kündigt seinen Besuch an. Er wirft den Hörer auf die Gabel; er will dem Feind begegnen. Die neuen Drucksachen seiner eigenen Firma sind gekommen. Er will einen Besuch bei dem Hauptkunden machen. Bei Tisch meint die Frau: wenn es auch da mißlingt. Das Geschäft wird ja auf nichts aufgezogen, nur auf die Kunden, es sind schon Schulden für Drucksachen und anderes da. Der Mann läßt sich nichts anmerken, geht mittags.

Er ist dann wieder nach Hause gekommen. Er hat diesen wichtigen Kunden besucht. Der weiß schon von den Beschuldigungen, der Ausstreuung der Konkurrenzfirma. Der Mann hat zusammengebrochen vor diesem wichtigen Herrn gesessen: »Das überlebe ich nicht.« Der Herr sieht, daß der andere die Nerven verliert, meint leicht: »Menschenskind, machen Sie doch keine Dummheiten.« Er sagt später, als die Witwe und der ältere Sohn ihn besuchen, burschikos derb, wie er ist: »Ja, Gott, darüber hätte er doch Gras wachsen lassen können.« Und im Laufe des Gesprächs hört die Witwe auch von diesem Kunden: »Das ist so im Geschäftsbetrieb. Was ist heute ein Menschenleben?«

Als er nicht kommt, wird die Frau unruhig. Sie hat, seit sie verheiratet sind, eine merkwürdige, bis zur Angst gesteigerte Unruhe, wenn er fortgeht. Sie weiß instinktiv sehr viel von dem Mann. Er kennt ihre Unruhe, versteht sie, ist pünktlich, hält sie von unterwegs immer auf dem Laufenden, sie empfängt bei Reisen eine Unzahl Briefe von ihm.

Durch den Mann, der draußen wandert, wirbeln viele Empfindungen. Er kommt sich umstellt, real verfolgt vor. Er ist ratlos. Der Todesgedanke hat sich in der Ratlosigkeit, in diesem Dämmer festgesetzt und wird von Stunde zu Stunde fester montiert. Rache will der Mann mit seinem Tod an denen üben, die ihn gehetzt haben und nicht haben leben lassen, an den Geschäftsführern und allen. Ihm gelingt nichts. Ihm wird kein Recht, im ganzen Leben nicht. Aber wie er den Todesgedanken auch motiviert, welche Affekte sich hierin auch einnisten, es ist eine alte Bewegung, ein Orgelpunkt unter allen Tönen: sich wegzuschleichen, vorbeizuschleichen an dem Haus, wo ein Gefährlicher sitzt. Es ist eine Wohltat: nicht mehr ringen zu müssen, sich ruhig abzuschließen, einen Zaun um sich zu ziehen, in Schmerzenslust. In der Familie fand er bis jetzt einen Garten. Jetzt glaubt er zu sehen: auch der ist zerstört. Jetzt gibt es nur einen einzigen Stern, den man auf gewöhnliche Weise nicht erreichen kann.

Der Mann schreibt, während die Frau zu Hause wartet und immer unruhiger wird, Abschiedsbriefe an sie, zwei hintereinander. Er schickt von der Post seine Aktenmappe an sie. Die Briefe sind in seiner gewöhnlichen, guten Handschrift geschrieben. Es ist der Ehemann, der Liebende, der sich vor dem Papier wieder besinnt, der seiner Frau schreibt und Haltung bewahrt. Zwar kein Zurück von der Tat, aber gütige Worte, Erklärungen,

Begründungen und kein Zittern, kein Auslassen von Worten, keine Raschheit. Man kann sogar große Stärke in den Strichen dieser Briefe finden. Mehr Kraft als sonst, vielleicht gewollte Kraft.

Während er sich in diesen Briefen zügelt, der Familie, der Frau gegenüber, läßt er sich bei den Aufzeichnungen in dem kleinen Geschäftsbuch, dem Manifest an die Geschäftsführer, los. Das ist ein rasendes Geschreibe, mit Bleistift hingewühlt, schräg über die Seiten, mit wechselnder Linienführung, sich überstürzend, ein geschriebenes Klagen und Wüten. Kein Sprechen, ein Heulen. Mit welchem Gefühl er abends dann die Schienen entlanggeht in der Nähe der Stadt, wer kann das sagen? Wir wissen nur: er ist ins Freie gefahren, die Dunkelheit hat er abgewartet. Und dann: er ist aufrecht dem Zug entgegengegangen. Der Lokomotivführer sah den Mann kommen, der Zug war erst auf der Station zum Halten zu bringen. Aufrecht der Lokomotive entgegen, das könnte sein: verzweifelter Trotz, zum ersten Male einer Übergewalt knirschend die Stirn zeigen. Es braucht aber auch schon nichts mehr anzuzeigen als: er läßt sich überfahren, er hat schon alles hinter sich, er geht wie sonst, die Lokomotive läßt er kommen. Sie kommt. Eine sachliche Leere, den Gegenständen zugewandt, ist in den letzten Minuten in ihm. Der Vorfall ist beendet, die Motive haben abgewirtschaftet, er geht ohne Affekt. Und wie er so geht, kommt, im Moment höher und höher wachsend, lauter und lauter krachend, die schwarze Lokomotive aus dem Dunkel, nicht von ihm gezogen, sie kommt von alleine. Und er wird umgeworfen, unter sie gerissen, gerade wie er es vorausgesehen hat. Und das ist alles ohne Schmerz, sind bloße Fakten, die schon nicht mehr an ihm geschehen –

Der siegreiche Vater. Es liegt einer da, unter seiner Erbschaft begraben. Wie lange besteht der Selbsterhaltungstrieb? Er hat schon ›normal‹ ein elastisches, gummiartiges Gewebe; er steht im Widerspiel mit dem verändernden, auflösenden Impuls, den wir alle neben dem Selbsterhaltungs- und Selbstbewahrungstrieb in uns haben. Er läßt im befestigten Organismus mit Alter nnd Krankheit nach. Vergebliches Ringen, Enttäuschungen, ständige Versagungen bringen ihn zur Erschlaffung. Das Individuum kann dann diese Individualität nicht mehr tragen, ertragen. Jedem Selbstmord geht die völlige Abschnürung, Vereinsamung voraus.

Das Schuldgefühl ist ein großartiges und gefährliches Gefühl. Wir wissen, daß Hoheit und Reinheit, steigernde Moralen aus dem Zwang, den es ausübt, quellen. Aber dies Gefühl nimmt auch eine radikale Isolierung, Aushungerung des Individuums vor. Es treibt den Menschen in sich, höhlt ihn aus, verarmt und vertrocknet ihn, indem es die nährende Verbindung mit dem anderen Leben unterbricht. Verkrampfung, Zerknirschung, Verbohrtheit sind der Brutboden für radikale Entschlüsse. Das Selbsterhaltungsgefühl sinkt auf Null. Dem aufgetauchten Befreiungsdrang wird der ganze Organismus zum Material für seinen Zweck. Die Sackgasse wird verlassen durch Wegwerfen der Individualität, durch Hingabe an die dunkle, überall wartende Gemeinschaft, die offene Gemeinschaft des sogenannten Todes – wo neuer Boden ist, neue Prägungen vorgenommen werden.

Aber es ist dann nicht mehr er, der Sohn dieses harten Vaters, der irgendwo irgendwie ein neues Leben führen wird. Die Erbschaft, die auf ihn wartet, ist größer, umfassender und leistet bessere Arbeit als ein Einzelwesen. Sie heißt ›diese Welt‹ und nimmt alles auf. In das Organische und die Umwelt, und nur darin, gibt das Lebende ab, was es abzugeben hat und was von ihm aufbewahrt werden wird. Dieses Individuum war. Und daß es so ist, ist gut, gut. Genug von der Last des Lebens, von dem Genuß des Daseins, von der Jagd durch das Dasein. Genug von dem Kampf gegen unsere eigenen Gebrechen. Es ist uns Natur, daß wir, passiv und aktiv, aussprechen können: genug! Was soll das Geschrei nach der Ewigkeit, wo wir nicht einmal unsere paar

Jahrzehnte richtig ausfüllen können. Es heißt: stark sein, Ketten zerreißen, damit man am Schluß ehrlich sagen kann: soweit es Ich gibt, ich war es, der gelebt hat, ich, und nicht mein Schatten oder der eines anderen.

Einzelne, Völker, ganze Welten sterben. Das Individuum zerbricht. Es muß sterben wie das Korn, das wir essen.

Mißglückte Metamorphose
Ein Schülerselbstmord

Der sechzehnjährige Junge, Gymnasiast, bekommt mittags von seinem Vater eine Ohrfeige. Er hat zehn Mark, wie er sagt, verloren. Auf den Vorhalt des Vaters wird er patzig. Er setzt sich ans Klavier, sagt: »Das lasse ich mir nicht gefallen.« Nachmittags geht er ohne Erlaubnis zu einem Sportfest, treibt sich den Abend und die Nacht im Freien herum. Frühmorgens wirft er sich vor einen Vorortzug.

Bis um das dreizehnte Jahr ist er ein sonniges Kind. Die Bilder später zeigen ihn mit einem überernsten scharfen Ausdruck. Er hat ein höhnisches Lachen an sich, ist zu Hause finster und verbittert. Wenn der Vater Schnurren erzählt, macht der Sohn ein saures Gesicht. Er lehnt die Eltern als ›Spießer‹ ab, macht sie kribbelig, er hat Talent zu bösen Bemerkungen.

Er vertieft sich in ernste und schwere Lektüre, die Bücher Dostojewskis. In der Schule liest er mit besonderem Interesse Hamlet. Zur Mutter sagt er einmal: die Hamletlektüre habe ihm die Nutzlosigkeit des Lebens zum Bewußtsein gebracht. Er streicht in seinem Exemplar die Verse an: »O schmölze doch dies allzu feste Fleisch …«

W. geht viel allein aus. Einen Freund hat er nicht. In seiner letzten Woche schließt er sich öfter im Keller ein, weil es da besonders ruhig sei. Er, aus jüdischer Familie, besuchte eine nationalistische Schule, aus der ihn der Vater nahm, wo er völlig isoliert war. Er selbst wollte nicht heraus, ist ›konservativ‹, gilt zu Hause als Antisemit. Übrigens ist die Familie im ganzen verschämt jüdisch, auf der Kante der Assimilanten. W. fettet eine Zeitlang nachts seine Locken ein, um schlichtes, ›arisches‹ Haar zu bekommen.

Sonderbar zögernd wird in der letzten Zeit seine Sprache. Seine Ausdrucksweise im Schriftlichen ist so ungeschickt, daß der Lehrer seine Aufsätze ›wie von einem Ausländer‹ geschrieben findet. Er ist ganz zurückgezogen, verschlossen. Er hat keine Formen im Umgang, besitzt keine Schlagfertigkeit. Er ist ein Durchschnittsschüler, treibt etwas Sport, läßt aber im letzten Jahr nach. Er ist musikalisch, liebt besonders den träumenden Chopin. Gelegentliche Passionen, wie Briefmarkensammeln, Radiobasteln, nehmen ihn heftig mit. Ein merkwürdiger Zug ist: er hat ein kleines Taschengeld, aber öfter stellen die Eltern fest, daß er sie um geringe Beträge bestiehlt, ohne es einzugestehen. Er zeigt keine Freude, als sich in den letzten Jahren die wirtschaftliche Situation seiner Familie bessert, äußert sogar, die moderne Wohnung ›bedrücke‹ ihn. Man hört noch von einem Schwarm, den er zur Tochter eines Lehrers gehabt haben soll, bei dem er manchmal wohnte.

Es ist dann ein siecher, sehr alter Großonkel in der Familie. Den fragt er ein halbes Jahr vor dem Selbstmord, ob er sich nicht mit ihm zusammen aus dem Fenster stürzen wolle. Man findet eines Tages diesen alten gelähmten Mann mit verschrammter Nase, ohne Brille in seinem Stuhl, und W., der bei ihm war, ist nicht zu finden. Man ermittelt: W. hat dem Greis von rückwärts einen Eiskübel über den Kopf gestülpt, um ihn tödlich zu erschrecken. Er gibt es zu, zur Rede gestellt; denn was habe der Mann vom Leben. W. ist übrigens dann, ehe man etwas bemerkt hatte, mit der zerbrochenen Brille zum Optiker gelaufen, um die Sache zu vertuschen.

Der Todesgedanke beschäftigt ihn schon lange. Es ist bezeichnend, daß er auf der letzten Sommerreise kein Wort nach Hause berichtet von einem schweren Touristenunglück, das sich in seiner Nähe ereignete. Er behielt die Sache für sich, denn da geht mit ihm schon sein Geheimnis um.

Zwei Wochen vor seinem Tod zeichnet er in sein Diarium zwischen einer Niederschrift zu Hamlet mit Bleistift kindlich drei Bilderchen. Das sind Eisenbahnschienen, auf denen ein Mensch liegt, und ein Zug fährt heran. Einmal liegt der Mensch auf den Schienen noch unberührt, ein anderes Mal ist er verstümmelt. Zur Seite hat er mit Bleistift gemalt: einen alten Mann im Lehnstuhl, daneben einen Pfeil, die Worte ›dies oder‹, und dann folgt ein Totenkopf und ein Bild von der Eisenbahn. Da ist also der Entschluß, die Furcht vor der Altersverblödung, als Motiv angegeben.

W.s Vater ist ein kräftiger, lebendiger Mann, erregt, mit freiem Horizont. Die Mutter W.s leidet an nervösen Beschwerden, ist sehr musikalisch. Ihr Bruder hat als Referendar durch Selbstmord geendet, nach eben bestandenem Examen. Die Details sind nicht klar. Ihre Schwester ist einmal im Wochenbett seelisch erkrankt. Sie hatten einen sehr ernsten Vater, der eine glückliche Ehe mit seiner lustigen, zwanzig Jahre jüngeren Frau führte.

Eine harte und besondere Familie ist die des Mannes. Sein Vater lebt noch. Der Sohn berichtet, dieser Mann habe nur Sinn für das Reale, habe seine Familie immer despotisch behandelt, die Ansichten der Umwelt nicht geachtet. Er ist ein ›großer Hasser‹. Die Familie seines Sohnes kennt er überhaupt nicht. Der Bruder dieses Mannes hat nur Sinn für Gelderwerb. Er hat, wie der andre, vom Vater die Neigung zu hassen geerbt, dazu ist er feige und sentimental. Die Großmutter W.s, die Mutter seines Vaters, ist tot. Sie war eine feingebildete Frau, die neben dem robusten Mann nicht aufkam.

Bei weiteren Nachforschungen findet man übrigens, daß väterliche und mütterliche Gruppe zusammenfließen: der Großvater W.s, väterlicherseits, und seine Großmutter, mütterlicherseits, sind Cousin und Cousine. Die körperliche Konstitution W.s: er ist als Kind klein und zart, neigt zum Schielen, hat häufige Luftröhrenkatarrhe.

Es ist eine ältere, neunzehnjährige Schwester da, die das Abiturium macht, ein kräftiges, lebhaftes, gut entwickeltes Mädchen mit Großstadtbildung. Sie berichtet mir parlando: »W. war sehr unruhig, Mutter ärgerte sich viel über ihn. Er wurde öfter in ein Kinderheim geschickt. Er hat sich zu Hause nicht wohl gefühlt. Er sagte öfter, er warte darauf, daß er mündig werde. Zu Hause kam ihm alles ›sklavisch‹ vor. Er hat eben unter vielen Dingen gelitten. Unser Vater kannte den W. überhaupt nicht. Er wollte ihn zu etwas machen, was er nicht war. W. sprach viel in verletzenden Ausdrücken über die Eltern. Die Mutter und alle wollten Ruhe vor ihm haben. Sein Wesen machte alle kribbelig. Die Eltern behaupteten geradezu, W. hasse sie.

Er war wirklich sehr bissig. Sein Gesicht hatte immer ein ironisches Lächeln. Das Unbefriedigtsein stand in seinem Gesicht. Besonders bei Tisch war seine Stimmung schlimm, er machte da allerhand dumme Bemerkungen. Er hatte einen schlechten Charakter. Er war lieblos und gehässig. Er war auch sehr grausam. Er quälte kleine Hunde und hatte Angst vor großen. Auch kleine Kinder hat er manchmal gequält. Das liegt aber schon länger zurück, ist wohl auch nichts Besonderes bei Kindern. Er war energielos und kraftlos. Immer wollte er weg von Haus, opponierte, schimpfte, und dann gab er nach. Er machte Krach, und nachher gehorchte er. Beschäftigt hat er sich mit vielem, mit Baukästen, Radio, technischen Dingen, fing immer sehr heftig an und ließ dann alles liegen. Er hatte nicht recht Geduld. In der Schule war er immer mäßig. Er war ein ganz guter Läufer, aber im letzten Jahr ließ er nach. Sich Freunde zu schaffen, hat er nie verstanden. In der früheren Schule hat er sehr unter dem Antisemitismus gelitten, obwohl er zu Haus selbst über die Juden schimpfte. Wenn die andern auf der Schule ihre Kneipabende hatten, wurde er nicht aufgefordert.

Er haßte eigentlich alle Menschen, aber die Eltern besonders, weil er von ihnen abhängig war. Er empfand zu Hause alles als Zwang. Absolut wollte er machen, was er wollte, und sagte, er hätte zu Hause keine Freiheit. Aber wenn man ihn dann irgendwann einmal sich selbst überließ, verstand er mit seiner Zeit nichts anzufangen. Er stand dann herum und war froh, wenn ihm die Mutter sagte, was er tun solle. Er war eben ganz ohne Energie. So konnte er stundenlang im Kohlenkeller aufräumen oder im Garten Gras schneiden. Er hat sich vor der Ruhe und dem Unbeschäftigtsein direkt gefürchtet.

Er war sonderbar verschlossen, und besonders Gefühle hat er nicht zeigen wollen, obwohl er sicher sehr oft welche hatte. Er wollte gelegentlich andern Freude machen, mit Kleinigkeiten, aber man durfte es nicht merken. Zum Beispiel zeigte er mir, der Schwester, die Radiozeitung und fragte, ob ich dies oder jenes nicht anhören wolle. In Krankheiten wurde er ganz weich, sprach mehr, da war er wirklich und sichtbar liebebedürftig.

Es war mit W. so: er wußte nicht, wofür man lebt, und man könne doch nichts leisten.«

Ein andermal äußert sich diese Schwester W.s so: Was denn an dem Selbstmord W.s so merkwürdig wäre? Ihr sei alles klar. W. hat immer gefragt, wozu denn das ganze Leben sei, und darauf hat er keine Antwort gefunden. So geht es vielen. Sie selbst sei eigentlich auch schon dreimal dicht daran gewesen, wie ihr Bruder zu tun, aber es fehlte dann immer eine Kleinigkeit und sie kam nicht dazu.

Ich frage sie: »Wie kommt denn das? Was liegt denn bei Ihnen vor? Hat Sie denn irgend etwas besonders getroffen, sind Sie verzweifelt?« »Nein. Es liegt direkt nichts vor. Es ist eine allgemeine Stimmung. Erstens die Degeneration.« »Was ist das?« »Man hat Lust, etwas zu tun, und dann der völlige Energiemangel. Der Instinkt sagt: das will ich tun, der Verstand: das hat doch keinen Sinn. Man fragt und analysiert sich immerzu, das ist quälend. Dann die Mißerfolge. Man möchte etwas leisten, aber man bleibt doch Durchschnitt. Man hat keine Lust mehr an der Schule. Die Eltern züchten in einem dabei einen Ehrgeiz hoch: du bist doch kein Kommis oder kein Ladenmädchen. Die Ansprüche werden so hoch gestellt. Es treten dann eben Depressionen auf. Das dauert wochenlang. Man ist nicht imstande zu arbeiten. Man kommt nach Hause von der Schule, will etwas tun, zu Hause kann man dann nichts. Dieser Widerspruch.«

»Ich verstehe. Nun sagen Sie, Sie selbst wissen doch, Sie sind aus einer gutsituierten Familie, Sie können haben, was Sie wollen, Sie wollen doch studieren.«

»Ja, man möchte brennend gern fort. Das Milieu zu Hause ist unerquicklich. Man ist anregungslos. Man möchte fort, aber man weiß, es geht doch nicht, man bleibt. Außerdem geht einem, wenn man älter wird, auf, daß alles ganz anders ist, als man sich früher gedacht hatte, auch die Eltern. Man sieht eigentlich nur das Unangenehme an ihnen. Mein Bruder W. hatte überhaupt nur den Blick für das Häßliche. Der Charakter der Eltern ist so unkompliziert, egoistisch.«

Sie denkt nach. »Sprechen Sie doch weiter.« »Man sieht auch, so wird man selbst einmal werden. Das ist auch sehr deprimierend. Das kommt einem zum Bewußtsein.« »Und?« »Die Mutter will allerhand sein, was sie gar nicht ist. Sie redet es sich ein, sie macht sich etwas vor. Die Mutter macht sich viel vor.

Es ist traurig. Ich weiß, sie will sich betäuben. Sie denkt gewiß auch, daß sie zu nichts Rechtem da ist. Ich mache mir da nichts vor.«

Das spricht sie alles langsam, wie für sich und mit einer objektiven, forschenden Ruhe. Vielleicht hat sie irgend etwas beobachtet, was sie mir nicht sagt. Sie stockt lange, dann fängt sie wieder an, es ist ein kühler Bericht, wenigstens dem Vortrag nach. »W. ist einen Schritt weiter gegangen als ich. Er hat vom wirklichen Leben nichts geahnt. Das ist die Hauptsache: er hatte keine Erlebnisfähigkeit. Manches hatte er mit mir gemeinsam. Ich kann mich auch nicht zu Menschen stellen. Wenn ich sagen soll, was das Schönste ist, was es gibt für mich, so ist es: mich abends, wenn es im Haus ruhig ist, ans offene Fenster zu setzen auf das Fensterbrett und ruhig auf die Straße zu sehen.«

»Sie bereiten sich auf das Abiturium vor. Wie geht es Ihnen in der Schule? Wie stehen Sie zu den Lehrern und Lehrerinnen?«

Sie zuckte die Achseln: »Die Lehrer taugen als Menschen nichts, bis auf eine Ausnahme. Unterricht gut, aber sonst sind sie Unmöglichkeiten. Das finden alle Mädchen.« »Sie waren doch viel mit Ihrem Bruder zusammen. Hat er Ihnen etwas erzählt, oder haben Sie etwas davon gemerkt, daß er einen Schwarm hatte, eine Liebschaft oder so etwas? Vielleicht unter Ihren gemeinsamen Bekannten?«

»Nichts. Gar nichts. Er war ja ganz ungewandt. Er hatte überhaupt keine Umgangsformen. Vielleicht wollte er schon. Erotisches von ihm weiß ich gar nicht. Ich weiß nur, daß er mit der Mutter einmal über Onanie gesprochen hat. Manchmal hat er es mit den Dienstmädchen gehabt; er hat sie gekitzelt. Sie beklagten sich hie und da: der W. ließe sie nicht in Ruh. Das war auch alles.

Er hielt sich eben völlig für sich. Das war so seine Art, obwohl er es sicher nicht mochte. Er war haltlos und brauchte andre, wollte es sich aber nicht eingestehen. Ich glaube, er hat sich seine ganzen Gehässigkeiten vorgeredet. Diese Neigung, Leute zu quälen, hatte er von Haus aus gar nicht. Es war mehr ein Zwang. Er war sogar sehr liebebedürftig. Er hatte sogar wirkliche Anhänglichkeit an die Eltern. Aber er hat sie nicht gezeigt.«

Dies die merkwürdig nachdenklichen Beobachtungen des neunzehnjährigen Mädchens. Ich bemerke: »Sie sagten doch vorhin, er hätte besonders die Eltern gehaßt, und zwar wegen der Sklaverei.« »Ja, Liebe und Anhänglichkeit hat er sich nicht einmal eingestehen wollen. Er hat sich geschämt, sie zu zeigen. Und die Eltern haben ihn mißverstanden und haben das nicht gesehen. Zum Beispiel ist er dann und wann abends vorn bei den Eltern geblieben, es war eine Neigung zur Freundlichkeit bei ihm, er wartete auf Entgegenkommen, Freundlichkeit, aber man hat es nicht beachtet, und dann ist er wieder hintergekommen.« »Und wie hat er sich zu Ihnen gestellt?« »Das war dasselbe wie bei den andern. Wir wußten, daß wir zusammengehörten, gewohnheitsmäßig. Aber wir zeigten es nicht. Beide nicht, ich auch nicht. Wir haben beide gern zusammengewollt, aber es auch nicht gekonnt.«

Ein heranwachsendes Kind schlägt im dreizehnten Jahr um, um die Zeit der geschlechtlichen Reifung. Sexuelles wird dann und in den nächsten Jahren direkt bei ihm nicht deutlich. Nur nebenbei hört man von Onanie. Eltern und Umgebung stellen selbst fest: die eingetretene Änderung betrifft den ganzen Menschen. Sein Charakter, seine Art verändert sich. Der Junge war vorher ein ›sonniges‹ Kind. Was ist das für ein Geist, der in ihn fährt?

In der ›Pubertät‹ erfolgen Veränderungen am lebenden Organismus, die mit dem Wort ›Geschlechtsreifung‹ nicht ausreichend bezeichnet werden. Der Umfang der Veränderungen geht über den Vorgang in den Geschlechtsdrüsen hinaus. Es ist bekannt, daß sich gleichzeitig auch andre Drüsen verändern. Diese Drüsen, mit dem Zentralnervensystem im Zusammenhang, sind auf Steuerung des Gesamtorganismus, auf allgemeines Wachstum, Spannung, geistige Entwicklung von Einfluß. Die sogenannten ›sekundären Geschlechtsmerkmale‹, Veränderung des Kehlkopfes, Behaarung, besondere Ausbildung von Fettpolstern, demonstrieren die allgemeine Revolution.

Bisher habe ich den Menschen nach Art einer Blume betrachtet: die Pflanze wächst, reift, trägt Blüten, Samen, Keime, vertrocknet. Das ist eine Linie. Es sieht sogar aus, als ob das Blühen und Keimtragen das Ziel, den Höhepunkt bildet. Es sieht nach einer Kurve aus, die mit der Kindheit ansteigt, mit dem Reifestadium ihren Höhepunkt erreicht, mit dem Alter absinkt. Aber wir wollen diese einfache Vorstellung nicht festhalten. Würden nur die Geschlechtsdrüsen, die schon angelegt waren, ihre Funktion beginnen und den Organismus ›komplettieren‹, so wäre man nicht gestört in der einfachen Linienvorstellung. Aber es treten auch innere Drüsen zurück, der innere Chemismus, die Steuerung des Gesamtorganismus ist geändert, und schon äußerlich treten Merkmale auf, die man schlecht abfindet mit der Bezeichnung ›sekundäre Geschlechtsmerkmale‹: die Behaarung, Veränderung des Kehlkopfs, Ausbildung von Fettpolstern und so weiter. Es tritt, finden wir, ein neuer Typus auf.

Es hat ein Entwicklungsschub stattgefunden. Dieser Entwicklungsschub ist, scheint uns, von derselben Art und biologisch in eine Reihe zu stellen mit den Schüben der embryonalen Entwicklung. Kind, Mann-Weib, Greis sind besondere Organisationsstufen der Spezies Mensch. An der mittleren hängt die Fortpflanzung. Daß die mittlere Stufe die zentrale sei, ist ein bloßes Werturteil. In den verschiedenen Lebensabschnitten dominieren verschiedene Organe. Mehr soll man nicht sagen. Das Wort ›Blütezeit‹ führt irre, dahinter steht die oberflächliche Vorstellung des eingleisigen Wachstums.

Es liegt vor eine völlige Typusveränderung. Wir sprechen von einer Metamorphose Kind, Mann-Weib, Greis. Das sind drei Wesen, drei Naturen, deren Charaktere erst zu bestimmen sind. Zwei ungeschlechtliche Generationen um eine geschlechtliche. Daß im Kind- oder Greisenstadium Züge des Mannesstadiums noch oder schon nachweisbar sind, besagt nichts. Jede Generation hat vorgebildet oder rudimentär Züge der andern. Dies, diese Metamorphose also verbirgt sich hinter dem ›Lebensgang‹, dem ›Wachstum‹ des Einzelmenschen. Es werden neue Menschentypen gebildet mit besonderem Lebenskreis, im menschlichen Entwicklungsgang handelt es sich nicht um ein einfaches ›Heranwachsen‹ und ›Altern‹, sondern um die Abfolge spezifischer Wesen.

Drei Geburten hat der Mensch, das Nervmuskelwesen. Das Einnistungs- und Entwicklungsstadium im Mutterleib. Dieses beendet die erste, besonders so genannte Geburt. Es folgt die Kindesgeneration mit Lungenatmung und Ernährung durch den Mund. Während nun sehr viele Tiere in diesem Jugend- oder Larvenstadium sich wirklich selbst ernähren, die Raupen, Maden, Kaulquappen, bleibt das menschliche Kind bis zur nächsten Geburt hilflos. Die Pubertät, die zweite Geburt, bringt, über Jahre hingestreckt, den neuen Drüsenapparat, einen neuen Chemismus, die ›sekundären Geschlechtscharaktere‹, den Abschluß des Größenwachstums, und die eigentlich erst jetzt durchgeführte Trennung in Mann und Weib. Dann ist fertig die neue Organisationsstufe, das ›Reifestadium‹. Das Klimakterium ist die dritte Geburt und führt zu dem Stadium des Alters, das, gehalten an das ›Reifestadiums‹, eine Rückentwicklung der Geschlechtscharaktere mit sich bringt. Alle Stufen und alle Übergänge sind beim Typus Mensch, wie bei den meisten Tieren und Pflanzen, zusammengeschmolzen, verwischt und verschränken sich zu dem Bilde der kontinuierlichen Entwicklung.

Bei den Tieren, die eine ausgesprochene Metamorphose haben, sind die Grundzüge und Anlagen, die auch in andren Wesen stecken, greifbar voneinander abgesetzt. Die Ursache des Rudiments oder eines bloßen Ansatzes zur Metamorphose beim Menschen liegt in Folgendem: Die Lebensweise des Menschen und andrer Tiere erübrigt die Herausbildung eines besonderen Larvenstadiums; das Kind braucht nicht selbst Nahrung zu suchen, es steht unter dem ständigen Schutz und der Führung der Eltern. Hier in unserer Erdepoche ist das Reifestadium im Zentrum und bringt den dominierenden und daher scheinbar eigentlichen Typus. Nur das Altersstadium hat bei dem Gehirnwesen Mensch schon jetzt selbständige Bedeutung und wird voraussichtlich in der Zukunft noch größere erlangen.

Beobachtungen und Vergleiche an Gorillas, an Negern und dem Neandertalschädel haben hier eine große Hypophyse, die Drüse des Hirnanhangs, festgestellt. Von da ist man zur These gekommen: die Abänderung der Rassetypen beziehungsweise der Ursprung von Rassen ist die Folge von Änderungen im Gleichgewicht der inneren Drüsen. Es erfolgt eine Störung des inneren Gleichgewichts, neue äußere Formen besorgen die Herstellung eines neuen Gleichgewichts.

Was sehen wir bei der Abfolge der Stufen: Kind, Mann-Weib, Greis? Eine klinisch und anatomisch sichere Änderung bestimmter Drüsen mit innerer Absonderung, einen neuen Chemismus im Organismus, eine neue Steuerung der Lebensprozesse. Also, wir werden zu einer anderen Auffassung der ›Altersstufen‹ Kind, Mann-Weib, Greis auch zoologisch hingeleitet.

Das ›Kindesalter‹ wird beherrscht von der Thymusdrüse und den Rachen- und Gaumenmandeln, Organen mit innerer Absonderung und Wirkung auf Stoffwechsel und Nervensystem dieser Stufe. Im übrigen, äußerlich betrachtet man das Kind nur als heranwachsendes Männchen oder Weibchen; aber schon der heutigen Psychologie fallen ›archaische‹ Dinge auf. ›Archaisch‹ besagt aber nur: dies Alter hat ein eigenes Gesicht, selbständige Charakteristika.

Das ›Mann-Weib-Alter‹, die mittlere Organisationsstufe, steht unter der Herrschaft der Sexualdrüsen. Die Exemplare sind für das Brutgeschäft ausgerüstet: muskulös, mit Brut- und Schutzinstinkten, mit Apparaten zur Nahrungsbeschaffung, mit sexuellen Lock- und Reizinstinkten und -mitteln. Diese menschliche Organisationsstufe hat die sogenannte normale Standardpsyche, weil nämlich alle Beobachtungen und Aufzeichnungen ausschließlich von ihr gemacht werden und sie bestimmt, was ›Norm‹ ist. Die andern Stufen stehen unter ihrem Urteil, das mehr oder weniger versteht, oder nur versteht, was ihr paßt. Die beiden Typen vor und nach dem mittleren nehmen das Urteil auch an, weil (oder solange) sie Schutztypen, Vorläufer und Nachläufer und ohne die mittlere existenzunfähig sind. Die positiven Merkmale des ›Greisenalters‹ zu studieren, unabhängig von mißgünstigen Vergleichen, hat man bisher wenig für nötig gehalten. Die Wissenschaft steht im Zeichen der Feier des Mann-Weib-Typus. Das Greisenalter, so charakteristisch es ist, wird einfach als Rückbildungs- und Schlackenstadium genommen. Alle Erscheinungen sind danach bloße Ausfalls- und Abnutzungserscheinungen. Dieser Standpunkt ist primitiv. Die Drüsenmerkmale des Seniums (Unsinn, bloß von ›Rückbildung‹ zu sprechen; alle Alter, alle Stufen bilden etwas zurück) wären aufzuzeichnen, die Abhängigkeit der äußeren Erscheinung davon festzustellen, das Bild dieses Typus im ganzen herauszuarbeiten. Wir bemerken, daß bei den Staatenbildungen der Menschen vielfach der Greisentypus die Vorhand hat: der mittlere Typus wird benutzt als Zeuger- und Schutztypus, aber der Hauptbesitz, die Gesetze, die Führung liegt in der Hand der ›Alten‹. Es besitzen, herrschen, führen ›Senate‹, Versammlungen der Alten. Hier macht der Alterstypus die andern zu seinem Instrument.

Bekanntlich folgen die Tiere in besonderer Weise phylogenetisch, ihrer Abstammung nach, auseinander und aufeinander, und der Menschentypus steht zeitlich vor oder hinter bestimmten Affenarten. Auch die sogenannten Altersstufen muß man so, im Fluß des Ganzen, unter dem Gesichtspunkt der Artentwicklung betrachten. Die verschiedenen Alterstypen, die besonderen Organisationsstufen der anscheinend einheitlichen Spezies ›Mensch‹, sind als Stöße der Artentwicklung in verschiedener Richtung aufzufassen. Schon der mittlere Standardtypus ist nicht einheitlich, das Ganze völlig nicht. Das Ganze ist zu einem Lebenskreis mit scheinbarer Einheitlichkeit zusammengeschmolzen. Jede Art ist nur ungefähr ein feststehender Typus; tatsächlich sieht man schon an jedem ›Typus‹ den kolossal schreitenden heftigen Rhythmus der Natur. Die schärfste Aufmerksamkeit scheint mir beim Menschen der ›Greisentypus‹ zu verdienen, dessen soziale Bedeutung schon jetzt deutlich ist.

Das ist das Pubertätsproblem: die Frage der Umartung von Typus zu Typus. Es ist ein Wesen da, das zu einem andern wird, ein ›Kind‹ zum ›Jüngling‹ oder jungen Weib, wie später ein Greis, eine Greisin aus dem Mann und der Frau. Im Grunde sollte die Frage nach dem Übergang, nach der Nahtlinie, nach dem Intervall zwischen zwei Stadien, nach den Geburtsumständen uninteressant sein. Aber ebenso milde, verwischt, verlängert wie schwierig ist bei den Menschen oft die Geburt, das Intervall. Und es gibt nicht nur Brüche mit völliger Vernichtung, mit Zugrundegehen um diese Zeit, sondern auch Steckenbleiben mit nachfolgendem Riesenschatten über die ganze nächste Periode. Das kann ›Schizophrenie‹ heißen und ist eine entwicklungsgeschichtliche Varietät.

Bei unserem jungen W. ist ein völliger Bruch zwischen zwei Stufen erfolgt. Wie sieht die Bewegung von Stufe zu Stufe, von Form zu Form von innen, psychisch aus? Unterirdisch tritt bei den pubeszierenden Menschen eine neue ›Tönung‹ der Seele ein. Es erfolgen Schüsse aus der Sexualzone, dazu dumpfe Bewegungen andrer, wenig bekannter Drüsen; eine Einstellung auf den neuen Chemismus muß stattfinden. Dieser Umschwung in Spannung, Tönung und Färbung, die Aufnahme neuer Triebe ist erst beendet, wenn das neue Stadium erreicht ist, also nach Jahren. Inzwischen aber ist der junge Mensch, mit der Mentalität des Kindes, desorientiert! Desorientierung äußert sich in Zweifeln, Hilflosigkeit, im Unvermögen, sicher oder überhaupt auf Vorgänge zu reagieren.

Aber nicht nur daraus kommt die Depression und das Gefühl der Minderwertigkeit und Selbstverachtung. Der Übergang selbst ist mit Trübsal verbunden. Freude, Lust, Wohlbehagen ist überall und allemal bei stabilen Zuständen, in fertigen Stadien. Da hat jedes Stadium seine besondere Freude. Der Übergang aber ist ein Sterben und verläuft mit dem Gefühl der Angst, der Leere, des Erstickens. Der Wille wird blockiert, paralysiert, das Gefühlsleben ist verwirrt oder sogar öde; im Handeln gibt es ein Zickzack. Das sind Signale des Übergangs, der Metamorphose. So sehen wir diese krampfhaft erregten und zugleich gelähmten Wesen.

Die meisten gleiten ohne Schaden aus einem Stadium zum andern. Die Entpuppung verläuft glatt. Wann aber wird sie schwer verlaufen? Wenn auf dem Entwicklungsgang der Kinder ein Schatten liegt, bei Menschen aus belasteten Familien. Das Ziel, auf das die Entpuppung hinführt, ist dann selbst unsicher. Was Wunder, wenn der Weg daraufhin wirrer als sonst verläuft. Im Grunde stellt ja eine Familie selbst innerhalb der Natur eine unabgeschlossene Entwicklungsphase dar.

So war es bei unserm jungen Selbstmörder. Es trat um die Pubertätszeit die schreckliche Addition von Störungen ein. Daraus das fürchterliche Schwanken. Es ist kaum nötig, unter solchen Umständen noch die Mitwirkung, den Beginn einer besonderen Krankheit, Schizophrenie, anzunehmen. Der Seelenzerfall, das Auseinanderfließen ist ausreichend vorbereitet und begründet. Man sieht, wie gefährdet in der Natur Varianten sind.

Das Intervall, die Pubertät, hat etwas eigentümlich Stummes, Anklagendes, Tierisch-Hilfloses. Zugleich ist diese Umschlagszeit fremdartig, abstoßend, beleidigend, aufreizend. Ragt dieser Zustand in das nächste Stadium hinein, so ist er der Boden für Dämonie, Satanisches und Halluzinatorisches.

Der Pubertätsselbstmord ist nur aus der naturgeschichtlichen Perspektive zu verstehen. Man muß Ehrfurcht vor den großen Geburtsstunden haben. Es sind zugleich Sterbestunden. Da ist die Natur greifbar aufgelockert. Das Halbfertige, Fließende ist aber eigentlich halb tot, und es ist begreiflich, daß es ohne große Bewegung – ganz tot ist. Der Selbstmörder folgt der natürlichen Linie. Er ist eigentlich kein Selbstmörder, die Auflösung hat nicht er vorgenommen.

Es gibt nicht viel Hilfe für diese jungen, schwankenden Menschen, ebensowenig wie für die alternden. Ungeheuer und unnatürlich beherrschend steht bei uns der reife Mann, das reife

Weib, als gesicherte Bastion ›Mensch‹ da. Die sind auch meist blicklos für die andern Menschentypen und gar für die gefährlichen Übergänge.

Am schwierigsten werden es Menschenexemplare einer unstabilen, schlechtgeordneten oder sich umordnenden Gesellschaft haben. Der Untergang einer bestimmten Norm, die Typen bildet und festigt und sich durchsetzt, im Staatlichen oder Religiösen, sei die Norm bloß ideell oder gebunden an äußere Formen, solch Untergang ist besonders schlimm für die Umschlagstypen. Es fehlt die geistige Hilfe, die durch Starre über das Schwanken, die Labilität der Umschlagsepoche weghilft. So wird das Fehlen einer verbindlichen Haltung, die schauerlich schwere Umformung unserer abendländischen Gesellschaft, direkt lebensgefährlich für Exemplare dieser Epoche. Ein Unglück wie das beschriebene zeigt eine Katastrophe in der Gesellschaft an. Und dies war also kein Bericht über einen Fall, sondern über eine Zeit.

Das Mitgefühl als Resonanzerscheinung

Das Mitgefühl ist eine innerweltliche Bewegung. Sie ist eine erkennende Bewegung. Alle Erkenntnis beruht auf dem Mitgefühl. Es ist das Schwingen in dem einen und die Resonanz, das Mitschwingen in den andern. Da ist eine großartige, von uns zu hörende Musik in der Welt.

Manchmal wird das Mitgefühl noch mehr. Es wird Instrument einer Kräfteballung. Da sammelt sich das Mitgefühl, schweißt Verschlossenes auf. Es scheint nur Mitgefühl. Es ist in der Hand mancher Menschen die Wünschelrute, die Quellen anzeigt. Und da greift man denn an, lockert, reißt heraus, vermählt das Fremde unaufhörlich mit sich und – entläßt es. Lockerung, Lösung, Befreiung: das ist die Aufgabe des nicht nur erkennenden, des aktiven Mitgefühls. Da ist keine Einselbstung zu suchen und kein Selbstaufgeben. Das ist faustisches Suchen und An-sich-Pressen.

Wenn ich im Freien auf der Bank sitze, blühende Bäume über mir, der Boden mit weißen Akazienblüten bestreut – es sind ganze Lachen von Akazienblüten, der Wind treibt sie manchmal vor sich, dann liegen sie in neuer Ordnung, ich sehe, was für Figuren sie bilden, sie verändern sich in dem Spiel des Windes wie Chladnische Klangfiguren –, dann denke ich, den Blick auf die spielenden Kinder: man müßte wie ein Baum stumm in der Erde wurzeln oder wie ein Kristall ganz tief zwischen Granitblöcken im Gestein ruhen (aber auch da, liebe Seele, ist keine Ruhe, die Bergfeuchtigkeit träufelt ihre Tränen über dich).

Und dann stehe ich auf und schlendere nicht mehr, ich gehe kräftig zu, irgendein Einfall hat mich in Kampfstimmung gebracht. Und da merke ich, aus was für Elementen wir gebraut sind, und wie erstaunlich es ist, daß dieses Chaos sich überhaupt hat formen lassen und auch nur einige Zeit in einer Form beieinander aushält. Feuer und Flamme sind da, aber sie erlöschen immer wieder, eine gewisse Hitze bleibt, und das will sich auf anderes stürzen und es einäschern. Das ist unsere Wildheit, der Angriffsmut, die Wut, wer wagt uns zu dämpfen, das haben wir in uns, immer zerstören wir und werden zerstören müssen, solange etwas von diesem Element, dem Feuer, in uns ist. Und dann gießt das Wasser darüber, das ist auch in uns, das sehnt sich nach ruhiger Fläche, nach einem allgemeinen Fließen und Ausbreiten in Seen und im Meer und gibt Langsamkeit, Friedensliebe, Beschaulichkeit.

Dann die Luft in unseren Lungen. Sie geht ein und aus, aus dem Blut atmet die Kohlensäure aus, der Luftsauerstoff läuft im Blutkreislauf durch unsere Organe. Und so wie die Luft müssen wir uns verflüchtigen, fliegen vom Boden weg und uns wie Gas aufgeben. Das sind drei Elemente. Man muß wissen, aus was für Stoffen von großer Wirksamkeit Pflanzen, Tiere und Menschen aufgebaut sind und ihren Charakter daraus ableiten. Nirgends verleugnet ein Stoff, ein Element, eine lebende Elementgruppe ihr Wesen.

Gotamo Buddho

Der Heilige hat die Augen – sehr breitgezogene, völlig von den Lidern bedeckte Augen – bis auf einen Spalt geschlossen. Ganz unglaublich milde, mit einer wissenden Resignation, beinah mit Ironie, lächelt der Heilige, Lippen und Mundwinkel sind verzogen, die Linien von der Nase zum Mund sind vertieft. Wer dieses Bild ansieht und sehen kann, hat hier die ganze Lehre. Ausgebreitet ist diese Milde, die Resignation, das skeptische feinironische Lächeln über seinen Reden. So sieht kein Dogmatiker, kein ›Religionsstifter‹ aus. Und seine Reden und die Reflexe seiner Jünger bezeugen: er war ein einzigartig feiner Mensch seiner Zeit, mit allen Wassern des Wissens seiner Periode gewaschen, der einmal den Schreck des Daseins erfuhr. Diesen Schreck hat er nicht ausgewischt. Er hat sich von ihm willig durchwühlen lassen und ist mit ihm fertig geworden. Man sieht aus diesem Gesicht, hört aus diesen Reden, daß er alles gesehen hat, alles empfunden hat, was Menschen empfinden müssen. Er ist dann suchen gegangen im Dasein nach dem Heilmittel gegen den Schreck. Wie keiner der vielen neben ihm hat er das Glück gehabt: man muß aus dem Elend heraus. Während sie fragten und diskutierten, blieb er im Erleben. Der Ernst des Daseins, das ungeheure Gefühl von diesem, hob ihn riesenhoch über alle neben ihm. Ein physisches und metaphysisches Verantwortungsgefühl trug ihn. Er gab von seinem Empfinden andern ab, darum sprach er. Die andern erfuhren dasselbe Schicksal wie er; er aber bewegte sie hin zu seinem einzigartigen Gefühl von Menschenwürde.

Ein hohes Wesen. Und so seine Worte. Eine Freude, daß andere die Worte gerade dieses Wesens zu einer Lehre machten. Glanz,

Frieden, innere Freiheit fließen aus diesen Worten. Hier ist Helligkeit, Klärung und niemals Spekulation. Welche Stärkung für uns Menschen, daß solch Exemplar unserer Art möglich war und daß Worte da sind, die beweisen, daß es vorhanden war.

Phantasien über Jesus

Diese ironisch feine, herausfordernde Gestalt. Oder ist er naiv und sich nicht einmal der Herausforderung bewußt? Wer hätte den Mut, allem Mißverstehen zum Trotz so zu handeln und zu reden: »Er nahm das Brot, dankte und brachs und gab ihnen und sprach: Dies ist mein Leib.«

Auf dem Ölberg kommt eine Helligkeit über ihn, die Jünger schlafen, er zwingt sich ab: »Dein Wille geschehe«, der Weg ist schon gegangen, es gibt kein Zurück. Jetzt gehen die Ereignisse über ihn weg.

Die lächelnde Abwimmelung der Frage: »Du sagst es. Ihr sagt es.« »Bist du Gottessohn? Bist du König?« »Was versteht ihr davon, wie soll man sich euch verständlich machen!«

Er sieht seine Schüler, seine Jünger. Das sind sie? Er fühlt, sein Lehren war erfolglos wie das der großen Propheten und vieler vor ihm. Auch er in dem trostlosen Haufen.

Vor Herodes stumm. Jesus gibt sich verloren. Diese Stummheit der Krise. Pilatus und Herodes, frühere Feinde, versöhnen sich angesichts der drolligen Hebräer, dieses originellen Bodenprodukts, finden sich im Gelächter zusammen.

Dann zum Kreuzweg. Er schwillt über von Zorn über die Jünger. Er rast zum Berge. Das ist eine Explosion. Man kann sich seinen Weg vorstellen im sprühenden Regen. Das bißchen Gewand klebt an. Oder in heller Sonne: die Wut auf das Licht.

Man pflanzt zwei Verbrecher neben ihn. Noch zuletzt, er rettet sich in Zorn: »Sie wissen nicht, was sie tun.« Er windet sich und stirbt. Grauenvolle Minuten.

Der Organismus ist so erfindungsreich; kein Pharmakologe arbeitet so rasch und einsichtig wie eine Seele. Aus welchem Winkel seiner verstörten Seele, dieses klagedurchstürmten, blitzdurchflossenen Körpers, mag dies »Heute wirst du mit mir im Paradiese sein« zu einem Verbrecher getönt haben.

Jesus – ich will etwas anderes über ihn sagen. Es ging in seiner Umgebung etwas vor. Es war die gequälte judäische Landschaft. Sie warteten auf den, der das Heil bringen sollte. Erst als Jesus tot war, konnten diese etwas mit ihm anfangen.

Ich will eine Geschichte erzählen von einem Menschen. Es war ein heiterer freundlicher Mensch. Er stieß auf eine alte Vorschrift. Diesen Rock warf er sich mit einem Ruck über. Etwas riß an ihm in Stücke, klaffte. Es war dann eine Lesefrucht sein Leben. Eine hypnotische Bannung; andere erlagen ihr nicht. Starrheit in ihm, niemand erkannte ihn wieder. Vom Boden aufgelesen wie eine Eichel, Kastanie. Er schwebte zwischen Bücherzeilen. Seine Größe unbeschreiblich. Er war jetzt nur Majestät.

Redete: »Ihr sollt zu mir kommen.« Dann – blieb alles aus! Die Wirklichkeit, wie eine Porzellanbude splittert, zerschnitt ihn. Es paßte alles nicht. Die Älteren standen starr. Ihr Grimm wandte sich gegen ihn. Der freche Ahnungslose. Sie schämten sich für ihn, waren entsetzt über die Schändung. Man wollte ihn direkt beseitigen.

Noch einmal deutlich hinter dem dichten Nebel seiner Idee etwas Lichtes: eine Versuchung. Es ist keine Versuchung, es ist die schreckliche Wahrheit! Er bleibt besessen, versenkt, verstockt. Die Instinkte von Massen bemächtigen sich später seiner. Man glorifizierte ihn rasch. Über den Nebel seiner Idee warf man neue.

Die Herde, die Gesellschaft – ein Menschenfresser.

Ein großer Organisator. Er schickt die Apostel, zwölf Jünger, gibt ihnen Macht über die unsauberen Geister. Bis in Details weist er sie an. Er traut ihnen keinen selbständigen Gedanken zu, nimmt ihnen jede Dispositionsfreiheit? Gewaltherrschaft. Der drohende Ton seiner Rede überwiegt. Nur ab und zu bricht das Süße durch, ganz schemenhaft. »Hütet euch vor Menschen!« Das Wort hat Jesus gesagt. Er sieht mit finsterem Blick alles voraus; sie sollen wie die Schlangen klug sein. Er ist gekommen, nicht um Frieden zu bringen, sondern den Menschen zu erregen wider seinen Vater.

Diktatorisch verlangt er ihre Seelen. Sie sind sein Eigentum. Kein Haar auf ihrem Kopf soll ihnen verlorengehen.

Pilatus ist der Interessante. Wie man ihm Jesus abringt. Zum Schluß das Tückische: »Das infame Judenpack, da habt ihrs mit.« Er trifft mit der Inschrift I. N. R. I. die Juden selbst. Ihr jämmerliches Gezänk. Zuletzt wimmelt er sie von sich ab. Jesus soll nach ihrem Gesetz abgeurteilt werden. Jesus gehört zu diesem Volk mit ihrem lächerlich verworrenen Geschwafel: »Ich bin gekommen – die Wahrheit.« Die gähnende Gegenfrage: »Was ist Wahrheit?«

Dem Pilatus ist das Ganze eine Speichelleckerei, eine Radfahrgeste der Juden. Er geißelt Jesus; die Soldaten verhöhnen das Judengezänk, indem sie ihm eine Dornenkrone aufsetzen und den Purpurmantel anziehen. Er nimmt es nicht ernst, lacht, als er draußen das ›Kreuzigt ihn‹ hört, dieses blödsinnige Wort, weil sie selbst nicht töten dürfen.

Am Kreuz –

Zwischen welchen Delirien. Trockenheit der Zunge, die Augenlider wie schlaffe Lumpensäcke über blinzelnde Augen.

Die verschleimten üblen Gerüche. Dazwischen abgerungen, kaum besinnlich, einen Blick über verschwimmende Häuser, Schlieren des Schornsteinrauchs. Kein Blick mehr.

ÜBERGANG ZUM KOLLEKTIVUM

VON HERDEN UND INDIVIDUEN

Unstet und flüchtig

Der erste Zustand: man nimmt auf der Nahrungssuche, was man findet. Zunächst findet man. Man jagt, schießt, raubt. Man siedelt sich an, solange der Boden Früchte und Wild hergibt. Man lernt kollektive Tätigkeiten ausbilden. Der zweite Zustand: die Flucht und Ortsbewegung wird beschränkt, durch Konkurrenten, Ortsschwierigkeiten. Man muß sich von den ›Gegebenheiten‹ des Bodens emanzipieren. Planmäßiger Ackerbau, Viehzucht. Enormer Aufschwung der Kollektivkräfte, Staatenansätze, Instrumente für die Arbeit. In dieser Periode langsame Muskelrückbildung, Abschwächung der Jagdinstinkte, der Schärfe einiger Sinnesorgane, aber starke Großhirnentwicklung.

Wie die Menschen zusammenhängen. Um den Brotkorb drängen sie sich, sie arbeiten gesellschaftlich. Sie werden von der Nahrungsquelle gelockt und gehalten. Da bilden sie dann ihre Bauten.

Organentwertung in der Herde

Die Menschen wissen kaum mehr, was essen heißt. Man sehe einem Löwen zu beim Fressen, aber auch den Giraffen, den Vögeln. Wie eng das Fressen mit der ganzen Natur dieses Tieres verbunden ist, mit seinem Körperbau, seinen Bewegungen. Der Löwe erjagt das Fleisch, er reißt es an sich, zerreißt es mit den

Klauen, mit den Zähnen, er kämpft noch mit dem toten Fleisch, er liegt mit Wut und Grimm und Rachsucht und Triumph über seiner Beute, die er einschlingt. Ja, es ist Beute, die er besiegt und vernichtet – und das heißt Fressen. Der Löwe hat noch die Form und Art seines wirklichen Lebens, seiner Freiheit, die seinen Körper und seine Bewegungen so ausarbeitete. Die Tiere, die um uns sind, die Hühner, Gänse, Hunde, Katzen, Pferde, Kühe, sind schon alle unwahr und verändert. Es ist ihnen zu vieles bequem gemacht durch uns. Dadurch sind ihre Haltung und ihr Körperbau falsch und unverständlich geworden. Wir haben ihnen die Wahrheit genommen.

Und wir sind selber sehr zahm geworden, Gesellschaftstiere und Herdentiere. Das Futter erscheint zwischen uns, und mehr oder weniger ruhig scharen wir uns um den Napf, schmecken, schlucken und genießen. Daß man genießt, ist das Zeichen der völligen Ruhe und Ungestörtheit. Man kann sich auf Schmecken und Genießen legen. Der Kampf um die Futtermittel ist nicht mehr allein Sache des Einzelnen und daher auch nicht mehr sichtbare Sache seines Körperbaus. Da ist alles ins Gehirn gestiegen und Sache der Spekulation geworden. Der ganze Körper ist entwertet. Herren sind Gehirn und Herde. Unter diesen beiden Zeichen steht das ganze heutige Menschentum. Kaum Kiefer, die gefährliche Masse der Muskulatur von Arm und Bein entartet. Die Herde umgibt sich mit Schlauheit und Wissenschaft, die sie von Generation auf Generation vererbt. Sie läßt Technik für sich arbeiten, umzäunt sich mit Kanonen. Der entwertete Organismus verliert mit seiner Funktion seinen Ausdruck und seine Wahrheit. Der Sport sucht zu retten, aber er ist doch nur ein Spiel, ein Nachgedanke.

So kann es zu Geschmack, Genuß und Kunst kommen, und zu Fasten, Buddhismus, zum Abstreifen des Körpers und zu Idealismus. Das heißt: der Existenzkampf ist abgeschwächt und konnte bagatellisiert werden, und man hat schließlich die Vorstellung, nur sittliche und geistige Probleme sind wichtig, – du liebe Ahnungslosigkeit. Und so konnte sich auch die Vorstellung in der geschützten Erde und Gesellschaft herausbilden: der Existenzkampf, der ökonomische, ist materiell, und daneben haben wir im Kopfe die Ideen und den Geist.

Was erscheint uns als Ursache dieser Trennung Materie und Geist? Die geschützte Lage der Menschenherde. Woher kommt die Überlegenheit unseres Kopfgeistes über die Natur, die andere Natur, über den realen, allgemeinen, unobjektiven Geist? Aus der menschlichen Situation von heute, aus der einseitigen Entwicklung zum Hirntiere. Sie kommt aus der Abtrennung des zahmen, schlauen Menschen, der sich sein Futter ruhig, rentnermäßig im Herdenleben bereitstellt, von der übrigen Welt. Freilich, die Herde im ganzen, in der Gestalt des Staates, hat noch Waffen, Wildheit, brutale Antriebe, sie kämpft mit Zähnen, Krallen und Muskeln, solange sie lebensfähig ist. Ja, das Ganze und nur das Ganze, der Staat, ist jetzt noch ein starkes Übertier. Und wenn man den heutigen Menschen und seinen ganzen Organismus sehen will, muß man nicht auf den unwahren Einzelmenschen blicken, sondern auf das starke Übertier, den Staat, die Gesellschaft mit ihrer technischen Apparatur und ihrer Überlieferung von Erfahrungen.

Wie weit voneinander entfernt sind die großen kämpferischen Dinge, denen heute noch die Herde ausgesetzt ist, und die weiche Ideologie, die sich hie und da der Einzelne gestatten kann. Was er denkt, sind Spekulationen von jemand, der fern vom Schuß ist.

Der Herdenmensch

Wir sahen das Individuum, und es war ein Organismus, ein Werkzeugträger, er senkte seine Werkzeuge, seine Organe als Pflanzenwurzeln in die Erde, verklammerte sich mit der Erde, um Wasser, Salze und andere Nährstoffe durch sich fließen zu lassen, entwickelte ein Gerüst, das seinen ganzen Werkzeugaufbau tragen sollte, den Stamm, Stiel, Wurzelanker, trieb Blätter, welche Luftgase aufnehmen sollten, bildete Grünstoff in seinen Oberflächenzellen, welcher imstande war, strahlige Energie an die Pflanze zu binden. So also verknüpfte sich die Pflanze mit Erde, Luft und Sonne und wurde zugleich real als Individuum. Das also zeigt sich in der allerweitesten Sphäre von Ernährung, Geburt und Tod, aber es ist nicht weniger deutlich in den engeren Kreisen der Gesellschaft, des Staats, der Familie. In große, größere und größte Zusammenhänge sind wir eingelagert. Wir sprachen von der großen Kraft der Resonanz, welche Ähnlichkeiten und Gleichheiten hervorhebt und verstärkt. Ungeheuer sind wir erfaßt von dem Du und Wir. Ungeheure Kräfte sind in uns Begierde, Liebe und Haß. Machtvoll wirkt in uns Qual und Entbehrung von Dingen der Welt und von Menschen. Bedürfnisse, Begierden, Liebe und Haß sind unsere Kohäsivkräfte, und sie gehören zu uns, und es ist niemand imstande, nicht einmal abstrakt, ein Menschenwesen außerhalb der Zusammenhänge der Natur – Essen, Trinken, Atmen – und der Gesellschaft – Begierde, Zuneigung, Abneigung, Entbehrung, Befriedigung – zu konstruieren.

Würde man nach Jahrmillionen einen gut erhaltenen Menschen von heute ausgraben, so könnte man ohne weiteres in diesem Gebilde ein Gesellschaftstier und den Menschen neuer Staaten erkennen. Denn er hat eine nackte Haut, ist recht muskelschwach, kann also schlecht kämpfen, kann auch schlecht laufen, hat keine Hörner, schlechte Zähne, keine Krallen, ist im ganzen, verglichen mit anderen Tieren, gebrechlich. Wie das also leben kann? Vielleicht hat er sich andere Tiere zu seinem Schutz gewonnen, und schlau ist er bestimmt, er hat eine mächtige Schädelkapsel, also ein riesiges Gehirn, aber mit Worten wird er die Bestien seiner Zeit nicht bezwungen haben, und wenn man ihn ansieht, weiß man, daß er nicht einmal rasch genug war, um wilde Tiere zu fassen und ihnen ihr Fell wegzunehmen. Die riesige Schädelkapsel verrät, was man vor sich hat: ein sehr schlaues Tier, das sich den Luxus schwacher Muskeln, dünner Beine, dünner Arme und Fettansatz leisten konnte. Zu dieser nackten Haut, zu dieser gebrechlichen Figur gehört noch Gruppenbildung, denn das Gehirn allein schafft es nicht. Es müssen auch Instrumente, Waffen und Maschinen hergestellt werden, und das kann solche armselige Figur allein nicht leisten. In großen Scharen also, in Riesenmassen, in Staaten wie Ameisen müssen diese gebrechlichen Wesen mit den großen Schädeln gehaust haben.

Zu diesen ausgegrabenen Menschen muß man also hinzudenken Städte, Staaten und Familien, immer müssen sie zusammen zu Hunderten und Tausenden aufgetreten sein, eine Riesenangst muß sie immer beherrscht haben, aber ihr Gehirn und ihre Masse ist über alles Herr geworden. Laßt aber einmal über solch Geschöpf plötzlich ein neues Klima kommen, etwa eine neue Eiszeit.

Vom Tierstaat und Menschenstaat

Die Menschenrudel leben in unserer Erdperiode in staatlichen, nicht festen Übergangsformen. In ihnen wurde erst eine Verbindung der Menschen betrieben, die man Sklaverei nennt. Es handelt sich um Differenzierung innerhalb der Gesellschaft. Es gibt Stufen der Sklaverei. Durch Sklaverei sucht der Sklavenhalter, der Herr oder seine Gruppe, sich zu entlasten von bestimmten niedrigen oder lästigen Funktionen, lastet sie auf andere ab, und diese anderen, die Gruppe der Sklaven, muß er mit Gewalt und List bei den Spezialfunktionen festhalten, bis sie dressiert und wirklich spezialisiert sind. Das Gebilde, innerhalb dessen diese Dressur und der Differenzierungsversuch erfolgt, heißt Staat. Möglicherweise war dieses der Weg, auf dem einmal auch Ameisen oder Termiten ihre hochentwickelten, völlig stabilen

Staatenwesen mit vererbbaren Typen – Erzeuger, Gebärerin, Arbeiter, Krieger – hervorbrachten. Bei den Menschen bleibt dies im Ansatz. Vielleicht ist unsere Art noch jung, oder, was wahrscheinlicher ist, die Art Mensch treibt zu einer anderen Art Gesellschaftsbildung, und die Neigung, Funktionstypen im Staat durch List und Gewalt zu schaffen, ist ein Rückschlag, Atavismus.

Der Protest gegen die Dressur, Differenzierung und Bildung von Funktionstypen, erfolgt seit Menschengedenken. Die Dinge müssen durchgekämpft werden. Technik und Wirtschaft heute, von planetarem Umfang, werfen alles durcheinander, was nach Stabilität aussah. Der Verlauf ist unübersehbar. Die Kriege, von Herrschaftsgruppen entfacht, können die Art Mensch im ganzen gefährden. Aber nach dem bisherigen geschichtlichen Verlauf ist es unwahrscheinlich, daß es auf feste Funktionstypen, ähnlich denen der Tierstaaten, hingeht. Der Mensch ist ein gesellschaftliches, aber nicht staatliches Wesen.

Die Menschen sind viel früher und daher echter Gesellschaftswesen, bevor sie Individuen sind. Wir ertragen die kleinen Abkapselungen der Herde, Gruppe, Familie schlecht, und gar als wirkliche Privatpersonen ersticken wir. Da kann nun der Staat, das Kollektivum, die Polis, Tyrannis noch so schlecht und verlottert sein wie sie will, wir sind nicht geneigt, uns von ihrem Leben abzuschneiden. In uns steckt mehr, als bei dem verkümmerten Vereins-, Familien- und Privatleben herauskommt. Jedes menschliche Wesen fühlt, wenigstens in Augenblicken, das überwältigende Faktum des Daseins überhaupt erst in der Weite des Kollektivums und will erzittern. Wir sind nicht reif für Idyllen. Da springt dann die Macht, als Staatlichkeit, ein – aber sie muß sich uns legitimieren. Das Lebendige will und kann sich über- und unterordnen, lehnt aber Vergewaltigung ab.

Was bedeutet Tyrannei? Das Signal der Macht – und den Aufruf, sie zu bestreiten!

Glanz, Kampf, Schmuck, Feier – auch Macht, das braucht alles Lebendige. Es wird in der Kunst besonders deutlich. Theater und Kino leben davon. Nichts will dem Banausentum und Philistertum verfallen, ein Gran von Rausch und Ängstlichkeit muß in alle Lust hineinpraktiziert werden. So geht es aber nicht ins Chaotische hin, sondern zur Bildung neuer Formen, und da immer Erbschaft vorliegt, zur Umbildung von Formen.

Kollektivität, auch beim Menschen, ist nicht Züchtungsprodukt, sondern mit der Art da. Aber Einzelmerkmale, auch der Kollektivität, können sich abschwächen, auch degenerieren. Kollektivität verläuft bei den Menschen nur zu einem Teil reibungslos, in die Lücke tritt der Tyrann.

Wann wird, nachdem Staaten gebildet sind, die Krise der Staaten sein? Wenn die Gefahr sehr abgesunken, das Kollektivum eingefahren und durch Einrichtungen gesichert ist. Dann kommt der zweite Zustand der Gefahr, die Luxustyrannei, die in der historischen Zeit vorwiegt. Aus den gesicherten Horden springen die Überlegenen, Schlauen hervor und greifen nach der Gewalt. Es ist freilich gesorgt, daß sie nicht allzuviel zerstören.

Eine völlige ›Sicherheit‹ in der Gesellschaft gibt es nur in biologisch differenzierten Staaten, also in Tierstaaten.

Paragenese beim Menschen

Unter Paragenese versteht die Mineralogie die Wirksamkeit von Kräften aus der Umgebung auf Mineralien. Sowohl die Entstehung überhaupt als auch die Art der Entstehung wird durch die Kräfte der Umgebung, Lagerung, Druck, Temperatur, beeinflußt. So betrachte man Menschengesichter, das Wachstum, den Blutreichtum, die Bildung von Fettpolstern unter Ernährung, Belichtung, Ruhe, Bewegung. Man sehe, wie sich Argwohn, Mißtrauen in Gesichter einprägt, wie die Praxis das Gesicht formt, die Schlauheit, Gerissenheit, das pastorale Wesen, der Trotz, Protest gegen die Situation. Da einige Umstände direkt auf die Keime wirken, kann es zu Klassengesichtern, Klassenhaltungen auch vergänglicher Art kommen. So ist auch vieles, was wir ›männlich‹ und ›weiblich‹ nennen, nur historischer Niederschlag von politischen und ökonomischen Kämpfen. Die Umstände manövrieren Menschenmassen in langdauernde Situationen hinein, die ihnen bestimmte Haltungen aufzwingen, entsprechend den ›Trachten‹ der Mineralien. Oft werden solche Haltungen als wirkliche Merkmale des Menschen aufgezeichnet, als Rassenmerkmale, und sie sind schwer von tieferen, organischen Zeichen zu trennen. Hierher gehört auch der Nationalcharakter.

SIEBENTES BUCH

WIE LANGE NOCH, JÜDISCHES VOLK-NICHTVOLK?

Jeremias: Denn ich weiß wohl, was ich für Gedanken über euch habe, spricht der Herr, Gedanken des Friedens und nicht des Leides, daß ich euch gebe das Ende, das euer wartet.

I.

Ihre Geschichte
Die Not- und Dauerform des Übervolkes

Judentum, jüdische Religion, jüdisches Volk-Nichtvolk: die Dinge sind im Fluß. Die Meinungen schwanken. Blicke von vielen Seiten sind nötig. Ist hier die Zukunftsform eines Kollektivums, ist das ein Übervolk oder der Rest, Rumpf eines Volkes? Eine bloße Religion?

Judentum, das ist ein ungeheuer konzentrierter Wachstumskreis. Er hat etwas Planmäßiges und Übersteigertes an sich wie ein Treibhaus. Volk, Nation ist etwas Offenes, Verbreitetes, trotz der inneren Bindungen und Formungen. Das kommt nicht an die Schärfe und Strenge der Bindungen und Formungen heran, die das Judentum hat. Diese Auskristallisierung, diese steinerne, scharfkantige Befestigung im Jehovaglauben! Es gibt keinen Gott neben ihm. Diese Sicherheit: er wird eines Tages der Gott aller sein. Es ist die Übersteigerung, die einmal der Kampf um Tod und Leben erzeugte. Man ist damals nicht ausgelöscht, nicht erlegen – und kurz vor dem Tod, den Tod überwindend hat man diesen Übertrotz und Zorn, dieses Trotzalledem-und-alledem erzeugt: wir leben und werden ewig leben.

Und siehe da: man ist leben geblieben! Es ist eiserner Lebenswille da, Kampfesmut und -wut. Wer so aus dem Tod hervorgegangen ist, ist ungeheuer stark und gestärkt. Nietzsche sagt: »Was mich nicht umbringt, macht mich stärker.« So ist die Lawine Babylon und dann die Lawine Rom über sie gedonnert und hat sie zermalmt, aber nicht ganz! Und als die Lawine weiterrutschte, wanden sich aus den Trümmern einzelne todwunde, lahme, kranke Wesen heraus. Den phantastischen Schrecken der Katastrophe aber behielten sie im Gesicht, und er grub sich in ihr

Inneres ein. Und so gingen sie weiter und fuhren fort zu leben, aber so, so!

Wie lebten sie denn weiter? Als Menschen, die sich langsam erholten und wieder wurden wie früher? Nein. Sie haben die Katastrophe nicht vergessen.

Es können sonst Völker Kriege, Niederlagen, ja politisch-geographische Auslöschungen ertragen. Sie durchdringen sich mit dem Siegervolk, das Ringen geht kulturell und auf dem Wege der Klassenschichtung weiter. Es sind ganze Völker scheinbar spurlos untergegangen; wo findet man noch den Goten und andere. Aber da war etwas an den Juden, das diesen Kompromißuntergang des Aufgehens in andere Völker verhinderte. Millionen einzelner Juden sind ja im Laufe der Jahrtausende in andere Völker eingegangen, aber es ist ein Kern geblieben, der es sich gestatten konnte, diese Massen abzugeben und zu verlieren, ohne sich zu schwächen, er blieb doch leben. Was ist der Grund dieser enormen Zähigkeit? Was hielt den Kern zusammen?

Sie sind aus der sehr schwächlichen und gefährdeten Form eines bloßen Volkes, das Boden erwirbt, erobert, festhält, sehr früh in die unangreifbare Form des Priestervolks, des messianischen Volks gewichen. Gewichen – denn diese Dauerform ist eine Notform. Gott ist die Sondersache ihres Volkes. Er heißt Jehova. Sie widersetzten sich ihm, er straft sie, aber er zieht, wie früher in der Wüste, immer vor ihnen her. Er ist ein »verzehrendes Feuer, ein eifervoller Gott«, aber »der Ewige, dein Gott« ist auch »ein barmherziger Gott, er wird von dir nicht lassen, er wird des Bundes mit deinen Vätern nicht vergessen, den er ihnen geschworen hat«. Und es heißt schon in ihrem ältesten Buch: »Der Ewige wird euch unter die Völker zerstreuen, und in geringer Zahl werdet ihr übrig bleiben unter den Nationen. Von dort werdet ihr dann suchen den Ewigen euren Gott, und du wirst ihn finden, so du ihn suchest mit deinem ganzen Herzen und mit deiner ganzen Seele.«

Dies war es, was die feste Dauerform schuf, Volk und Nichtvolk, Übervolk.

Welche Art Not bewerkstelligte das? Was sie als Volk vor zwei Jahrtausenden traf, war eine langsame Dauerkatastrophe. Es traf sie von innen und von außen. Die innere ständige Rebellion. Es ist ein furchtbar eigensinniges, halsstarriges, widerspenstiges Volk, dieser unbezähmbare Freiheitssinn, die antiautoritäre Gesinnung. Der Mann Mose hat sie aus Ägypten geführt, wo sie Knechte hatten sein müssen. Kaum ist er auf dem Berg Sinai verschwunden, auf dem ›die Herrlichkeit Gottes ruhte‹, um Jehovas Worte entgegenzunehmen in vierzig Tagen und Nächten, nach kaum vierzig Tagen laufen sie zu Aaron und machen ein goldenes Kalb aus den Ringen ihrer Frauen, Söhne und Töchter, essen, trinken, bringen Brandopfer und belustigen sich. Vor dem Kalb sagen sie, eben dem ägyptischen Schrecken durch Moses Führung entronnen: »Das sind deine Götter, Israel, die dich aus dem Lande Ägypten herausgeführt haben.« Was konnte Mose vor diesem Volk anderes, als die Gesetzestafeln im Zorn zerbrechen. Das goldene Kalb verbrannte er, die Asche streute er in Wasser und ließ die Kinder Israel davon trinken. Aber es blieb nicht bei diesem Einzelfall. Von solchen Rebellionen, Entartungen ist die Geschichte des Volkes voll. Aber immer war eine kleine Masse Starker da, manchmal nur Einzelne – die hämmerten seit Beginn des Volkes an seiner Form. Sie hämmerten die eiserne Achse, von der das Rad nicht herunterfiel. Und sie wurden in ihrer Arbeit unterstützt durch den nie nachlassenden Krieg an den Grenzen. Das Volk in seiner stählernen Dauerform also – entstand zwischen zwei Feuern.

Stählerne Dauerform? Wie sieht diese Dauerform aus? Sie haben die Jahrtausende in dieser Dauerform überlebt, das sagen sie und rühmen sie immer, aber sie sagen nicht wie.

Sind sie aus Stahl? Seht sie euch an! Lest ihre Geschichte, die seit dem sechsten Jahrhundert vor Christus strotzt von Verfolgungen, Niederlagen, Kämpfen, Verjagen, Ausrottungen, Pogromen, sie blieben leben –. Wie? Versteckt, weggestoßen, von früh an verachtet und gehaßt. Als Verachtete und Gehaßte haben sie überall seit zweieinhalb Jahrtausenden zittern müssen um ihr nacktes Dasein. Kein Recht gab es für sie, denn das Recht gab ein anderer, und der konnte die Laune wechseln. Anpassung, Verstecken: das sind ihre Hauptworte. Sich ducken, sich unsichtbar machen, Mimikry: das sind ihre Hauptgebote. Ein stählerner Charakter? Ein stählerner, unsichtbarer, unfaßbarer Widerstandswille seit Nebukadnezar und Titus und Vespasian, aber zugleich eine gequälte Art Mensch, eine zum Hund, zum Speichellecker und zum Knecht verdammte. Gescheit und überklug mußten sie werden – verflucht, daß sies werden mußten, es ist die Klugheit der tausendjährigen Notwehr und die erbärmliche Klugheit der Angst, die Klugheit der Knechte, die Sklavenschläue. Und dafür sind sie leben geblieben. Ein Einzelner kann schwach sein und wird seine Schutzmauern um sich bauen, er weiß sich keinen Rat – aber ein ganzes Volk, wie kommt das, in zweitausend Jahren findet es keinen Ausweg und stirbt nicht und bleibt in der geschützten Dauerform, in dieser? Darf es das? Soll es das dürfen?

Sie waren nicht immer wie heute.

In der Bibel sehen wir sie als ein tapferes, kriegerisches Volk mit starkem Gottesglauben. Es ist ein weltliches Volk unter Königen und Richtern. Sie stecken in einem gefährlichen Wetterwinkel zwischen Großmächten, Ägypten und Babylon, Assyrien, später kommt Persien, sie kämpfen fabelhaft. Rom muß enorme

Anstrengungen machen, sie niederzuwerfen. Auszurotten die Juden gelingt auch Rom nicht, trotz der grauenhaften Metzeleien. Grob gesehen kam das daher, daß die Juden sich aus der hochentwickelten und ebenso gefährdeten Form eines Wirbeltiers früh in die Form des Regenwurms umbildeten: alle Glieder können sich zu einem ganzen Tier regenerieren. Schlug man die Juden in Jerusalem nieder, so lebten Gemeinden in Babylon, rottete man sie in Alexandrien aus, so wohnten welche in Arabien und Italien. Und überall sie zugleich auszurotten war keine Möglichkeit und bestand kein Anlaß, sie übten Funktionen.

Sie waren nicht immer wie heute. Liest man die Bibel, so weiß man: dies ist ein Kriegsvolk. Die Erde wird von ihrem Gott geschaffen, damit sie sich ihrer bedienen. Nicht jüdisches Wort ist es, wenn es später heißt: wenn dich einer schlägt, halte ihm die andere Backe hin. Bei ihnen heißt es hart: Auge um Auge, Zahn um Zahn, und es regnet Todesstrafen, Steinigungen. Ihr Staat war vernichtet, es ist das Jahr 116, Kaiser Trajan herrscht über das römische Reich, da erheben sich die Judäer in Kyrene und Afrika, ziehen auf das römische Ägypten, verwüsten Alexandrien, der römische Statthalter Lupus kann ihnen nicht standhalten. Auch auf Zypern erheben sie sich bewaffnet. Sie haben nicht die überlegene Bewaffnung der Römer. Die kavalleristische Kriegstechnik siegt, Martius Turbo ›beendigt‹ den Aufstand. Es herrscht Kaiser Hadrian, fünfundsechzig Jahre nach dem Fall Jerusalems, da setzt die gewaltige Erhebung Bar Kochbas ein. Es ist der Riese Bar Kochba, der sagte: »Herr, wenn du uns nicht helfen willst, so hilf wenigstens unsern Feinden nicht, dann werden wir nicht unterliegen.« Er kämpfte über zwei Jahre. Er ließ sich auf das Gerede von der römischen Übermacht nicht ein. Man muß alle Dinge erst erproben. Er erprobte, Rom war stärker. Die Festung Bethar fiel. Was machte es. Er fiel groß.

Arabische Juden saßen auf Schlössern und Festungen, besonders in Südarabien. Sie führten blutige Fehden. Ganze arabische Stämme gingen zum Judentum über (was sagen die Rassetheoretiker?). Es gab um 500 in Jemen einen jüdischen König Abu Kariba und ein jüdisches Reich.

Sie waren nicht immer wie heute. Sogar innerhalb anderer Staaten bildeten sie manchmal machtvolle Gemeinwesen aus und suchten annäherungsweise zum vollen alten Dasein zu gelangen. Unter den Kalifen breiteten sie sich in dem ihnen nur zu gut bekannten Babylon aus. Sie hatten einen jüdischen politischen Fürsten, der Steuern einzog und öffentliche Würde genoß, den Exilarchen. Der religiöse Lehrer, der Gara, stand ihm zur Seite. Die Juden hatten in Arabien gegen Mohammed gekämpft. Als die Nadhir, einer ihrer Stämme, in ihren Burgen besiegt waren, zogen sie mit klingendem Spiel ab.

Sogar im Abendland verloren sie lange nicht ihr Gesicht. Verschweigen wir, wie viele der alten Städte ihnen ihr Dasein verdanken. Sie waren Kolonisatoren. Marseille hieß ›die hebräische Stadt‹. Im fränkischen und burgundischen Reich haben sie Schiffahrt, Ackerbau, Gewerbe und Handel betrieben. Sie führten die Waffen. An den Kämpfen zwischen Chlodewig und den Feldherren Theoderichs bei der Belagerung von Arles nahmen sie teil. Später, während sie selbständig unter den andern lebten, kam der Haß der Intellektuellen, hier der Geistlichen. Der Schwall der Demütigungen durch das Papsttum setzte ein. Man ging zu Zwangsbekehrungen über. Es gab genug tapfere, freie Männer, die den Scheiterhaufen vorzogen.

Vergeblicher Vorstoß von Jesus, Sieg des Talmud

Nach den siegreichen und tragischen Kämpfen der staatshistorischen Zeit, nach den Beschwörungen und Verzweiflungsrufen der Propheten geschah der Talmud und geschah Jesus von Nazareth.

Jesus, aus einer abseitigen Sekte, die sich kasteite, reinigte: er war nicht so abseitig, wie es aussieht. Er blieb ja nicht draußen in der Wüste. Er drang in die Städte ein. Er versuchte es noch einmal mit ihnen. Auch er! Es mißglückte. Die theologische Bürokratie ist schon stärker. Sie sitzen schon fest in dem Sattel, es rührt sich keine Hand für ihn.

Daraus wird dann eine Weltreligion. Es ist ein merkwürdiger Weg. Die allerechtesten, wahrsten, revolutionärsten und zugleich konservativsten Juden waren von ihrer Bürokratie, ihrem Bonzentum expropriiert. Auf die feinste Art hatten sie illegal die Erhebung unter den Römern betrieben, der Anfang mußte Eigensäuberung des Volkes sein – damals wie heute, hier wie anderswo! Als es mißlang und Jesus umkam, schwebten sie in der Luft. Die Sekte agitierte noch weiter. Sie war nach Jesu Tod führungs- und willenlos und nun gänzlich außerhalb der Judäer. Da rutschte das ganz in die mystische Sektenekstase hinein, in die Atmosphäre von Wundern, Gesichten und Verzückung: »Am Pfingsttag, wo sie einmütig beieinander waren, da geschah ein Brausen vom Himmel, und es erschienen ihnen Zungen zerteilt wie von Feuer, und wurden alle voll des Heiligen Geistes, und fingen an zu predigen mit anderen Zungen, nach denen der Geist ihnen gab auszusprechen.« In dieser Luft, in der die von ihrem Volk Verstoßenen lebten, stieß zu dem trauervollen Gedanken von dem toten jüdischen Messias, dem Erfüller der Gesetze, die Wunderfabel von dem orientalischen Gottessohn. Die alte orientalische Fabel des sterbenden und auferstehenden Gottessohnes, sie wurde siegreich, wurde Weltreligion. Aber wo ist noch der mutige Sektierer, der Wahrheitsfanatiker, der wahrste Freund seines Volkes, Jesus?

Nein, das Christentum ist kein Abkömmling des jüdischen Glaubens, sondern ein orientalischer Glaube, der sich ein Stück bitterster jüdischer Geschichte angekoppelt hat. Da schrieb einer: »Die Lehre Jesu ist der jüdischen Entwicklung fremd und nur aus der nordischen Rassenseele erklärbar.« Die Lehre Jesu ist der jüdischen Entwicklung nicht so fremd, wir werden noch von dem Umschlagen der jüdischen Diesseitigkeit in Jenseitigkeit und Askese sprechen, wir kennen eine rachitische Erkrankung des jüdischen Volkes, eine Verkümmerung in der Kellerexistenz. Die christliche Lehre ist um den orientalischen Kern eines sterbenden und auferstehenden Gottessohnes gewachsen, den der Jude als heidnisch ablehnt, und um den Kern liegt die tragische Geschichte des jüdischen Volksreformators Jesus und weiter die messianische Hoffnungsidee eines unterjochten Volkes, das nur noch betet. Den Nordischen müßte eigentlich diese Lehre noch fremdartiger erscheinen als den Juden, aber – sie wirkte bezaubernd! Sie enthielt dazu Möglichkeiten der Zähmung und Bändigung, war elastisch und konnte sich dem alten harten Volksglauben und der Vielgötterei anpassen. Aber wir wollten vom unglücklichen Reformator Jesus sprechen.

Er wollte reformieren, von Grund aus. »Jesus ging in den Tempel und jagte alle Verkäufer und Käufer zum Tempel heraus und warf die Bänke der Taubenkrämer um und sagte: Es steht geschrieben, mein Haus soll ein Bethaus heißen, ihr aber habt es zur Räuberhöhle gemacht.«

Er ließ sich auf die orthodoxen Lehren nicht ein, nicht einmal auf die wichtigsten. Am Sabbat rupften seine Jünger im Vorübergehen Ähren. Auf den Tadel, daß sie am Sabbat arbeiteten, antwortete er: »Der Sabbat ist um der Menschen willen gemacht, nicht der Mensch um des Sabbats willen. Also ist der Mensch Herr über den Sabbat.« So kämpfte er gegen die Buchstabengläubigkeit – vergeblich. »Auf den Stuhl Moses«, klagte er, »haben sich die Schriftgelehrten und Sadduzäer gesetzt.« Und wir hören von der blühenden Pfaffenwirtschaft: »Was sie tun, das tun sie, um von den Leuten gesehen zu werden. Sie machen ihre Gebetsriemen breit und die Quasten an ihren Mänteln lang. Sie sitzen gerne obenan bei Gastmählern und in den Synagogen und wollen auf dem Markt begrüßt und von den Leuten Rabbi angeredet werden. Wehe euch Schriftgelehrten und Pharisäern, ihr Heuchler, die ihr Becher und Schüsseln äußerlich rein haltet, inwendig aber sind sie gefüllt mit Raub und Fraß. Wehe euch Schriftgelehrten und Pharisäern, die ihr übertünchten Gräbern gleicht, die von außen hübsch erscheinen, aber inwendig sind sie voller Totengebein und Unflats.«

Mit Grauen und Schrecken liest man diese Worte, man sieht diese ›Führer‹ vor sich und versteht, mit Schmerz und Entsetzen, wohin das Volk kommen mußte. Man sieht – die Schuldigen!

Wie war der Zorn des Reformators stark. Er raste: »Ein Feuer auf die Erde zu werfen bin ich gekommen. Und wie sehr wünschte ich, es wäre schon entfacht.« Er wollte ihre Familienversippung und -genügsamkeit auseinanderreißen: »Glaubt ihr, ich sei gekommen, Frieden auf Erden zu bringen? Nein, sage ich euch – sondern Zwietracht! Denn von nun an werden fünf in einem Hause widereinander sein, drei wider zwei, und zwei wider drei. Der Vater wider den Sohn und der Sohn wider den Vater, die Mutter wider die Tochter und die Tochter wider die Mutter.«

Ja, das waren neue Töne, revolutionäre Fanfarentöne in dem friedlich verstumpften, bürgerlich versimpelten Volk, das sich noch immer rühmte, dem Gesetz Gottes anzuhängen. Dieser Jesus wollte das alte Wort vom Volk der Priester wieder zum Leben erwecken, es war schon lange damit vorbei, es war zu spät, hier waren schon andere Kräfte am Werk, er mußte Schiffbruch erleiden. Wie er sie überschwenglich lockte: »Eure Väter haben in der Wüste Manna gegessen und sind gestorben. Dies ist das Brot, das aus dem Himmel herabkommt, damit nicht stirbt, wer davon ißt. Der Geist ist es, der lebendig macht. Es kommt die Zeit, wo die wahren Verehrer den Vater in Geist und Wahrheit anbeten werden, denn solche Anbeter wünscht der Vater zu haben.«

Sie suchen ihn zu töten. Er hält ihnen vor: »Hat euch nicht Mose das Gesetz gegeben? Und keiner von euch erfüllt das Gesetz.«

Es konnte nicht ausbleiben, daß sie ihn von sich taten. Die

Wahrheit in seinem Überschwang reizte sie – wegen dieser Wahrheit, nicht wegen des Überschwangs wurden sie getrieben, ihn von sich zu tun. Das jüdische Schicksal war schon lange eingeleitet. Es konnte nicht ausbleiben, daß auch Jesus erlag.

Jesus, der Erneuerer, den man abwies, das war das eine Geschehen nach der Bibelzeit. Das andere, woran er zerbrach, war der Talmud. Mit dem Talmud richtete man sich auf die ›Gegebenheiten‹ ein. Man trat auf den ›Boden der Tatsachen‹.

Es war wichtig, zu achten, daß das Volk in der Verbannung nicht auseinanderfloß. Aber es ist sicher, man verstand schon damals, im babylonischen Reich, nicht mehr gut, was man war und was man wollte. Der alte babylonische Talmud zeigt schon den schrecklichen Weg, den man gehen wird, eingehüllt in zehntausend Vorschriften, scharf abgesondert von den andern Völkern, aber willenlos auf dieser Erde: Volk-Nichtvolk. Der alte Glaube hatte einen Sinn und eine Funktion: Jehova ging dem Volk voran. Hier aber triumphiert die duckmäuserische Stubenhockerei, die Gelehrsamkeit. Es ist der Sturz aus dem lebendigen Glauben des Volkes in die Theologie – wenn auch in eine wirklich praktisch ausgeübte. Es war eine Religion, die in den muffigen Stuben und auf dem Umweg über das Gehirn und über die Zeremonien ihre Hauptkraft verlor. Kein Vorwurf gegen die Männer, die sich so bemühten, aber wir stellen fest.

Wir stellen auch etwas anderes fest. Als Kyros, der Perserkönig, ihnen den Rückzug nach Palästina freigab, nicht lange nach dem Fall Judas, zogen keineswegs alle weg. Viele waren in Babylonien ansässig, offenbar gut ansässig. Siehe da. Sie zogen vor zu bleiben. Sie legten theologisch die Überlieferung fest, bestellten den Boden und trieben ihre Geschäfte. Man kann es als Erschlaffung bezeichnen. Man könnte auf den Gedanken kommen: sie waren unstaatlich, unpolitisch und waren froh, daß andere für sie die Regierung führten. Und dies ist das eine daran. Aber es kamen doch später noch die großartigen Freiheitskämpfe. Nein, hier in Babylonien, so kurze Zeit nach dem ersten Unglück, zeigten sich die ersten Symptome der jüdischen Erkrankung, als Folge des Verlustes einer staatlichen Achse: die Auflösung in Familien und die Religion rettet, aber man entartet pfäffisch und privat. Man hat noch das bloße Dasein, so lebt man und ernährt sich. Man betet und arbeitet, sonst läßt man mit sich tun. Das Wort ›morgen in Jerusalem‹ stellt sich ein. Man spricht es täglich aus. Es ist eine Angelegenheit des Mundes und Wunsches, aber es beschäftigt nicht die Köpfe und stählt nicht die Muskeln. Statt des Staates sind die kleinen unzähligen Lebensgemeinschaften der Familie da. Die Registrierung des Sittengesetzes und der Zeremonien nimmt einen guten Fortgang. Der Sieg des Talmud: die Muskellähmung, die Willenslähmung ist da. Man weicht aus dem Schlachtfeld der Völker und Staaten. Man bläst zum Rückzug. Zum Frieden –

Besitz und Kirche

Man blieb stecken in dieser Dauerform Volk-Nichtvolk, Übervolk. Man geriet nach der Auflösung in Familien in die Überwinterungsform eines vertriebenen Volkes und – kam nicht mehr heraus! Der schreckliche Messiasglaube, ein Glaube der äußersten Verzweiflung, der völligen Hoffnungslosigkeit, wurde geboren: der Messias wird kommen, und das wird das Ende der Verbannung sein. Und damit geriet man ins Beten. Man geriet ins Warten auf einer falschen Ebene, auf der religiösen. Ein Volk à la disposition.

Der Priester gewann die Oberhand. Der Ritus, die Zeremonien müssen eine ungeheure Bedeutung für den Zusammenhalt bekommen. Das tapfere Volk läßt in seinem Freiheitswillen, in seinem Drang nach Selbständigkeit und Unabhängigkeit nicht nach, aber jetzt nehmen sich seiner Sache nicht Politiker und aktive Zivilisten, sondern Priester an. Das geschieht bei manchen unterdrückten Völkern. Aber hier wird es gefährlich. Gar zuviel Priestertum ist ungesund. Bei dem jüdischen Volk kommt es – muß es kommen – zu dem Unglücklichsten von der Welt: zur Alleinherrschaft des Priestertums, zum Pfaffenregiment und zur faktischen Meinung, man exekutiere eine Religion. Als hätte es kein kriegerisches Volk Israel und keinen König David und Salomo gegeben.

Sie beziehen eine Notstellung, und die Notstellung frißt sie auf.

Es charakterisiert sie, daß sie fromm sind, beten und – warten. Daß die Pfaffen bei ihnen groß werden, daß jeder einzelne, jeder erwachsene Mann Priester wird. Bloß Priester. Das ist nun der hoffnungslose Dauerzustand, die schrecklich jämmerliche Dauerform. Denn so sind sie noch jetzt. Aus dem tapfersten Volk stammend, Nachkommen der freiesten und stolzesten, trotzigsten Männer – man sehe sie sich jetzt im Osten an, in Polen, der Ukraine oder in New York. Das ist Dauerform? Das ist verewigter Zusammenbruch! Sie leben in Schmutz, im äußersten Elend, sie werden verachtet und gehaßt. Herrlich ist es, wie bei ihnen echtes Wissen, Geist, Gelehrsamkeit gefeiert wird, gewiß nicht der Boxer. Aber –. Ein Bettler- und Hundevolk mußten sie werden. Sie haben es teuer bezahlt, in die Dauerform gegangen zu sein. Was ist schuld?

Ich will nichts gegen die Priester sagen, die ›Lehre‹ blieb ja das letzte Zentrum, aber sie sind auch anzusprechen. Sie sind mit schuld an der Verpfaffung des Volkes und darum an diesem Zusammenbruch. Sie hätten die Klügsten sein müssen und hätten wissen müssen, worum es ging. Statt dessen haben sie geweint und weinen gelehrt, haben gelullt und gewiegt, und morgen kommt der Messias, morgen in Jerusalem, jeden Tag gebetet – und wo bleibt die Lehre des Ziels, wo bleibt der Blick für den wirklichen Zustand des Volkes? Die Jehovareligion ist trotz dieses Gottes eine Diesseitsreligion. Man muß fragen: wie konnten sie so gefährlich jenseitig und lähmend zukünftig, tödlich zukünftig lehren, und wer erlaubte ihnen so zu lehren? Wer stand hinter ihnen? Was trieb sie, so zu lehren?

Ich nenne drei Ursachen für den verewigten Zusammenbruch und das Verharren in der zwischenstaatlichen Kümmerform Volk-Nichtvolk: theokratische Anlage des alten Staats, Wirken der Priester und Wirken des Besitzes.

Die Theokratie im alten Staat und die zeremonielle Entartung. Schon in ihrer Grundschrift, die noch in der Frühzeit vor über zwei Jahrtausenden festgelegt wurde – welche sonderbare Sorgfalt in der Notierung der Vorschriften über das Opfer, das Stiftszelt! Welche Fülle von Gaben sollen die Frommen für den Gottesdienst bringen, Gold, Silber, Kupfer, blauen Purpur und roten Purpur, Karmesin, Byssus und Ziegenhaare, Öl, Gewürze, Onyx, Edelsteine. Welche pedantische Genauigkeit in den Anforderungen für die innere Zeltdecke, die zehn Teppiche, und dann die Cherubimgestalten, achtundzwanzig Ellen lang und vier breit jeder Teppich, je fünf Teppiche aneinandergeheftet, an einem Teil der Teppiche fünfzig purpurblaue Schleifen, ebensoviel an den andern, fünfzig goldene Spangen zum Zusammenfügen. Dann kamen genaueste Vorschriften über die Bretter, die Lade aus Akazienholz, dritthalb Ellen lang, anderthalb Ellen breit, anderthalb Ellen hoch, innen und außen mit reinem Gold überzogen, einen Deckel aus reinem Gold, zwei Cherubim aus Gold, und dann die Einzelheiten vom Tisch, Leuchter, Vorhang, Räucheraltar, Opferaltar, vom Vorhof, lange, lange Anweisungen. Dann erst die Befehle für die Priestergewänder, Brustschild, Schulterkleid, Oberkleid, Leibrock, Kopfbund, Gürtel, die Ketten an dem Brustschild aus reinem Gold, das Stirnblech aus Gold mit der Inschrift, der Leibrock aus Byssus.

Was ist das für eine Genauigkeit? Wir erkennen sie. Das ist Theokratie und eine besondere Stufe der Theokratie: der Übergang in die selbstherrliche Priesterwirtschaft, die Ausbeutung der Religion durch eine besondere Herrenklasse. Und das geschah nicht erst jetzt, im babylonischen Exil, das reicht weit zurück in die Königszeit. Vorbereitet war das schon – ich sage nicht bei der Geburt, aber bei der Festlegung, Konstituierung des Volks und Staats: man war Volk Jahwes und zur Heiligkeit verpflichtet, in der Art der auf dem Berge Horeb gegebenen Anweisungen dieses Gottes. Da war es vorbereitet, es brauchte nicht so zu kommen, aber es kam zum Zurücktreten der religiös-sittlichen Gesetze und zum Pfaffenregiment, zum Dalai-Lamatum, zur selbstgenügsamen, das Leben nicht durchflutenden, sondern aussaugenden und austrocknenden Kirche. So ist das Militär erst Schutz eines Volkes und hebt sein Bewußtsein, dann macht sich das Organ zum Herrn über den Organismus, und die Sklaverei beginnt.

Wenn man dies von der Kultur und den Zeremonien liest, so weiß man, hier hat sich ein hochentwickelter priesterlicher Beamtenapparat eingerichtet, dem Zeremonie und Ritus ungeheuer viel, bei einem bedrückten Volke auffallend viel bedeutet. Hier wächst ein Parasit. Diese Kleidungs- und Ausstattungsanweisungen halten sie für so wichtig, daß sie sie – Gott selber in den Mund legen, nach den elementaren, sehr knappen Sätzen der zehn Gebote und Regeln für das gesellschaftliche Verhalten. Hier überwuchert, schon in der staatshistorischen Zeit, die Geistlichkeit mit dem zwangshaft starren Willen zur Äußerlichkeit und zu Formalien, hier ist schon – Kirche!

Es ist von der ganzen Realität der Juden zu sprechen; wie war ihre wirtschaftliche und gesellschaftliche Lage draußen, im Exil? Sprechen wir es gleich aus: Exil war schon bald nach der Vertreibung vielen nicht mehr Exil! Die bis heute bestehende Schwierigkeit ›Volk-Nichtvolk‹ hat sofort neben sich die andere Schwierigkeit und Realität ›Exil-Heimat‹. Schon damals. Es wäre nötig, um einen klaren Einblick in die Zustände zu bekommen, zuverlässiges Material über Volk, Gesellschaft und Priesterwesen zu haben. Wir haben hauptsächlich die Bücher der Bibel, von Gelehrten und theologischen Agitatoren geschrieben. Ihnen liegt mehr an ihrer Predigt als an der Geschichte. Aber einiges sehen wir doch.

Die Judäer, die Verbannten, wurden in Babylon mit besonderer Milde behandelt, dem Chaldäerkönig lag am Wohlstand und Glanz seines Reiches. Familienbestände blieben bestehen, die edlen Geschlechter hielten zusammen, hatten sogar ihre alten Halbsklaven, die Salomosklaven.

Da sehen wir nun den Propheten Ezechiel, wie er seine Stimme gegen die Edlen und Reichen erhebt, die sich eine behagliche Existenz im Exil schaffen und hart gegen ihre Halbsklaven verfahren. Siehe da: er mußte schon hier kämpfen gegen die, die – nicht mehr zurückkehren wollten, schon jetzt, im dreißigsten Jahr seit dem letzten Jubeljahr vor der Verbannung. Priester vom Hause Jakob hatten Bücher mitgebracht, das Fünfbuch Moses, die Leviten, Psalmdichter hatten Lob- und Klagelieder, es gab auch Prophetenjünger. Das wäre nun eine starke Macht gewesen, ein geschlagenes verbanntes Volk zu erhalten, und die äußeren Umstände waren günstig, und sie wurden noch günstiger, judäische Jünglinge wurden Höflinge, Günstlinge der Könige, der judäische König Jojachin wurde nach siebenunddreißigjähriger Kerkerhaft frei, kam an den Hof, nahm einen höheren Sitz als andere Fürsten ein. Und es wurde auch das Schrifttum im Exil gepflegt, Buß- und Sündenpsalmen gedichtet. Trauernde aus Zion gingen herum, man begeisterte sich für Jerusalem. Aber – die Reichen, so sagt der Geschichtsschreiber, hatten im chaldäischen Weltreich Gelegenheit, ›ihre Kräfte zu entfalten‹. Sie reisten, wurden noch reicher, nahmen die Landessitten an und wollten schließlich Babylonier sein. Und blieben im Lande, als nach neunundvierzig Jahren, mit dem Perserkönig Kyros, im Frühjahr 557 vor Christus das Exil – hätte zu Ende sein können. Die Handelsherren, Grundbesitzer und viele Schriftkundige blieben. 42 360 Männer, Frauen, Kinder zogen nach Jerusalem, nachdem Kyros gesagt hatte: »Wer unter euch seines Volkes ist, mit dem sei der Herr, sein Gott, und er ziehe hinauf.« Da haben wir nun, vor über zwei Jahrtausenden, bald nach der Vertreibung die Zweiteilung von heute, das Nichtvolk, in Babylonien und bald in der ganzen Welt, und dies Volk, nein, man muß einfach sagen: die zionistische Bewegung. Hinter ihnen lag ein zerrissenes Staatswesen, blutige Kriege, Niederlagen. Jetzt war – zwar kein Staat, aber Friede, leidlicher Schutz, Ruhe. Mögen sich die andern Völker die Köpfe zerschlagen. Das hatten sie hinter sich.

Als das alte Volk wanderte, trieb es Viehzucht und lebte davon. Solange die Judäer Land und Staat besaßen, waren sie ein ackerbauendes Volk, das auch, nicht hauptsächlich, Handel trieb. Nach Verlust von Land und Staat drehte sich das Verhältnis um, sie bauten nur noch wenig den Acker, die wirtschaftlichen Hauptkräfte wurden gezwungen, sich auf den Handel zu werfen. Die Griechen scheinen später darin ihre Lehrmeister gewesen zu sein.

Der Besitz und besonders der Handelsbesitz hat nicht viel mit Staaten im Sinn. Sein Vaterland muß größer sein. Staatliche Grenzen sind Hindernisse. So denkt das heute und hat das vor zwei Jahrtausenden gedacht. Und was tun die Priester? Sie hatten Kirche und wollten weiter Kirche, obwohl immer wieder die Propheten wetterten, die eiserne Institution konnte sich das gefallen lassen. Die Priester gingen konsequent den alten Weg weiter, jetzt wurde die Bahn ganz für sie frei, jetzt gab es, bis auf Intervalle, nur sie. Sie waren ganz der Meinung der Reichen und Vornehmen. Und überdies, da gibt es nichts zu denken. Was tun die Priester, vor Jahrtausenden und heute?

Wes Brot ich eß, des Lied ich sing. Das Brot ist eine furchtbare und korrumpierende Macht. Wir fragen: was taten bei den staatenlosen Juden die Priester, wessen Gedanken sprachen sie aus, wessen Geschichte betrieben sie? Die des Volkes? Was nannte sich hier ›Volk‹?

Lahm und müde war das Volk, aber doch nicht so lahm! Die Reichen fanden die Situation nicht schlecht, für sich. Da ließen die Priester beten: »Morgen in Jerusalem«, und hatten zwei Fliegen mit einer Klappe geschlagen: für die Reichen die staatenlose Existenz, für sich die Kirche. Für die anderen: das Gebet.

Sie waren früher ein Volk. Sie wurden jetzt Treibholz der Geschichte.

Marxisten wissen bekanntlich vieles, einiges sogar richtig. Nach Stalin sind die Juden keine ›Nation‹, denn es fehle ihnen das Territorium, sondern eine ›Nationalität‹. Womit wir nicht viel anfangen können. Wodurch nun haben sie sich, nach dem Marxismus, die Nationalität erhalten? Durch ihre spezifische soziale Funktion, nämlich den Handel. Der Vorbeter des Marxismus, nämlich Marx selber, fand den ›weltlichen Grund‹ des Judentums in seiner sozialen Funktion, im Handel. »Sobald es der Gesellschaft gelingt, das empirische Wesen des Judentums, den Schacher und seine Voraussetzungen, aufzuheben, ist der Jude unmöglich geworden. Die gesellschaftliche Emanzipation der Juden ist die Emanzipation der Gesellschaft vom Judentum.« Lassen wir hier die vom Selbsthaß eingegebene Formulierung, den Irrtum der Einzelfunktion des Handels, die bei einem Wirtschaftler verblüffende Gleichsetzung von Handel und Schacher, die Flachheit vom ›weltlichen Grund‹ eines Volks so bleibt richtig der entscheidende Einfluß wirtschaftlicher Faktoren, der Macht des Besitzes auf die Entwicklung.

Die besitzende Schicht – sie mögen es haben, woher sie wollen – hatte die Oberhand, bestimmte die Geschicke, die Priesterschaft schloß sich ihr an. Verzweiflung und Widerwillen gegen die ganze staatliche Misere, das gab den Bund, der das ›Volk‹ begrub, so daß man sich auf die ›Religion‹ zurückzog und die Unentschiedenheit Volk-Nichtvolk schuf.

Besitz und Priesterschaft! Man kann von Verrat sprechen. Lassen wir die großen Worte. Wir sehen, wie es gekommen ist. So war das Pfaffenregiment eingeleitet. So kam die Zweideutigkeit zur Welt: Volk, Nicht-Volk, Über-Volk. Die Dinge sind nicht geheimnisvoll. Man soll sie nur grade ansehen.

Sie geben die Weltlichkeit auf

Die Herrschaft des Klerus und die klerikale Einpuppung des Judentums ist da. Denn sie puppen sich jetzt ein, die Geistlichkeit gibt das Gespinst, aber es folgt keine Entwicklung, sondern die Erstickung und Verkümmerung, Übergang und Untergang in eine Kümmerform. Im Mittelalter hatte die Geistlichkeit große Macht, aber sie mußte den Kaiser über oder neben sich dulden. Die weltliche Macht tritt zurück bei den Juden, einmal in Alexandrien gibt es das Ethnarchat, sonst unterwirft man sich dem Klerus. Das gesamte weltliche Leben spielt sich nebenbei ab, es liefert bloß die Subsistenzmittel für das eigentliche, das geistliche. Denn das Geistliche ist nunmehr das eigentlich Jüdische, und nur dieses. Ausschließlich aus der Theologie kommt die Bestimmung darüber, was jüdisch ist und was nicht. Es gibt Reichtümer und Machtstellen bei Juden, aber das lebt so hin in den Blutsgemeinschaften der Familie, will nur leben, erhebt keine weltlichen Ansprüche, hat keinen politischen Willen. Sie ›bewahren‹ ihren Glauben und treiben Geschäfte. Sie besitzen Gott. Sie werden Besitzer eines garantiert echten Gottes. Sie weiden sich an dem Besitztum. Bewahren sie übrigens den Glauben? Mit Beten? Ihr Glaube ist ein Diesseitsglaube, sie bewahren auch ihren Glauben nicht, sie verkümmern ihn ins Kultische. Damit ist die äußere und innere Verkrüppelung eingeleitet und nimmt ihren Fortgang.

Sie lesen nun Bücher, sie preisen die Herrlichkeit des ›Lernens‹. Sie werden ein Volk der Leser und Tüftler.

Was lernen sie? Die Bibel und den Talmud. Was steht in der Bibel?

Von den Kämpfen und dem Untergang eines tapferen Volkes. Was steht im Talmud? Allerhand, was die Sicherung des Volkslebens anlangt. Was machen sie damit? Sie sichern das Volksleben so, wie es ist – sonst lassen sie den Hasen laufen. Sie lesen und lesen, sie beten und beten, sie weinen und weinen. Und im übrigen treiben sie Handwerk, Gewerbe, bebauen auch, wo es geht, den Acker, den Weinberg, handeln. Man folgt den Gesetzen des Landes, in dem man lebt, denn das eigentliche Leben ist hier nicht.

Wo ist es denn? Im Buch, in der Erinnerung. Was steht denn im Buch, wessen erinnert man sich denn? Der Kämpfe und des Untergangs eines tapferen Volkes. Was tut man da? Man liest und erinnert sich. Weiter nichts? Ja, man lebt. Wie? Nach den Gesetzen des Landes. O Fälschung, Entstellung und Selbstbetrug! Logik, Logik! Und sie mußten wirklich ein besonders rationales, logisches Volk werden. Denn sie brauchten immens viel Logik, um sich die einfachsten Tatsachen zu verschleiern. Schauerlich dieser Riß zwischen Innerem und Äußerem, zwischen Denken und Leben. Warum hat man aber nicht den Mut, ihn zu sehen? Es ist ein ähnlicher Riß wie bei den veruntertanten Deutschen, nur war das Innere und Äußere bei denen auf zwei Volksschichten verteilt, die Feudalität handelte und lebte, das Volk durfte denken. Bei den Juden, wir haben es gesehen, legte den Grund zu der Spaltung nach dem staatlichen Zusammenbruch der Besitz im Bund mit dem Klerus. Sie hatten auch später nichts gegen den Riß einzuwenden. Ihre Interessen waren gesichert. Die Interessen des Volkes hatten sie nicht.

»Denn ich habe Lust an der Liebe und nicht am Opfer, und an der Erkenntnis Gottes und nicht am Brandopfer.« (Hosea)

»Ich bin euren Feiertagen gram und verachte sie und mag eure Versammlungen nicht riechen. Und ob ihr mir gleich Brandopfer und Speisopfer opfert, so habe ich keinen Gefallen dran. – Tue nur weg von mir das Geplärr deiner Lieder.« (Amos)

So hat ›man‹ die Weltlichkeit aufgegeben. Von anderem abgesehen führte die Abstinenz von der Weltlichkeit zu einer paradoxen Erscheinung: die Juden hatten eine diesseitige Religion, ihre Religion war für die Praxis des Lebens. Jetzt wird daraus ein Absonderungskultus und Erinnerungs-, Pietätskult, eine Art Ahnenkult. Da sie immer hoffen und harren, ist ihr Reich nicht von dieser Welt. Und so werden sie die echtesten Christen. Die Christen zum Ausgleich haben eine Jenseitsreligion und wenden große Mühe an, sie in Einklang zu bringen mit ihren Staaten, Kriegen, Gerichten. Sie bringen es fertig, sogar einer Jenseitsreligion einen kolossalen Machtapparat zu bauen, die Kirche. Ins Kultische also schattet bei den Staaten- und landlosen Juden die kraftvolle Diesseitsreligion hin. Sie ist nicht funktionslos geworden: sie erinnert, sie gibt Tradition, hält die Menschen zusammen – immer für morgen, für morgen. Inzwischen ist das Heute mit schrecklicher Wahrheit und Realität da, was sagt das Diesseits zu den verderbenden, zerfallenden Massen? Morgen. Sie haben die Weltlichkeit verloren. So treiben sie unter den Völkern hin.
Die Estherrolle wird am 11., am 12., 13., 14. oder 15. Adar gelesen, weder früher noch später. Befestigte Städte, die in den Tagen Jehosuas, des Sohnes Nims, mit einer Mauer umgeben waren, lesen sie am 15. Dörfer und größere Städte lesen sie am 14., nur daß die Dörfer zum vorangehenden Zusammenkunftstage vorgreifen. Und zwar: fällt der 14. Adar auf einen Montag, so lesen sie die Dörfer und größeren Städte an diesem Tag und die mit einer Mauer umgebenen Städte am folgenden. Fällt er auf den Dienstag oder Mittwoch, so greifen die Dörfer zum vorangehenden Zusammenkunftstage vor, die größeren Städte lesen sie an diesem Tag und die mit einer Mauer umgebenen Städte am folgenden. Fällt er auf den Donnerstag, so lesen sie die Dörfer und größeren Städte an diesem Tage und die mit einer Mauer umgebenen Städte am folgenden. Fällt er –. (Babylonischer Talmud)

Meine Schafe irren auf allen Hügeln und hohen Bergen umher. Über das ganze Land sind meine Schafe zerstreut, und niemand fragt nach ihnen, und niemand sucht sie auf. Weil meine Herde dem Raub hingegeben wird, weil meine Schafe allen Tieren des Feldes zum Raub werden, weil mein Hirte nicht nach meinen Schafen fragt, weil mein Hirte nur sich weidet – darum will ich an den Hirten und werde meine Herde aus seinen Händen fordern. (Ezechiel)

II.

Ihr Zustand
Der simple Tatbestand

Der simple Tatbestand ist: der kleine vorderasiatische Staat eines früheren Nomadenvolkes wird im Kampf zwischen mehreren Großmächten zerrieben, und das Phantastische ist, die vertriebenen Restmassen lösen sich nicht auf, sondern halten wie Pech und Schwefel zusammen, drängen wieder nach ihrem Standort, richten unter den starken Hasmonäern den Staat nochmals auf, werden wieder von einer Großmacht, Rom, unterjocht, und als ihnen die Art der Einverleibung nicht paßt und sie rebellisch werden, geht es aufs Ganze. Und nun – lösen sie sich noch immer nicht auf, haben sich bis heute nicht aufgelöst, und das muß man doch eine tolle Sache nennen. Und das haben sie geschafft durch ihre Geschicklichkeit, Leidensfähigkeit und durch Produktion eines volksartigen elastischen Gebildes, bald bloße Religion, bald geschlossene Gemeinde, bald Volksminorität, bald offen etwas, was wieder seinen Staat fordert, eventuell ohne Religion.

Welche Rollespielt die ›Religion‹, der Block der mythischen, ethischen und rituellen Lehren, nach Verlust des Staates?

Erstens die objektive Rolle des Kitts. Die Weltlichen, die Krieger und Staatsmänner, danken bei den Juden ab, sie finden sich in die fremde Welt ein – die Not hält die zu Familien aufgesplitterten Massen zusammen und der Block der ethischen und rituellen Vorschriften. Die Weltlichen danken ab, nicht aber danken die Geistlichen ab! Ja, sie übernehmen die Rolle der Weltlichen, und dieser Übergang verschuldet das Versinken in bloßen Messianismus.

Wie bei dem Übergang der Führung auf Geistliche begreiflich ist, erfolgt ein Absinken aller einfach volklichen Instinkte, des Sinnes für die Erde, den Boden, die Welt, des Sinnes für Staat, Gesellschaft, für Freiheit, Stolz. Es erfolgt eine Umstellung auf inneren Stolz, Überstolz, das Verachten jeder ›äußeren‹ Erniedrigung. Alltags Sklave, am Sabbat König, eine trübe Lösung.

Zweitens spielt der Block ethischer und ritueller Vorschriften die subjektive Rolle des Opiums und zugleich Tonikums, Opium und Kampfer zugleich. Wer diese Geschichte verfolgt, dieses doch ungeheuerliche Überleben in zweitausendjähriger Staatenlosigkeit, begreift, daß es hier ohne massive seelische Medikamente nicht abging. Von außen treibt die Not zusammen, innen sichert der Block der Vorschriften, und es bändigt und fesselt das Medikament des Messianismus.

Wenn man dies sieht, so könnte man sagen: also nur ruhig so weiter. Schreit nicht über Gefahren, ihr werdet wissen, mit ihnen fertig zu werden. Hier ist keine Schuld, sondern eine kolossale Leistung.

Aber dies Volk-Nichtvolk bezahlt sein Dasein sehr teuer: mit der Gestaltveränderung, mit einer Kümmerform! Innerhalb der Völker gibt es Sklaven als Einwohner, aber daß die Juden im ganzen unter den Völkern als Sklavenvolk auftreten, ist etwas Einzigartiges und nichts Preisenswertes. Um diese Dauernot, die

Kümmerform zu beenden, müssen alle Kräfte mobilisiert werden, die materiellen, vorerst die geistigen, zu dem Zweck, den Zustand selbst zu erkennen und seine Ursachen aufzudecken.

Die Weltgeschichte ist kein umkehrbarer Prozeß, der Kalender kein bloßes Stück Papier. Nach zwei Jahrtausenden sind die Babylonier und Römer nicht mehr, aber auch die alten Juden sind nicht mehr das Volk des Königs David oder der Makkabäer. Würde jetzt Palästina völlig frei und zur Verfügung sein, würde man nicht ohne weiteres die Juden hintransportieren können, denn Land und Bewohner passen nicht mehr zueinander. Notwendig muß zunächst die schlechte Vergangenheit liquidiert werden, unter Preisgabe des Schädlichen und der unbrauchbaren Faktoren.

Darum, und allein darum muß man den Tatbestand hinstellen. Man kommt keinen Schritt weiter, ohne dies zu tun. Als der große Führer Esra, der echte Schriftgelehrte, zur Zeit des Artaxerxes nach Jerusalem, das verwüstet war, zurückkehrte und die Verwahrlosung bei den Zurückgebliebenen sah, zerriß er die Kleider, raufte die Haare, saß bestürzt. Er suchte nach dem Grund und sagte: »Von der Zeit unserer Väter an sind wir in großer Schuld gewesen bis auf diesen Tag, um unserer Missetaten willen sind wir und unsere Könige und unsere Priester gegeben in die Hand der Könige in den Ländern, ins Schwert, ins Gefängnis, in Raub und Schani, in Scham des Angesichts, wie es heutigen Tages geht.«

Geschichtliche Notizen

Ihr Elend im Mittelalter:

Um in Hamburg vor 1600 unterzukommen, richtete ein jüdischer Juwelier aus Salzuflen mit zwölf andern eine Bittschrift an den Senat: er bat um Zulassung für zwölf Jahre, bot 3000 Taler Einzugsgeld und 400 Mark jährliche Steuern. Sie wollten sich, gejagt wie sie waren, allen Bedingungen unterwerfen. Ablehnung.

Die andere Seite:

Die portugiesischen Juden in Hamburg, die Kapital und Handelsverbindungen brachten, die die Hamburger Bank mitbegründeten, waren sehr reich, und die Schilderung, freilich eines Judenfeindes, sagt: »Sie gehen einher geschmückt mit goldenen und silbernen Stücken, mit köstlichen Perlen und Edelgestein. Sie fahren in solchen Karossen, die nur hohen Standespersonen zustehen, und gebrauchen noch obendrein Vorreiter und eine große Gefolgschaft.« Solche Reichtümer also vermögen sie zu sammeln, und was tun sie damit? Sie treiben fürstlichen Aufwand und halten sich Geistliche. Sie üben auch gegenseitige Hilfe. Aber keine Stimme, die aufruft, die Goldmacht für das Volk einzusetzen. Sie bleiben in dem jämmerlichen Stand eines geduldeten Volkes stecken – der fürstliche Aufwand von Sklaven.

In Polen hatten sie ein Asyl gefunden. In Polen trieb die ›Gelehrsamkeit‹ des rabbinisch-talmudischen Pfaffentums die üppigsten Blüten. Man kann bei Gelegenheit der schrecklichen Kosakenkriege (um 1640–50) erkennen, wie minderwertig für Volk und Gesamthaltung diese hochgepriesene theologische Gelehrsamkeit und ihr eitles Pfaffentum war. Da ließen sich die Juden von den Magnaten und Jesuiten dazu benutzen, Geld aus den unterdrückten Kosaken zu ziehen. Der jüdische Historiker Graetz schreibt von der ›Verdorbenheit‹ dieser polnischen Juden, die doch aber zugleich die Blüte des rabbinisch-talmudischen Wissens hervorbrachten. Pogrome brachen aus. Bogdan Chmel führte den Krieg unter der Parole: »Die Polen haben uns als Sklaven der verfluchten Brut der Juden überliefert.« Man liest folgende Daten: »Drei polnische adlige Häuser, Potocki, Koniecpolski, Wischniowiecki, überließen die Pacht der den Kosaken auferlegten drückenden Steuer ihren jüdischen Geschäftsführern. Die Kosaken mußten von jedem neugeborenen

Kind, von jedem neuvermählten Paare eine Abgabe zahlen. Damit kein Umgehen derselben eintreten könnte, hatten die jüdischen Pächter die Schlüssel zu den griechischen Kirchen in Verwahrung, und sooft der Geistliche taufen oder trauen wollte, mußte er sie von dem jüdischen Gutsverwalter ausbitten, und dieser lieferte sie erst nach Leistung der Abgaben aus.« Man erschauert, wenn man dies liest. Man kann sagen: die Juden waren verjagt und mußten leben. Es kommt in jedem Volk allerhand vor. Aber es gibt symptomatische Dinge. In diesen schrecklichen Zustand waren die Juden hineingestoßen. Wenn sie rebellierten, gewiß, man ließ sie nicht heraus. Aber: wenn man so leben muß, so soll man sich nicht Gottesvolk nennen. Man soll sich als verflucht erkennen und die heiligen Schriften von sich werfen. Aber sie, ihre Köpfe, haben sich in Talmud und Thora vertieft, es war die Blütezeit nach den Großmeistern Schachna, Lurja und Isserles, sie glaubten das zu dürfen und merkten gar nicht, daß sie ihr Schicksal, die grauenhaften Niedermetzelungen, herbeiriefen. Und wurde es denn anders nachher? Nach dem Frieden von Sbaraz hatte, so heißt es, eine große Synode in Lublin viel damit zu tun, die Wunden vernarben zu lassen, die das Unglück geschlagen hatte, – im übrigen verordnete man zur Erinnerung an den ersten Tag des Gemetzels von Nemirow – einen Fasttag. Von den flüchtigen Gelehrten aber wurde die große Gelehrsamkeit, dem neuesten Stand der Erkenntnis entsprechend, über Mähren, Amsterdam, Metz und wo noch hingetragen –

Die großen Aufbrüche

Es gab die Ungeduld des Pseudo-Messias Sabbatai Zewi. Es gab die herrliche Ungeduld des Chassidismus. »Sie unterwühlten den Grundbau des rabbinisch-talmudischen Judentums.« Sie hatten einen großen Zug weg von allen Büchern, von der Rationalität zum einfachen Glauben, zur Welt, zur Natur, zur Heiterkeit. Es war keine Bewegung der Reichen und auch nicht der Theologen. Baalschem hat sie eingeleitet, der in Polen bis 1759 lebte.

Es kam der weltliche Aufbruch der Judenemanzipation in Europa. Das war etwas Gutes. Sie glaubten, alles mit der Emanzipation zu erreichen. Aber sie blieben zu ihrer Verblüffung auch Juden, als sie emanzipiert waren. Und völlige Emanzipation gab es nirgends. Grade den Emanzipierten trat die ererbte Judenschwierigkeit zum Erstaunen vor Augen.

Zuletzt der Zionismus. Er zielte direkt auf den Judenstaat. Die Strenggläubigen, Messianischen und ihr Anhang mischten sich ein und machten ein Kompromiß daraus: nicht Judenstaat, sondern Zionismus. Schon vorher, gleichzeitig und nachher die kraftvolle Arbeit (nach außen nicht so sichtbar, aber für die Massen unmittelbar wirksamer) der weltlichen, nach ihrer Sprache so genannten Jiddischisten. Das sind Aufbrüche zur Weltlichkeit. Denn darum geht es, wie die Geschichte zeigt: den Riß zu beseitigen, den Zustand der Dauerform zu beendigen, aus dem Stadium der ›Religionsgemeinde‹ herauszukommen, Schluß zu machen mit der Theologie und dem Pfaffentum als Achsen des Volkslebens. Wessen Widerstand wird man erwarten? Den des Besitzes und des Klerus. Und sie haben – schreckliche geschichtliche Folge – Massen hinter sich.

Ein ganzes Leben wird gefordert

Ein ganzes Leben wird gefordert. Zum ganzen Leben, auch des Einzelnen, gehört das gesellschaftliche Leben. Zum gesellschaftlichen Leben aber gehört – in größerer oder geringerer Nähe – auch das politische. Freiheit, Stolz, Menschenwürde, die Möglichkeit, zu bauen, sich selbst auszubauen, gehört zum Leben. Es ist nicht nötig, das noch den Juden zu sagen, die die Makkabäer hervorgebracht haben und in ihrer Frühzeit von Erhebung zu Erhebung geschritten sind, dann von Anpassung zu Anpassung, von Versklavung zu Versklavung. Sie haben Revolten gegen Judensteuern gemacht, aber das Leisetreten ist ihre zweite Natur geworden. Sie haben sich jahrhundertelang in den Kerker des Ghettos stecken lassen, furchtbar hat der Messiaswahn gewütet und ihre Augen für die Welt geblendet, sie verkamen in den Ghettos, aber nicht da einmal – o Tränen, das alles zu beweinen, o Wut, um das alles herauszuschreien, o Zorn, um hier zu zerbrechen –, aber nicht da einmal hat man sie leben lassen, ›leben‹, dies Scheinleben von Fliegen, die in einem Spinnennetz hängen und langsam aufgesogen werden. Als Heimatlose und Bettler sind sie hinausgezogen, der Haß hat nicht nachgelassen, sie zu verfolgen. Die Verachtung, alles, was Pöbel nun einmal in uns allen ist, hat sie anspucken dürfen, die Besessenen, Irregeleiteten, Verratenen und doch Stolzen, Freien. Sie haben geworben, sie haben den Völkern vieles gegeben, was haben sie dafür bekommen?

Nein – Zorn, Zorn her, Wut her, Tränen weg, weg Tränen, Zorn her – was habt ihr dafür gefordert? Gefordert?! Häuser und Städte der Völker wurden aufgebaut, ihr durftet mitbauen, man hat euch bauen lassen, an wieviel Stellen der Erde wart ihr Pioniere der Kultur, den Reichtum der Völker habt ihr vermehrt. Ihr wart feige, ihr wart froh, leben zu können, eure Gedanken waren immer für andere, darum hat man euch auch den Namen Parasiten gegeben. Was habt ihr gefordert? Aber, seit wann fordern Fliegen im Spinnennetz oder Kellerwürmer? Sie können froh sein, wenn man sie nicht zertritt. Warum kriechen sie, wenn sie geben? Warum fordern sie nicht?

Worauf wartet ihr? Wie lange noch, jüdisches Volk-Nichtvolk? Ist es noch nicht, noch immer, immer nicht genug? Wie viele von euch haben schon zur Zeit des Titus gelebt und sind wiedergekommen in Spanien, und es war dasselbe, es ging wieder los, und sie sind wiedergekommen und haben gehofft: nun wird es anders, und noch immer saßen die Alten an den Wassern Babylons und weinten. Seht das Warum, den Grund! Sie weinten nicht richtig! Sie weinten falsch! Sie weinten ohne Zorn und Bitterkeit. Sie weinten, als wäre etwas Unabänderliches geschehen. Sie weinten aus Wahn und Schwäche. Es heißt richtig weinen. Das Weinen muß in den Kopf gehen und die Gedanken scharf und klar machen. Es muß die Brust ausfüllen und das heißeste, hitzigste Gefühl erzeugen. Es muß von den Augen sich auf die Schultern und Arme ausdehnen, und wißt ihr, wie die Arme weinen? Ihr habt noch keinen Arm weinen sehen. Diese Dinger sind klüger als die schlauen Köpfe. Sie weinen, indem sie sich bewegen und – verändern! Zugreifen! Dazu sind uns die Arme gegeben. Was die Augen sehen und beweinen, machen die Arme wieder gut.

Ganzes Leben, wahres Leben wird von jedem Lebendigen verlangt. Das ist in uns alle gelegt, seitdem wir da sind.

Wir sehen schon, was geschehen soll. Der Zionismus war ein Anlauf. Der Angriff muß weitergetragen werden. Es geht auf Verweltlichung hin. Keine falsche Hoheit, kein messianisches Reich! Alles will wieder zur Erde. Was sich dem entzieht, entzieht sich dem Leben und der Ewigkeit.

Wir verzichten darauf, ewig zu sein, wenn wir überhaupt nicht sind. Wir verzichten darauf, ewig zu sein, aber als Kellerwürmer.

Es ist kein Triumph zu sagen: seht, die Römer und die Babylonier sind weg, und wir leben. Aber wie. Fünf Jahrhunderte mit den Römern geblüht und verwelkt ist besser als fünf Jahrtausende mit den Juden gesiecht.

Man soll sich nicht den großen Wahrheiten des Lebens und Todes entziehen wollen. Es gibt keinen Gott, der irgendeinem einzelnen oder einem Volk ewige Dinge zur Verwahrung übergeben hat. Man denkt kindlich von dem Unaussprechlichen, das diese Welt trägt, wenn man ihm solche menschlichen Einfälle unterschiebt.

Die Sklaven der Frühzeit, die Bauern des Mittelalters, die fronden mußten, die Leibeigenen Rußlands, die Proletarier des Fabrikzeitalters – alle haben ihre geknechtete Existenz, aber sie haben den Trieb nach Befreiung, den schweigenden oder lauten Abwehr- und Kampfwillen, und daraus entstehen drängende Bewegungen und Kampfmethoden, es treten Theoretiker, Wortführer und Aktionsführer auf. Bei den Juden ist alles dumpf oder erloschen – mit Ausnahme derer in einigen östlichen Landschaften und in Palästina. Ihre Mutlosigkeit und die satte Bequemlichkeit ihrer Reichen hat das Pfaffentum groß werden lassen, das sie beten lehrt: morgen, morgen, ein Pfaffentum, das den Gott, der dem Volk im Feuer durch die Wüste voranzog, entstellt. Es entstand Apathie, bloßes Lebenwollen, Abfall in guten Zeiten und enormer Abfall in schlechten, dabei immer noch Märtyrertum als Zeichen: dies ist kein Sklavenvolk.

In den Juden muß wieder das elementare Grundgefühl geweckt werden und seine ganze Fruchtbarkeit zeigen: meine Erde, mein Land, das Land meines Lebens und Daseins, das Land für meine Kinder, das Land meiner Brüder. Drei Dinge von entscheidender Aktivität wachsen aus diesem Grundgefühl: Freiheitsgefühl, Bautrieb, Verantwortlichkeit. Und das formt die Haltung, die Charaktere, richtet den Kopf hoch, stählt die Muskeln, macht jeden Tag neu und lobenswert, läßt beim Tod die Erde und das Dasein segnen.

Eine schlechte und kriecherische Vergangenheit hat ein Bild von den Juden geformt. Ein neues Bild ist nur durch Macht und Kraft zu schaffen. Die Juden des 15. Jahrhunderts hatten durch Jahrhunderte Spanien mit aufgebaut; sie waren ein Zwanzigstel der spanischen Bevölkerung, man verjagte sie, denn schon sie hatten keine Kenntnis ihrer Lage, keinen eigenen, wirklichen Stolz, sondern nur den geborgten spanischen, und keinen

Machtwillen. Sie waren religiös vernebelt. Sie waren trotz allem eine Wurmart, die froh ist, im Licht zu kriechen.

Sie machen in Geschichtsbüchern ein großes Wesen von einzelnen Märtyrern der Zeit. Wir vergessen nicht den alten ungebrochenen Freiheitssinn, die harte Entschlossenheit von vielen, die Geistigkeit, aber –. Schweigen wir von jenem spanischen Großrabbiner Abraham Senior, der mit seinem Schwiegersohn übertrat und den Namen Koronel annahm – schweigen wir von jener jüdischen Gemeinde in Rom, die bei der Annäherung der spanischen Flüchtlinge dem Papst Alexander VI. tausend Dukaten anbot, wenn er den Zuzug verhindere – er wies sie zurück, er gab den Degenerierten die richtige Antwort, indem er ihnen selbst einen Ausweisungsbefehl zugehen ließ, den sie nur mit schwerem Geld rückgängig machten. Aus der Geschichte müssen die Juden wissen, daß keine Leistung, keine Willfährigkeit und Ergebenheit schützt, sondern nur Kräfte, Macht und ihre kluge Anwendung.

Sie halten ihre Religion fest?

Sie halten ihre Religion fest? In ihrer heiligen Schrift steht: Gott schuf den Menschen, zum Ebenbild Gottes schuf er ihn. Ebenbilder Gottes haben aber kein Sklavendasein. Wenn sie vorgeben, fromm zu sein, lassen sie sich nicht verachten. Sie sind nicht fromm. Sie haben ihre Religion entstellt.

Ihr Gott sagte bei der Schöpfung: alle Erde und was darauf und darüber ist, sei dem Menschen untertan. Sie haben nichts von der Erde, sie sitzen geduldet in Winkeln. Sie sind nicht fromm. Sie sollen das Gerede lassen, daß sie noch Juden sind.

Zweitausend Jahre sind keine Kleinigkeit, und in zweitausend Jahren kann man zwar viel beten und Erinnerungsunterricht geben, aber das ›Leben‹ fordert seine Rechte, das Leben im Keller, – und da wird man rachitisch. Zum rachitischen Dasein gehört die Verleumdung des Lichtes. Man sagt: der echte Mensch wohnt im Keller; oben im Licht offen auf Straßen und Feldern sich bewegen, ist rückständig; oben ist es bald heiß, bald kalt, bald hell, bald dunkel; es gibt bald Wind, bald Sturm, bald Regen; im Keller ist immer ein und dieselbe angenehme Stickluft und eine gleichmäßige Finsternis, auf die man sich verlassen kann. Man hat kein Land, keinen Staat, treibt keine Politik, man ist kein Volk – oder doch ein Volk, lassen wir es im Dunkeln –, man ist Jude ›durch die Idee‹. Ja, sie haben im Keller die rachitische Vorstellung gebildet: was man ist, ist man durch die Idee, und die erlaubt einem dann, ja verpflichtet einen zu bleiben, wie man ist. Was ist denn das für eine ›Idee‹? Ein gottgefälliges heiliges Leben zu führen, wie es am Sinai gefordert wurde. Nun, wenn man in den Keller geht, um diese Idee zu verwirklichen, so ist das schon eine sonderbare Methode. In der Bibel jedenfalls, als Gott noch durch erwählte Menschen zu diesem Volk sprach, hat er es nicht im Keller und in den Ketten Ägyptens gelassen, sondern hat Mose geschickt und ist selbst in der Feuersäule vor dem Volk hergezogen, um es zu Land und Licht, zu Freiheit und Macht zu führen, denn er war, wie es scheint, der Meinung, daß man ihn so am besten verehren könne. Er hat sechs Tage gebraucht, um das Riesenwerk der Schöpfung zu vollenden, und er hat alles in dieser Zeit getan, es mußten dann noch die Exiljuden kommen, um ihn zu korrigieren und den Keller als idealen menschlichen Wohnort zu schaffen.

Wenn man aufwacht, spreche man: Mein Gott, die Seele, die du mir gegeben hast, ist rein. Du hast sie gebildet, du hast sie mir eingehängt, und du bewahrst sie in mir. Du wirst sie nicht von mir nehmen, und du wirst sie mir in Zukunft wiedergeben.

Wenn man die Augen öffnet, spreche man: Gepriesen sei, der die Blinden sehend macht.

Wenn man sich aufrichtet und hinsetzt, spreche man: Gepriesen sei, der den Gefesselten löst.

Wenn man sich ankleidet, spreche man: Gepriesen sei, der die Nackten bekleidet.

Wenn man sich hinstellt, spreche man: Gepriesen sei, der die Gebeugten aufrichtet. (Babylonischer Talmud)

Inventuraufnahme

I.

Politische und soziale Lage der Juden

Die Dauerform Volk-Nichtvolk-Übervolk ist da. Es ist, bevor über den Weg weg von dieser Unentschiedenheit gesprochen wird, zu fragen: wie steht es mit den sicheren Völkern und ihren Staaten?

Auch die Proletarier haben kein Vaterland. Das Faktum aber, das diesem Satz zugrunde liegt, ist ein anderes als das jüdische. Die Proletarier sind klassenmäßig entrechtet, sie können sich ihr Vaterland erobern, und sind dabei. Sie nehmen, wo sie zur Macht kommen, dem Staat seinen alten Charakter der Unterdrückung nach außen und innen und ordnen die Gesellschaft auf der Grundlage der Solidarität. Den Juden fehlt die elementare Voraussetzung für solch Vorgehen: das Territorium und die geschlossene Siedlung. Sie sind also noch nicht auf der Stufe der Proletarier.

Zweite Vorfrage: taugen überhaupt Staaten und Völker? Sollen die Juden den Schreckensweg der heutigen Nationen gehen, wo sich am Horizont schon neue Formen des menschlichen Zusammenlebens abzeichnen? Das ist eine Frage mit Kern. Wir beantworten sie, nachdem wir die jüdische Lage der Gegenwart bezeichnet haben.

Da gibt es den Ansatz zu einer nationalen jüdischen Heimstätte, auf Herzls Initiative, aber mit schlechtem Realitätssinn und als Kompromiß an die Pfaffen und ihren Anhang, in Palästina entstanden. Ihre Ausdehnungsmöglichkeit ist gering. Von den etwa vierzehn Millionen Juden faßt diese Heimstätte bestenfalls sechshunderttausend bis eine Million.

Es leben in mehr oder weniger geschlossenen Verbänden etwa je drei Millionen in Polen und Rußland. Sie bilden in Polen eine in sich sehr differenzierte nationale Minorität mit staatlich garantierten Rechten. In Sowjetrußland sind sie als Nationalität anerkannt, man hat ihnen sibirisches Gebiet zur Besiedlung im Rahmen der Sowjetunion und ihrer Normen gegeben. Dies sind die drei Stellen, an denen sie, als Nationalität anerkannt, in fremden Staatsapparaten eine Art öffentliches Eigenleben führen. Jedoch scheint sie in Sowjetrußland der allgemeine Proletarisierungsprozeß mitzureißen und sowjetrussisch einzuschmelzen.

In den übrigen Ländern wohnen sie als ›Bürger‹ ›ihrer‹ Staaten. Sie haben überall staatliche Gleichberechtigung. Die ist aber nirgends durchgeführt. Die Durchführung der Gleichstellung scheitert an dem Machtwiderspruch der Staatenvölker oder ihrer herrschenden Klassen. Das niedere Recht, unter dem sie stehen, äußert sich verschieden. Fast überall werden sie verachtet und gehaßt, geheim oder offen. Sie sind im gesellschaftlichen Leben zweitrangig, minderwertig, so daß die Juden zwangsweise zusammenhalten, sich Schutzorganisationen schaffen und aus Furcht vor Feme ihre Abkunft verleugnen. Sie gelten in allen Ländern Europas und Amerikas als Pariavolk, und ihr Name ist ein Schimpfwort. Der Zugang zu wichtigen Ämtern in den Staaten, in denen sie gesetzlich gleichberechtigt sind, ist ihnen mehr oder weniger gesperrt. Gegen sie, als Volk-Nichtvolk minderen Ranges, besteht latent und offen in diesen Ländern die Abwehrspannung des Antisemitismus. Von Zeit zu Zeit treten Massenbewegungen auf, die auf ihre direkte Vertreibung oder Ausrottung ausgehen. Wirtschaftlich gehören zu ihnen eine Anzahl reicher und mittelständischer Leute, dies besonders in Mittel- und Westeuropa, auch in Amerika. Der Großteil des Volkes sowohl in Amerika wie in Osteuropa ist bettelarm. Vom Boden ferngehalten, auch immer wieder verjagt – wer nicht Macht in dieser Welt erwirbt, verdirbt –, sind sie Gewerbetreibende, Kleinhandwerker, Händler, Intellektuelle. Wo ihre Zahl in den Einzelstaaten, ihre Lebensweise zwischen Kapstadt, San Francisco und Wladiwostok so verschieden ist, ihre Einfügung in den örtlichen Produktionsprozeß so nach den Landschaften wechselt, der Grad ihrer Anpassung variiert vom Glied einer westlichen Nation bis zum östlichen Ghettojuden – wird derjenige, der hier sammeln will, sich vorher die Trompete von Jericho verschaffen müssen. Die Interessen dieser Massen sind örtlich und an sich grundverschieden. Das höchste Volksempfinden wird an den Stellen des offenen Antisemitismus und an den Orten der geschlossenen Siedlung sein, also in Mitteleuropa und Osteuropa. Das geringste da und die stärkste Anpassung, die Neigung zum Nichtvolk und der Übergang in den örtlichen Staat da, wo Wohlstand und Zerstreuung besteht, weil sie mit den Lebensgütern der Umgebung verbinden. Das ist noch immer ungefähr dasselbe wie vor Esra in Babylonien. Die Sache des ›Volkes‹ ist die der Armen und des geistigen, nichtrabbinischen Vortrupps.

II.

Art und Charakter

Als Züchtungsresultat aus dem Verharren in der Dauerform Volk-Nichtvolk erscheinen jetzt ›jüdische‹ Merkmale. Es sind, biologisch gesprochen, phänotypische Merkmale, durch Ort und Situation bedingt, aus der Krüppelhaltung entstanden.

Zuerst die einseitige geistige Überentwicklung, bedingt durch die ständig gefährliche Gesamtlage, bei der ein körperliches Mehrentwickeln doch zwecklos ist. Parallel damit, nicht immer, körperliches Verkümmern. Abarten der Hirntypen sind die Metaphysiker, Mystiker; sie sind beinah Fehlarten, Mißarten, denn das Hirn dient sonst grade bei den Juden den realsten Zwecken der Lebensführung.

Sie sind körperlich schwach, zu Nerven- und Stoffwechselkrankheiten geneigt.

Es gibt Fanatismus, große Härte, Zähigkeit. Daneben größte seelische Feinfühligkeit.

Als Sonderfähigkeit wird früh logisch-rechnerische Begabung erzeugt, praktisch in Form der Finanzbegabung. Vorschub leistet dabei die Erfahrung, daß, wo Waffen und politische Gewalt nicht schützen, Geld Ersatz bietet.

Der Zwang, sich vor Menschen zu hüten und sie rasch zu erkennen, erzeugt Psychologie und Feinfühligkeit. Dazu gehörig Gewandtheit im Umgang, Kunst des Verhandelns. Im Zusammenhang damit und mit der Länder- und Staatenlosigkeit die Herausbildung des Händlertypus.

Der notwendige innere Zusammenhalt der Gruppen, Gemeinden züchtet Familiensinn, Mitempfinden, Philanthropie bis zur Weiche, ›Menschlichkeit‹.

Der Land- und Staatsverlust unter gleichzeitigem Nachlassen des politischen Kampfwillens treibt das vorhandene religiöse Gefühl zur Inbrunst und Monomanie. Dies wird die nach innen verlagerte Heimat der Gruppen und Gemeinden, der Unterbau, den man durch strengste Riten sichert und vor individueller Willkür schützt.

Land- und Staatenlosigkeit, dazu religiöse Überbewertung schwächen den Natursinn. Das Gefühl ist im allgemeinen scharf nach innen gezogen, religiös absorbiert.

Es können asketische Typen und Genußtypen entstehen.

Der Zwang zur Anpassung fördert schauspielerische Begabung. Positiv kommt hinzu der Drang, das in der Realität versagte Dasein im Schein auszuleben.

Zu Pantheismus besteht keine Neigung bei diesen sonderbaren Praktikern par excellence, die sich dafür die Flügel an den theologischen Kerzen verbrannt haben.

Sie sind ein ungeheuer autoritäres Volk, aber im einzelnen frei und entschlossen antiautoritär, weil nur Gott die Autorität ist.

Allen Römern, jeder Art Römer gegenüber haben sie den Stolz: Wer seid ihr, mit euren Staaten, Kolonien, Kriegen? Wir haben keinen Staat, aber – Gott. Die Grundfreiheit des Menschen kann in der Tat geistig nicht besser untermauert werden. Aber was nützt ein Gedanke, wenn er in einem Kopf steckt, den jeder politische Wind abblasen kann.

Ihr ältester Kern ist die Orthodoxie. In Polen habe ich diese harten Männer gesehen. Sie sind Rechner und Realisten. Wenn sie stehen und beten, wird deutlich: die Bibel ist ihr politisches Buch. Es kommt einem vor: eine einzige Weichenstellung, und sie wären aktive und furchtbare Kämpfer. Eine einzige Weichenstellung aus der Theologie heraus, und sie wären Fanatiker wie die Soldaten des Mahdi. Denn noch einmal: sie haben einen diesseitigen, politischen Glauben. Aber Apathie, falsche Tradition und schlechte Führung lähmen sie. Sie erniedrigen sich in Buße vor ihrem Gott, den sie verkennen. Er hat doch die Gestalt eines strengen Kriegs- und Schirmherrn behalten.

Man sieht ihnen die lange dumpfe Wartezeit an. Sie tragen den Rock des Mittelalters, sprechen die Sprache des Mittelalters. Der Messias. Das erinnert an die Indios von Mexiko, die auf das Zugrundegehen der Weißen warten sollen. Was ›draußen‹ geschieht, erleben sie stoisch wie Naturereignisse. Das ist der alte Stamm.

Es scheint zuerst, als ob dieser alte Stamm unerschütterlich sei. Aber das sind sie nur in der Abgeschlossenheit. Sie haben große Lehranstalten, es gibt Besitz, der für sie sorgt. In Sowjetrußland läßt man sie lehren und beten, aber ihre eigene Jugend geht von ihnen weg, aus dem Buch – ins Leben, gleich, ob es das ›wahre‹ Leben ist.

Um dies Zentrum lagert die liberale Masse, besonders im Westen. Es ist die zivilisatorische Anpassung des Judentums, lau, erweicht, mit leidlicher Pietät, Sabbatfrömmigkeit, Mischmasch. Ihr Wort ist das ihrer bürgerlichen Klasse: Verdienst. Ganz peripher die Gruppen der Verweltlichung: die Zionisten, die Jiddischisten, dann die Sozialisten, die ›Volkisten‹, die auf örtliche Autonomie dringen, dann verstreut die abgespaltenen Intellektuellen und Übergangstypen. Schon außerhalb des ganzen Kreises stehen die in andern Völkern neu Verwurzelten.

In allen Staaten gibt es Typen von jeder Gruppe, im ökonomisch und kulturell rückständigen Osten überwiegen die der alten Dauerform.

Falsche Warnung vor einer Änderung der Lage

Ungeduld haben schon viele gehabt. In zwei Jahrtausenden geschieht allerhand. Das ganze Leben wollten schon viele. Aber es geht nicht leicht oder bleibt Privatsache. Im ersten Buch der Makkabäer aus dem 137. Jahr der Griechenherrschaft heißt es: »In jenen Tagen gingen von Israel ruhelose Leute aus und beredeten viele und sprachen: ›Kommt, wir wollen uns den Völkern anschließen, die rings um uns her sind. Denn seitdem wir uns von ihnen abgesondert haben, traf uns viel Unglück.‹ Einige unternahmen es sogar, daß sie zum König gingen und sich erboten, solches zu bewirken. Der König aber befahl, daß ihnen gestattet sein sollte, nach den Sitten der Heiden zu tun. Da fielen sie ab von dem heiligen Bunde und verbanden sich mit den Heiden und gaben sich hin, das Böse zu tun. Damals war Onias Hohepriester, ein frommer und gerechter Mann, der für das Gesetz Gottes eiferte und das Wohl seiner Volksgenossen beförderte. Sein Bruder Jason aber suchte das Hohepriestertum zu erschleichen, indem er dem König 360 Talente Silber jährlich und noch 80 Talente von gewissen andern Einkünften versprach. Außerdem aber verpflichtete er sich, noch andre 150 Talente zu bezahlen, wenn es ihm gestattet würde, eine Stätte für Leibesübungen, ein Gymnasium, und ein damit verbundenes Ephetar, eine Übungsstätte für Jünglinge, zu errichten und den Einwohnern von Jerusalem das antiochenische Bürgerrecht zu verleihen. Solches wurde ihm vom König bewilligt, und er erlangte die Herrschaft. Da suchte er alsbald seine Volksgenossen nach den griechischen Sitten umzubilden, schaffte die menschenfreundlichen Vorrechte ab, die den Juden von den Königen verliehen worden waren, hob die gesetzmäßigen Einrichtungen auf und führte neue, gesetzwidrige Gewohnheiten ein. Mit Vorsatz errichtete er grade unter der Burg ein Gymnasium und veranlaßte die edelsten Jünglinge, an den Übungen teilzunehmen.« Da haben also welche ›geändert‹, und zwar auch ›verweltlicht‹. Was sage ich dazu? Ich sage: sofern die Jünglinge die vernünftigen und gesunden Dinge der Griechen annahmen, taten sie recht! Sofern ein Eingriff in die Freiheit des Volkes geschah, war dagegen vorzugehen. Aber vor allem liegt ein Fehler der jüdischen Obrigkeit vor: warum hat sie nicht von sich aus die vernünftigen und gesunden Dinge der Griechen eingeführt? Sie war bigott, muckerisch, verstockt und theologisch verbiestert.

Und später hat der König Antiochus den Grundsatz ausgesprochen: alle Bewohner seines Reiches seien ein Volk, und alle hätten die Staatsreligion anzunehmen. Worauf wirklich auch viele Juden die Staatsreligion annahmen. Das war nun Feigheit, Schwäche, Bequemlichkeit dieser Juden, zeigt aber auch den Grad der Zerrüttung und Unfähigkeit der Volksinstanzen.

Eine gute Änderung begann der alte Mann Mattathia. Dieser Mattathia zog sich mit seiner Familie von Jerusalem zurück und klagte: »Wehe mir, daß ich geboren wurde, um das Verderben meines Volkes zu sehen. Siehe, unser Heiligtum, unsere Schönheit, unsere Herrlichkeit sind vernichtet.« Und schlug zu.

Daß der Aufstand niedergeworfen wurde, besagt nichts. Juda,

der Makkabäer, stand noch mit dreitausend Mann gegen zwanzigtausend der Griechen bei Elaasa; vor der Übermacht flohen die meisten, er stand zuletzt mit achthundert da, im heftigsten Kampf hielten sie bis zum Abend aus, zuletzt fiel auch Juda. Und das ganze Volk trauerte lange um den Helden.

Man konnte sich gegen die Übermacht nicht halten, man führte eine schlechte Politik, man schleppte sich, wenn auch siech, durch die Jahrtausende hin, war zersprengt, verfiel da, verfiel dort. Nun ist die Dauerform, die Notform, die Kümmerform Volk-Nichtvolk-Übervolk da. Es wird kein Messias sie da herausholen. Sie werden schon selbst etwas dazu tun müssen.

Völker und Religionen, sie mögen sich noch so ewig gebärden, sind nicht für die Ewigkeit. Besteht aber mit einem Eingriff in das Dasein der Juden, und das heißt mit ihrer Verweltlichung, nicht die Gefahr der Zerstörung elementarer Dinge? Die Dauerform mag Kümmerform sein, aber es ist noch etwas an ihr, und das ist grade der Kampf gegen die bloße ›Welt‹ – in der Bibel Kampf gegen die Baals, Astartes –, die Strenge und Allüberlegtheit der sittlichen Forderung, das fordernde, richtende Gottich über der Natur. Gerade dies ist ja am Denken wie an der Geschichte der Juden großartig: der skeptisch streifende Blick über die Welt und ihre sogenannten Realitäten hin, das Wägen und Prüfen, was an ihnen Realität ist.

Was soll also die Bewegung auf die ›Welt‹ zu? Noch mehr Staaten, Völker, Kriege, Kanonen?

Ich antworte mit folgendem Bericht: Napoleon der Erste berief 1806 etwa hundert angesehene Juden nach Paris und ließ ihnen durch drei Kommissare feierlich zwölf Fragen vorlegen, von denen die wichtigste lautete: »Betrachten die Juden Frankreich als ihr Vaterland, die Franzosen als ihre Brüder?« Eine andere fragte nach der Anerkennung von Mischehen. Die Abgeordneten waren in der Lage, eine gute Antwort auf die Hauptfrage zu geben: sie bejahten sie – denn das Judentum stellt Menschenliebe und

Brüderlichkeit an die Spitze. Es war eine revolutionäre Antwort, passend zu der Situation, und darüber hinaus vorzüglich. Es ist die Antwort aller wahren Patrioten! Denn sie stellt Forderungen an ein Vaterland, nämlich, daß es wirklich eins sei. Durch ein Großes Synhedrium ließ sich Napoleon später die Antwort der Abgeordneten bestätigen.

Nein, die ›bloßen‹ Staaten taugen nicht. Noch eine Ausbeutungs- und Niederdrückungsmaschine mehr ist nicht nötig. Noch mehr Kriege – das ist nicht nötig. Aber noch weniger ist bloße Theologie und Spintisieren, Vorübergehen an den Wahrheiten der Natur und Geschichte nötig! Das ist die Antwort. Man flüchtet in Notzeiten in Bücher, aber man muß wissen, die Bücher zu schließen und Entschlüsse im Sinne der elementaren Forderung zu fassen. Ein Volk ist kein theologischer Lehrstuhl. Die Geistigen des Volkes haben geträumt, die Weltlichen waren mit Blindheit geschlagen, Genüßlinge oder Schwächlinge. Herzl machte eine große – sicher zu große, zu äußerliche – Bewegung. Eine Bewegung muß aus der Kümmerform herausführen, hier so, dort so. Es gibt da keine Universaldirektiven. Es gilt aber zum ganzen Menschentum zu gelangen – nicht zur Tobsucht der Staaten und Kriege – und zu empfangen, was diese Welt an Reiz, Macht und Ohnmacht gibt.

Wer fromm ist, möge sich erinnern, daß Gott den Menschen nach seinem Ebenbild geschaffen hat und ihm seinen Odem eingehaucht hat. So ist Göttliches in uns, und sich zu entwürdigen ist eine Gotteslästerung.

Drei Dinge regen das Gemüt des Menschen an: die Melodie, die Ansicht, der Duft. Drei Dinge erfreuen den Sinn der Menschen: eine schöne Wohnung, eine schöne Frau, schöne Geräte. (Talmud)

Das Feuer ist ein Sechzigstel des Fegefeuers, der Honig ein Sechzigstel des Manna, der Sabbat ein Sechzigstel der zukünftigen Welt, der Schlaf ein Sechzigstel des Todes, der Traum ein Sechzigstel der Prophetie. (Talmud)

III.

Ihr Weg
Notwendigkeit der Entscheidung

Es gibt welche, die sagen: das unpolitische, staatsfremde Leben, Hinleben der Juden ist das Vernünftigste der Welt. Sie können sich um ihr Dasein, ihre Gesellschaft, um ihr Verhältnis zu den elementaren Weltdingen kümmern. Und was könne ein Zivilist in seinem eigenen Staat Besseres tun? Das trifft zu für das Leben im eigenen Staat, bei sicheren Zuständen, nach erfolgter gründlicher Ordnung im Staat. Es gilt nicht für Fremdlinge bei unsicheren Zuständen. Erstens kommt man aus der Gefährdung nicht heraus, zweitens ist es unwürdig, passiv von der Gnade anderer abzuhängen, drittens ist es ein Verbrechen, nicht in Gemeinschaftsbildung zu voller Entfaltung zu kommen. Aber Entfaltung ist nur möglich in Zuständen, die immer auch politisch und gesellschaftlich von allen Teilen kontrolliert und den nötigen Veränderungen unterzogen werden. Verborgen und privat zu leben kann sich der Einzelne leisten. Aber ob die Juden wollen oder nicht: offen oder geheim tragen sie die Frage nach dem Volk mit sich herum. Sie können nicht ausweichen. Es ist ihnen nicht gestattet, Privatpersonen zu sein.

Sie mögen sich nicht von ihren Theologen vorreden lassen, dies sei das Zeichen einer Mission, die gerade sie hätten. Es ist ein Konstruktionsfehler ihres Gesellschaftsbaus. Statt metaphysisch und religiös zu spintisieren, sollten sie, wenn sie sich aus ihrer Lage erheben wollen, die Augen aufmachen und Entschlüsse fassen. Sie brauchen dazu nicht gerade die Augen ihrer Staatsvölker zu nehmen.

Politisches Unglück vor zweitausend Jahren hat bei dem Volk den Übergang der Führung auf die Geistlichen bewirkt, politische Apathie und politische Impotenz stellten sich ein. Durch seine Zerstreuung ist das Volk erhalten geblieben, denn nun konnte immer eine kräftigere Landschaft die Schwächeren unterstützen, und durch die Zerstreuung und die Ausbildung dieser wechselseitigen Hilfe ist der katastrophale Zustand des politischen Nichtwollens und der ständigen Gefahr verewigt. So ist es. Nachdem Judäer ein Jahrtausend gekämpft hatten, war die politische Kraft des Volkes erschöpft, die Neigung zur Staatlichkeit überhaupt erlosch, die Volksreste wucherten ohne zentrale Gliederung nach den jeweiligen Umständen aus, blieben aber immer zu einem volkartigen Gebilde zusammengebacken. Und dies Gebilde erwies in ungeheurer Elastizität seine zähe Lebenskraft. Es begnügte sich mit der Rolle eines Sklavenvolkes, aber gab sich nicht auf. Es bettelte, bot sich als demütiger Diener an, kolonisierte, brachte große Leistungen hervor, wirtschaftliche und geistige, mußte aber immer wieder verschwinden und sich in eine Gallerte zusammenziehen. Es war ein Volk, durfte aber nicht da sein, – wollte – nicht – da sein, noch einmal: wollte – nicht – da sein. Der Grund des Nichtwollens: Führungslosigkeit, Messianismus, Bequemlichkeit, Hoffnungslosigkeit, Unwissenheit.

Die vier Kräfte der Entscheidung

Nach den längst zurückliegenden, zerschmetternden Niederlagen, nach der Zerstreuung und eingetretenen messianisch verdeckten Apathie bestimmen bürgerlicher Besitz und der Klerus das Geschick der Volksreste. Die Bewegungen der Volksreste folgen den Bewegungen, wirtschaftlichen, politischen, der Staatsvölker, – im letzten Jahrhundert beginnt die Zeit stärkerer Eigenbewegung des Volk-Nichtvolks.

Der Zionismus, Jiddischismus, äußere Macht und innere Macht sind solche Bewegungen zur Entscheidung.

Der Judenstaat schien die Patentlösung. Der Zionismus, als einfache Staatenbildung gedacht, wurde durch die völkisch-pfäffischen Massen zu einem Kompromiß gezwungen, arbeitet tapfer in einem ungewöhnlich schweren Land. Eine Aufsaugung und Umwandlung der Gesamtmassen kann er nicht einmal ins Auge fassen. Er muß zähneknirschend mit vielen ›Gegebenheiten‹ rechnen. Unvorbereitet kamen sie aus verschiedenen kulturellen Landschaften zusammen, mühen sich, ›sollen zusammenwachsen‹. Aber es arbeiten sich Ältestes und Neues, historisch Vertrocknetes und Heutiges entgegen.

Vor allem: die Realität ›Exilheimat‹ kann der Zionismus nicht anrühren. Er denkt zu mechanistisch; lebendige Menschenmassen, die mit anderen zusammengewachsen sind, lassen sich nicht wie Gegenstände versetzen. Dies weiß besser der Jiddischismus, der sich um soziale Fragen, Aufklärung, Schulen, um weltliche Erneuerung im Lande kümmert. Wie der Zionismus kein allgemeines großes Abflußland zeigen kann, kann er nicht eine kulturelle, geistige, jüdische Realität zeigen, die die Exilheimat überzeugte und sie zu einem wirklichen Exil degradierte. Und das läßt sich so wenig aus dem Boden und dem Willen stampfen wie das Abflußland. Wir haben uns daher unverändert weiter, wie die tapferen und klaren Jiddischisten es an ihren Orten tun, um die Realität ›Volk-Nichtvolk‹ und ›Heimatexil‹ zu bemühen. Zionismus, Judenstaat, jiddischistische Bewegung sind ein wichtiger mutiger Schritt auf dem Weg der Verweltlichung. Es sind noch andere Schritte nötig.

Es ist nötig die Aufrichtung äußerer jüdischer Macht, als Instrument dazu die Schaffung einer weltlichen jüdischen Zentrale.

Sie hat zweierlei Aufgaben: den elementaren allgemeinen Schutz der Juden und die organisierte Leitung der Entwicklung auf den verschiedenen Stufen, also Defensive und Direktive. Diese Zentrale kann sich aus der zionistischen und den großen Wirtschaftsorganisationen bilden – sie hat die zionistischen und diese wirtschaftlichen Dinge als Einzelgebiet – und muß sich die vorhandene Vertretung der politischen Minoritäten angliedern. Unter Ausnutzung der vorhandenen jüdischen wirtschaftlichen und geistigen Kräfte hat sie generell den Schutz örtlich bedrohter Juden zu übernehmen und die jüdische Gesamtentwicklung zu dirigieren.

Solche Schutzzentralen fürchten viele, die glauben, sie würden durch sie aus dem Band ihres Herrenstaates nunmehr offen herausgelöst werden. Eine weltliche Zentrale der Juden ist aber kein fremder Staat. Was Juden hindert, auf diesen Weg zu gehen, ist die Furcht vor ihren Herrenvölkern. (Theoretiker reden von ›Wirtsvölkern‹, das ist ein Euphemismus.) Sie sind ja amerikanische, französische, polnische, dänische Staatsbürger, wenn auch bloß auf dem Papier, und hoffen leise, schließlich doch von der Papierstaatsbürgerschaft zur wirklichen sich hindurchwinden, hindurchleiden, hindurchschweigen zu können. Das gelingt hie und da einzelnen – fragt mich nur nicht wie, unter welcher ständigen inneren Angst, unter Züchtung welcher Unfreiheit, welches Selbsthasses –, aber der Gram: das ›Volk‹ bleibt bestehen, die Massen sind da, auf ihrer historischen Entwicklungsstufe, und es bleibt der Schmerz der Assimilanten, der ›Makel der Abstammung‹. Diese Parias, die sich nicht aus dem Staub erheben wollen und nicht die Wahrheit sehen wollen, welche heißt: es ist in allen Ländern nur ein kleiner Schritt von der Papierstaatsbürgerschaft zum Pogrom oder neuen Ghetto. Und da wollen sie sich an das Papier klammern und nicht endlich entschlossen an ihren Selbstschutz gehen? Zahnlose Hunde wollen sie sein?

Sie sollen sich nicht so jämmerlich fürchten, sondern wissen und offen aussprechen, was ihnen fehlt. In der Exilheimat leben sie, überall müssen sie draußenstehen und sich einmischen, und es gelingt nicht – sie gehören nicht dazu! Es sind Vaterländer und Vaterländer, und sie können tausendmal denken, es ist auch ihres, aber dann kommt die Stunde, wo die Tür vor ihnen zuschlägt. Dies Türzuschlagen hat jeder Exilheimat-Jude im Ohre. Warum also wollen sie sich fürchten? Sie sollen ihre Kraft dazu anwenden, daß ihnen einmal nicht mehr das schreckliche Geräusch ins Ohr klingt, endlich nicht das Geräusch. Sie sollen sich gestehen, daß sie Menschen sind und leiden, und daß sie ihr Leiden, dies aushöhlende, beenden wollen.

Eine weltliche Judenzentrale ist als provisorische Einrichtung zu schaffen. Es gab und gibt Allianzen, es gibt Humanitäts- und Hilfsorganisationen, Familienverbindungen, irgendein dunkles, bald schwächliches, bald stärkeres Solidaritätsgefühl bei Judendingen in der Welt, völkische Restklänge, die alte rituelle Gemeinsamkeit wenigstens der Hauptfeiertage. Aber es gibt vierzehn oder sechzehn Millionen Juden in Massensiedlungen und zerstreut, die leben unter Herrenvölkern als Einzelpersonen, Familien, Gruppen und Massen minderen Rechts.

Das zerflossene, zur Theologie und zum Broterwerb herabgesunkene, herabgestoßene Volk muß erstens zur Sicherheit, zweitens zum Selbstgefühl, drittens zu den elementarsten weltlichen Bewegungen kommen. Die Menschen neigen dazu, sich andere Menschen als Hunde und Spucknäpfe zu halten. Die Lust dazu schwindet notorisch, wenn Gegengewalt gezeigt wird, möglichst noch größere, als der Gegner anwenden kann. Vor allem darum muß die jüdische Gegengewalt organisiert werden, damit denen, die glauben, Juden seien Freiwild, der Appetit an der Jagd vergeht.

Glaube sich keiner, keiner, der Jude ist, irgendwo seines Bürgerrechts oder auch seines Lebens sicher! Auch nicht in den scheinbar kultiviertesten Staaten! Wer schwach ist, zieht den Blitz herbei.

Wer ist neben den Furchtsamen gegen die Zentrale? Die alten grauen Machthaber im Judentum: der Klerus und der Besitz. Der Klerus: weil er Alleinherrscher sein will, weil er seinen Sturz voraussieht, und mit Recht, denn wir wollen vorstoßen zu den Wahrheiten der Religion, die in seinen Händen schlecht aufbewahrt ist, – und der Besitz, dem es schon bei den Fleischtöpfen Ägyptens gut ging. Diese beiden sind im Bunde, die eigentlichen Former der jüdischen Geschichte, – welche aber keine Geschichte ist, sowenig das Schwimmen von Bootstrümmern im Strudel Geschichte ist.

Die Bildung einer solchen Stelle wird ungeheuer schwer sein. Wer die Furcht der so lange Versklavten und ihrer muffigen Bürgerlichkeit kennt und wie ungern sie die geringste Bewegung macht, versteht es. Man wird sich darauf beschränken müssen, zur Schaffung eines Kampftrupps, einer Keilformation zu kommen. Es werden ihr Impuls und ihre Leistungen sein, die mitreißen. Aus den proletarischen und intellektuellen Kreisen, besonders des Ostens, müßte sie ihre Hauptkräfte beziehen.

Dies ist die Allianz aller Bedrohten und der Leidenden. Sie hat ihre Parteien in allen Ländern.

Hinzu tritt die Reinigungsarbeit. Das Volk beginnt eine riesige Aufräumung. Hier liegt der Schutt der Jahrtausende, der den Namen Geschichte trägt. Man sieht das Volk lebendiger werden und seine Haltung verändern bei der Aufräumungsarbeit. Es wird nicht darin gestört werden, man wird ihm sogar dabei helfen. Das Judenproblem ist auch Problem vieler Herrenstaaten.

Demnach wird zunächst kein präzises Ziel genannt, sondern

es wird aufgerufen zur Besinnung und zur Arbeit der Erweckung und zur planvollen Arbeit der Rückkehr zur Welt, einer Arbeit, bei der sich entsprechend den Arbeitsabschnitten Ziele ergeben werden. Aber es soll – über den Zionismus hinaus – vorbereitet und angegriffen werden – und das soll nicht wieder aus dem Gedächtnis verschwinden – die Rückkehr des jüdischen Volk-Nichtvolkes zur Welt und damit die planmäßige Beendigung des Kümmerzustandes Volk-Nichtvolk-Übervolk.

Die Juden, bisher nur im Zionismus und bei Pogromen an das Licht der politischen Öffentlichkeit tretend, kommen damit seit Jahrtausenden zum ersten Male zu einer weltlichen Bekundung ihres Daseins als Menschen. Ihre Emanzipation ist vor hundert Jahren eingeleitet. Indem sie sich die Zentrale zum Schutz ihres Daseins, als Boden ihres öffentlichen Daseins und zur aktiven Leitung ihres weltlichen Lebens schaffen, geht die Emanzipation weiter, es erfolgt ein zweiter Schritt nach dem zionistischen, kein großer Schritt, aber ein notwendiger und der nächste. Er besagt nur das Elementarste: man gibt nicht sein Leben in die Hand anderer, man hat als Geborener das Recht zum Dasein und damit die Pflicht, sich gegen Mord und Knechtschaft zu wehren. Und man ist nunmehr auch gewillt, allgemein das Judenproblem aufzuwerfen und von sich aus aktiv anzugreifen.

Wir berühren wieder die Frage der Staatlichkeit. Da es sich um einen Generalangriff auf die jüdische Schwierigkeit handelt, ist ihre Beantwortung zunächst wenig aktuell. Sie wohnen in Exilheimaten, in allen Teilen der Welt, sind kein eigentliches regelrecht gegliedertes, für einen Staat fertiges Volk, sondern, den Exilheimaten entsprechend, ein Rumpfvolk, in einer Zwischenform des volklichen Daseins. Man schreie nicht zu früh nach ›Staat‹! Welche Funktion die Staatlichkeit in der Gesellschaft hat, ist Schritt um Schritt im Handeln festzulegen und zu prüfen. Das lebendige Individuum verlangt nach freiem vollen Lebensraum, und dazu gehört die politische Gestaltung der Gesellschaft. Es kann nicht prophetisch vorweggenommen werden, wie das zu bewerkstelligen ist. Das ist meine Antwort auf die Frage Staatlichkeit.

In der gemeinsamen Arbeit und mittels des Instruments einer Zentrale hat man sich dem Zukunftsziel eines noch nicht bestimmt zu bezeichnenden freien weltlichen Lebensraums Schritt um Schritt zu nähern. An dieser Arbeit müssen sich auf ihre Weise jeder, alle, die den jüdischen Notstand empfinden, beteiligen, mit Einsicht in ihre Situation. Daher geht es nicht an, daß Juden sich nur um die Schwierigkeiten ihrer Staatsvölker kümmern und über sich schweigen, ebensowenig wie es angeht, daß andere die Realsituation der Exilheimat ignorieren und beten und träumen, als gäbe es ein jüdisches Dasein.

Gewinnung innerer Macht
Von der jüdischen Staatsräson zur Religion

Hier sprechen wir von der vierten Kraft – nach Zionismus, Jiddischismus und weltlicher Judenzentrale welche geeignet ist, die Unentschiedenheit Volk-Nichtvolk-Übervolk zu beenden. Es ist ›innere Macht‹. Gemeint ist jüdische Reformation, der nunmehr fällige Abbau des jahrtausendealten Schutts. Um dies klarzulegen, betrachten wir den noch nicht zu Ende gegangenen Weg von den Satzungen des Mose. Es ist der Weg einer Staatsräson zur Religion.

Die nach der jüdischen Grundschrift von Mose gebrachten Satzungen bildeten – keine Religion, sondern die jüdische Staatsräson. Nach diesen Satzungen ordnete sich juristisch, sozial und religiös das jüdische Staatswesen.

Die Satzungen waren die Achse des Lebens einer strengen Menschengruppe. Es ist klar, daß sie später den staatenlosen, versprengten Volksmassen nicht entsprachen. Was man festhalten konnte, war: man ist ein so gewordenes Volk, und es wurden nun die tausend praktischen Bestimmungen getroffen, die das Auseinanderfließen verhindern sollten. Was man nicht festhalten kann, ist der eigentliche, sehr männliche Geist und Kern der Satzungen. Der Spiritus verdunstet im Exil.

Die ersten uralten Bestimmungen vom Sabbat, den Reinigungen, Gebeten, Opfern dienten dazu, ein strenges, heiliges, staatliches Gemeinschaftsleben zu formen. Nach Verlust des Staates, nachdem schon innerhalb des Staates die Kraft der Satzungen abgeschwächt und kultisch verkrustet war, bewahrte man, im Schuldgefühl, in Hoffnung auf Wiederherstellung, alle Bestimmungen, fügte neue hinzu, und dies alles hatte die Aufgabe, zu retten, was zu retten war, nämlich sich vor dem Untergang in andern Völkern zu schützen, die Notaufgabe des Exils. Aus der Funktion des echten fruchtbaren Baukeims wurde so die Funktion einer Schalen- und Kapselbildung. Mittels der alten und der neuen Vorschriften wurde die Isolierschicht gebildet. Auf Heiligkeit kam es jetzt nicht an, konnte es jetzt nicht ankommen, das Schwergewicht mußte in die Zukunft gelegt werden, also Wartezeit und Messianismus. Man bleibt, obwohl landlos, in Familien aufgelöst, ein politisches Volk mit theokratischer Staatsform.

Dieses ist die erste Rückbildung der jüdischen Staatsräson, des starken volkbildenden Jehovaglaubens. Bei dieser Rückbildung bestand noch die Absicht auf ›Volk‹. Die zweite Rückbildung führte zu einer Art ›bloßer jüdischer Religion‹. Innerhalb der andern Staaten und Völker erlahmt auch die Funktion der Schalen- und Kapselbildung. Der Isolierungswille versagt vor dem Willen zur allgemeinen, auch weltlichen Kultur. Man behält dann noch Reste der Schalenfunktion, Erinnerungen an die ursprüngliche Staatsräson, man geht aber zurück auf eine Art ›Glauben‹, eine Art ›Religion‹. Aber es ist kein reiner Glaube, keine reine Religion, das von keiner Politik berührte Spannungsverhältnis zwischen Gott und Mensch: das Vergessen beginnt, aber die Erinnerung schwindet nicht ganz, die Widerstände von außen und die Notwendigkeit gegenseitiger Hilfe wirken zusammen, es kommt zu dem schwächlichen Durcheinander einer jüdischen Religion des Abendlandes. Das ist bald Volksrest, bald Religionsgemeinde, ein Übergang von Landsmannschaft in Religionsgemeinde, ohne aber die reine Religionsgemeinde zu erreichen. Man ist eben Volk-Nichtvolk-Übervolk. Diese beiden Rückbildungen hat die alte jüdische Staatsräson im Laufe der Jahre erfahren.

Im Abendland besteht das Phänomen der Religion mit volklichen Resten. Im europäischen Osten in den Massensiedlungen bewahrt sich die erste, deutlich volkliche Form der Rückbildung.

Abbau und Neubilden, nicht Konservieren!

Die Unentschiedenheit Volk-Nichtvolk findet ihren Ausdruck in der heutigen Stufe: jüdische Religion. Sie hält diese Unentschiedenheit fest. Es ist die zweite Stufe der Rückbildung der Staatsräson. Diese Unentschiedenheit macht den Juden schwach und ist sein Schicksal. Sie vermochten bisher die einmalige historische Formung Volk nicht aufzugeben. Für die Reste einer Schale aber opfern sie den Kern. Der Kern ist die alte strenge Satzung. Sie hat große, unverändert mannigfaltige Baukraft.

Planmäßiger Abbau des Schutts und der Stützbauten der Vergangenheit ist jetzt nötig. Es gilt zu unterscheiden, was Kern, Kruste und Ballast ist. Die Emanzipation fordert, die Notbauten zu verlassen. Verfehlt ist die Form einer Halbreligion, die überladen ist mit volklichen Erinnerungsfeiern an uralte historische Ereignisse. Sie haben Sinn, solange man nur konservieren will. Aber es heißt jetzt mehr als konservieren.

Was in den einzelnen Ländern, die der Ort jüdischen Kümmerdaseins sind, zu geschehen hat, ist Sache der Juden dort, aber muß auch Sache eines treibenden und leitenden, erweckenden Eingriffs sein. Wir sprachen von der weltlichen Zentrale. Sie muß teilnehmen, ihre Teilnahme ist erforderlich an dieser historischen Umwälzung. Sie muß das erste Organ für eine sich vorbereitende gemeinsame Willensbildung und politische Neuschöpfung sein.

Was ich nun sagen will, sind weit ausgreifende Hinweise, sie entstammen einem großen Gedankenkreis, wollen nichts vorwegnehmen, aber schon jetzt auf einige Dinge Licht werfen. Ich knüpfe an die Bemerkungen von der Staatsräson und von dem Weg zur Religion an.

Religiöse Erhebung der Juden

Die heutige jüdische »Religion ist keine eigentliche Religion. Denn diese spricht von Gott zu Mensch und Mensch zu Gott. Sie spricht nicht zwischen Gott und Volk. In der Bibel wird gezeigt, wie aus dem Kern der göttlichen Satzungen Volk gebaut wurde, – es war noch nicht da.

Es ist die Stufe der reinen Religion zu betreten mit dem Rückgriff auf die machtvolle erste Stufe. Ablösung vom Historisch-Volklichen, Herausschälung und neues Heraustreiben des Kerns. Die versprengten westlichen Juden haben sich im letzten Jahrhundert reformiert und sind in die ›Welt‹ eingegangen. Entweder ist die alte volkliche Schale geblieben, oder sie assimilierten völlig. An das entschlossene Weitertreiben der Religion der Gerechtigkeit sind sie nie herangegangen. Das Alte Testament legte schon viel Volksgeschichte um den Religionskern, die Propheten zeigten wieder das wahre Gesicht des Glaubens. Sie waren Realisten, vergeblich, keine bloßen Volkskonservatoren.

Die Sonderform ist jetzt da, die hier bezeichnet wurde als Volk-Nichtvolk-Übervolk. Auf dieser Stufe aber will niemand, der den Kopf gerade trägt, bleiben. Ein neuer gerader Weg der Menschenzusammenfassung, der Gruppenbildung ist zu gehen. Der reine Weg der wirklichen Übereinstimmung ist zu gehen; dazu der Rückgriff auf den ältesten Kern. Der Rückgriff legt frei eine klare, echte Religion. Sie hat den strengsten gewaltigsten ›Gottesglauben‹, und all unser Erkennen der Natur und Wissen um die Welt berichtet von einem unaussprechbaren, anonymen, wichtigen, gestaltenden, weltbauenden Ich. Diese allein wahrhaft seiende Gewalt duldet keinen Namen, auch nicht den eines ›Gottes‹. So scheint es uns.

»Ich bin, der Ich bin – Ich werde sein, der Ich bin, Ich bin, der Ich sein werde.« Ich wüßte nicht, wie man klarer das ungeheure ichgetragene Urwesen, den Urgrund und Ablauf der Welt nennen soll. Er spricht im Donner. Der Berg raucht, wenn Gott sich im Feuer herniederläßt. Es gehört zu ihm, daß er Gesetze gibt. Er ist kein schlafender Tatbestand, sondern eine bauende Triebkraft. Der Mensch sprach: »Laß mich doch deine Herrlichkeit schauen!« Gott sprach: »Ich will alle meine Güte vorüberziehen lassen vor deinem Angesicht – aber mein Angesicht kannst du nicht schauen.«

Die Wucht eines ›Glaubens‹ liegt in solchem Wissen und in der Praxis. Diesem Glauben entspricht nur das Leben. Welche stolzen, entschlossenen Männer werden den großen Schnitt zwischen sich und dem alten ›Glauben‹ und Buchstabenformen machen?

Diesseitslehre, Weltlichkeit und Gerechtigkeit. Man wird da, wo man gläubig ist, wie da, wo man ungläubig ist, um sich zu erheben, auf die Urform, die sinnvolle, starke, bauende, zurückgreifen. Es ist der Wille der Gerechtigkeit, der Freiheit, des Stolzes, im Zeichen des unaussprechbaren Weltträgers, der zukünftig und fruchtbar ist und unserer wahren Natur, Ebenbilder oder Ähnlichkeiten Gottes zu sein, entspricht.

Das Wörtchen Und

Die Juden haben das Grundwissen: die Welt, das Dasein ist eine sittliche Aufgabe. Aber die Welt ist mehr, als sie gesehen haben. Spinoza riß sich los und sah – die Natur. Wir sehen: wahr ist beides, unser Erleben und die Welt, und steht sich in Spannung gegenüber, Erleben und Welt, das Ich und diese Welt. Das kleine Wörtchen Und. Um dieses Wörtchen geht es. Die Juden sehen, ebenso die Christen, die Welt, aber was diese Welt ist und wie diese Welt zum Ich steht, darum mühen sie sich wenig. Sie können das Und daher auch nicht richtig aussprechen. Das Christentum hat seit Konstantin, dem ersten Staatschristen, versucht, es auszusprechen, aber es gelang mit dem Jenseitsglauben nur dumpf und undeutlich. Die Mönche gingen gegen die Welt vor, so wollten sie wegwischen, womit sie nicht fertig wurden. Bei den christlichen Staaten dröhnt und wirbt das Wörtchen in den Musiken und Predigten der Kirchen, aber das ist wenig. Die Natur ist nicht da. Es wird aber demjenigen nicht gelingen, das Wörtchen richtig auszusprechen, der nicht zu den Wahrheiten, Härten, Ungeheuerlichkeiten und Schrecknissen dieser Welt vordringt, der sich ihr verschließt und nicht in ihre Spannungen eintreten will. Niemand ist da oder schlecht da ohne diese Begegnung.

Heute könnte ein Judentum von der Art des alten historischen nicht bestehen. Ob Juden jemals wieder staatlich-politisch oder vereinzelt existieren, sie werden sich nicht in die harte, abstrakte Starre des talmudischen Jehovaglaubens zurückziehen. Das war eine schreckliche, unausgeblühte, kämpferische Haltung. Sie können nicht davon zurückweichen, Kenntnis davon zu nehmen und zu ihrem Gefühle zu machen, daß es ebendieser Gott war, der auch das Licht werden ließ. Er ließ die Erde Gewächse sprossen, Kraut, das Samen trägt, und Fruchtbäume. Er ließ das Wasser wimmeln von webenden, lebenden Wesen. Er ist es und niemand anders gewesen, der die Tiere des Landes und das Gewürm schuf, und die Vögel. Er, der sie selber machte. Sie können nicht in die primitive Starrheit des Wissens vom gerechten Führergott hinein, ohne den Satz ihrer eigenen Grundschrift sich zu eigen gemacht zu haben: »Füllet die Erde und machet sie euch untertan. Sehet, ich gebe euch alles Kraut, das Samen bringt, auf der ganzen Erde, und alle Bäume, an welchen Frucht ist.« Und er fügte milde hinzu: »Allen Tieren aber gebe ich alles grüne Kraut zur Speise.«

Sie verblieben in einer zu strengen asketischen Haltung. Sie kämpften übermäßig mit den Naturreligionen, statt von ihnen anzunehmen! Die christliche Kirche, obwohl mit einer völligen Jenseitigkeit beladen, war elastischer und gab sich doch nicht auf. Sie nahm den Marienkultus auf, da, wo sie es für richtig hielt. Übermäßig gab sie in Sachen der Heiligen dem Volkswunsch nach, Luther mußte einen Gegenstoß machen, in der strengen Linie des alten Judentums. Das orientalische, den Juden fremde Geheimnis eines Gottessohnes behielt er bei.

Erweckung der alten Orthodoxie. Ihnen muß der Sinn ihrer Gebete, kultischen Haltung klargemacht werden. Aus Mitteln ist Selbstzweck geworden, der Zweck verloren, vergessen. Sie müssen aus der Erstarrung, dem Winterschlaf, dem Puppenstadium heraus. Die Erstarrung der zweitausend Jahre. Seid fromm, aber versteht eure Frömmigkeit. Die Ostjuden, die sehr frommen, welche starken und feinen Gestalten habe ich da gesehen. Welche Echtheit, Kraft, Vornehmheit, Strenge kann aus diesem Volk hervorgehen, nach solcher Geschichte! Diese Frommen sind besser als viele schauerlich ›Verweltlichte‹, die Abgefallenen, Zwischenprodukte, das gräßliche Mischmasch, das man besonders nach dem Westen zu findet und das ein falsches Bild vom Jüdischen verbreitet. Zu diesem gräßlichen, unfruchtbaren Mischmasch soll man nicht sprechen, aber an den Echten soll man rütteln. Sie sind ohne Bewußtsein, versenkt. Man soll die Bewußtlosen, Versenkten rütteln, mit den Worten ihrer eigenen Gebete.

Religion kann – nach der volklich-theologischen Verknöcherung des Judentums, nach der Verbreitung des Christentums und seiner staatlich-klassenmäßigen Bindung, nach der längst erfolgten völligen Veränderung unseres Weltbildes – nur neue Religiosität und Praxis sein, die dieser weltlichen Religiosität entspricht. Ebenso unmöglich wie das Messianische des Judentums ist die Welt- und Gesellschaftsfremdheit des Christentums.

Der Kampf um Gerechtigkeit wird nur mit wirklich geübter Gerechtigkeit geführt. In dem wüsten, menschenfresserischen, menschenverachtenden System der heutigen Staaten und des Kapitalismus wird vergeblich der Anspruch auf Gerechtigkeit erhoben. Die Menschen des Abendlandes treiben mit Wut den technischen Fortschritt vorwärts, aber das ist eine Pyramide, bei deren Bau Zahllose verdorren und zu deren Fortsetzung entsetzliche Kriege geführt werden müssen. Dieses System ist von der Vergangenheit überliefert; was lebt, ist nicht schuldig daran; aber was lebt, muß in das Netz hinein und nimmt die entstellte Haltung des Sklaven, Fronvogtes und Menschenfeindes an. Zu dem System gehört es, daß sich Menschengruppen, die wahllos in das System geraten sind, gegenseitig diffamieren und alles anwenden, um einander den Vorrang im Profit abzulaufen. Die Juden, die sich absondern, sind den andern Profitjägern ein bequemes Objekt. Es ist leichter, einzelne Menschengruppen zu erkennen – noch dazu solche, die sich durch Isolation hervortun – als die Fäden, an denen alle hängen. Wer darangeht, irgendwo im Abendlande grade und allein die bürgelichen Juden zu entrechten, zu enteignen oder direkt zu verjagen, handelt nicht nach Friedensrecht, sondern nach dem ›Recht‹ des Stärkeren. Es sind räuberische Aktionen wie seinerzeit in Spanien. Statt die faule Klasse auszuräumen, folgt man den Instinkten der faulen Klasse und geht gegen Schwächere vor.

Die bürgerliche Masse der Juden, dem System eingegliedert, ist nicht mehr und nicht weniger wert als die Masse derer von anderer Herkunft und Glauben. Aber die Rolle der Juden ist doch eine andere als die der andern. Sie können keinen Kampf um Gerechtigkeit führen. Ihrem Kampf um Gerechtigkeit fehlt die innere Legitimation, die Gerechtigkeit. Die Gerechtigkeit der andern, des Staatsvolkes, ist die selbeigene des Systems, die

Macht. Ihre kann nur die der Gegenmacht sein, oder – wenn sie die nicht haben – die der Gerechtigkeit! Nur diese gibt Kraft und wird Macht. So waren die Proletarier nichts und eine Beute ihrer Mehrwertschinder, sie hatten den von Pfaffen unterstützten Fatalismus der Armut – siehe die Parallele der Juden –, da wurde die Lage bei ihnen bemerkt und empfunden, Führer und Theorien waren da, das Unrecht erzeugte Not und Fanatismus, dann Willen und Ideen, dann Macht. Aber wer sich zum Mitgenießer, Helfershelfer und Stützer des Systems des Unrechts macht, kann nicht Gerechtigkeit fordern.

Daraus ergeht die Forderung: zu beweisen, daß man Gerechtigkeit will, und nicht bloß für sich, sondern Gerechtigkeit überhaupt! Diejenigen, die es wollen, müssen sich abtrennen von denen, die es nicht wollen. Diejenigen, die Einsicht haben, von denen, die keine haben. Wenn die Pfaffen weiter mit dem Besitz gehen und muffige Traktätchen verlesen und verfassen wollen, Sand in die Augen, so mögen sie es tun. Sie dürfen sich nicht Juden und ein Buch ihre Grundschrift nennen, in dem es heißt: »Zion wird durch Recht erlöst, und wer sich in ihm bekehrt, durch Gerechtigkeit.« »Und weil dann die Töchter Zions so hoffärtig sind und mit gestrecktem Hals einhergehen, wird der Herr wegschaffen an jenem Tag den Schmuck der Fußspangen, die Netze und die kleinen Monde, die Ohrgehänge, die Ketten und die Schleier.« »Ob der Sünde der Selbstsucht zürnte ich meinem Volk, schlug ich es, verbarg ich mich und zürnte. Denn es war abtrünnig, wandelte auf dem Weg seines Herzens. Aber die Frevler sind wie das aufgewühlte Meer. Kein Friede, spricht der Herr, den Frevlern!« »Da suchen sie noch Tag für Tag und begehren neue Wege zu wissen. Als wären sie ein Volk, das Gerechtigkeit übte und seines Gottes Recht nicht verließ, fordern sie von mir Gerichte des Heils.« Dies sagte der Prophet Jesaia schon lange.

Es genügt nicht, sich durch Bestimmungen zu isolieren. Man muß es für etwas tun. Nur ein ›Volk‹ zu erhalten, genügt nicht.

Wer staat- und landlos ist, sich absondert, hofft und hofft und nicht durch Größe und Güte glänzt, darf nicht auf Mitempfinden rechnen.

Wenn noch heute Anhänger der Stuarts in England leben und gegen die Absetzung dieser Königsfamilie protestieren, so wirken sie komisch; sie sind ja im übrigen heute Engländer. Wären sie Massen, ein Volk, hofften sie abgesondert nur auf die Stuarts, wären aber im übrigen Engländer, so würden sie nur Ärger und Unwillen erregen, und sie wären eine Art Juden! Geschichtliche Daten, sie mögen noch so begründet sein, genügen nicht. Es gibt nur heutiges Recht, das man durch sein Verhalten zu demonstrieren und unmittelbar zu erweisen hat.

Die Ebenbilder Gottes

Wenn ich an die abendländischen Massen denke, so sehe ich, daß ihnen von bloßen Gelehrten, Federfuchsern und Bücherlesern das große Symbol, das sie ›Gott‹ nennen, vorgestellt wird, und daß es sein Feuer verloren hat. Zu diesen abendländischen Massen gehören auch die Juden. Hier wird Jehova ausgesprochen, aber sie kennen ihn so wenig, wie die Federfuchser ihn kennen, die davon erzählen.

Es ist der Ewige, der Richter, der Gesetzgeber, der König –, aber wo ist das noch wahr und hat die Schärfe des verzehrenden und reinigenden Feuers? Prophet nach Prophet hält ihnen ihre Sünden und Missetaten vor, es gelingt nicht, sie zum eisernen Glauben zu bringen. Und so sind sie heute wie die abendländischen Massen, unter denen sie leben, Nullen und Götzen verfallen, angehörig dem bloßen pflanzlich-tierischen Dasein, oder wenn es geht, dem Wohlleben und Eitelkeiten. Die Hoheit des Daseins wird weder hier noch woanders gefühlt. Daß die Menschen – und dies ist keine Fabel, sondern eine Wahrheit, die der Sehende sieht – da sind im Ebenbilde Gottes, des großen Weltgeheimnisses, in der Ähnlichkeit, nicht Gleichheit mit ihm, – das wird nicht mehr erlebt. Es wird sich niemand aus dem Staub erheben, in dem er liegt, wenn er dies nicht sieht oder im Bild faßt. Die Juden sind hiervon nicht ausgenommen, sie mögen sich noch so sehr als Volk des Messias vorkommen, und Ungläubige auf den Kanzeln mögen den Ungläubigen im Betsaal allerhand vorlesen. Sie liegen in der gleichen Erschlaffung, sind entgottet und darum vom eigentlichen Menschenleben ausgespien wie die anderen abendländischen Massen.

Hier war die Rede von der nach der Emanzipation fähigen Neudarstellung des ›Judentums‹. Es handelt sich nicht um ›Assimilation‹, sondern um Neu-Darstellung. Kein Rückgang, sondern neues Volk, nein, neues Menschentum. So fängt ›Volk‹ an. Wahrheiten sind zu finden in den Lehren des Mose, in den Propheten, Berichten von dem tragischen Todesgang Jesu, von den Kämpfen der Makkabäer. Nicht aber die Vergangenheit, sondern die neue Gegenwart, der Aufbruch in die Welt ist zu feiern. Vor allem ist dieser Aufbruch zu vollziehen. Der Weg ist gegeben. Er ist die wahre Säkularisation. Der Übergang in die Verderbnis und Fehler der Staatsvölker ist Assimilation und falsche Säkularisation. Es wird sich zeigen, wie weit man theologisch, pfäffisch verbiestert und traditionsgelähmt ist. Von hier aus wird eine Sprengung der alten Landsmannschaften und ›Gemeinden‹ erfolgen und – eine Werbekraft in das Land ausgehen! Strenge und Wahrheit haben Werbekraft!

Die Religion, von der hier geredet wurde, ist keine Religion der ›Juden‹, sondern der Menschen.

> Siehe, es kommt die Zeit, spricht der Herr, da will ich mit dem Hause Israel und mit dem Hause Juda einen neuen Bund machen, nicht wie der Bund gewesen ist, den ich mit ihren Vätern machte. Ich will mein Gesetz in ihr Herz geben und in ihren Sinn schreiben. (Jeremia)

ACHTES BUCH

VON ABENDLÄNDISCHEN VÖLKERN

I.

Das Ich, aus dem Äther, in dem es schwebte, heruntergerissen auf die Erde, auf die Beine gestellt, kann ausschreiten.

Laufe, mein Ich!

Laufe, lauf, mein Ich, halte dich grad und stramm, sie hatten dich an den Galgen gehängt, bald schmeißen sie dich auf den Damm.

Eins, zwei, eins, zwei, geh lustig deinen Schritt, mein Ich, vielleicht haust du manchem auf den Kopf, vielleicht haut er auch dich.

Laufe, lauf, mein Ich, halt dich grad und stramm. Du hast ein peinliches Gesicht, man sieht dir manches an. Man sieht dir an, du hast gehungert, das macht nichts aus. Du hast eben zu lang im Himmel gelungert, das ist jetzt aus. Eins, zwei, eins, zwei, die Erde ist frei! Sieh zu, ob auch für dich! Halunken, Halunken, gebt freie Bahn! Achtung, Ich, Ich komme an. Achtung, Gewehre, Kanonen, ihr werdet mich nicht schonen. Ihr werdet schießen mir ins Maul, Achtung, ich bin nicht faul. Ich hab ein Maul zehntausend Meilen groß, damit schluck ich jeden Kanonenkloß.

Eins, zwei, eins, zwei, die Erde ist frei, auch für mich, auch für mich. Achtung, Kanonen, Gewehre, jetzt gibts eine Lehre. Ich bin nicht zu morden, ich bin nicht zu töten, mein Blut tut schon alle Erde röten, alle Himmel röten, alle Höllen, alle Übererden, Überhimmel, Untererden, Unterhimmel, Unterhöllen, Überhöllen.

Die Hölle laß ich los auf jede Kanone, die mich will töten, und sie war eine Kanone.

Die Erde laß ich auf euch los wie einen Hund, und ihr seid weg und zerschellt, wie er nur bellt. Ich habe um mich die ganze Welt. Ich bin schon durch tausend Welten geflossen, und tausendmal haben mich Kanonen erschossen, und immer wieder bin ich aufgeschnellt.

Eins, zwei, eins, zwei, die Erde ist frei, auch für mich, auch für mich. Wer mein Freund ist, den hebe ich auf zu mir, wer mein Feind ist, den blase ich weg von mir. Vom Äther bin ich heruntergefallen, denn die Erde tut mir am meisten gefallen.

Laufe, lauf, mein Ich, halt dich grad und stramm! Bald ist das Leben zu Ende, und sie schmeißen dich auf den Damm!

Das Ich wurde in allen diesen Büchern angerufen. Was wir von ihm wissen, haben wir durch die Welt geführt und ausgebreitet. Wir erkannten seine Macht als Zentrum und bauende Kraft. Mächtig der Riesenhimmel, die Sterne, die Erde. Der Mensch, Stück und Gegenstück der Natur, ist verbunden mit der Natur, der Geschichte der Erde und seiner eigenen Gesellschaft – und setzt sich ihnen gegenüber.

Moloch Öffentlichkeit

Du mußt dich heute vor der ›Öffentlichkeit‹, Organisationen, Kollektiven hüten! Es sind unwahre Gebilde. Sie sind falsche Öffentlichkeit, falsche Organisationen und Kollektive. Sie sind das Übel von heute und die wirklichen Verhinderer eines wirklichen Daseins. Sie sind anmaßlich, Störenfriede und unausrottbar, Gewaltherrscher und Absolutisten. Wie sich diese ›Öffentlichkeiten‹ nennen: laß dich nicht betrügen, sie meinen alle dasselbe: sie – wollen – dich – schlucken!

Sie spiegeln eine Gemeinschaft vor, die dich bereichern soll, aber sie haben es nur mit der Macht zu tun. Hinter ihnen stecken offen oder heimlich Gewaltherren, die dich nicht dulden wollen. Um sich deiner zu bemächtigen, breiten sie täuschende Ideen aus, vernebeln den Verstand, ja treiben die Anmaßung so weit, den Geist zu verneinen. Nichts ist den Machthabern bequemer und den Schwächlingen angepaßter als die unfehlbare Idee.

Hast du schon einmal gehört, daß ein Haus an dich die Aufforderung richtet, du sollst und mußt hier wohnen und sollst und mußt dich ihm anpassen und unterwerfen? Du würdest ›nein‹ sagen. Wenn ein Haus dir nicht paßt, ziehst du aus, und wenn es dir gefällt, wohnst du überhaupt in keinem Haus.

Hast du schon einmal gehört, daß man dir Kleider gibt und sagt: zieh sie dir an, und wenn sie dir nicht passen, werde dick oder dünn, damit sie passen?

Die unwahre Organisation, das Kollektivum von heute sind solche Häuser und Kleider, die einmal hergestellt sind, und du siehst eine Ehre darin, dich nach ihnen zu verändern.

Warum ist die Verherrlichung und Vergötzung dieser prunkenden, uns nützlichen Einrichtungen gefährlich? Weil durch sie der Einzelne über seine Verpflichtung zum Dasein nichts erfährt und irregeführt wird. Keiner kann aber dem Einzelnen abnehmen, daß er verantwortlich lebt. Keine Instanz kann aufstehen und uns die Verantwortlichkeit für unser Tun und Lassen abnehmen. Keine Kirche, kein Priester, kein Patriotismus, kein Eid kann das. Die Tür zu dem großen Gericht, das da ist, ist so eingerichtet, so schmal, daß immer nur ein Einzelner hindurchkann. Und hier geht selbst der Priester ohne seinen Mantel, der Richter hat da kein Amt, das Ich geht einsam, ohne Hilfe, ohne Anhang.

Wer heute dem Ich, dem Einzelnen, der Person, dem Individuum die Pflicht gegen das Dasein, die Verantwortung für sein Leben abnehmen will, ja, frecherweise behauptet, erst in diesen räuberischen und unwahren, hohlen Kollektiven und Einrichtungen werde das Ich zum Ich und könne unbesorgt sein, der übt ein bösartiges Täuschungs- und Fälschungsmanöver.

Wir sind bestimmt nicht allein, wir können nicht auskommen einer ohne den andern, Männer und Frauen nicht ohne einander, Kinder nicht ohne ihre Eltern und Pfleger, es gibt Freundschaften, wir haben gemeinsame Arbeiten, wir können unsere Häuser nicht allein bauen, um die Kranken müssen sich Ärzte kümmern, wir haben Streitigkeiten, die müssen geschlichtet werden. Was ist das? Das ist echte, urnatürlichste Art jedes Einzelnen von uns. Wenn das Einzelne ist, und es ist gesund, hat es diese Liebe zu Mann oder Frau, die Bindung an Kinder oder Eltern, hat Freundschaften, hat den Willen und die Neigung, mit anderen gemeinsam zu arbeiten. Es müssen Häuser und Brücken gebaut werden, Ärzte wollen zu Kranken, Kranke verlangen nach Hilfe. Wenn über diese Einzelnen, die auf dem Weg zum echten Kollektivum sind, die Einrichtungen kommen, verdorren zugleich die Einzelnen und die Zusammenhänge unter den Menschen. In den straffsten Staaten sind die einsamsten Menschen. Wo die ›Öffentlichkeit‹ anfängt, fängt die Zerstückelung an. Wo diese ›Öffentlichkeit‹ nachläßt, ordnen sich die Dinge, und die natürlichen Zusammenhänge stellen sich wieder her. Der Einzelne kommt zu sich, und wenn er zu sich kommt, kommt er zur Gemeinschaft.

Hier ist von keinem Individualismus die Rede, der das Einzelwesen egoistisch machen will. Egoismus ist die Wirkung der schlechten Gesellschaft selbst, die den Zusammenhang von Mensch zu Mensch aufgehoben hat. Die zwingende Gesellschaft von heute schafft Egoisten, Hamster für die Familie, Pseudo-Individualisten, menschliche Krüppelformen und Unkraut. Aber not tun echte Arten von Öffentlichkeit.

Die wahre Öffentlichkeit, die echte und nicht vorgetäuschte Öffentlichkeit, ist wie das Brot notwendig. Jetzt sind wir Atome und hocken dicht aufeinander. Jetzt verlangen die Menschen, die aufeinanderhocken, voneinander zu viel, und statt eines wirklich flutenden Lebens hat man lauter kleine trübe und scheinlebendige Rinnsale. Denn woher soll denn der notwendige Antrieb der kleinen dumpfen Gruppen kommen, der Feindschaften, Lieben, Ehen, Familien, Vereine, Parteien? Es ist gut an der echten Öffentlichkeit, daß sie, die ja auch älter ist als die kleinen

Grüppchen, die Menschen neutralisiert, voneinander entfernt und ihnen erst die Möglichkeit zu wirklicher Freundschaft und Liebe gibt.

Das Ich ist kein Glassarg

Es ist dafür gesorgt, daß ich nicht im Glassarg des Ich verrecke. Eine Mutter hat jeden geboren. Jeder hat oder kann haben oder braucht Geliebtes, Freunde, Kinder.

Wir leben in Gesellschaften, das ist ein größerer Organismus, und alle Teile sind ›Du‹.

Der Kampf um das Kollektivum und das Individuum geht um den Grad der Einschmelzung der Person. Obwohl es keine ›absolute‹ Person gibt, leben wir doch als Menschen nicht auf der Stufe der Korallentierchen.

Das reale Individuum weiß, was es von dem Du hat. Es nimmt den Satz des Italieners an, der sagte: »Nichtorganisation bedeutet Ohnmacht und Tod. Sie führt zum hassenswerten Wetteifern aller gegen alle, und sie endet in Tatlosigkeit. Diejenigen, die auf jeden Fall handeln, ohne an andre zu denken, sind sehr selten. Der Isolierte ist das ohnmächtigste aller Wesen.«

Allen Gedanken über unser gesellschaftliches Dasein muß das Wissen, daß die Person selber Gestalt ist, vorangehen. Man darf uns nicht zum Zerfließen bringen, zum Aufgehen in Staat und Gesellschaft. Man darf uns nicht zu einer bloßen Beziehung zwischen Natur- und Gesellschaftsdingen machen. Zusammenhang besteht nicht, ohne daß etwas da ist, was zusammenhängt. Im Übermaß des Gesellschaftswillens löst man Zusammenhang und Gesellschaft auf.

Das Kollektivum ist kein Känguruh

Kollektive, Menschenmassen, Parteien, Staaten, Völker, Gemeinden, das sieht aus wie die Erde, hat uns hervorgebracht, beschützt uns, trägt uns, ernährt uns. Es scheint, wir sitzen wie kleine Känguruhs in diesem Riesenbeutel, und es ist die Frage, ob wir jemals die Nase daraus hervorstrecken.

Aber ein wirkliches Känguruh ist es doch nicht. Denn ein Känguruh kann auch ohne Junge existieren, aber das Kollektivum ohne Menschen? Es ist der Funktionszusammenhang unter den Menschen, der die Einrichtungen hervorbringt. Die Kollektive stehen nicht über den Menschen, sondern zwischen ihnen. Es ist noch ein Grund dafür da, daß ein Kollektivum, der lebendige Funktionszusammenhang zwischen Menschen, sich nicht zu einem Känguruh auswächst. Wir leben nämlich und bleiben frisch. Aber grade darum nutzen sich die fertigen Funktionszusammenhänge, unsere Einrichtungen, ab, und sie altern. Und so müssen von uns dauernd die Funktionszusammenhänge, die über uns wegwachsen und uns zuletzt einmauern wollen, bekämpft werden.

Der Fluch der Arbeit

Warum wagt man sich nicht mehr zu dem alten Wort vom ›Fluch der Arbeit‹ zu bekennen? Nur weil man arbeiten muß? Weil man ohne ›Arbeit‹ nichts mit sich anfangen kann! Da müssen alle in die Arbeit fliehen, Arbeit das Idol. Verlorengegangen die Bindung an die Welt, die Neigung und Pflicht zu feiern und seine Einordnung in Welt und Menschenkreis vorzunehmen, verloren die Gesellschaft, der Nächste – verloren Ich. Wie leben wir.

Was sie alles haben, was sie mit ihren Maschinen schaffen und noch schaffen werden, es ist nicht aufzuzählen.

Aber was sie dafür bezahlen, auch nicht.

Sie hatten so ungeheure Sorgen. Sie beschrieben von morgens bis abends tausend Zeitungen mit ihren Sorgen. In allen Ländern gab es Parlamente, die über die Sorgen redeten, die kamen nur manchmal zusammen, aber dann gab es noch Regierungen, die in festen Häusern saßen und sich täglich an Tischen besprachen und telephonierten und in Chiffren nach auswärts telegraphierten, und die Regierungen hatten als besondere Aufgabe, die Sorgen zu verwalten.

Großartig waren in allen Ländern die Gebäude, in denen die Regierungen, die Parlamente, die Verwaltungen der Heere, der Finanzen, des Unterrichts, des Wohlfahrtswesens saßen, die sogenannten Träger der Gewalt. Ungeheuer thronte die sogenannte Öffentlichkeit in allen Ländern, und alles drängte an ihren kaiserlichen Hof, und sie war im Besitz der höchsten Wahrheit. Die Länder waren für einen Wanderer sichtbar als Ebenen, Hügel, Gebirge, darauf waren Städte, Dörfer errichtet, aber wer etwa im Flugzeug dicht über die Länder flog, erkannte das Netz, das sich auf die Länder, Städte und Dörfer legte, das wie ein dichtes Gespinst an ihre Leiber sich anschloß, sie umschloß, sie einschnürte, sie festhielt: die Eisenbahnschienen, die Telegraphendrähte, die Hochspannungskabel, und unsichtbar waren da noch von den Funktürmen ausgesandte Wellen. Dieses sichtbare Netz war aber noch lose und weit gegen das ungeheure, enge, das Filzwerk, die Parasitenarbeit, das Schimmelgeflecht – die Öffentlichkeit.

So gewaltig stand die falsche Öffentlichkeit, sie schrie ihre Worte heraus, sie trommelte, blies Trompeten: national, international, Krieg, Frieden, Konferenz, Grenzen, keine Grenzen, Europa, Wahlen.

Und die tausend Millionen armer Menschen, die in den Netzen hingen, was blieb ihnen weiter übrig, als mit zu schreien und zu stammeln: Krieg, Frieden, national, international, und verbrachten ihr Leben unter dem Netz wie eine grüne Pflanze unter dem Netz des Schimmelpilzes, der Pilz saugt sie aus, aber die Pflanze hat bald keinen anderen Ehrgeiz als zu sagen: sieh mal her, was gab ich dem Pilz für Kraft, was leiste ich, wie tüchtig bin ich, schau an, wie wunderbar blüht der Schimmelpilz, aber er muß noch mehr, noch viel mehr blühen, denn er ist das wahre Leben, die Blüte unseres Daseins, seine Krone.

So gewaltig thronte, hauste und herrschte die falsche Öffentlichkeit über die Welt. Und klein, armselig wimmelten die Millionen Menschen unter dem Netz.

Menschliche Verarmung durch heutige Staatlichkeit

Der Machthunger der Staaten geht auf ihre Angehörigen in Form der Großmannssucht über. Die maskiert sich als Patriotismus. Der freche Stolz des Satzes: »Ich bin ein Römer« – man müßte dagegen fragen: »Und weiter nichts?« Die Großstaaten haben ein Interesse an der Verkehrstechnik, das kommt von ihrem Machthunger, der zwingt sie, nichts so sehr zu schätzen als Bahnen, Flugzeuge, Autos und Luftschiffe und jeden Rekord, mehr und mehr, weiter und weiter. Und wie bei einem Kranken und einem nicht ausregulierten Organismus stellt sich niemals das Gefühl der Sättigung ein. Es geht ihnen aber umgekehrt wie dem König Midas; dem verwandelte sich alles, was er berührte, in herrliches Gold, – was diese Machtstaaten berühren, wird alles zu nichts.

Welche Gefühle, Stimmungen und Charaktereigenschaften gedeihen in den Großstaaten? Erregtheit, Spannung, Kampfgier, Härte, Schlauheit, Bosheit. Obwohl die Menschen sehr zusammengesetzte Wesen sind, deren Natur weit unter das Tierreich herunterreicht, und obwohl ständig eine Anpassung an die Lebensbedingungen stattfindet und damit eine Bewältigung dieser Lebensbedingungen, ist in der Züchtung grade dieser Eigenschaften unter keinen Umständen ein Vorzug zu sehen. Es sind ja nicht alle Menschen, die diese Umstände und Bedingungen geschaffen haben, sondern eine Gruppe Machtgieriger unter ihnen. Es sind nicht allgemeine und nicht zu bewältigende Naturumstände, denen die Menschen hier gegenübergestellt sind und denen sie sich also anzupassen hätten.

Großstaaterei und Technik haben Vorzügliches gegen muffiges Kleinbürgertum geleistet, aber es erfolgt da ein Umschlag, und es ist nicht geschehen mit den weiten Staatsgrenzen. Gut ist der Heimatpatriotismus. Es muß die eigentliche innere Bildung, die wirkliche Kultur eines Landes möglich werden. Sie wird aber ausgerottet. Großstaaterei, brutal wie sie ist, ist ernsthaft nur beschäftigt mit dem Erobern neuer Gebiete und ihrer notdürftigen Sicherung, und dann mit industrieller und militärischer Bewaffnung zum weiteren Angriff. Da ist nicht wunderbar, wenn sich neben der Wildheit, Schlauheit und Bosheit der Raubtier- und Exportmenschen die Kleinbürgerei, die Unbildung und der Dummstolz wieder breitmacht und wenn der eigentliche menschliche Wille zum Dasein und zum Ausblühen überhaupt keinen Platz findet.

Daher muß man sagen, daß die Großstaaten ihrer Natur nach ihre Menschen verarmen. Es ist auch nicht möglich, in ihnen noch Politik zu treiben und sie wirklich zu verstehen. Diese Riesenorganismen bilden Sonderorgane aus. Das wäre an sich nicht schlecht. Aber jedes dieser Sonderorgane hat die Neigung, sich selbständig zu machen und Gewalt über das Ganze zu üben. Das kommt daher, weil kein natürliches Ganzes da ist, sondern weil diese Staaten selbst ihr Dasein nur dem Wuchern einiger Teiltriebe im Menschen verdanken. Und so wie die Teiltriebe selbst expansiv und herrschsüchtig sind und weiter nichts, sind die Einzelorganismen, ja sogar die Einzelorgane herrschsüchtig und expansiv, und das Ganze hat den Zerfall in sich. Die Geschichte beweist es. Die Möglichkeit der Menschen, diese Mammutgebilde zu dirigieren, wird immer geringer. Alles kapselt sich in Büros ein, es herrschen die Ressorts, sie hüten ihre Techniken und Geheimnisse, und angesichts so riesiger Apparate wie der Großstaaten muß es überall zu Spezialtechniken kommen. Die Bürger, deren Staaten das sein sollen, machen von Zeit zu Zeit krampfhafte Bemühungen, etwas zu verstehen und zu verbessern. Man hat Parlamente, aber in den Parlamenten erkennen die Abgeordneten meistens rasch, daß es keine Möglichkeit gibt, hier anzusetzen. Die Parlamente sind ein Versuch, dieser Untiere von Staaten Herr zu werden. Aber es kann sich nur um nebensächliche äußerliche Dinge handeln. Was können sie an dieser Maschinerie ändern.

Großstaat, Bürostaat, Staat der Regierten, das ist ein und dasselbe.

Die Großstaaten sind überaltert, Überbleibsel einer von Feldherren und industriellen Dynasten, von Militärs und zivilen Herrschsüchtigen erfüllten Vergangenheit. Die Großstaaten sind Museen oder Versteinerungen ihrer Machttriebe. Es gedeiht da menschlicher Mißwuchs. Es sind ungegliederte Geröllhaufen. Wenn man an die Bildung von Menschen denkt, muß man an die Auflösung der Großstaaten und an die Entmachtung der Staaten gehen. Heute sind Staaten nur Hilfseinrichtungen. Man kann nicht nebensächlich genug von ihnen denken. Sie gehören zu den Gebrauchsmöbeln und Einrichtungsgegenständen, mit denen man nach Belieben verfährt und die man nach Belieben wechselt.

Man kann nichts für die Ewigkeit und als ›die‹ Wahrheit angeben. Staaten sind auch manchmal etwas anderes. Für die heutige Epoche aber ist die Bewegung vom Staate weg zum echten Individuum notwendig. Der Staat hat es verstanden, sogar das Bewußtsein der Gesellschaft und des echten Individuums zu schwächen und das Wissen um seinen Vorrang zu ächten.

Einer liest Zeitung

Er hatte eine Zeitung vor sich und las, es war ein Mittwoch. Die Welt war gestern voller Aufregung, die Begegnung des Reichskanzlers Brüning und des englischen Premiers Macdonald war ein Alarmzeichen, es geht nicht mehr mit den ewigen Reparationszahlungen, der Youngplan taugt nichts, dann hatte doch Hugenberg seinerzeit recht, und jetzt war die zweite Notverordnung erschienen, und es hieß, sie sei schrecklich. Er las in der Zeitung: Die sozialdemokratischen Funktionäre sehen in der Notverordnung vom 5. Juni, und so weiter.

Das ist ein Appell an die klassenbewußte, disziplinierte Arbeiterschaft. Also die Jugendlichen unter einundzwanzig kriegen nichts, oder es soll erst darüber verhandelt werden, daß sie was und wieviel sie kriegen.

Und daneben steht in Fettdruck: Nachdem die Regierung, und so weiter.

Ja, das kann man so lesen, und es steht auch nachher im Leitartikel, daß man sich keiner Übertreibung schuldig mache, wenn man behaupte, daß sich Deutschland gestern, also am 16., dem Dienstag, am Rande einer Wirtschaftskatastrophe befand. Gemerkt hat man eigentlich nichts davon auf der Straße, die Leute gingen alle wie sonst, die Elektrischen waren voll wie immer, im Freibad Wannsee soll ein mächtiger Betrieb gewesen sein, aber so ist es wohl sogar mitten im Krieg. Merkwürdig, Deutschland befindet sich am Rande einer Wirtschaftskatastrophe, und man merkt nichts davon, aber es ist schon wahr, was die Zeitungen schreiben, August 1914 war auch erst alles ruhig, und dann kam es ins Haus, erst stand es bloß in den Zeitungen, und der Krieg war in den Büros der Ministerien, aber dann fingen die an, in ihren Kartotheken nachzusehen, und die Gestellungsbefehle kamen, an alle Familien, jeder einzelne mußte raus, und dann mußte man kämpfen, Gott weiß für was, für die Schwierigkeiten der Leute in den Büros und daß die nicht miteinander fertig wurden – und wir haben es auszubaden, tolle Sache, solche Gewalt, Riesengewalt haben die Büros, das ist noch zehntausendmal schlimmer als eine Naturgewalt, denn wie neulich ein fürchterliches Unwetter am Sonntag war, da sind draußen am Nachmittag Hunderttausende gewesen, die sind naß geworden und viele nicht einmal naß, und von ein paar gekenterten Segelbooten haben die Leute ein großes Geschrei gemacht und daß ein Student im Freien unter einer Pappel vom Blitz erschlagen wurde, aber schon seiner Freundin daneben geschah nichts als ein Schreck und ein paar Brandwunden. Und das ist ein Blitz, ein wilder, gänzlich gedankenloser Elementarvorgang am Himmel, Spannung der Elektrizität, Wärme, Feuchtigkeit, lauter Physik, und wenn das loslegt, so werden ein paar Haufen Menschen naß und trocknen wieder, und einer kommt um. Aber hier in den Büros, wenn es da nicht geht, dann, ja was kann da geschehen. Und wenn es auch nur einmal in einem Jahrhundert geschieht, welcher Vulkan tut das, soweit man denken kann und liest, zehn oder zwölf Millionen Menschen umbringen, und das einfach durch Maßregeln aus den Büros. Macht haben die, Gehirn haben sie bestimmt auch, denn es sind Menschen, aber etwas stimmt bei ihnen nicht, was kann das bloß sein, sie haben offenbar zu viel Macht, denn es dürfte nicht so sein, daß es gleich Millionen sind, die umkommen, wenn es mal nicht funktioniert. Denn das kann uns doch keiner weismachen, daß es in Gottes Rat bestimmt ist, daß die Millionen umgekommen sind.

Und er reckte sich in seinem Stuhl beunruhigt, eine Photographie stand vor seinen Augen, ein Riesenkriegsfriedhof, eine Landschaft voller Grabkreuze. Die Straßen werden geordnet, Gesetze gegeben, aber das machen sie auch. Zuviel Macht.

Und er lenkte die Augen wieder auf das Papier, schluckte Kaffee; man hatte erzählt, wie lustig solch Fliegerangriff sei, ja das gibts auch, es ist verwirrend, so was macht Spaß, so ist die Menschennatur. Er wollte weiterlesen, aber er kam nicht darüber weg, das sah so frisch aus, und der Krieg bekam plötzlich ein anderes Gesicht, was sollte man denn nun sagen. Dann könnte man auch Häuser anstecken, weil man es so gerne brennen sieht, wer Geld hat, kann es sich ja leisten, kann ja sein Haus anstecken, ich sehe auch gerne brennen, vielleicht alle Menschen, aber darum kann man noch kein Haus anstecken, denn die, die drin sitzen, sind schließlich auch da, und vielleicht könnte man zu denen gehören, die im Haus sitzen und verbrennen müssen, weil man es so gerne brennen sieht, rote Flammen, weiße Flammen, Rauch, Qualm, die ganze Häuserfront, aus den Fenstern heraus, wie das schwillt, wie das frißt, was das für eine Urkraft ist, und der Dachstuhl lodert, ah, eine Flamme, eine Flamme, ein Feuer, das den Himmel rötet, Tausende stehen da, sie können den Blick nicht wegnehmen, es ist schrecklich, grausig, herrlich, man ist da zu Haus. Die Tiere im Zoologischen Garten sollen unsere Urahnen sein, aber sie sind bloß komisch, und wenn man sie anblickt, sie rühren an nichts – aber das lodernde, fressende, rote, weiße Feuer, das schwellende Feuer, das jachende, zehrende Feuer –. Es flüstert in ihnen eine Flüsterstimme, eine heisere, nahe Stimme, einer zieht sich den Hut ins Gesicht, damit man sein Entzücken nicht sieht, und für die Männer und Mädchen, wenn sie zusammenstehen und die Flamme schlägt heraus, ist es wie ein Liebeserlebnis, und für die kleinen Jungs, sie werden heute nacht davon träumen und vielleicht das Bett naß machen – vor Lust, oder vielleicht wollen sie löschen.

Jetzt blickte er lächelnd an der Streichholzschachtel entlang auf die Tischplatte, ein Glas Wasser stand da, er nahm einen Schluck, weißes, kühles, geschmackloses Wasser – und dann lag die Zeitung da. Mittwoch, das war also der Beschluß der Funktionäre wegen der Notverordnung, und da steht also, was die Reichstagsfraktion beschlossen hat: von der Einberufung des Haushaltungsausschusses im gegenwärtigen Zeitpunkt Abstand zu nehmen angesichts der bedrohlichen Finanz- und Wirtschaftslage.

Hm, hm. Das ist Politik. Man bekommt die Dinge schwer zusammen, wenn man von Spalte zu Spalte blickt, von rechts nach links, von links nach rechts. Unerhörter Angriff auf die Lebenshaltung aller Schichten des arbeitenden Volkes – rechts –, angesichts der bedrohlichen Finanz- und Wirtschaftslage. Dann liegt es also so: die Lebenshaltung da ist sicher schlimm, und sie protestieren, und die linke Seite sagt: man ruft den Ausschuß nicht zusammen angesichts der Wirtschaftslage. Ja, wessen Wirtschaftslage? Das ist der Kernpunkt. Die einen sagen: uns geht es schlecht, die anderen sagen: die Wirtschaftslage ist bedrohlich. Daher wohl die Überschrift: Appell an die klassenbewußte, disziplinierte Arbeiterschaft. Rund eine Milharde Devisen hat die Reichsbank seit dem 1. Juni verloren, jetzt schreiben wir den 17. Juni, also in sechzehn Tagen, ja wer hat sie denn eigentlich verloren, wir Arbeiter haben gar keine Milliarde gehabt. Die Reichsbank muß zu Krediteinschränkungen schreiten, und das wird zur Stillegung vieler Betriebe und zu Massenentlassungen führen. Eine komplizierte Sache. Darum sollen die Arbeiter Disziplin üben. Dann müßte man doch erst wissen, warum eine Milliarde Devisen verloren ist, und von wem. Ja, es geschieht alles woanders, und möglicherweise ist alles begreiflich, für die Fachleute, aber es ist so unsäglich schrecklich, daß die entscheidenden Dinge da geschehen, wo niemand hinblicken kann, wo niemand etwas weiß. Das unterscheidet sich in nichts von dem lieben Gott im Himmel und von dem unerforschlichen Ratschluß Gottes. Die Hände in den Schoß legen – eine Zeitung lesen, und hören, Befehle empfangen – die Wirtschaft, der Staat, die Büros, furchtbare Staatsgewalt. Was kann man machen.

Immerfort las er den Satz: die Notverordnung schafft keinen Ausgleich, sondern Erbitterung. So, so. So, schafft sie das? Möglich. Aber sonst weiß eigentlich kein Mensch was. Lauter unerforschliche Ratschläge in der Welt. Du lieber Gott, muß man denn immerfort beten.

Die alte griechische Polis, die selbständige Stadtschaft oder Stadtrepublik, hatte etwa zehntausend echte Bürger, die nicht arbeiteten, die Arbeiten ließ man von Sklaven verrichten, die aus der bezwungenen Urbevölkerung oder aus Gefangenen von Kriegszügen her bestanden. Die Stadtschaft durfte nicht mehr als diese Größe haben. Man erkannte Übersichtlichkeit, gebunden an beschränkte Menschenzahl, als Bedingung der politischen Freiheit. Die Dinge im Abendland verliefen anders. Der Historiker Burckhardt bemerkt, daß nicht einmal die früheren italienischen Stadtrepubliken mehr die hellenische Geschlossenheit hatten, denn bei ihnen spielte die römische Kirche als Machtfaktor mit hinein. Wir Heutigen – wir sind völlig auseinandergeflossen. Wir sind eine ungeheuer vermehrte Menschheit. Kein Wunder, daß nach solcher Vermehrung keine Rede mehr ist von echten Bürgern, natürlich auch nicht von Sklaven, und daß sich unwiderstehlich der eine Begriff Mensch, diese Unbegreiflichkeit für die alten Griechen, durchsetzte. Die Schande der griechischen Welt, die Sklaverei, ist im gröbsten beseitigt. Kein Preis, auch der Untergang der Polis und ihrer Leistungen in Kunst und Denken, war hierfür zu groß. Aber der Begriff des einen Menschen ist nur ein dunkler Begriff geblieben. Der menschliche Stolz hat sich noch wenig verwirklicht. Wir müssen mit dem Finger auf diese Tatsache weisen: wir haben – ungeheuer zahlreich, wie wir sind, in Riesenstaaten, wie wir leben – die Verfügungsgewalt über uns an Machtgruppen abgegeben, die im Dunkeln arbeiten, und es ist im ganzen in diesen Riesengebilden nichts mehr wirklich zu beherrschen. Von einer gewissen Größe an nehmen Gebilde einen andern, wildwütigen, naturhaften Charakter an, und diese Staaten hier, die miteinander politisch und wirtschaftlich verflochten sind, sind kaum mehr Staaten, sondern profuse Sachlichkeiten, über die kein Mensch mehr Bescheid weiß, geschweige, daß sie einer wirklich leitet.

Wir können mit offenem Vergnügen sagen: diese Staaten sind in ihrer Riesenhaftigkeit längst über die Grenzen der Staatlichkeit weggeschritten. Es ist noch das ungeheure Gewalt- und Bürowesen da, in dem einige tausend Ehrgeizige, Machtgierige und bloße Schreiber herumspuken, hinter sich härtere Machtgierige mit Reichtümern, und zu diesem Bürowesen gehört Polizei, Militär, Gefängnis, Gericht, Parlament, und das kann Gesetze erlassen, Kriege herbeiführen, betäubende Ideen in die Welt setzen – aber es ist doch nur ein Scheinrahmen für das Zweite, das es nicht erfassen kann, weil das Zweite noch viel ungeheurer geworden ist: die ungeordnete, sich selbst überlassene Menschenmasse und ihr gesellschaftliches Leben. Es sind Dutzende bis hundert Millionen Menschenmassen da, und in dem Scheinrahmen der Staatlichkeit, der aber auch zum Zwangsapparat wird, spielen sich ihre gesellschaftlichen Dinge ab, mit Langsamkeit, klebriger Schwerfälligkeit, dieses anonyme Geschick, das man nicht beschreiben kann und das keiner wirklich anfaßt. An dieser verfilzten Sachlichkeit erlahmt alles Handeln, dieses sind ›Zustände‹, ›Verhältnisse‹, – es ist das gesellschaftliche Leben, das sich sogar dem staatlichen Zugriff entzieht. Machtlosigkeit der Machthaber! Diese ›Zustände‹ hat man gesehen, als die Wirtschaftskrise einsetzte, über die Staatlichkeit hinwegwuchs und sich hinschob und einer von der, der andere von jener Ursache sprach, aber es waren tausend Ursachen, und man hatte keine Kraft anzupacken – und man kann diese Zustände und ihre Schwerfälligkeit im Völkerbund sehen, wenn sie über Abrüstung beraten, man möchte, man kann nicht, man möchte auch nicht, es wird doch nicht so schlimm sein, ein Krieg wird sich ja vermeiden lassen, man redet sich mürbe, schließlich zieht man sich zurück, es ist keine Möglichkeit zu handeln.

In diesem dem Zugriff und der scharfen Beschreibung entzogenen Gebiet der konkreten und komplexen Gesellschaft arbeiten die Parteien mit ihren Schlagworten, wüten die Zeitungsgerüchte und lebt allerhand von urlanger Zeit. Daran beißt sich auch der ›Staat‹ die Zähne stumpf. Dieses Gebiet ist sumpfartig ungeformt. Es ist das Jenseits des Staates – das bequeme wüste Terrain für die Tobsucht der ›Öffentlichkeiten‹, unbeackertes Menschenbrachland, der Boden auch für die neuen Formungen jenseits des Staates.

Wir, in solchen Staaten-Unstaaten lebend und scheinbar eine einzige Menschheit, haben nicht die deutliche alte grausame Zerklüftung in Freie und Sklaven, aber dafür die finstere anonyme Fesselung, die Zufallsgeburt in Armut oder in Wohlstand, das Leben, das damit schon halb vorgeschrieben ist, Halbsklaven, Halbfreie, den Staat, die Regierung, das Parlament, das Kabinett, Ministerien mit vielen Personen, die Wirtschaft, die Parteien. Es ist sicher: der Verlust der Übersichtlichkeit bedeutet nicht den Anbruch der Freiheit.

Zur Freiheit

gehörte in Athen auch die Genügsamkeit. Diese Menschen waren nicht nur weniger, sondern wußten auch ein Maß für das, was zum Leben notwendig war. Wir –. Wo Genügsamkeit aufhört und sich kein Maß entgegenstellt, da kommt man zum Austausch von Produkten, Handwerker entwickeln ihr Können für Gebrauchsartikel, man pflegt und züchtet Bedürfnisse, man schafft dafür Schmuck, Webstoffe, Möbel, es kommt zum Handel, zu einer organisierten Produktion, zum Verlag und zum Unternehmertum, und so ist man Schritt um Schritt den graden Weg geführt, der zur Fabrik, zur Halbfreiheit und Willenlosigkeit aller, zur Vorherrschaft der Wirtschaft führt und zu den verborgenen Machtgebilden von Staat, Regierung, Kabinett. Es stehen sich keine kontrollierbaren Größen mehr gegenüber, alles nimmt das schreckliche Gesicht von Zuständen, Verhältnissen an. Sehr differenziert ist diese Menschheit geworden, es ist zuletzt wirklich eine Art allgemeine Menschheit, bloß hat sie keine Menschen mehr, die beweisen können, daß sies sind. Sie haben nicht die Mittel dazu.

Da es nun unter diesen Staaten keine beweisbare ›Menschlichkeit‹ gibt, die eigentlich hier gewährleistet sein sollte, so kann der Weg dazu nur über die Zurückdrängung, Abschwächung der unkontrollierbaren Machtgebilde Staat, Regierung führen und zur Verkleinerung aller Gebilde, zur Gewinnung übersichtlicher Ordnungen innerhalb der Gesellschaft. Es muß aber offenbar die Staatlichkeit sich erst ausgewütet und den Boden der Gesellschaft aufs tiefste aufgewühlt haben, bis ihr die Gesellschaft ganz entgleitet und aus ihr neue Formen entstehen.

Grimm

Man denkt und spricht schon so lange, und der Ernst des Lebens und des Todes tritt einem immer näher. Aber noch immer – steht alles wie am ersten Tage! Man wird geboren in Verhältnissen, die man nicht geschaffen hat, man bewegt sich in ihren Regeln und wird von ihnen gegängelt. Einen Einblick in die Regeln erhält man kaum, eine Möglichkeit sie zu ändern ebenso wenig. Man möchte irgendwo den Hebel ansetzen, aber wo, aber wie. Lebt man nicht wie eingemauert? Man fragt die Lehrer der Wissenschaft um Rat, da gibt es viele Antworten, aber selbst wenn man eine annimmt, was kann man damit machen? Nichts. Es sind lauter Weisheiten für den Kopf, für die Bücher. Wir leben so unglaublich zerstreut.

Die Zeit der Technik und der Naturwissenschaft ist eine Zeit der Spieler, Eroberer und einsamen Menschen. Man kann sich kaum denken, daß irgendwann die Armut und Unwahrhaftigkeit der Existenz offenkundiger war.

Es gibt zwei Formen der Kollektiveinrichtung, feste und flüssige. Feste Formen sind Staat und Wirtschaft. Diese eisernen Einrichtungen sind historisch geworden, aber auch historisch zu verändern. Sie sind aus Eisen, aber Eisen ist zu gießen. Jede Generation, die aufsteht, hat zu fragen, was sie mit diesen Einrichtungen anfangen soll. Das Individuum hat von vornherein, wann auch immer es auftritt, zu fragen, worin ihm diese Einrichtungen dienen. Er darf sich durch keine Worte darüber täuschen lassen, wenn die Einrichtungen wachsen, ob er mit oder gegen die Einrichtungen wächst oder ob die Einrichtungen mit oder gegen ihn wachsen. Kein Organismus wächst allein, eins braucht die Hilfe des andern, aber es gibt auch Räuber und Parasiten. Einrichtungen sind nötig, damit Menschen leben, ihr Mißbrauch ist aber nicht nötig.

Das Ungeheuerlichste ist die Selbstverherrlichung, die die Nutznießer der Einrichtungen, ihre Mißbraucher, treiben, unterstützt von Ahnungslosen und Mitläufern. Die Einrichtung hat nicht zu glänzen, sie ist nur eine Funktion. Sie glänzt nur, soweit die Menschen in ihr glänzen.

Dinge haben ihre Schwerkraft. Eine Generation kann stark genug gewesen sein, sich ein Gebäude aufzuführen. Aber die folgende hat nicht die Kraft zur Erweiterung, zum Umbau und zum Abbruch. Zuletzt haust alles, da die Dinge doch vermorschen, in Höhlen und Gemäuer. Man muß nicht nur seine Wohnungen, sondern auch die öffentlichen Einrichtungen und allgemeinen Lebensgewohnheiten darauf ansehen, ob sie Höhlen und Gemäuer sind.

Flüssige Einrichtungen, bewegliche Organisationen sind heute die Parteien. Sie treten den eisernen Einrichtungen von Staat und Wirtschaft gegenüber als Feuer und Schmelztiegel auf. Schrecklicherweise verfestigen auch sie, erstarren, erlöschen. Nur eine Kraft bleibt Kraft, der lebende Mensch, der annimmt und verwirft.

Laßt uns das Detail verlassen. Wir sind weder für Individualismus noch Kollektivismus, sondern für das Ich. (Es grämt mich, daß ich hier immer in Gefahr gerate, den verrotteten privaten Spießer, die Atome von gestern, die Herren und Damen mit dem empfindlichen Innenleben, diese Selbstverliebten, zu schützen. Weg mit diesem Verdacht! Es ist die Zeit der kämpfenden befreienden Individuen.) Das Ich hat – obwohl die Person vergeht – Sein, es ist einzig, obwohl von Millionen Dingen umgeben und selber Ding unter Dingen, und es ist Zentrum, Erleben, Bildungsstätte, Geburtsort der Gestalten.

In der Individuation sind wir, und hier haben wir das Leben eines bestimmten Menschen in dieser Zeit, in diesem Volk, in dieser Schicht, und das bringt Handlungen und Bewegungen mit sich in Fülle, und es sind notwendige Handlungen, die wir verrichten mit den Waffen und Werkzeugen unseres massiven Nervmuskelapparates, und wir verrichten sie teils als Körper der physikalisch-chemischen Natur, teils als Sterne, teils als Kristalle, teils als Pflanzen, teils als Tiere, teils als Menschen, und zwar als Menschen dieser Geburt, dieser Zeit, dieses Volks, dieser Schicht. Aber in dieser Bestimmtheit und trotz ihrer – ist jeder einzelne von uns etwas Einziges! Hier tritt Ich der Natur gegenüber, das weltunmittelbare Wesen, ein Etwas mit Herz, Willen und Gedanken, die schöpferische Spannung wird gesetzt, und ohne dieses Etwas ist die Welt nicht vorhanden. Von dieser Urtatsache haben wir immer wieder gesprochen.

Aber wie ist unsere Zeit?

Dies ist eine verfluchte Zeit. Sie hat Kraft und Macht. Es ist keine schläfrige Zeit. Aber obwohl sie Blut vergießt und bald wieder Morden an ihrem Wege steht, an unserem Wege, an deinem und meinem, ist sie ohne Blut. Sie wirft nur wie ein Tuberkulöser Blut aus. Sie begeistert und erregt sich an Krieg und

Rüstungen und Marschieren, das ist das geile Gelüste eines armen Kranken und Irren. Sie ist schwach und wüst. In dieser verfluchten Zeit läuft alles, was kommt, aus der Natur, aber der, der es bändigen, richten und verdauen soll, fehlt. Du und Ich! Die Dinge der Natur, die Bewegungen sind da, aber sie sind dazu da, daß wir sie wie Maiskörner zerbeißen und in unsere Substanz verwandeln. Du und Ich! Aber das kann nicht geschehen, weil wir darinstecken, Du und Ich, wie der griechische Laokoon mit seinen Kindern, die die Riesenschlange umwindet. Wie löst man sich, wic, wie schneidet man dieses faule Glied von sich ab. Du und Ich! Da lese ich eine Schilderung vom Krieg, wie die Toten nachts auf dem Feld liegen und die Auflösung fortschreitet und die Erde nimmt sie wieder an. Aber aus dieser Erde sind wir gekommen, nicht damit wir so zurückkehren! Der Schriftsteller schreibt, wie sie blicklos liegen, Augen haben, die keine mehr sind, er gebraucht kein Wort der Klage um diese, er sieht sie wie Blätter in die Erde einschmelzen – kein Wort dafür, daß jeden von diesen unter Qualen eine Mutter geboren hat, daß er eine Frau, Kinder oder Freunde, Eltern hatte, daß er selbst leben wollte – eine verfluchte Gewalt hat diese als Sachen genommen und wie Steine unter Steine geworfen – unsere Eltern, Kinder, Männer, Söhne. Welche Gewalt ist so legitimiert, daß sie das dürfte? Wem gaben wir diese Legitimation?

Und dies steht über uns im Alltag, es ist schlechte grimmige überlieferte Natur, wir müssen sie zwischen unsere Zähne nehmen. Zweierlei stößt immer in der Welt zusammen und macht die Welt: die Natur – und wir! Vergessen wir dieses Urfaktum nicht! Entziehen wir uns nicht dieser Urrealität, lassen wir die Welt nicht zerfallen!

Zwei Worte Jacob Burckhardts über den Krieg.

Ein Irrtum: »Ein Volk lernt wirklich seine volle Nationalkraft nur im Krieg, im vergleichenden Kampf gegen andere Völker kennen, weil sie nur dann vorhanden ist.« Das war einmal, zu irgendeiner Zeit. Aber seit wann, *jetzt*, äußert sich volle Nationalkraft im Erfinden der stärksten Giftgase?

Eine leidliche Deutlichkeit: »Nur müßte es womöglich ein gerechter und ehrenvoller Krieg sein, etwa ein Verteidigungskrieg, wie der Perserkrieg. Ferner ein Krieg um das gesamte Dasein. – Ganz besonders aber sind die heutigen Kriege zwar wohl Teil einer großen allgemeinen Krisis, aber einzeln für sich ohne die Bedeutung und Wirkung echter Krisen; das bürgerliche Leben bleibt dabei in seinem Geleise, und grade die jämmerlichen Notexistenzen bleiben alle am Leben.«

Geschäftsmäßige Bemerkung eines Amerikaners:

»Der Krieg zwischen den hochzivilisierten Nationen – ein wertloses, keiner Lenkung fähiges und daher in der Anwendung verbrecherisches Werkzeug.«

Ähnlicher Satz eines Franzosen:

»Der Krieg war durch Jahrhunderte hindurch ein Mittel des Raubes; mit Beute beladen kehrten die Krieger heim. Das hat heute aufgehört. Mag der Sieg noch so vollständig sein, dem Sieger drohen dennoch Geldentwertung, Produktions- und Konsumtionskrisen und Arbeitslosigkeit. – Der Krieg hat nicht bloß aufgehört, ein Mittel der Bereicherung, sondern auch der territorialen Expansion zu sein. Das Prinzip des Selbstbestimmungsrechts ist zu einem Grundsatz des öffentlichen Rechts geworden.«

Elende, verwahrloste Tiere! Menschen, die ich nicht Bestien nenne, um die Bestie nicht zu beleidigen – diese dummen entarteten scheußlichen Geschöpfe mit Grausamkeit, Härte, Kälte und dem Schlimmsten von allem, mit Gleichgültigkeit. Es ist, wenn man alles bedenkt, unfaßbar, daß der Mensch der Natur entstammt, derselben, der die Pflanzen, Schnecken, Rinder, auch die Löwen, Tiger, Schakale entstammen, nein der Mensch ist wirklich kein Tier, er hat schon seinen Ehrentitel für sich? Mensch, das Erbärmlichste, Schandbarste, Scheußlichste, Unnatürlichste, das sich denken läßt. Und wenn ich so spreche, woran denke ich? An die Unfaßbarkeit der Unfaßbarkeiten, die Schmach aller Schanden, die Schmach der Schmach, den Schimpf, den Pfuhl, den Sumpf – an den heutigen Krieg! Dieser Krieg des heutigen Abendlandes: er ist ein Kapitel für sich.

Ich weiß: man hat sich früher hier und da nicht zu helfen gewußt, der Hunger trieb, man fürchtete sich voreinander und wagte nicht zu verhandeln, da fiel man sich an. Und wo man unterjochte, hat man sich mit Recht gewehrt. Aber dieser Krieg! Der blödsinnige, böswillige, niederträchtige Krieg der Staaten von heute. Die Natur hat nicht diesen Krieg in sich, den die Staaten von heute betreiben, es gibt nicht in der Natur diesen Kampf aller gegen alle, das ist bequeme Lüge. Was in der Natur vorgeht, geschieht mit Vernunft und aus Not und Notwendigkeit – so wenn wir jagen, fischen. Da ist ein Tier mehr gefräßig als das andere, aber wenn es satt ist, greift es nicht an, sondern liegt und schläft. Was geht bei den Menschen vor, die die Natur schon gebrandmarkt hat, indem sie ihre Geschichte nicht zur Ruhe kommen läßt, Völker auf Völker vergehen, Staaten auf Staaten einstürzen läßt? Diese dumme, hilflose und darum philosophierende Art, diese feige, schändliche, rohe, habgierige – und trotz allem von zarten Gefühlen durchzitterte Art hat sich etwas geschaffen, was Krieg heißt, ein Morden von Volk gegen Volk unter Benutzung solcher Instrumente und mit solcher kalten Berechnung, daß jede Zunge verstummt, jeder Gedanke verschwimmt vor Scham und Gram. Daß man geboren ist und das Gesicht von Menschen trägt, die dies hervorbringen und es noch wollen! Nein, wir kommen nicht aus der reinen Hand der Natur. Wir sind Parias, und kein Bauen von Kirchen und Beten macht das gut.

Und man sieht es, wenn der Krieg kommt, wie alles versagt und was alles gewesen ist. Die Tausende, Hunderttausende, Millionen, die zum Schlachten hingetrieben werden, verladen werden, und sie wissen nicht wohin und warum, und von irgendwelchen Dingen haben sie gehört, die sie nicht verstehen, aber rechts und links von ihnen hat man Instrumente zum Töten, Verstümmeln, Vergiften, und sie ahnen, solche wird man auch drüben haben, da müssen wir hineinrennen, und dazu hab ich gelebt, dazu –. Und es geht in die sogenannte Schlacht, die darin besteht, daß ungeheure Waffen von weit her irgendwohin schmettern, wo man steht oder liegt.

Umsonst haben Religionen gelehrt und sind auf sie eingedrungen, haben sie zur Besinnung zu führen gesucht, abgelenkt, gewarnt, in Furcht versetzt. Die Religionen sind außer Kurs gekommen, es waren Menschen, die sie lehrten, sie haben klein beigegeben. Da haben sich viele abgesondert und in Wüsten und Klöster begeben, aber andere haben verruchte Irrlehren über die Menschennatur verbreitet und sich unter die Wölfe gemischt und ihr Geheul angenommen, sie haben nicht widerstanden.

Wir sind auf einen gräßlichen Fehlweg der Entwicklung geraten. Unsere Staatenbildung degradiert und entwürdigt die Menschenart, jeder Vogel, jeder Hirsch beschämt den Menschen. In der Natur nutzt eine Tierart die andere aus oder lebt mit Pflanzen zusammen und nutzt sie aus, oder Pflanzen nutzen einander aus, eine Art die andere. Und da kommt es mir vor, als wenn vielleicht alle Staatenbildung dieser Erdperiode nur darauf hinausliefe, auf dem Boden unserer Menschenschicht zu einer anderen Art zu gelangen!

Allen, allen überlegen bleibt aber, was die Menschen selbst fühlen und was einige Menschen der Religionen und des Geistes formulieren in Ländern des Abend- und Morgenlandes: die Lehre vom großen Ich und vom freien Menschen, diese noch nicht zu Ende gedachte Lehre.

Krieg! Aufrecht und tapfer sein, das haben sie jetzt umgefälscht in: kriegerisch sein für – Interessen. Wodurch wird das ermöglicht? Daß wir in verschleierter Sklaverei leben und daß die Sklavenhalter selber zahmer und umgänglicher geworden sind und keine sichtbaren Personen sind. Der Herr ist weg, die Herrschaft ist geblieben. Die schauerlich verfilzte Realität der Riesenstaaten, der Zufallsgeburten in Schichten, der Arbeits- und Gewinnaufteilung, der Armeen, Polizeien, Justizen, Gefängnisse. Wie lächerlich, da noch von ›Menschen‹ zu sprechen, vom Ich, vom weltunmittelbaren, einen Ich! Das ist uns gestohlen, und dafür ist da die Nebelwand, das Waten im Moor der Täuschung, und so wissen wir nicht, was geschieht, und ziehen in Kriege, freiwillig, und sprechen, wenn es darauf ankommt, nach: Krieg gehört zur Natur, zur Menschennatur.

Aber siehe da, im Krieg – da liegt es und brüllt, lallt vor Entsetzen und wird wie ein Tier getrieben. Denn da gibt es gar keinen Krieg. Es gibt nur Unfälle durch den Ausbruch von Maschinen, Schlauheiten und Zufälle, gegen die wir nicht ankommen. Und das alles umarmende Gas. Da seht ihr, und hört ein Bombenkrachen, eure Techniker, da seht ihr eure Gelehrten, da schmeckt ihr sterbend eure Chemiker – da seht ihr im Kriege, von welchem Blut sie sind – aus demselben wie ihr, und vielleicht erwacht ihr dann; aber wo gibt es da noch ein Erwachen.

Zehnmal, tausendmal verfluchte Zeit! Und es ist ja nur leeres Gerede, was man dagegen tut, es ist bewiesen, daß wir dagegen nicht ankommen – verfluchte, verfluchte Zeit.

Krieg, die einzige Kollektivität des Abendlandes.

Arbeiterlied

Morgen früh aus dem Bette raus,
in die Strümpfe rin,
die Hosen an,
morgens früh kaltes Wasser ins Gesicht,
Brot ins Papier, auf die Straße,
in die Elektrische, in die Untergrundbahn,
und in die Fabrik und in die Fabrik und in die Fabrik.
Ah, das geht so Tag um Tag,
Tagschicht, Nachtschicht, Nachtschicht, Tagschicht.
Frühling, Sommer, Herbst und Winter.
Montag, Dienstag, Mittwoch, Donnerstag,
Mittwoch, Donnerstag, Freitag, Sonnabend.
Und am Sonntag schläft man aus – aus – aus.
Ah, das geht so Tag um Tag,
ah, das geht so Jahr um Jahr,
ah, das geht das Leben lang,
Rücken krumm, Schläfen grau, Schädel blank,
ah, das geht so Tag um Tag.

Tischlerlied

Späne, nichts als Späne, und wo ist denn das Brett?
Das Brett ist nicht zu sehen, zu sehen ist ein Dreck.
Der Tischler schlägt und hobelt bis in die Nacht hinein.
Wir wollen nicht mehr Späne, wir wollen Tischler sein.

II.

Von der Diesseitigkeit

Dies könnte eine Geschichte werden, die anfängt mit dem Satze: Als der liebe Gott gestorben war … Aber schon bin ich geneigt fortzufahren: da war er noch nicht tot.

Man hat sich vor einem Jahrtausend ein schönes und deutliches Bild von der Welt gemacht. Schön war es, denn es war bequem für das Leben, für das Regieren und Regiertwerden, und deutlich und bequem für das Denken. Es war in diesen früheren Zeiten anders als heute. Wir haben eine entwickelte äußere Technik, und das Denken hinkt sehr nach. Damals war das äußere Leben leidlich entwickelt, aber das Denken war ihm angepaßt, ja elastisch, findig und gewandt. Sie haben sich damals auf der Erde gut zu Hause gefühlt. Über der Erde war der Himmel, und da saß als Sachwalter der guten Menschen der liebe Gott und hatte die Engel und Gerechten bei sich, was man auf vielen tausend alten Bildern sehen kann, die wir fromm nennen. Aber sie waren so wenig fromm, wie eine Zeitung von heute oder eine physikalische Abhandlung fromm ist. Sie waren wahr, sie hatten die Wahrheit ihrer Zeit, das heißt, sie waren wissenschaftlich. Unter der Erde befand sich noch die Hölle mit dem Satan und der Mehrzahl aller Menschen. Er tat ihnen nicht wohl. Im Ausdenken dieses Nichtwohltuns erging sich damals der Gerechtigkeitssinn und die bis zum Sadismus entschlossene Frömmigkeit. Und irgendwo gab es dann noch das Fegefeuer. So dachten die Menschen dieser Zeit.

Dieses Denken nun nannte man später ein Jenseitsdenken. Und was es damit auf sich hat, muß ich jetzt zeigen. Es war wirklich ein Jenseitsdenken, weil man jenseits dieser Welt einen realen Gott annahm, eine wirksame Kraft außerhalb dieser Welt, die er geschaffen hat. Einzig aus diesem Grunde war das

Denken der früheren Menschen ein Jenseitsdenken zu nennen. Denn andererseits lebten sie mit diesem jenseitigen Gott in der wunderbarsten, rührendsten und glückseligsten Diesseitigkeit. Sie nahmen es, wie viele Gottesgläubige anderer Zeiten, nicht ernst mit der Jenseitigkeit ihres Gottes. Er war nur ein erhöhtes menschenartiges Überwesen über dieser Erde. Gott war von dieser Welt. Ja, er war von dieser Menschenwelt. Denn alles drehte sich um den Menschen, seinetwegen war eigentlich alles in Bewegung gesetzt, Himmel und Erde geschaffen. Er stand im Mittelpunkt des leicht überblickbaren Weltablaufs. Die Mutter Gottes konnte ein Wesen sein wie eine schöne Mutter, der Heiland war ein herrliches Kind, Gott war der Vater und ein milder oder strenger Richter, und er hatte seinen Sohn auf die Erde geschickt, weil die Menschen schlecht, verworren und schlimm geworden waren und er sie zurückrufen wollte. In der Zeit, von der wir sprechen, floß das Blut der Märtyrer von der Erde zum Himmel und das des göttlichen Heilands auf die Erde, und es war alles dasselbe menschliche Blut. Sie verfielen hier niemals in den panischen Schrecken und Graus vor der unheimlichen Leere eines Jenseits, sie gerieten auch nie in die kühle Reserve, die eine Wissenschaftlichkeit mit sich bringt, welche analysiert und den Menschen isoliert.

Nachdem sich diese große und ganze Welt, die geschlossene Wohn-Welt der Menschen, ausgelebt hat, beginnt die Zeit einer eigentümlich klugen und sehr lebendigen Menschheit. Die Früheren saßen und lagen, und zu ihnen gehörte das Haus. Die Neuen werden unruhig. Sie wandern, machen Expeditionen, entdecken ferne Länder, Meere und Sterne. Alle ihre Instinkte sind ausgewechselt. Es ist, als ob aus einem seßhaften Ackervolk ein Nomadenvolk wird. Und so verändert sich ihr Denken. Sie verlassen das Haus, in dem sich Generationen eingerichtet hatten mit Vater, Mutter und Kindern, mit Frömmigkeit, Gerechtigkeit, Friedfertigkeit. Es gibt noch Vater und Mutter, aber das Unbekannte ist mehr. Ja, das Unbekannte! Vorher hatte es das

Unbekannte nicht gegeben. Ihm wirft man sich jetzt mit ganzer Wildheit in die Arme. Es gibt jetzt nur die Ferne, das Fremde, das Rätselhafte. Und man spricht es nicht an, will es nicht und kann es nicht mit häuslichen und familiären Namen anreden.

Und auf diesem Fleck stehen wir noch jetzt. Wir haben die Vorstellung, in einer Zeit des Diesseits zu leben. Aber sie ist noch nicht darum eine Zeit des Diesseits, weil sie den Gott im Jenseits ablehnt. Wir haben gesehen, man kann einen Gott im Jenseits anbeten, und es kann ein Diesseitsgott sein. Und so haben wir jetzt keinen Gott im Jenseits, aber unser Denken und Fühlen flüchtet über und um diese Welt, und sie ist nicht unsere Welt, sondern irgendeine Wildnis, ein Jagdrevier.

Wie aber werden wir denken? Die Jagd der Nomaden um das Weltall hat bald ein Ende. Stärker und stärker drängt sich der Mensch, das Ich hervor. Daß wir Wesen dieser Welt sind und daß alles Dasein eng mit uns verbunden ist, das wissen wir und können dies Wissen schon fest an uns nehmen, und wir brauchen und können auch keine häuslichen Worte verwenden wie Vater und Mutter. Aber wir erkennen mit einem Verwandtschaftsgefühl von wachsender Stärke in dem, was uns umgibt, Tieren und Pflanzen, organischer und anorganischer Natur, uns und unser Ich wieder. Wir sehen den großen gemeinsamen Boden des Lebens.

Hinter uns liegt nach dem Jahrtausend der Wohnwelt das Jahrtausend der Wanderwelt, in dem man unfähig war, unter den Erschütterungen des Suchens, Findens, Eroberns und Erlebens, sich einzuverleiben, was man gefunden hatte. Man war stark, hielt den Kopf sehr hoch, war Krieger und Eroberer, Politiker, Wissenschaftler. Zuletzt mußte alles Bürger werden und mußte merken, bis in die Knochen hinein, daß das Jagen ermattete und daß das bloße Jagen nichts einbrachte. Die Jagd hat zu einer furchtbaren Leere, zu einer schrecklichen Kälte und Einsamkeit und zu einem Widerwillen geführt. Die Menschen mußten dabei entarten. Die Unmöglichkeit, so weiterleben zu wollen, mußte tief empfunden werden, wenn noch etwas Gesundes in einem war. Aber man hat nicht den Eindruck, daß sie überall schon tief genug empfunden wird. Noch blüht die alte und unruhige Wissenschaft. Noch ist das Dasein nicht da. Noch wagt der Mensch nicht offen seine Ansprüche anzumelden.

Das Diesseits ist im Gefühl und Gedanken erst vorzubereiten. Nach der Rückkehr von der Jagd ist die Welt für den Menschen erst wieder einzurichten.

Wir ziehen nicht mehr in das alte Haus. Der große Kampfweg über die Erde ist nicht umsonst gegangen. Unser Wissen ist nicht umsonst gesammelt. Die Ordnung beginnt, zwar wiederum vom Menschen her, aber mit anderen Mitteln.

Und ein Ding ist besonders deutlich, das sehr reich ist. Der alte Glaube hat diese Welt von einem Gott schaffen lassen. Wir können auch nicht bildlich, auch nicht als Legende eine Schöpfungsgeschichte annehmen. Denn wir sehen Kräfte in dieser Welt, und unser Organismus ist selber Kraft in dieser Welt. Die Welt trägt ihre Keime in sich – und in uns. Sie bewegt sich aus sich und – siehe da – aus uns! Wir haben einiges davon gezeigt und müssen noch anderes zeigen. Kein Gott hat wie ein Bildhauer dagesessen und den Menschen und die Welt geformt. Der Wassertropfen, das Öl, der Schnee, die Kristalle, die Zellen und Pflanzen und Tiere haben in sich selber das Element und Vermögen, die Natur zu formen.

Realisieren und Irrealisieren

Realisieren heißt auch Irrealisieren. Denn es heißt, etwas Vorhandenes nicht vorhanden machen durch etwas Neues.

Was wirklich ist, ist vernünftig, heißt nur, die Dinge haben ihre gestrige Art Vernunft. Aber es heißt noch lange nicht, sie haben die heutige und morgige Vernunft. Im Gegenteil muß dieses

Wirkliche erst dadurch vernünftig gemacht werden, daß man es unwirklich macht. So also heißt irrealisieren: vernünftig machen.

Gegen das Abschwimmen ins Geschichtslose.

Man hat Geschichte zu wahren.

Es ist Erdverwurzelung nötig. Die Erde und Sonne und Luft gehören zu uns.

Es ist nötig Liebe und Ehrfurcht vor den Gewalten der Berge, des Schnees, der Stürme. Man muß ihnen auf Menschenart antworten.

Roma aeterna

Staatenbauende Wesen, Menschen, die eine Ordnung einrichten, sie sind da. Sie arbeiten in dieser Materie. Sie haben diesen Willen.

Man blicke Burgen an. Es geht auf das Zeichen der Kraft, auf Stolz und auf den organisierten Willen. Sie sind legitimiert.

Wodurch wird etwas zur Macht? Das Ungewisse ist immer da, das Material werden will und Material sein kann. Die Unzufriedenheit mit dem Bestehenden macht eine Neuordnung noch nicht, es muß auch das Können und der Wille da sein. Es muß etwas da sein, das sich bejaht und zugleich damit vieles Lebendige bejaht.

Man muß konstruieren und die Welt und das Dasein feiern.

Es gibt zwei Mächte. Eine, die den Hinsturz in sich aufgenommen hat und sich unterwirft und unterwerfen will, und eine, die sich dem Hinsturz entgegenstemmt. Das ist die mächtige Faust, die sich gegen die Zerstörung, gegen das unerbittlich Verschüttende und Rasierende alles zeitlichen Daseins erhebt. Die Gegenbewegung kann nicht steinern, ewig, stabil genug sein. Imperium, Kaisergewalt, die sich freilich vergebens göttlich nennt. Gott auf Widerruf.

Der anthropologische Umschwung hinter der Wirtschaft
Der Kapitalist als Spieler mit Menschen

Man kann ein Wirtschaftssystem biologisch ansehen. Wir fragen: welcher anthropologische Umschwung verbirgt sich hinter dem Wechsel der Wirtschaftssysteme?

Der Kapitalismus ist die Sache sehr ›freier‹ Menschen. Sein Gegenstück ist die zünftige Gebundenheit des Mittelalters. Er bedeutet einen Durchbruch des Individuums. Das Mittelalter geht philosophisch zu Ende mit Bacon und Descartes, religiös mit Luther, wirtschaftlich mit dem Kapitalismus. Das Wort Gemeinde und das Wort Imperium verliert jetzt seinen Sinn. Die Staaten, die sich bilden, und die Kirchen, die sich halten und entstehen, bekommen einen anderen Charakter, weil der Mensch in ihnen ein anderer ist. Kirchen werden Asyle vor den jagenden und beutegierigen ›freien‹ Menschen und retten aus dem Mittelalter herüber, was sich retten läßt. Die alte Bindung von Mensch zu Mensch war verfestigt zur weltlichen Ordnung, sie wird jetzt von den Individuen abgeschwächt und verdünnt zu einem Gefühl der Philanthropie. Die Staatenordnung mit ihrer Fürstenhoheit und den Hofkirchen nimmt einen menschlich privaten Charakter an. Der Dynast wird das ›freieste‹ Individuum, nämlich als Größtunternehmer. Dies ist der Boden des Kapitalismus und der individuellen ›freien‹ Wirtschaft.

Der freie Wirtschaftler tritt auf, nicht sofort und in ganzer Offenheit, und hat von vornherein die Züge des Individuums. Was charakterisiert ihn? Calvinische Sündhaftigkeit, die Arbeit um der Arbeit willen? Das ist nur ein Nachklang. Es tritt – der Spielertypus auf. Das Zentrum im Kapitalismus ist das Wagnis, das Risiko. Die Situation, die aufgesucht wird, ist die Gefahr, die im Risiko von Gewinn und Verlust liegt. Hier tritt die bürgerliche Konkurrenz zum Ritter auf. Das Wagnis war bis da Sache des Ritters. Jetzt wird der Bürger, das einzelne Individuum, Krieger. Sein Feld ist die Gesellschaft. Er tötet nicht sichtbar und macht nicht sichtbar Gefangene. Der erworbene, erspielte, eroberte Besitz ist das Ergebnis eines Kampfes nach spekulativer Arbeit, unter mehr oder weniger großem Einsatz. Reichtum ist Signal des Sieges, hat keinen Selbstzweck, Genießen ist nicht Sache dieses Typs. Der Ausdruck Kapitalist bezeichnet etwas Nebensächliches, die wirtschaftliche Kategorie; deutlicher ist der Name Unternehmer: er ist der Mann, der etwas unternimmt, das so und so ausfallen kann. Das gehört ins unbürgerliche kriegerische Gebiet des Wettens und des Rennens. Ein Merkmal ist auch, daß der Besitz wie am Spieltisch immer zu neuen Einsätzen verwandt wird, nicht um mehr zu erwerben, sondern um mit dem Mehrbesitz höher und gefahrvoller spielen zu können. In dieser Weise kommt es zu dem Satze: Geld wird Ware, und die verkaufte Ware wird zu mehr Geld. Man kommt zum Akkumulieren, zur Anhäufung von Kapital. Schlagen dann noch feudalistische Neigungen ein und entwickelt sich ein Kampf mit einer mitspielenden Konkurrenz, so haben wir vor uns die Schwächung, das Gefangenmachen, Töten, Ausbeutung und wirtschaftliche Unterjochung der Gesellschaft unter gesetzlichem Schutz. Das ›freie Individuum‹ geht von vornherein auf Eroberung und Unterjochung der Gesellschaft aus, zuletzt macht der Feudalkapitalist es wahr. Nur daß sich dieser Tod, wenn er real eintritt, auch gegen ihn selbst wendet.

Grundbewegung des Unternehmers also ist: zu Kapital gelangen, es im Spiel einsetzen, abwarten, was herauskommt, neu einsetzen. Nebenergebnis: Geltung und Reichtum. Aber sie sind auch gefährlich. Sie bremsen den Unternehmertyp, das ist Bildung eines Antitoxins. Es sind äußere und innere Umstände nötig, um diese Entwicklung herbeizuführen, äußere waren hier das Ende der Zunftwirtschaft, die Zunahme des Handels und des Verlagswesens, innere die Erschöpfung der mittelalterlichen, transzendentalen Haltung.

Wo die Lust am Risiko aufsteht, wird der Unternehmer geboren. Wenn Kapital festgehalten wird und man auf Sicherheit sieht, verfettet der Unternehmer, verbürgert. Das Jagdfeld, das Beutefeld des Unternehmers wird mit wachsender Technik und bei der Zunahme der Menschheit ungeheuer groß. Er setzt Industrien in die Welt und erzeugt mit ihnen immer neue Bedürfnisse und Reize. Und so formt der Unternehmer schließlich auch die ganze übrige Menschheit biologisch um.

Der Unternehmer, das sehr freie Individuum, der Freibeuter und schließlich der Parasit. Der vollkommen gesellschaftsfremde, brutale, zynische, sachliche Zug am Unternehmer: er setzt eine Summe ins Spiel. Nun aber ist die Gewinnchance nur zu einem Teil unberechenbar. Man kann etwas dazu tun, daß das Spiel weniger Risiko hat. Daß das Risiko sich vermindert, darauf geht der Spieler aus. Wie schafft man das? Durch Kalkulation, durch Überlistung im Kauf und Verkauf, durch gewaltsames Preis- und Lohndrücken, wo es geht. Der Spieler will nicht mehr Spieler sein, sondern Gewinner, Machtansammler. Jetzt erst wird er richtig Kapitalist, der Geldsammler, der Harpagon. Der Unternehmer ist zunächst ein freiheitlich-frecher Typ mit raubritterlichem Blut, sein Nachfolger hat Blut geleckt, Geschmack am Geld, er spannt wie eine Spinne seine Netze aus, um zu fangen, saugt und raubt. Das ist der vollkommene Bösewicht. Er gehört der jungen, aufkommenden Industrie an, der Anfang und die Mitte des neunzehnten Jahrhunderts hat ihn erlebt in Westeuropa, er saugt aber noch überall. Er hat Geld, Gott weiß woher, er lauert seinen Arbeitern auf, stellt Antreiber an, jede Minute, die sie pausieren, stehlen sie ihm. Patriarchalische und barbarische Züge mischen sich widerlich. Es ist nicht gut, diese Bestie Mensch zu nennen. In den Krisen der Wirtschaft erlebt er sein Gericht, dann sieht er den unsicheren Boden, auf dem er steht, jetzt ist wirklich Risiko bei dem Geschäft, er muß nun bluten, jetzt schnappt ihn das Risiko, leider nie ganz.

Auf dem Wege der Sicherung vor dem Risiko kommen die

vielen Spieler zu Abmachungen untereinander, die das Wild, das sie jagen, wehrlos machen sollen. Sie verbünden sich, bilden Gesellschaften, Kartelle, Monopole und haben nun erstens Sicherheit voreinander, dann auch aneinander, und was sie einsetzen, das können sie ruhig wagen, die Gewinnchance ist mit allen Eventualitäten berechnet, sie schließen sich auch an die Staaten an und werfen sich als gemeinnützige Körper auf. Auf diesem Weg ist das Gesicht des Spielers, der Einzelindividuum war, das wagte, völlig verändert. Es ist zuletzt gar nicht mehr von einem einzelnen oder gar von einem Freien, Ungebundenen die Rede. Diese Figur hat etwas verlogen Kollektivistisches an sich. Man ist zu einer gemeinfremden bis gemeinfeindlichen Gebundenheit gekommen, zu Welttrusten und zum Weltkapital. Die Zeit der Individuen ist wieder vorbei. Das ist die Zeit der Massenherrschaft.

Mit der Ausdehnung der Technik, mit der Zunahme der Zahl der an ihrer Verbreitung Beteiligten – Ausdehnung der Hilfskräfte, Bildung der Intelligenzschicht als Hilfstrupp und zugleich als Zwischenschicht –, mit der Notwendigkeit, den Massen als Konsumenten einen gewissen Wohlstand zu verschaffen, damit bereitet sich eine Erweichung der Fronten und der Schichten vor. Der Spieler und Jäger sieht sich in der Zange, in einem Widerspruch: niederzuhalten und doch zu erhalten, ja möglichst zu fördern. Seine Zähne stumpfen dabei ab. ›Soziales Empfinden‹ kommt zu ihm auf dem Wege der Berechnung. Er hat sich gesellschaftlich und staatlich konsolidiert.

Was ist aus dem freien Einzelindividuum, dem Freibeuter, dem Harpagon geworden? Sie sorgen für Geschäfte, für Sozialversicherung, für Ordnung. Sie können das alte feudale Nationalgefühl an sich reißen und dessen Kriege der Ausdehnung führen. An diesem Punkt ist die Unwahrheit, die Ausgehöhltheit, die Umschlagsreife ihrer Position sehr deutlich. Sie sind als Typen nicht mehr stark, sie haben auch nicht mehr die alte Munterkeit. Der kommende Umschwung sitzt ihnen in den Knochen.

Ein ›Mensch‹ erklärt als Konsument, daß für ihn produziert wird, und verlangt den zentralen Platz im Produktionsprozeß.

Der Anspruch, daß für den Konsum produziert wird, wird vom Unternehmer als Selbstverständlichkeit hingenommen, im übrigen verkneift er sich den Gedanken, daß er einen komischen Idealisten vor sich hat. Denn er, der Produzent, hält es für selbstverständlich, daß sich die Dinge der Welt, darunter die Erzeugung und der Verkauf von Waren, nach Angebot und Nachfrage in den Kategorien Lohn, Preis, Kaufkraft, Geld bewegen, und es ist ihm nicht im mindesten fraglich, und er wird darin von allen Gerichtshöfen der Erde unterstützt, daß er das Recht hat, wenn der Preis nicht ausreichend ist, etwa Getreide zu verbrennen, wenn auch anderswo, ja vielleicht in nächster Nachbarschaft, die Menschen es brauchen.

Daß es einen ›Menschen‹ schlechthin gebe, lehnt der ehrliche Produzent ab, und es sei eine Tollheit, ihn in eine politische Unterhaltung zu verwickeln, oder in eine ethische und metaphysische, und plötzlich den ›Menschen‹ als Zentrum des Produktionsprozesses hinzustellen – was geradezu eine kopernikanische Umkehrung des Weltbildes sei. Das bedeute ja, so erwägt er, etwa Produktion als begrenzte Bedarfsbefriedigung, nicht ›freie‹ Produktion. Erst wo Grenzen geschlossen und Bedürfnisse normiert werden, kann von Bedarfsdeckung gesprochen werden. Aber wir haben doch die Zeit der Weltwirtschaft. Innerhalb dieser Zeit wird auch schon auf den Konsumenten Rücksicht genommen – in Gestalt des ihm zugestandenen Existenzminimums –, was in Krisen freilich schwerfällt. Der Konsument nun interessiert sich gar nicht für Weltwirtschaft und sagt starr: er sei Mensch, und um ihn habe sich der ganze, sage und schreibe, ganze kostspielige Produktionsprozeß zu drehen!

Rebellion der Atome
Der kommende anthropologische Umschwung

Wenn der Krieger und Menschenspieler, der Unternehmer, durch viele Jahrhunderte im ganzen Abendland geherrscht und das Maß alles Lebens bestimmt hat, dann kommt schwer und auf Krücken eine neue Zeit. Er hat sich durch Jahrhunderte an der abendländischen Menschheit erprobt, seine Art ist ermüdet, verbraucht, ein anthropologischer Umschwung bereitet sich vor.

Unter dem Krieger- und Spielertypus ist es zu einer scharfen Massenkonzentration (Nationalstaaten) bei gleichzeitiger Atomisierung ihrer Glieder gekommen. Der Umschwung im Anthropologischen wird, unter Aufrührung und Beteiligung vieler Dimensionen des Menschen, in Richtung auf Wiederherstellung der heutigen ›Atome‹ und auf Zurückdrängung der scharfen Massenkonzentration (Staaten) gehen.

Rebellion der Atome, die menschliche Individuen sind, Einweichung, Zerbröckeln der alten Formationen, Spielraum für neue. Morgengrauen.

Einrichtungen und Öffentlichkeit sind nötig, immer richtige Einrichtungen und Öffentlichkeit. Das Übermaß schlechter alter Einrichtungen jetzt, die freche Scheinöffentlichkeit der Unternehmer, die uns erregt, reizt, ohne uns zu formen. Man darf die Menschen nicht allein lassen, sie können ihr Leben allein nicht durchsetzen, man muß ihnen durch Einrichtungen zu Hilfe kommen. Sie schaffen es einzeln nicht, im Kampf gegen Scheinöffentlichkeit und schlechte Einrichtungen gehen Tausende und Tausende zugrunde oder verkommen. Dieses krampfhafte vergebliche private Kämpfen – Trauer über Trauer – dieses Versanden.

»Der Geist ist in die Natur eingedrungen, wie ein Messer eindringt in das Mark eines Baumes. Wollte man die todbringende Schneide aus dem Stamm wieder entfernen, so würde der Baum dabei verbluten. Aber soll man deswegen behaupten, daß das Messer im Mark des Baumes ein Zeichen seiner Gesundheit sei?« Nachfolger dieses Rousseau haben gefragt, ob nicht der Untergang von Kultur, Abendland, weißer Rasse für das gesamte sonstige Weltall ein Ziel wäre, aufs innigste zu wünschen. Wir haben an vielen Stellen dieses Buches den romantischen Unsinn, der in Rousseaus Satz steckt, demonstriert, und daß der Satz ein angenehmes Futter für Finsterlinge und allerhand Leute ist, die mit dem Leben nicht fertig werden. Denken, Erkennen stecken nicht wie ein Messer im ›Baum‹, nämlich in der Menschengesellschaft, sondern haben ihn bauen helfen. Ein richtiger Baum denkt und erkennt auf seine pflanzliche Art, trifft die technische Art seiner Wurzelausbreitung, der Befestigung im Erdreich, rankt, trifft Windschutz. Also: dieser harmlose, echt natürliche Baum strotzt nur so von technischer Klugheit, von – Geist. Außer jenen ›Denkern‹ weiß heute fast jedes Kind, daß die Technik im Tier- und Pflanzenreich der menschlichen unerhört überlegen ist, und weder Physiker noch Chemiker sind imstande, den zehnten Teil dessen nur zu verstehen und nachzuahmen, was an physikalischen und chemischen Vorgängen, an Zweckabläufen genialer Art im Tier- und Pflanzenleben verwirklicht ist.

Jetzt, wo der abendländische Geist (Ungeist) der Nachlaßgeist der verdorrenden Religionen ist, ist aber eine tobsüchtige Autonomie der Naturwissenschaft und Technik möglich geworden. Und wo gedacht wird, wird es trotz Realistik ein Denken von der Art, die wir in der Ichsuche beschworen: »Ein Kerl, der spekuliert, ist wie ein Tier auf dürrer Heide, vom bösen Geist herumgeführt, und rings herum liegt grüne Weide.« Diese Not wird überall, wo Menschen sind, empfunden, und man braucht nur die leeren, erregten und schlaffen Gesichter in den Groß- und Kleinstädten des Abendlandes zu sehen, um zu erkennen, daß das Leiden auch da ist, wo man noch nicht einmal zu klagen weiß.

Sie hatten die Maschine. Sie zeigte die zwei Gesichter dieser Zeit.

Sie stand in den Werken und war etwa eine Hobelmaschine mit wechselnder Tischgeschwindigkeit. Dazu gehörte der Gleichstrommotor oder ein Drehstromantrieb oder ein Sondermotor. Daran waren hundert Dinge durchdacht und in Eisen und Stahl gestaltet, die besonders herzurichten waren. Da war an dieser einzigen Maschine, für diesen einzigen Zweck geregelt, der Vorschub durch ein Wechselradgetriebe. Da war eine Schaltung angebracht, um das ruckartige Arbeiten zu vermeiden. Für die sichere Abhebung des Meißels war gesorgt, damit er nicht in das Holz, das die Maschine hobelte, drang. Da war, um die Maschine in Bewegung zu setzen, für den Motor vorbedacht das Anlassen und Stillsetzen an beliebiger Stelle durch Druckknöpfe. Für die Geräte hatte man einen schmiedeeisernen Schrank gebaut neben der Maschine, er trug auf seiner Vorderwand Handräder für den Netzschalter, und oben war eingebaut der Anlasser und Bremswiderstand. Damit die Wärme im Schrank ungehindert abziehen konnte, war ein Luftspalt im Deckblech des Schranks geöffnet.

Betrachtete man das Schaltbild einer einzigen Druckknopfsteuerung für das Anlassen, Umschalten, Regeln, Stillsetzen, so konnte man den Atem verlieren im Staunen, was hier überlegt und angeordnet war. Es waren Bilder von einer Klarheit, Schlüssigkeit und Durchsichtigkeit, wie sie wenig Philosophen geben. Da waren Bremsschützen und Bremswiderstände, das geschah durch Ankerkurzschluß, weiter Schützen und Widerstände für die Schwächung des elektrischen Feldes während des Stillstandes des Motors, Hilfsrelais.

Dies an einer Maschine, an dem Teil einer Maschine. Und die Welt stand – voller Maschinen.

Es war aber etwas Sonderbares damit. Sie dienten offenbar

allen Menschen, dem einen mehr, dem andern weniger. Es gingen ja alle auf der Straße, und abends genossen sie das Licht aus diesen Maschinen, Gaslicht, elektrisches Licht. Das Wasser tranken alle, es wurde meilenweit entfernt durch Pumpen und Klär- und Filteranlagen hergestellt und zu ihnen in die Häuser gelenkt durch diese Maschinen. Das Brot, das sie aßen, war in den Mühlen mit vielen Apparaten vorbereitet.

Und so hätte die Maschine Sendbote des Friedens, Zeichen der gesellschaftlichen Ordnung sein müssen, sie arbeitete für viele, für Tausende, für Millionen. Aber sie war ein Geschöpf, das hatte zwei Gesichter, ein liebendes und ein hassendes. Es war ein echtes Gebilde von Menschenhand. Es heißt, die Liebe hat diese Welt geschaffen. Aber die Liebe hat nicht die Maschine geschaffen.

Da war das Schmiedeeisen an der Maschine. Man hatte Kohlen aus den Gruben holen müssen. Warum holten sie Kohle? Wollten sie die Maschine schaffen, um Menschen das Leben zu erleichtern? – Es waren die Bergarbeiter. Sie fuhren in die Gruben, um ihr Leben zu fristen. An das Schmiedeeisen dachten sie nicht, auch nicht an andere Menschen, denen sie dienten. Sie waren zufrieden, selbst leben zu können.

Die Kohlen wurden mit der Eisenbahn gefahren, auf die großen Halden geworfen und lagen bei dem Eisenwerk. Die Männer, die sie fuhren, warum haben sie die Kohle gefahren? Weil sie an die Maschine dachten, an die Menschen, denen sie das Leben erleichtern würden? Sie dachten daran, wir müssen unser Brot verdienen.

Sie fuhren die Kohle von der Halde. Da waren Hochöfen. Wer hat diesen Hochofen gebaut?

Und wieder fuhr die Eisenbahn, mit den Beamten, die für ihr Gehalt arbeiteten.

Und am Schluß war diese Maschine da: Drehbank, Motor, Dynamo. Es war an ihnen allen nichts, was nicht aus dem Eigennutz und nur aus dem Eigennutz kam.

Die Maschine dient aber ganz und gar – der Gesellschaft. Hier stehen sich zwei Kräfte feindlich gegenüber. Es ist an ihr nichts, was nicht von der menschlichen Gesellschaft kommt und zur Gesellschaft will. Sie ist aus den Gedanken vieler entstanden, sie wurde von vielen gebaut, sie wird von vielen montiert und bedient, ihre Rohstoffe kommen von vielen Orten, wo man gemeinschaftlich arbeiten muß. Ihre Produkte sind für viele, sehr viele. Was liegt vor? Realkollektivismus, sichtbar an der Maschine, ihrer Herkunft, ihrem Arbeitsziel, überlagert aber vom Realegoismus. Effekt: Riß zwischen Wirtschaft und Gesellschaft. Das Ganze: Kollektivismus ohne Kollektivität. Der Zwiespalt soll und wird überwunden werden.

Voller Weisheit, voller Weisheit

Geschrei, Überschriften, an der Börse rennen sie, die Dicksten, Gemästetsten, die hinter sechs Vorzimmern sitzen, bitte sich schriftlich anzumelden, bedaure mein Herr, das Büro muß erst Erkundigungen einziehen, sie erfahren nie etwas aus dieser apokalyptischen Höhle, ja wer soll sich auskennen in diesem Gemisch von Sachlichkeit und Hysterie, genannt Börse, die Prominentesten waren da, die Tafeln bedeckten sich mit Pluszeichen, wo gestern Leichen lagen wie Fliegen, sprossen heute Rosen, rote Gesichter; was macht Ihre Frau? Sie schreibt mir grade aus Karlsbad, ich fahr nächste Woche hin, und wo gehen Sie hin dieses Jahr? Fragen Sie den Präsidenten Hoover. Ich frage nur, wem nützt das alles. Einjähriges Schuldenfeierjahr, nächstens werden wir uns noch in den Armen liegen. Verflucht, es sieht bald so aus, ich will keine Arbeit. Warum soll man arbeiten, für wen, diese Wirtschaft erhalten, diese Gesellschaft erhalten? Und wenn ich arbeite und sie geben mir Geld, so ist es nur Abfindung, sie stopfen mir das Maul, damit ich nichts sage. Zum Ausspucken, hohle Zähne habe ich auch.

Es muß eine neue Barbarei kommen! Da in Italien ist mal ein Vulkan gewesen vor zweitausend Jahren, sie haben nichts von dem gemerkt, er war eingeschlafen, das war ein alter Vulkan, früher hat er mal geraucht, jetzt haben sie da zwei Städte hingebaut, römische Kultur, das Beste wo man hat, das Neuste wo man hat. Und dann, hei, eine Lust, wie geht das los, die Soße über den ganzen Zauber, Schwamm drüber, weg damit, römische Kultur.

Wie lange wollen wir denn warten, wir, was nützt denn das alles.

Gebrüll. Ich verlange reinen Tisch. Deutschland nimmt Hoovers Vorschlag an? Ich nehme ihn nicht an! Hier hilft alles Gejaule und Schönreden von Aufbau und neualten Ideen nichts. Die Fronten müssen klar gerichtet werden. Wir rutschen in die Zukunft und wissen nicht, wohin. Man soll nicht mit meinem Fell bezahlen.

Menschenfresser! Das sind sie. Das ist das Wort. Wir haben eine neue Art Kannibalismus eingeführt. Schade, daß ich nicht Statistik kann. Man müßte die Kannibalen entlarven, wieviel Kinder sie verspeisen, die nicht geboren werden können, wieviel Tuberkulöse sie zugrunde gehen lassen. Ich nehme Hoovers Vorschlag nicht an, sechs Millionen Arbeitslose in Deutschland nehmen ihn nicht an, wir pfeifen auf amerikanische Geschäfte, wir wissen, worauf es hinausläuft: man läßt seine Schuldner sich erholen, warum auch nicht, wie soll das Tier schleppen, wenn es nicht mal eine Pause bekommt. Da schreien sie Schuldenfeierjahr, das sieht euch ähnlich. Friede auf Erden und der Börse ein Wohlgefallen.

Gebrüll. Warum schrei ich so. Du lieber Gott, ich könnte mich schon tummeln, mich in Trab setzen, könnte meinen Riemen straffer ziehen. Aber der Mist. Daß man so sitzt. Einen so verkommen zu lassen. Und es gibt keinen Staat, keine Menschlichkeit und nichts, woran man sich halten kann.

Dieser Mann stand auf, in der großen öffentlichen Bibliothek. In der Jacke fand er noch eine Zigarette, die will er draußen rauchen, auf der Straße, das dämpft den Appetit. Und geht an das Bücherregal und nimmt sich ein Buch raus. Voller Weisheit, voller Weisheit.

Nation und Wirtschaft
Wie die Rebellion der menschlichen ›Atome‹ sich vorbereitet

In Japan sind Generäle mit wirtschaftsfeindlichen Forderungen hervorgetreten. Es sind Männer, die aus der alten strengen Feudalität stammen, zu deren Merkmal Armut und Beschränkung gehörte. So wird wirklich ›Nation‹ vertreten, als der Organismus des Volkes in – wenn auch noch – feudaler Gliederung, die Sicherheit und eine Art Gerechtigkeit verbürgt.

Aber die heutige Wirtschaft, die Großmacht der neuen Krieger und Spieler, will Expansion. Sie ist eine furchtbare, blindwütige, lawinenartige Gewalt. In ihrer Neigung, Reichtümer über Reichtümer anzuhäufen und neu zu investieren und sich immer weiter auszubreiten, wie ein Polyp die Arme auszustrecken und an sich zu ziehen, ist sie eine wilde Sache durchaus eigenen kriegerischen Geblüts. Die kapitalistische Wirtschaft hat nicht die Ordnung, sondern die Katastrophe in sich.

Wie aber kommt dieses Untier in den ruhenden Staat und über die Nationen? Es wird nicht vom Himmel heruntergeweht sein. Wir können es ruhig sagen, es vertrug sich mit diesem Staat. Denn was ist ein Staat? Eine einzige oder einzelne Ordnung der Menschen. Es hat da über Menschengruppen ein Einzelner oder eine Schicht Gewalt bekommen, und wenn diese Gewalt stark genug war und lange genug durchhielt, so ordnen sich die Menschen in ihr, entwickeln sich in der Weise, welche die bestehende Gewalt zuläßt und begünstigt, und je länger sie dauert, um so mehr stabilisiert sich das ganze System, und es wächst Volk. Aber alle Gewalten nutzen sich ab, denn keine kann alle Kräfte, die Menschen in sich tragen, wie ein chemisches Element

›binden‹. Die Menschen haben eine Vielwertigkeit, und es bleiben immer Valenzen unbesetzt. Weil etwas Staat geworden ist, Gewalt und Oberwasser hat, kann es nicht verhindern, daß noch etwas anderes da ist, das zur Zeit – aber nur zur Zeit und wer weiß wie lange – Ohnmacht und Unterwasser hat.

Den Boden der Länder hielten die Nachkommen der alten Eroberer fest, der Boden war die ursprüngliche Basis der Produktion. Sie hatten die Städte wachsen lassen und sich von ihnen Steuern und Reichtümer geholt. Als die Religionen und Jenseitsideen verblaßten, das Diesseitswissen wuchs, Wissenschaft und Technik ins Kraut schossen, wurde es aber gefährlich. Man mußte die Städte und ihre gewaltige Technik in der Hand behalten. Man glaubte, den alten Staat bewahren zu können, die Ordnung der Dynastien, Kabinette und Kriegsheere, und sich gleichzeitig zu nähren und zu mästen von städtischer Wissenschaft, Technik und Industrie. Es stehen sich aber nicht von ungefähr Industrie und Landwirtschaft, Stadt und Land gegenüber. Dies sind geschichtlich fremde Geister und sprechen sich irrtümlich mit den Worten ›Nation‹ und ›Wirtschaft‹ an. Das Land hat eine andere ›Nation‹ als die Stadt. Das Land hat einmal die Ordnung eines Staates geschaffen. Die Stadt, erst geduldet, dann gehätschelt, dann angstvoll niedergehalten, ist schließlich unwiderstehlich ihre eigenen Wege gegangen. Das ist die Emanzipation der Städte, der Auszug aus dem alten Haus. Das Land ist aus seiner Rolle, Hauptboden der Produktion und darum Zentrum des Staates zu sein, herausgeschoben. Die Kronprinzengeneration der Städte hat den neuen Nährboden hervorgebracht, Kapitalismus mit Wissenschaft, Technik und Industrie. Und da kommt es zum Kampf. Damit wird die alte Staatsform morsch. Es sind Greisenformen, Greisenstaaten. Das kann man im einzelnen sehen. Unternehmer und Händler sind jetzt da, lauter Einzelpersonen, ein frech selbständiges Gemenge, das nur durch Wohnsitz, Sprache und Steuereinnehmer zusammengefaßt wird. Im übrigen ist jeder Unternehmer sein eigener König. Die ›Staaten‹ sind zu Büros, zu abstrakten Gebilden herabgesunken, ihrer alten, formbildenden Substanz entkleidet. Der lose Haufen selbständiger Produzenten kommandiert an dem Ort, an dem der Staat regiert hatte, und die jetzigen Gesetze sind die sogenannten der ›Wirtschaft‹, das ist Gewinnsucht, Konkurrenz, der Machttrieb, in Schranken gehalten durch das Strafgesetzbuch.

Wissenschaft, Technik und Industrie haben die Selbständigkeit, den Egoismus, den Bereicherungstrieb gesteigert, und die morsche alte Staatsform hat ihnen allen Raum gelassen. Wie ist das? Wie eine Flüssigkeit, die schließlich verdunstet. Die Gasmolekeln lösen sich und strömen auseinander, und es gibt keinen eigenen Formzustand mehr. Wenn etwas jetzt noch Form gibt, so ist es nur rein mechanisch ein Gefäß, das aber bei starkem Druck des Gases gesprengt werden kann. Molekeln von der Art, wie wir sie hier sehen, mit der Fliehneigung und Entfremdung, welche der Egoismus, Macht- und Gewinntrieb eingibt, sind von sich aus nicht zu binden. Es muß etwas anderes kommen, das dies leistet, entweder das mechanische Gefäß, das sie grob zusammenschließt und zum Stillstand zwingt, oder – das Hervorkehren anderer Wertigkeiten, die der Fliehneigung entgegenwirken.

Die ewige Litanei: »National ist nur der, der keine Klassengegensätze kennt.« – Nein, national ist nur der, der die Klassengegensätze beseitigt.

»Die Frage national und sozial kann nur der prüfen, der Frontsoldat war.« – Warum sagen Sie ›war‹? ›Ist‹, müssen Sie sagen. Jede Fabrik, jede Stempelstelle ist doch Schützengraben. Heute ist jeder Arbeiter und Arbeitslose Frontsoldat.

»Deutschland kann weder soziale noch nationale Freiheit erlangen, wenn die Kluft zwischen Bürgern und Proletariern bleibt. Wir sind keine Bürger und keine Proletarier. Wir sind nur Deutsche.« – Haben wir schon gehört. Aber das soll uns der Bürger mal wirklich zeigen. Mit Ehrentiteln können wir nichts anfangen.

»Jedenfalls geben Sie zu, daß es Nationales gibt und daß es über dem Bürger und dem Proletarier steht.« – Daß es Nationales gibt, gebe ich zu, aber anders als Sie denken, Herr. Sie wollen uns Ihre Interessen als Allgemeininteressen vorsetzen. Das könnte Ihnen passen. Umgekehrt wird ein Schuh draus, Herr.

Jetzt windet sich diese Wirtschaft wie eine Schlingpflanze um die Leiber der alten Staaten und erdrückt sie, jetzt erscheint die Wirtschaft wie eine Krankheit an den Leibern der Greisenstaaten. Man muß fragen: kann aus dieser Wirtschaft doch eine Ordnung hervorgehen?

In furchtbarer Weise löste individualistische Wirtschaft, Privat- und Monopolkapitalismus, die Menschen aus ihren alten Lagerungen. Physikalisch-chemisch erfolgte hier eine Entmischung. Merkmale dafür sind außer der sichtbaren Unordnung das Umsichgreifen eines tiefen Einsamkeitsgefühles der Menschen, ihre Fremdheit, ihr unruhiges Suchen nach einem Ort. Die Erschütterung pflanzt sich bis in die elementarsten Lebenswerte fort. So steht es jetzt.

Weder Gewalttätigkeit noch Herrschsucht und Entmenschung sind aber von Natur mit Technik und Wissenschaft verknüpft! Technik und Wissenschaft zeigen menschliche Erhebung. Es liegt ungeheure Gesellschaftskraft in ihnen. In dem Milieu aber, in dem sie fremd auftreten, entfesseln sie zunächst die Herrschsucht der alten Herrscher und steigern die alten Kräfte, wie ein Moorbad, das die rheumatische Krankheit zunächst noch zum Aufflackern bringt, bevor die Heilwirkung eintritt. Auf der Höhe wird noch einmal die Macht der alten Staatsbildner zu einer sonderbaren Blüte aufgetrieben, Kriege über Kriege, Imperialismus aller gegen alle. Die Greise torkeln herum und schlagen sich in ihrer letzten Wut.

Wenn man fragt, wie der Kampf zwischen Nation und Wirtschaft sich weiter abspielen wird, so antworte ich:

Prächtig stehen in allen Großstädten die Bauten, Fabriken, fahren die Bahnen, die Flugzeuge, es ist ein wildes Getue und ein schauerliches Zwischenstadium. Hier liegen Kriege auf dem Wege, es kommt ein Jahrhundert größter Kämpfe und Umwälzungen. Wir leben im Schatten der alten verdorrenden Staaten. Es ist ein Anfangsstadium. Die Verherrlicher der Technik haben etwas Kindliches an sich, Flugzeug, Auto und jede Maschine entzückt sie wie ein Spielzeug. Die Technik leitet eine neue Diesseitsperiode ein, und was so kindlich spielt und sich freut, das ist Amerikanismus.

Wir haben nur eines zu sagen.

Alles Klagen um den Verfall der alten Nationen, Versuch des Rückgriffs, Erhebung neuer Nationalismen täuscht darüber nicht weg. Nicht diese Widerwehr wird retten. Radikaler muß man erkennen, radikaler muß das neue menschliche Ich (es ist nicht das alte Atom) angreifen und fordern. Mir ist gewiß: seine Menschen werden aus allen ›Lagern‹ kommen, – was sich heute Lager nennt und oft nur Verlegenheitszuflucht ist. Sie sammeln sich um das gemeinsame Wissen von dem Geheimnis der Welt, von unserer Rolle darin; sie bemerken grade in den Stürmen dieser Zeit die Tragik unseres Daseins überhaupt, unsere ewige Unvollendung. Sie lieben die Erde, die Heimat, sie bilden Gemeinschaften, sie kennen das Glück, die Gefahren und die Notwendigkeiten des Zusammenlebens.

Wir denken an das menschliche Dasein. Wir haben keine verschwommenen, verblaßten und unwahren Vorstellungen von ›dem Menschen‹. Er ist ein wirklich echtes, solides Stück der Natur, so haben wir gesagt, zugleich ihr Gegenstück. Fleisch, Blut, Knochen, Sinne kleben ihm nicht äußerlich an, sondern das ist er. Es ist nichts Verruchtes an diesem Tier. Und er ist, durch die Erbschaft, geschichtlich gebunden. Er lebt im Lande, mit einer bestimmten Vergangenheit und Erbschaft. Aber er revidiert ständig. Und nun, so wie er ist, stellt er sich der Zeit und fragt. Die Rebellion der Atome ist da.

Dem Bauwillen der Menschen sind neue Möglichkeiten gegeben. Der Bauwille dieser Zeit ist im Wachsen. Als Menschentriebkraft, Ziel der Atome: der neue irdische Mensch, die Welt als Schicksal. Nicht den Schmerz vergessen, das wilde Natürliche, die Freude am Dasein, Wachsen und Hinleben, aber auch die Tragik, die ewige Unvollendung.

Deutscher Kampf zwischen Staat und Gesellschaft
Kampf der Atome im engeren Raum

Der Dreißigjährige Krieg bringt Verödung der Landschaften, Städte, Unterbrechung und Zerreißung der Tradition, denn es gab einmal Renaissance, den großen befreienden städtischen Humanismus, Ströme der Mystik – vorbei. Jetzt grob materielle Armut, Menschenverlust, Erschöpfung. Nach dem Krieg stellt sich nicht das Volk, die Gesellschaft von sich aus her, sondern die besterhaltene Kraft, die Militärmacht der Dynasten, setzt sich als Kern der neuen Kristallisation hin. Das heißt, man erholt sich, aber wächst im Schatten des Dreißigjährigen Krieges, Verewigung der Kriegssituation. Daher nimmt alles einen andern Verlauf als früher, wo der weite schonende Rahmen von Kaiserreich und Rom war, seelische Riesenlandschaften, in denen man sich ausbreiten konnte. Dynastien, Militär, enge Staaten.

Soldaten, Bürokratien, gelagert um eine Dynastie, sie organisieren sich die Länder an. Es entstehen Dynastennationen. ›Volk‹ ist zu verschiedenen Zeiten etwas anderes, hier wird ›Staatsvolk‹ als Herrschernation gebildet. Sie kommen später über ihre Herkunft nicht weg. Materiell aufgepumpt, erholen sich die Menschenmassen physisch, vermehren sich wieder. Es kommt zu einem wichtigen Punkt. Man wächst als Staatsvolk, aber zugleich entwickelt sich dennoch wieder Gesellschaft. Wie man wuchs, je mehr Reichtum die Herrschaft mit diesen Massen schuf, um so selbständiger wurde das echte, ureigene gesellschaftliche Eigenleben. Sie restaurieren sich wieder, auf anderer Basis als vor dem Krieg. Es kommt nun darauf an, wieviel von dem Kollektivleben dieser Menschenmassen der Staatsapparat an sich zieht. Da gelingt dem Staat ungeheuer viel, es kommt beinah zu einer Durchdringung! Aber die Spannung wird größer. Das Volk, herangewachsen unter dieser Führung, muß undankbar sein. Die (jetzt ›bürgerlich‹ genannte) Gesellschaft nimmt bei dem engen Zusammenleben mit der Feudal- und Militärkaste deren Zeichen an, so daß Kapital und Industrie kriegerisch und feudal hart werden. Aber das hindert nicht, daß die neue Gesellschaft im ganzen schief liegt.

Das Auftreten des Proletariats verstärkt den inneren Druck. Der Prozeß verläuft schließlich nur noch unter einer Art Staatshülle, die ständig nahe am Platzen ist. Das innere Machtverhältnis bestimmt sich erst. Drei Schichten sind da, die alten führenden mit dem bedrohten großen Besitz, eine wüste, ungeformte Bürger-Unbürgermasse, die Arbeiterschaft.

Die Arbeiterschaft war 1918 an der Macht. Warum hat sie das alte Militär zu Hilfe gerufen? Sie hatte keinen eigenen Willen. Ihr Wille war, selber bürgerlich zu werden. Darum hat sie auch die ›Intellektuellen‹, die Köpfe, die Geistigen von sich abgestoßen, darum konnte sie die Jugend, die entflammt werden will, nicht an sich ziehen, blieb in ihrer Klasse stecken, selbstgerecht, und griff nicht in das Volk hinaus. Aber ein Millionenvolk läßt sich nicht als Gewerkschaft betreiben. Und ohne die Leidenschaft der Idee ist man bald leblos.

In die armen und geknechteten, dem feudalen und industriellen Kapital geopferten Massen fiel vor Jahrzehnten der Glanz der Menschenwürde, zur selben Zeit, wo drüben die Menschenwürde schauerlich hinter den Rauchwolken der Gewinnsucht und des öffentlichen Imperialismus zurücktrat. Und dies, daß dieser Glanz der Menschenwürde nicht mehr hell in die Massen leuchtet –, das ist auch Schuld der Arbeiterführer und der Theoretiker! Sie haben den kleinbürgerlichen Neigungen der proletarischen Masse nachgegeben und damit diese Masse für lange aus der Geschichte ausgeschaltet.

Die fehlerhafte Auslegung einer Doktrin. Daß man Fehler macht, kann man ruhig zugeben. Da gibt es aber Menschen, besonders sogenannte Führer, die ungern ihre Schwächen zugeben. Da hat man keinen Mut gehabt, und schon findet man nichts weiter als: das Bewußtsein der Arbeiterklasse war noch nicht entwickelt genug. Gutes Wetter für Faultiere. Wie der Karren der erhofften Umwälzung, von der Theoretiker reden, in Bewegung gesetzt werden kann ohne die Produktivkraft der Menschen, darüber macht man sich wenig Gedanken. Sie mißverstehen die Doktrin sehr bequem.

Was versteht man unter Aufklärung? Die Erziehung zu Papageien. Wo ist der Unterschied vom Rekrutendrillen?

Die Mobilisation großer Bürgermassen beginnt, wie Schwierigkeiten politischer und Krisen wirtschaftlicher Art auftreten. Da zeigen sich die Bürgermassen als das, was sie sind. Sie waren gegängelt und schreien also jetzt nach ihren Krücken, Dynastie und Militär. So flackert der ›neue‹ Nationalismus auf. Keine Erhebung und Wendung oder Fortschritt im Beginn, sondern Rückgriff. Klar aber enthüllt grade diese Mobilisation die Grundschwäche – der Arbeiterpolitik! Die Arbeiter hätten einstmals führen können, aber durch vollkommenen Umsturz, wobei sie sich der Hilfskräfte des Landes bemächtigten, auch als ihrer Mitarbeiter. Über und nicht neben den andern müßten sie stehen. Dies war aber ein hochentwickeltes Land, an dessen Kultur teilzunehmen sie verhindert waren und dessen Kultur sie also auch nicht dirigieren konnten, wenn sie sie nun einmal doch übernahmen. Manches hatte die Arbeiterbewegung, die ein lebendiges Ding war, schon selbst gefaßt und auf eigene Weise geformt, aber nur manches. Der große Schwung des Sozialismus, wo war er? Das Kulturerbe wurde ein zu schweres Kapitel, dazu gehörte die nicht angerührte Tradition des Landes, Universität, Schule, Verwaltung, Bürokratie, Kunst, Wissenschaft, Literatur –, die bloße Frage: wo stehst du im Klassenkampf? erwies sich als armselig.

Zu allem hat die wirtschaftliche, technische und gesellschaftliche Entwicklung noch eine eigene charakteristische neue Schicht in den abendländischen Staaten hervorgebracht und hochgehoben, die Angestellten- und Intelligenzschicht.

Das Gefährliche der alten Arbeiterorganisation bestand in der krankhaften, aber sehr zeitgemäßen Ausbildung eines Kampfapparates, welcher sich den Heeren im Staat entsprechend verselbständigt hat und eigene Wege geht, getrennt vom Gesamtleben der Arbeiterschaft, und vertrocknet. Der Apparat ist gut, solange er Kampfapparat ist, als Partei oder Gewerkschaft. Verhängnisvoll wird und wurde für den Apparat längere Untätigkeit, Nachlaß der Kampfsituation und damit Entfremdung von der Funktion.

Das Elend des Anarchismus, der Lehre von der Herrschaftslosigkeit, besteht im Nichtstun. Sie wählen nicht, sind nicht autoritär, sind nicht zentralistisch. Praktisch sind sie für ›direkte Aktion‹, real nur für diese Mitteilung. Wenn man fragt, was besser ist, direkte Aktion, die nicht stattfindet, oder indirekte Aktion, die stattfindet, so wird man sich für die indirekte entscheiden. Gut ist aber am Anarchismus das lebendige Gefühl, das Wissen um die ganze kleine tägliche menschliche Realität, der Wille zu einer wirklichen Gemeinschaft. Dem deutschen Sozialisten, wie überhaupt dem deutschen Menschen, fehlt ein Schuß Anarchismus.

Es kann sich nicht um Zerstörung von Zweckorganisationen handeln. Man muß sie aber als Zweckorganisationen sehen. Hauptsache: das Freiheitlich-Individuelle, die Totalität des Lebens, Aufrichtung kämpferischer Menschen, solidarische Gruppen. Ziele sind nur Schritt für Schritt festzustellen.

Arbeiter, Angestellte, Intelligenzschicht

Es addieren sich im Ökonomischen der Wert der Erfindung, der Herstellung, der Lancierung. Es ist jeweils die Gesellschaft, die das Verhältnis dieser Werte bestimmt. Historische Gründe. Danach wird bemessen der Wertanteil des Unternehmers, des Erfinders, des qualifizierten Arbeiters, des einfachen Arbeiters, der Propagandisten, Vertreter, Kaufleute, Zwischenhändler. Also: hinter dieser Wertung steht die historische Gesellschaft mit ihrem machtpolitischen, ökonomischen, geistig-sittlichen Wertsystem.

Unser gesellschaftliches Leben kommt durch das Zusammenwirken sehr vieler zustande. Es besteht eine sich in Lohn und Gehalt auswirkende Mißachtung der Handarbeit und der regulären Kopfarbeit.

Man wäge ab, welche Art Arbeit für das Dasein notwendig ist! Ferner bedenke man, daß ›Massenarbeit‹ eine schwere Leistung mit Einschrumpfung menschlicher Substanz ist. Sie ist, recht gesehen, ein Opfer und müßte höher bezahlt werden.

»Nun produziert der kaufmännische Angestellte direkt keinen Mehrwert. Er bringt dem Kapitalisten etwas ein, indem er die Kosten vermindern hilft, welche die Umsetzung des Mehrwerts in Geld verursacht. Der eigentliche kaufmännische Arbeiter gehört zu der besser bezahlten Klasse von Lohnarbeitern, zu denen, deren Arbeit qualifizierte Arbeit ist, über der Durchschnittsarbeit steht.

Betrachtet man die kaufmännische Arbeit im Zusammenhang mit dem produzierenden Kapital, so ist ganz klar, daß sie keine Quelle von Mehrwert sein kann. Niemand wird auf den Gedanken kommen, daß die Unkosten, die das Kontor einer Fabrik verursacht, etwas anderes sind als eben Unkosten, die um ihren ganzen Betrag den Profit verkleinern. – Dem produzierenden Kapital erscheinen die Zirkulationskosten als das, was sie sind, nämlich Unkosten.« –

Mit diesen Sätzen unterstreicht Marx seine Lehre, daß nur der Arbeiter Mehrwert erzeugt. Heute ist eine zur Zeit von Marx nicht vorhandene gewaltige und noch wachsende Masse von – ja Mehrwerterzeugern, aber doch nicht ›Arbeitern‹, im Produktionsprozeß tätig, und man kann sie nicht mit dem Wort ›Stehkragenproletarier‹ abfinden. Da sind die sogenannten freien Berufe, aber wer etwa das Kassenarztwesen mit seinen Organisationen kennt, der weiß, was da ›frei‹ ist. Wie wichtig sind Erfinder, Ingenieure, Techniker, künstlerische Mitarbeiter – die Rolle des kaufmännischen Angestellten, der propagiert und wirbt, ist enorm, der ganze Arbeitsprozeß ist nichts ohne ihn, alle Räder stehen still, wenn er nicht das Bedürfnis reizt –, mit dem allgemein gestiegenen Wohlstand ist die Bedeutung der kulturellen Bedürfnisse und ihre Wertigkeit gestiegen, Zeitung, Lektüre, Kino, Theater, Musik, Radio, Grammophon. Diese Nichtunternehmer sind keine »besser bezahlte Klasse von Lohnarbeitern, deren Arbeit qualifizierte Arbeit ist«, sondern, obwohl nicht ›Arbeiter‹, durch ihre Eigenart, in ihrer wachsenden Masse, ihrer Bedeutung, durch ihre kulturelle Lage eine Sonderklasse von Mehrwerterzeugern.

Ein bekanntes Charakteristikum für diese Schicht, zu der auch die freien Berufe gehören, ist: sie nimmt mit der Verarmung keinen neuen Klassencharakter an. Pauperisierung bedeutet nicht Proletarisierung. Im Gegenteil: das eigentliche Charakteristikum dieser Klasse, die Bildung, wird nun noch stärker als Besitz und persönliches Merkmal empfunden, und man ist noch weniger als sonst geneigt, es wegzuwerfen, wo man fast nichts hat, und man ist um so weniger geneigt, wirklich ›Prolet‹ zu sein, als man bemerkt, daß trotz aller anders klingenden Behauptungen der Prolet selber nach diesen Dingen als nach einem Vorzug strebt. So fällt diese Zwischenschicht, der die radikale Bürgerlichkeit entstammt, weder dem Besitzbürgertum noch dem Proletariat zu, wenn es auch gelegentlich gelingt, Teile von ihnen dahin und dorthin zu ziehen.

Wie steht es also mit den dogmatisch fixierten Begriffen der Arbeiter- und Bürgerklasse? Angesichts der eingetretenen Fluktuation von Arbeiterschichten ins Bürgerliche, des Triebs großer Arbeitermassen aus dem vorbürgerlichen Zustand, und angesichts der neuen Angestellten- und Intelligenzschicht und angesichts der Unsicherheit des restlichen Mittelstandes? Man findet, nach den erfolgten Bewegungen der Weltgeschichte und nach den Veränderungen in der Gesellschaft und speziell im Produktionsprozeß, das veränderte Proletariat von heute nicht mehr als jenes alte; es ist in der Tat eine Organisation des Proletariats allmählich vor sich gegangen, in vielen Parteien, unter vielerlei Losungen, aber sie betrifft schon nicht mehr das Proletariat allein, und es ist schon nicht mehr Proletariat im alten Sinn, was sich da organisiert. – Genug von der abendländischen Lage im deutschen Raum.

Es ist vorauszusehen, daß die Entwicklung im Abendland (aber bald gibt es nur Abendland in unserem Sinne) unter gewaltigen inneren Umwälzungen und schweren äußeren Auseinandersetzungen verlaufen und ihren Abschluß finden wird.

Seid wach! Sei jeder wach, für sich!

Wer unter Menschen geht, wenn sie einzeln sitzen oder in Gruppen und Familien spazieren, und sie da beobachtet, weiß, was das für eine unzuverlässige gefährliche Art ist. Man kann ihnen nicht trauen. Man darf nicht auf ihre Worte hören. Sie können jetzt freundlich und gefällig blicken und zu mir sprechen, als wären sie mit mir verwandt, und dann –. Es steht etwas Unheimliches, Entsetzliches, Mörderisches hinter ihnen. Man muß es aussprechen.

Ich lese von einem Prozeß in Warschau, dem Brest-Prozeß gegen Politiker der polnischen Opposition. Da wird ein Beamter vernommen aus einem Ministerium, der früher selbst Mitglied einer Oppositionspartei war. Die Zeitungen berichten von der besonderen Gehässigkeit, mit der dieser Mann seine ehemaligen Freunde, die Sozialisten, angriff, wie er greifbar falsche, böswillige Behauptungen gegen sie vorbrachte. Was treibt diesen Mann? Man kann Psychologie üben und sagen: ihn treibt der Wunsch, sich in seiner jetzigen gehobenen Stellung zu befestigen, er muß das angesichts seiner Vergangenheit mit besonderer Anstrengung, Übertreibung tun, er haßt die Arbeiterführer jetzt, er fühlt sich schuldig, er ist ihr Angeklagter und überschreit die Anklage. Das ist alles richtig, aber das ist bloß Psychologie. Dieser Mensch handelt niederträchtig. Er lügt und verleumdet, er schädigt den Boden, dem er selbst viel zu verdanken hat. Er spuckt in sein Nest. Und so – man muß es aussprechen – handeln Tausende und werden Tausende handeln.

Das ist keine Korruption. Es ist eingetretene Veredelung. Aber wie denkt man das jemals zu veredeln, nachdem Jahrtausende von milden und sanften Versuchen, von Zusprachen und Religionen schon vergangen sind? Man sehe in den Städten von heute das unbekümmerte Drängen der Menschen beim Einsteigen in eine Elektrische, den Kampf um einen Sitzplatz. Wie rasch da Erregtheit und Haß entsteht. Wie der Haß da in den Augen leuchtet und die ganze Fremdheit zwischen diesen gleichgekleideten Menschen sichtbar wird, und bei den andern daneben die Bosheit und der Hohn. Es ist ein schauerlich wahres Wort, und man muß damit rechnen: die Schadenfreude ist die reinste Freude. Bei den alten französischen Revolutionen der Ruf: Reißt den Schuft in Stücke! Wenn ich einen gewöhnlichen Streit unter Fremden im Gedränge der Elektrischen erlebe, verstehe ich vollkommen, wie das damals vor zweitausend Jahren mit dem feinen Menschen, der die Güte predigte, zuging, wie sie ihn jagten, stellten und mit Hohn verurteilten. Das Wort Pöbel mag ich nicht aussprechen, aber ich kann mich wehren wie ich will, ob ich das Wort aussprechen mag oder nicht, etwas von dem Faktum ist da, in vielen einzelnen und im Haufen, die Massenbestie.

Und sehe ich das, sage ich: es ist aussichtslos. Dies zu verändern, und mit Milde zu verändern: das ist aussichtslos. Es scheint mir bewiesen. Und das Resultat, die Konsequenz für mich? Man soll nicht zuviel wollen. Man kann hier manches verändern, aber der Mensch bleibt gefährlich. Man kann für ihn nur die notwendige Ordnung schaffen, die Regelung seiner Beziehungen vornehmen. Aber etwas muß diese Ordnung den Charakter von Eisengittern wahren. Die Ordnung muß auch eine Art Käfig und Gefängnis sein.

Das sind schauerliche Gedanken. Sie liegen mir fern, aber es ist von Zeit zu Zeit unmöglich, sich ihnen zu entziehen.

Mit diesen Gedanken schauerlicher und trauriger Art verstehe ich Lenin vollständig. Er hat etwas gewollt, was gut ist: die Unterdrücker niederwerfen und für die armen, schwachen Sklaven freie Luft schaffen. Das Elend auf der einen Seite und die Niedertracht, Bosheit und bodenlose Gleichgültigkeit auf der andern Seite war zu groß, als daß er sich noch wie tausend andere vor ihm auf Milde einlassen konnte. Hier mußte etwas geschehen, er hatte der Bestie in die Augen gesehen. Er hat Gewalt angewendet, systematisch und mit Bewußtsein. Und wie konnte er etwas anderes tun, welches andere? Auf grundsätzliche Besserung kam es nicht an, er wußte, daß das nicht möglich war, aber auf Beseitigung und Niederwerfung dieser einzelnen heutigen Form der Bosheit. Diese Bestie griff er an. Er hat Gewalt geübt, und es ist unwahrscheinlich, daß er die Menschenart gebessert hat. Aber einer Masse von Menschen ist Gerechtigkeit widerfahren, und eine Schmach ist weniger auf der Welt. Es ist schon viel, wenn das erreicht ist.

Der Haß, der Egoismus, die Grausamkeit, der Besitztrieb ist fürchterlich tief in den Menschen verwurzelt und blüht in der heutigen chaotischen Zeit. An dies Gewächs kommt man nicht ohne Operation heran.

Man kann die Einrichtungen ändern, man wird manches bessern, ich verstehe Lenin vollständig, aber man soll nicht zuviel wollen. Gegen alles, was man gesellschaftlich und ideell will, springt immer etwas Böses mit gelben Augen an, und das ist auch in uns. Es ist schrecklich und schmachvoll, aber unvermeidlich, daß man zur Gewalt ja sagen muß.

Dabei – kann ich aber nicht stehenbleiben. Der starke Eingriff, der richterliche Zugriff der Gewalt ist nicht abzulehnen, aber er – allein – tut – es – nicht! Er allein ist gefährlich! Denn wieder springt bald die Bosheit hervor, und was eben Zugriff des Richters war, wird nach kurzer Zeit gemeine Herrschsucht. Der richterliche Zugriff ist nur möglich, wenn das System des Rechtes überhaupt gesichert ist. Es heißt zugleich eine Instanz schaffen und über aller Politik sicherstellen. Diese Instanz und dies Gesetz muß durch alle Zeiten des Chaos und der Gewalt und gegenüber allen Bosheiten und Niederträchtigkeiten durchgehalten werden, abseits von jeder Politik! Welche Wege auch die Politik gehen mag, wie auch die Interessen laufen, diese Wahrheit und das Gesetz sicherzustellen, über Umstürze und Kriege hinweg, ist das Allernotwendigste.

Man muß wissen, man darf mit diesen Dingen nicht in den Schützengraben der Politik und des Tageskampfes. Man gefährdet damit das allernotwendigste Ding.

Entscheidungen für heute

Keine übermäßige Sorge um die Zukunft. Man kann nicht wissen, ob das, was man mit so viel Opfer und Entsagung vorbereitet, schließlich denen gefällt, für die man sich geopfert hat. Es spricht vieles dafür, daß es dem Enkel nicht gefällt. In dieser Welt hat jeder nur die Möglichkeit, sich selbst die Dinge recht zu machen, und ganz gut wird es auch nicht sein, wir haben von der ewigen Unvollendung und dem ständigen Einsturz der Dinge in dem Hauptstück von der Zeitlichkeit gesprochen. Man darf sich nicht dispensieren von seinen Pflichten gegen das Heute durch Wechsel auf die Zukunft. Soll ich alles wiederholen, was ich von der Realität der Gegenwart und dem großen Becken des Jetzt sagte, wo sich alles zu bewähren habe? Es gibt weder Entwicklungsreihen, auf die man sich verlassen und in die man sich zu einem selbstgewählten Zeitpunkt einschalten kann, noch gibt es goldene Zeitalter. Immer haben spätere Zeiten frühere oder noch spätere als goldene gefeiert, aber es hat keiner etwas davon gemerkt, als sie da war. Da hilft nur, sich durch seine Gegenwart schlagen, seine Situation zu erkennen suchen und sich in die Waage werfen. Einmal ist die Zeit da für Massen-Umwälzung, ein anderes Mal für andere.

Man soll kein großes Gerede von Gewalt machen. Um ein notwendiges Übel abzuwehren, hat man etwas zu tun. Aber es ist wenig an einer Utopie, einem Messianismus, die ein wünschenswertes Ziel in eine unabsehbare Zukunft verschieben.

Nur jener einzige ›Messianismus‹ ist erlaubt, der grundsätzliche, der von der ständigen Unvollendung bei allen Gestaltungen und von unserer Unbefriedigung und unserem Willen zur Vollendung weiß. Mit ebendiesem tragischen Wissen hat aber jede Menschengeneration an ihre besondere Situation zu treten, die Vollendung und Unvollendung dieser Situation zu formulieren und danach zu handeln. Daher kurze, klare Ziele.

Man muß vorbereiten und sein Sofort-Programm, das heißt: sein Wissen und seinen Willen haben. Die Menschen müssen deutlicher ihren Zustand und seine Ursachen erkennen und müssen von Gleichmütigkeit, Abstraktionen und Dogmen befreit und an die vernünftige Pflege ihrer Interessen geführt werden. Was Zusammenleben ist, müssen sie erst wieder lernen, und hier sind Keimzellen zu legen für die kleinen übersichtlichen Systeme, von denen ich sagte, daß sie allein imstande seien, menschliche Gesellschaftsorganismen zu bilden.

Sehr ferne Ziele

Rückgang auf kleine, übersichtliche politische Systeme, die imstande sind, den zu Atomen Gewordenen Platz zu geben für die Bildung neuer Gesellschaftsorganismen, Entmachtung des Staatsapparates, Föderativsystem von ›Landschaften‹. Wirklicher Heimatbegriff, Erde und Gesellschaft. Vorstoß gegen das Parlament der unbekannten Person.

Wirkliche Gesellschaften haben das Recht, sich zu verteidigen. Es ist ihre Sache, wie weit sie Eigentum zulassen.

Technokratie und Industrialismus sind durch mechanische Mittel allein nicht zu treffen. Es ist ihre innere Austrocknung nötig. Die erfolgt von der ›Konsumseite‹. Kampf gegen den industriellen Anreiz. Auf einer gewissen Stufe keine Steigerung von Bedürfnissen, sondern Genügsamkeit, planvolle Ausbreitung des Erreichten und gesellschaftliche Konsolidierung.

Es ist immerfort, trotz Fehlschlägen, die Bildung von Zellen erforderlich, Keimzentren, die sich aus der heutigen Ungesellschaft ablösen. Sie können getrennt und gemeinsam leben. Sie müssen aus der bloßen, sehr verbreiteten Protesthaltung herauskommen und nach den Grundsätzen wissender sterblicher Menschen leben. Wann endlich wird das möglich sein? Warum müssen wir alle so verdorren? Laßt uns rechtzeitig eine Arche Noah bauen! – Man muß sich von den blödsinnigen, verhetzenden und verwirrenden Massenideen abwenden, von der Allgemeininfektion durch Zustände, gefährliche Personen und Gruppen. Man gebe auf, dagegen anzukämpfen. Man zeige sich gesund. Man höre auf, zu sprechen, man denke, wisse und lebe. Über allem das Gesetz: die Wahrheit, Freiheit und Selbstherrlichkeit des Ich, die sich physisch, auch in der Zone der Gesellschaft, durchzusetzen hat. Zusammen damit das unerbittlichste aller Verantwortungsgefühle: niemandem verantwortlich zu sein als der Welttatsache Ich, die nicht ist ohne die Tatsache Einzel-Ich. Gesellschaften und Staaten müssen so durchschaut werden: wie reife ich in ihnen, wie behaupte ich mich gegen sie, wie werde und erhöhe ich mich mit ihnen?

Tod und Zusammenbruch sind Wirkungen größerer Mächte, denen das Einzel-Ich nicht entgehen kann, Tragik alles Gestaltens – aber wir hinterlassen Spuren, die Erbschaft.

Aus der Natur kommen keine Gesetze? Mit welchen Augen haben diese Bücherwürmer die Natur gesehen?

Laufe, mein Ich, halte dich grad und stramm. Sie hatten dich an den Galgen gehängt, bald schmeißen sie dich auf den Damm.

Was können wir erreichen? Es ist in diesen Büchern der Ichwahn angegriffen und zerstört worden. Es ist kein Ich als ferne Gasmasse über der Natur. Ich bin Stück und Gegenstück der Natur, und sogar wenn ich Gegenstück bin, bin ich es mit dieser natürlichen Gestalt, in diesem Körper, in dieser Bestimmtheit, die ich ›mein‹ nenne. Es ist mir keine Freiheit von der Natur gegeben, aber gerade meine Verbindung und die strenge eigentümliche Zweiheit-Einheit mit der Natur, die sich in der Unvollständigkeit unserer Individualität ausdrückt, gibt etwas, was nicht Freiheit, aber auch nicht Zwang und Notwendigkeit, sondern etwas Drittes ist, was mit den scholastischen Begriffen Freiheit und Notwendigkeit nicht zu treffen ist. Was in der Welt vorgeht, erkenne ich als meine Sache, und meine Sache ist etwas, das die Welt angeht. Als Stück-Gegenstück gehöre ich zu ihr, rage in sie hinein, wirke in sie hinein. Was also können wir hier erreichen?

Da noch zu fragen! Denn geh auf die Straße, sieh die Hungernden an den Stempelstellen, es laufen Bettler herum, sie wollen essen, Wärme, ein Bett, Kleider, Stiefel. Mit so einfachen Worten also ist zu sagen, was sie erreichen wollen.

Essen verschaffen, Kleider, Wärme gehört zu dem, was wir erreichen sollen, das ist schon eine Antwort. Es wäre aber gelogen, wenn einer sagt, daß wir weiter nichts erreichen wollen. Schon ist da noch die Liebe, die Musik, das Spiel, Theater, Kino. Und da haben wir den Tod, und unser Gehirn und Gefühl ist da, und was wir fragen, fragen dumpf alle Menschen, die den wüsten Tanz des Daseins sehen, und auch die das Dasein anders sehen. Was kann der Mensch mit seinem Leben erreichen?

Es kommt aber nicht darauf an, was er sichtbar erreicht, sondern was er überhaupt erreicht. Es ist von der Macht des Lebendigen zu sprechen, desjenigen Wesens, das durch die Unvollständigkeit seiner Individualität mit dem großen realen Sein in Kommunikation steht. Was es leistet, reicht in die sichtbare und in die unsichtbare Welt, wie seine Kraft auch daher kam. Es gibt eine Resonanzwirkung, der wir folgen, es gibt aber auch eine Rückresonanz, die von unserm Dasein und Erleben ausgeht und in die große Tiefe reicht. Wir können davon nichts Einzelnes wissen, aber das Faktum ist sicher und selbstverständlich. Dies erreichen wir, das ist unsere Macht.

Sage keiner, er habe nichts erreicht. Der ungeheure Prozeß Welt sieht anders.

Es muß der Weg in die völlige Vernichtung, die Auslöschung, die Zernichtung gegangen sein. Das Versagen, die vollkommene Ohnmacht muß da sein, die Zunge mit Schweigen geschlagen, alle Worte dumm und lächerlich. Dies mußt du fühlen: du mußt nicht die Ströme oder Berge ansehen, sondern das trockene Blatt, das vom Baume herunterflattert, und das kannst du zwischen die Finger nehmen und zerreiben, siehst du: das bist du. Jetzt erst ist das erfolgt, was erfolgen muß, ehe man eine einzige Bewegung machen darf, ehe man ein einziges Wort aussprechen darf: die Einreihung. Vorher hingst du wie Rauch über der Erde, warst nicht da und glaubtest etwas zu sein. Es war Besinnungslosigkeit. In den Gespinsten von falschen unwahren Worten warst du gefangen, jetzt bist du heraus, es ist etwas Schweres geschehen, das erste, das dir überhaupt geschah – du weißt, und du bist. Du bist angekoppelt an das Sein. Die Zernichtung ist da.

Du bist angekoppelt an das Sein – und du bist. Du hältst noch das trockene Blatt in der Hand, zerreibst es, zerstäubst es, das bin ich, aber schon zittert es in dir: ich bin doch; es geht warm durch dich: ich bin nicht mehr als dies, aber ich bin; du merkst, anders bist du, als du bisher wußtest, und langsam, langsam fühlst du dich ein.

Wenn du aufstehst, wenn du ißt, wenn du arbeitest, wenn du dich hinlegst: vergiß nicht! Du hast Macht! Verwalte deine Macht gut! Sei nicht lau! Sei nicht träge! Du bist, und dadurch bist du mehr legitimiert, als irgendeine menschliche Gewalt dich legitimieren könnte. Sei mild und hart, greif zu und laß gehen, du bist Feuer und Eis, Sturm, Ruhe, Wärme, Weiche. Laß dich nicht demütigen! Hebe deinen Kopf hoch! Setze dich ein! Beleidige durch Schwäche nicht die Urmacht, die Riesenesche, wenn du auch nur ein Blättchen an ihr bist. Die Welt geschieht auch durch dich, auch durch dich!

Laufe, lauf, mein Ich, halte dich grad und stramm. Eins, zwei, eins, zwei, die Erde ist frei, auch für dich, auch für dich! Vom Äther bin ich heruntergefallen, aber die Erde tut mir am meisten gefallen.

Der Stern über dem Meer

Wir tun etwas, wir leisten Brückenbau, Felsensprengung, Gedanken. Bestimmt verändern wir durch unser Leben einiges. Es wird, im Maßstabe der Welt, nicht viel sein.

Die Form aber ist in der Welt, dahinter das Ich. Es steht ein Stern über dem Meer.

Laßt mich den großen Himmel loben

Laßt mich den großen Himmel loben, laßt mich die weite Erde loben, laßt mich die Tiere, Pflanzen, Menschen loben, und laßt mich bitten, daß ich nichts verfehle.

Laßt mich erkennen, was es zu erkennen gibt, laßt hinter alle geschlossenen Lider mich blicken, damit ich ihnen gerecht werde und nichts versäume. Denn meine Sorge ist riesengroß. Viele Jahre bin ich gewachsen wie ein Gras auf dem Feld. Ich habe mich der Luft und der Sonne gefreut und habe mich gefreut und habe gelitten. Aber erst jetzt weiß ich, daß es noch etwas anderes gibt, etwas Mächtigeres, Stärkeres, in mir, auch in mir, was mehr Gewicht hat, mehr Recht auch an mich.

Laßt mich, es ist nicht zu spät, den großen Himmel loben, laßt mich die weite Erde loben. Laßt mich die Tiere, Pflanzen, Menschen loben. Und laßt mich bitten, daß ich nichts verfehle.

ENDE UND KEIN ENDE

ANHANG

Editorische Notiz

Textgrundlage der vorliegenden Ausgabe ist der Band:

Alfred Döblin: Unser Dasein. Hrsg. von Walter Muschg. Olten, Freiburg/Br. 1964 (= Ausgewählte Werke in Einzelbänden).

Für die vorliegende Ausgabe wurde der Band der Ausgewählten Werke mit dem Erstdruck des Romans (S. Fischer, Berlin 1933) verglichen. Statt der von Walter Muschg bevorzugten eckigen Klammern werden in der vorliegenden Ausgabe wie im Erstdruck runde Klammern verwendet.

Daten zu Leben und Werk

10. August 1878: Alfred Döblin wird in Stettin als viertes von fünf Kindern des Schneidermeisters Max Döblin (1846–1921) und seiner Frau Sophie (geborene Freudenheim, 1844–1920) geboren.

1888: Döblins Vater verlässt die Familie; die Mutter zieht mit den Kindern nach Berlin.

1891–1900: Köllnisches Gymnasium in Berlin; 1896 Entstehung des ersten größeren Prosatextes mit dem Titel *Modern. Ein Bild aus der Gegenwart.*

um 1900: Entstehung des ersten (erst postum erschienenen) Romans mit dem Titel *Jagende Rosse.*

1900–1905: Medizinstudium in Berlin und Freiburg i. Br.; parallel dazu Besuch philosophischer Lehrveranstaltungen; Freundschaft mit Herwarth Walden und Else Lasker-Schüler; 1902/03 Entstehung des Romans *Worte und Zufälle* (erst 1919 unter dem Titel *Der schwarze Vorhang* veröffentlicht); 1904/05: Entstehung der Erzählung *Die Ermordung einer Butterblume* (Erstdruck im *Sturm* 1910).

1905: Promotion in Freiburg; Assistenzarzt an der Kreisirrenanstalt Karthaus-Prüll in Regensburg.

1906–1908: Assistenzarzt an der Irrenanstalt der Stadt Berlin in Buch; Beginn einer langjährigen Beziehung zu der Krankenschwester Frieda Kunke (1891–1918); Publikationen in medizinischen Fachzeitschriften.

1908–1911: Assistenzarzt am Städtischen Krankenhaus Am Urban in Berlin; dort lernt Döblin seine spätere Ehefrau, die Medizinstudentin Erna Reiss (1888–1957), kennen; Wohnung im Gertraudenstift am Spittelmarkt.

1910: Mitgründung der Zeitschrift *Der Sturm*.

1911: Kassenpraxis und Wohnung in der Blücherstraße 18 (praktischer Arzt und Geburtshelfer, später Nervenarzt und Internist); Verlobung mit Erna Reiss; Geburt von Döblins und Frieda Kunkes Sohn Bodo Kunke in Berlin; Nachtwachen auf der Unfallstation.

1912: Heirat mit Erna Reiss; Geburt des ersten gemeinsamen Sohnes Peter; Austritt aus der jüdischen Gemeinde; häufige Treffen mit Ernst Ludwig Kirchner.

1914: Ausbruch des Ersten Weltkrieges; Entstehung des Romans *Wadzeks Kampf mit der Dampfturbine*; Döblin wird Autor bei Samuel Fischer (bis 1933).

1915: Militärarzt in Saargemünd bis 1917; Wohnung in der Neunkircherstr. 19; Geburt des Sohnes Wolfgang in Berlin.

1916: Fontane-Preis für den Roman *Die drei Sprünge des Wang-lun*; Entstehung des Romans *Wallenstein*.

1917: Geburt des Sohnes Klaus in Saargemünd; Typhuserkrankung.

1918: Kriegsende und Revolution in Hagenau/Elsass; im November Rückkehr nach Berlin.

1919: Wohnung und Kassenpraxis in der Frankfurter Allee 340 (bis 1931); politische und zeitgeistkritische Glossen unter dem Pseudonym »Linke Poot« in der *Neuen Rundschau*.

1921: Erste Begegnung mit der Fotografin Yolla Niclas (1900–1977); Beginn der Arbeit an *Berge Meere und Giganten*.

1921–1924: Berliner Theaterreferat für das *Prager Tagblatt*.

1923: Als Vertrauensmann der Kleiststiftung verleiht Döblin den Kleistpreis an Wilhelm Lehmann und Robert Musil; Entstehung der Erzählung *Die beiden Freundinnen und ihr Giftmord*.

1924: Vorsitzender des Schutzverbandes Deutscher Schriftsteller, gemeinsam aktiv mit Theodor Heuss; von September bis November Reise durch Polen.

1925: Beteiligung an der »Gruppe 1925«, einem losen Zusammenschluss linksliberaler und kommunistischer Autoren; Begegnung u. a. mit Bertolt Brecht.

1926: Festvortrag zum 70. Geburtstag Sigmund Freuds; nach Inkrafttreten des »Schund- und Schmutzgesetzes« Distanzierung von der SPD; Geburt des jüngsten Sohnes Stefan.

1927: Die epische Dichtung *Manas* wird von Robert Musil enthusiastisch besprochen.

1928: Wahl in die Sektion für Dichtkunst der Preußischen Akademie der Künste; Vortrag *Schriftstellerei und Dichtung*; Festgabe des S. Fischer Verlages zu Döblins 50. Geburtstag: *Alfred Döblin. Im Buch – Zu Haus – Auf der Straße*; Döblin in der Berliner »Funkstunde«; Vortrag *Der Bau des epischen Werks* im Auditorium Maximum der Berliner Universität.

1929: Der Großstadtroman *Berlin Alexanderplatz. Die Geschichte vom Franz Biberkopf* erscheint und wird ein großer Erfolg.

1930: Votum für die Verleihung des Frankfurter Goethe-Preises an Sigmund Freud; Hörspielbearbeitung von *Berlin Alexanderplatz*; Uraufführung des Stücks *Die Ehe* in München im November.

1931: Im Januar Umzug in den Westen Berlins, an den Kaiserdamm 28; Vortragsreise durch das Rheinland; ab Mai »Donnerstagsrunde« in Döblins Wohnung; Mitwirkung am Drehbuch für die Verfilmung von *Berlin Alexanderplatz*; Döblin und Heinrich Mann erstellen ein Lesebuch für Schulen in Preußen (verschollen); Rede in der Berliner Sezession.

1932: Vortragsreise in Deutschland und der Schweiz; Besuch bei dem Psychiater Binswanger in Kreuzlingen und bei Kirchner in Davos; Beginn der Arbeit an dem Roman *Babylonische Wandrung oder Hochmut kommt vor dem Fall*.

28. Februar 1933: Flucht in die Schweiz, die Familie folgt nach Zürich; Döblin kann nicht mehr als Arzt praktizieren; Austritt aus der Preußischen Akademie der Künste; im Mai fallen seine Werke der Bücherverbrennung anheim; im September Übersiedelung nach Paris.

1933–1940: Exil in Frankreich; in den ersten Jahren Mitarbeit in jüdischen Organisationen, Döblin lernt Jiddisch; 1936 erhält er die französische Staatsbürgerschaft.

1934: Wohnung 5 Square Henri Delormel in Paris (bis 1939); Beginn der Niederschrift des autobiographisch fundierten Berlin-Romans *Pardon wird nicht gegeben*.

1935: Der Sohn Peter wandert in die USA aus. Beginn der Arbeit an der *Amazonas*-Trilogie.

1939: Teilnahme Döblins am Kongress des Internationalen PEN-Clubs in New York; nach Kriegsausbruch Mitarbeit im Pariser Informationsministerium bei der Propaganda gegen Nazideutschland; Wolfgang und Klaus Döblin als französische Soldaten an der Front.

1940: Flucht durch Frankreich und Spanien, Überfahrt von Lissabon nach Amerika im September; vom Freitod des Sohnes Wolfgang, der sich am 21. Juni in Housseras/Vogesen das Leben nimmt, um nicht in deutsche Kriegsgefangenschaft zu geraten, erfahren die Eltern erst im März 1945.

1940–1945: Döblin lebt mit Frau und Sohn Stefan in Hollywood und arbeitet für ein Jahr als Scriptwriter für Metro-Goldwyn-Mayer, danach Arbeitslosenunterstützung, schließlich Zuwendungen aus dem Writers Fund; *November 1918* wird abgeschlossen.

1941: Alfred, Erna und Stefan Döblin lassen sich in der Blessed Sacrament Church in Hollywood taufen; Wohnung 1347 North-Citrus Avenue (bis 1945).

1943: Festrede Heinrich Manns zu Döblins 65. Geburtstag in Santa Monica, Lesungen aus Döblins Werken, Döblin deutet in einer nicht überlieferten Dankesrede seine religiöse Entwicklung an und stößt damit bei vielen Gästen auf Unverständnis.

1945: Im Oktober Rückkehr nach Paris, Unterkunft bei dem Germanisten Ernest Tonnelat.

9. November 1945: Fahrt über Straßburg nach Baden-Baden, dem Sitz der Militärregierung der französischen Besatzungszone; in deren Auftrag begutachtet Döblin zum Druck vorgelegte Manuskripte; Unterkunft zunächst allein in der Pension Bischoff, Römerplatz 2.

1946: Ende Juni Wohnung in der Schwarzwaldstraße 6 in Baden-Baden mit seiner Frau; Gründung der Zeitschrift *Das Goldene Tor*, deren Schriftleitung er bis zur Einstellung 1951 innehat; verstreute Veröffentlichung einiger im Exil entstandener Werke; im Oktober Beginn der Sendereihe *Kritik der Zeit* im Südwestfunk; Abschluss des Romans *Hamlet oder Die lange Nacht nimmt ein Ende*.

1947: Im Juli erster Berlin-Besuch nach 1933, Vortrag *Unsere Sorge der Mensch* in Berlin-Charlottenburg (auch in Freiburg, Frankfurt, Göttingen); Rede beim Empfang des Schutzverbandes Deutscher Autoren; Döblin gründet den Verband südwestdeutscher Autoren in Lahr.

1948: Im Januar zweiter Berlin-Besuch; die Festschrift *Alfred Döblin zum 70. Geburtstag* erscheint im Limes Verlag.

1949: Mitgründung der Akademie der Wissenschaften und der Literatur in Mainz; im September Ehrengast beim Kongress des Internationalen PEN-Clubs in Venedig; mit der französischen Kulturbehörde Umzug nach Mainz-Gonsenheim, Centre Mangin, Wohnung in der Philippsschanze 14; Döblins Bericht über die Emigration erscheint unter dem Titel *Schicksalsreise*.

1950: Verschlechterung des Gesundheitszustandes; Abschluss der Erzählung *Die Pilgerin Aetheria*; Vortrag *Die Dichtung, ihre Natur und ihre Rolle* in der Mainzer Akademie.

1951: Begründung der Akademie-Reihe *Verschollene und Vergessene*, Auswahl mit Werken von Arno Holz.

1952: Ende September Herzinfarkt, bis Januar 1953 im Mainzer Hildegardis-Hospital; von einer französischen Abfindung und Überweisung des Entschädigungsamtes Berlin Kauf einer Wohnung in Paris, 31 Boulevard de Grenelle; Beginn der autobiographischen Aufzeichnungen *Journal 1952/53*.

1953: Umzug nach Paris am 29. April; im Juli Wahl zum Ehrenmitglied der Mainzer Akademie.

1954: Verschlimmerung der Parkinson-Krankheit, Aufenthalt in verschiedenen Kliniken und Sanatorien in Baden; Großer Literaturpreis der Mainzer Akademie.

1955: Mai bis Juni stationär im Freiburger Uni-Klinikum, dort Feier seines 50-jährigen Doktorjubiläums, Juni bis September Kurhaus Höchenschwand; Rückkehr nach Paris.

1956: Im März Aufnahme im Sanatorium Wiesneck, Buchenbach bei Freiburg. Der Roman *Hamlet oder Die lange Nacht nimmt ein Ende* erscheint bei Rütten & Loening in Ost-Berlin.

26. Juni 1957: Tod Döblins im Landeskrankenhaus Emmendingen; am 27. Juni wird ihm posthum der Literaturpreis der Bayerischen Akademie der Schönen Künste verliehen; am 28. Juni wird er in Frankreich im engsten Familienkreis auf dem Friedhof von Housseras neben seinem Sohn Wolfgang beigesetzt. Freitod Erna Döblins am 15. September in Paris; sie wird ebenfalls in Housseras beigesetzt.

Nachwort

Unser Dasein erschien im April 1933 erstmals bei S. Fischer und fiel wenige Wochen danach der Bücherverbrennung anheim. Es ist ein großer philosophischer Essay im Wortsinn: ein Versuch, die Frage nach dem Menschen zu stellen und zu klären. Warum hielten die Nationalsozialisten *Unser Dasein* für gefährlich? (Alle Bücher Döblins außer *Wallenstein* standen auf der schwarzen Liste.) Die politischen Ideologien setzten auf die Wirkung der Masse, auf die Volksgemeinschaft oder das Kollektiv. Dem stand Döblins Verständnis vom Ich als offenem System sowie seine Gesellschaftskritik diametral entgegen. Döblin interessiert sich für die gesellschaftliche, biologische und metaphysische Verortung des Menschen und umkreist sein Thema in leicht verständlicher Sprache mit allen Mitteln, über die er als Schriftsteller verfügt.

Das Buch erschien 1933 an einer entscheidenden Stelle in Döblins Leben: Von der späteren Erfahrung des Exils und Konversion zum Katholizismus unberührt, ist *Unser Dasein* geprägt von der politischen Atmosphäre am Ende der Weimarer Republik und weist mit seiner Beschäftigung mit dem Judentum auf die ersten Exilpublikationen Döblins voraus.

Vor allem aber lässt sich das vielgestaltige, Döblins umfassende Lektüren und Einsichten reflektierende Werk als vorläufiger Abschluss einer langen Entwicklung begreifen. Dabei fallen zwei Gedankenstränge zusammen. Zum einen der politisch-zeitgeschichtliche, der 1931 bereits, getrieben durch Döblins journalistische Tätigkeit, in die politische Aufklärungsschrift *Wissen und Verändern* mündete. In *Unser Dasein* spürbar sind etwa die zahlreichen Bezüge zu der anarchistischen Literatur der Zeit.

Zum anderen beschäftigte Döblin sich seit seiner Schulzeit intensiv mit Philosophie, insbesondere Spinoza und Schopenhauer, verfasste als Medizinstudent Aufsätze über Nietzsche, später über die Musik, über Taoismus und Buddhismus und 1927 die naturphilosophische Schrift *Das Ich über der Natur*.

Somit steht *Unser Dasein* symptomatisch für die Vielseitigkeit Döblins, der sich selbst als Romanautor und Essayist verstand, es aber bedauerte, dass er bloß zwei Hände habe, denn er habe noch eine naturphilosophische Seite, für die er keinen Namen habe: »Drei Seelen wohnen, ach, in meiner Brust.« (GW, Schriften zu Leben und Werk, S. 73) *Unser Dasein* ist ein Dialog sowohl mit zahlreichen Denkern aller Epochen und Disziplinen als auch mit Döblins eigenem Erkenntnisprozess, auf den er seine naturwissenschaftlich-medizinische Ausbildung ausrichtete. So spielt das Eingangsszenario auf Descartes' Meditationen an, und wie dieser kreist Döblin immer wieder um die Bedeutung des Ich; aber es geht ihm niemals darum, ein wissenschaftliches System zu etablieren, wie schon die ironischen Brechungen zeigen: »Ein Kerl, der spekuliert, zwei Kerls, die spekulieren, drei Kerle, die spekulieren.« (S. 19) Darüber hinaus reichert Döblin sein Buch mit sogenannten Zwischenspielen an, die das Leben in seiner von physikalischen Gesetzen und akademischen Bemühungen nicht abgedeckten Fülle hereinholen: menschliche Beziehungen, Liebe, Krankheit, Tod, Schicksale aller Art. Dazu gehört das häufig separat nachgedruckte und übersetzte Zwischenspiel *Sommerliebe*, das von der Macht der Gefühle handelt und von einer schwierigen Mutter-Sohn-Beziehung.

Sowohl mit seinem Ziel, den Menschen und sein Dasein zu erklären, als auch der Methode, nämlich neue Wissensgebiete für diese alte Frage zu erschließen, steht Döblin auf der Höhe der zeitgenössischen philosophischen Diskussion. Max Scheler, Helmuth Plessner, Arnold Gehlen, Ernst Cassirer und auch Martin Heidegger haben von der Mitte der 1920er Jahre bis in die 1940er Jahre hinein die philosophische Anthropologie neu begründet, indem sie Erkenntnisse der Medizin, Biologie, Psychologie und auch die erkenntnistheoretischen Implikationen der modernen Physik aufgriffen.

Döblin entwickelt seine Gedanken in der für ihn typischen, lebendigen Erzählweise und nimmt so auch ganz bewusst den unbefangenen Leser ins Visier, der schrittweise aus seiner eigenen Erlebenswelt in eine sich entfaltende Anthropologie aus Dichterhand mitgenommen wird.

Entstehung und Veröffentlichung

Unser Dasein ist über einen vergleichsweise langen Zeitraum entstanden. Zwar wird im Buch einmal auf das Jahr der Entstehung Bezug genommen: »Welches Jahr schreiben wir jetzt? 1932.« (S. 241) Etliche Passagen wurden jedoch bereits früher veröffentlicht und in *Unser Dasein* mit neuer Aussagefunktion wiederverwendet.

So ist der Abschnitt »Von allerhand Leuten« (S. 308 ff.) im sechsten Buch ein erweiterter und leicht veränderter Wiederabdruck eines Aufsatzes von 1923, der unter dem Titel »Berliner Ehen« erschienen ist (AW, Die Zeitlupe, S. 63–65). Die Skizzen dieser Ehen schließt Döblin 1923 mit einem Hinweis auf weiteres Material ab: »Drei Proben, vier Proben. Wenn's beliebt, mehr; ich habe einen Sack voll davon.« (Ebd., S. 65) Die Stofffülle war offensichtlich so groß, dass er die Ehethematik schließlich in einem eigenen Stück behandelte – *Die Ehe* –, das im November 1930 uraufgeführt wurde und 1931 als Buch erschien.

Diesem Stück sind zwei Gedichte für *Unser Dasein* entnommen. Das »Tischlerlied« am Ende der zweiten Szene (GW, Die Geschichte vom Franz Biberkopf u. a., S. 282) und das »Arbeiterlied« in der dritten Szene (ebd., S. 290) sind die beiden einzigen deutlich als Verse gekennzeichneten Textpassagen in *Unser Dasein* (S. 450).

Das sechste Buch bietet mit seinem vergleichsweise unbestimmten Titel »Von kleinen und großen Menschen« beste Möglichkeiten zur Einbindung heterogener Texte. So ist etwa auch

»Dämon oder Verstimmung?« (S. 316 ff.) als eine Arbeit aus dem Jahr 1924 nachzuweisen, die mit wenigen Veränderungen übernommen wurde.

Erschienen ist *Unser Dasein* am 15. April 1933, also bereits nach der Flucht am 2. März und der anschließenden Emigration des Autors in die Schweiz. Gedruckt wurden 4000 Exemplare. Zum Vergleich: Döblins einziges Erfolgsbuch *Berlin Alexanderplatz* erlebte 1933 die 45. bis 50. Auflage – eine Auflage entsprach zu dieser Zeit im S. Fischer Verlag 1000 Exemplaren. Immerhin machte es dieser Erfolg dem Verlag leichter, auch das erwartbar weniger populäre *Unser Dasein* aufwendig auszustatten und insgesamt 14 Holzschnitte als Illustration mitzugeben. Der Künstler dieser Holzschnitte ist Walter Heisig, der heute vor allem als Vater und erster Lehrer von Bernhard Heisig bekannt ist.

Obwohl Döblin zwar zu den Autoren gehörte, deren Bücher von den Nazis verbrannt wurden, waren seine Bücher nicht sofort generell verboten. Bis in das Jahr 1935 hinein waren seine Bücher zumindest theoretisch noch im Vertrieb. Allerdings waren mit der Machtergreifung der Nationalsozialisten die üblichen Wege der Werbung und auch der Diskussion sehr eingeschränkt, so dass das Buch praktisch resonanzlos blieb. Eine einzige zeitgenössische, veröffentlichte Rezension – von Herbert Marcuse in der Zeitschrift für Sozialforschung – ist bekannt. Eine damals geschriebene, aber nicht zum Druck gelangte Rezension von Klaus Mann ist 1993 aus dem Nachlass herausgegeben worden. Allein aber die Prominenz dieser beiden Rezensenten zeigt, dass Döblin eine feste Größe des öffentlichen Lebens war.

In der Emigration sah er sich auf private Kreise bei einigen wenigen Dichterlesungen in der Schweiz, später in Frankreich und den USA zurückgeworfen. So wirkte *Unser Dasein* nur auf wenige Zuhörer und geriet wie andere Exilwerke in den Hintergrund.

Struktur und Inhalt

Unser Dasein ist gegliedert in acht Kapitel, die als »Bücher« bezeichnet werden, und drei Zwischenkapitel, die aus der Zählung herausfallen. Orientierung des Lesers und partielle Lektüre werden erleichtert durch eine aussagekräftige, detaillierte Gliederung, die Döblins Witz und Chuzpe spiegelt, etwa bei dem Gliederungspunkt »Wovor das Fallgesetz zittert«. Bemerkenswert ist auch der einseitige *Vorspruch*, in dem Döblin eine eigene ebenso kurze wie konzise Wahrheitstheorie formuliert, so dass schon hier klar wird: Dieser Autor aktualisiert jahrtausendealte Debatten auf seine originelle Weise.

In den ersten drei Büchern erarbeitet Döblin seinen Grundgedanken von der Spannung zwischen »Ich« und »Dingwelt«. Das »Ich« ist als die erlebende Instanz einerseits der Angelpunkt des gesamten Daseins und diesem gegenübergestellt, andererseits »Stück und Gegenstück der Natur«. In einer schrittweisen Reduzierung des Ich-Begriffs im Vergleich zu Pflanzen, Tieren und Mineralien relativiert sich die Stellung des Menschen innerhalb des Daseins. Das, was den Menschen ausmacht – zum Beispiel Bewusstsein –, ist nur die Besonderheit des Menschen, wie vergleichsweise etwa ein Baum als Besonderheit Wurzeln hat. Der Mensch trägt allerdings auch andere »Formkreise« in sich: tierische, pflanzliche, mineralische. Diese wiederum stehen in Verbindung zueinander, und zwar im Phänomen der »Resonanz«.

Sozusagen als Konsequenzen dieser Spannung entwickelt Döblin in den Büchern vier und fünf Theorien zur Leidensfähigkeit und zu den Handlungsmöglichkeiten des Menschen sowie eine Betrachtung zur Rolle der Kunst. Nur im Erleben und im aktiven Handeln konstituiert sich das Dasein. Die Kunst wird als ein Einsenken in anorganische Restbestände innerhalb des Menschen beschrieben, der Geometrismus in der Malerei sei ein Beispiel hierfür.

Nach den theoretischen Herleitungen und Spekulationen folgt im sechsten Buch, von Döblin selbst als Beginn des zweiten Hauptteils gekennzeichnet, eine Vielzahl von Beispielen, Fallgeschichten, biographischen Skizzen, die vom Dasein einzelner Menschen handeln und alltägliche, zeitüberdauernde Problemstellungen des Menschen aufgreifen – immer wieder zurückgeführt auf die von Döblin erkannte Ursache dieser Probleme, nämlich die eigentümliche Stellung des Menschen als »Stück und Gegenstück der Natur«.

Es folgt der »Übergang zum Kollektivum«; der zweite Hauptteil handelt von Menschen und Völkern. Der lange Exkurs über das Judentum, den Döblin 1933 zur ersten Buchpublikation im Amsterdamer Querido-Verlag erweiterte, ist in der Akzentuierung von »Volk-Nichtvolk-Übervolk« im ewigen Exil ein zeitgeschichtliches Dokument, aber führt auch hin zu der von Döblin antizipierten Relativierung von Nationalcharakteren und -staaten. Das achte Buch sieht viele Entwicklungen der Moderne kritisch, die Großstaaten, den »Moloch Öffentlichkeit«, die »Massenbestie«. Döblins gesellschaftstheoretische und in Ansätzen politische Überlegungen sind weit entfernt von jeder Utopie; es geht darum, »Schritt für Schritt« Ziele zu definieren und in überschaubaren Einheiten zu denken. Der offene Schluss – »Ende und doch kein Ende« – appelliert an den Leser, der nach konkreten Hilfestellungen für die Realität der in Auflösung begriffenen Weimarer Republik sucht, sich in die Waagschale zu werfen, damit das Leben aus dem Buch heraustritt: »Hebe deinen Kopf hoch! Setze dich ein!« (S. 487).

Quellen und Hintergründe

Döblin war ein Vielleser. Die Spannbreite seiner Lektüre umfasste sowohl medizinische Fachliteratur, Schriften zu Naturwissenschaften, Ästhetik und Philosophie – wohlgemerkt neben der ganzen Bandbreite der Literatur von Klassikern bis hin zur Avantgarde der Expressionisten, in deren Mitte er stand. In allen seinen Büchern lassen sich diese Quellen nachweisen. Teilweise übernahm er ganze Textpassagen und montierte sie in seine literarischen Texte, teils finden sich kurze Zitate und Anspielungen, und es lassen sich auch jenseits direkter Zitate zahlreiche Anregungen und Ideen aus unterschiedlichen Diskursen nachweisen. Auch in *Unser Dasein* finden sich alle Spielarten intertextueller Bezüge – obwohl hier geradezu programmatisch am Anfang eine *tabula rasa*-Situation inszeniert wird, womit Döblin auch ironisch an Descartes anknüpft. Wie in den Romanen werden die Anspielungen und Zitate döblinistisch verwandelt, hier für seine Intention, eine Perspektive über die Einzelwissenschaften hinaus zu gewinnen.

a) Sigmund Freud

Döblins Verhältnis zu Freud lässt sich an einem Beispiel gut erklären. So heißt es im Vorspruch zu *Unser Dasein*, dass das Werk größere Wahrheit beanspruche »als die Nachricht von der Trockenlegung der Zuidersee« (S. 11). Das spielt an auf Freuds Definition der Psychoanalyse als »Kulturarbeit etwa wie die Trockenlegung der Zuydersee« (Freud 1989, S. 86) – und Döblin signalisiert damit sowohl Nähe und Vertrautheit mit Freud als auch eine gewisse ironische Distanz.

Viele Begriffe aus *Unser Dasein* sind Freud'sche Termini, etwa »Lust-Unlust-Apparat« und »Fortpflanzungstrieb«, aber etwa auch die Schilderung des »Pubertätsproblem[s]« (S. 347) im Zusammenhang mit einem Schülerselbstmord lehnt sich an Freuds Sexualtheorie an.

b) Max Stirner

Der Philosoph Max Stirner wird in *Unser Dasein* nur beiläufig erwähnt. Der Autor wartet in einem Café auf eine Verabredung und vertreibt sich die Zeit: »Ich kramte in meiner Mappe, nahm den Stirnerband zur Hand, den ich immer mit mir schleppte. Er sprach mich nicht an.« (S. 317) Diese Passage ist durch die Einarbeitung einer früheren Notiz Döblins auf Februar 1924 zu datieren.

Stirner ist durch ein einziges Buch für kurze Zeit sehr bekannt geworden und danach ebenso gründlich wieder in Vergessenheit geraten: *Der Einzige und sein Eigentum*, das allerdings zur Jahrhundertwende eine Renaissance erlebte. Stirner vertritt darin einen radikalen Anarchismus, der die Legitimität sämtlicher Autoritäten und Institutionen leugnet und stattdessen nur eine einzige Wahrheit zulässt: die des real existierenden Ich. Der einleitende Schlüsselsatz lautet entsprechend: »Ich hab' Mein Sach auf Nichts gestellt« (Stirner 1981, S. 3), gefolgt von der Bemerkung: »Mir geht nichts über Mich!« (ebd., S. 5)

Stirner wie Döblin entwerfen keine konkreten politischen Strukturen, in denen ihre Utopien Wirklichkeit werden könnten. Stirner ist geradezu apolitisch, während Döblin in drastischen Worten an die Verantwortung für die Gesellschaft appelliert und sich gegen einen radikalen Individualismus à la Stirner wendet:

> Hier ist von keinem Individualismus die Rede, der das Einzelwesen egoistisch machen will. Egoismus ist die Wirkung der schlechten Gesellschaft selbst, die den Zusammenhang von Mensch zu Mensch aufgehoben hat. Die zwingende Gesellschaft von heute schafft Egoisten, Hamster für die Familie, Pseudo-Individualisten, menschliche Krüppelformen und Unkraut. Aber not tun echte Arten von Öffentlichkeit. (S. 428)

c) Hans Driesch

Die Biologie ist Anfang des 20. Jahrhunderts durch einen großen Fortschrittsoptimismus geprägt. Die Evolutionslehre nach Darwin hatte sich durchgesetzt, und die Wissenschaft steuerte scheinbar unaufhaltsam auf die Klärung aller Probleme hin. Unter den biologietheoretischen Strömungen der Zeit, die Döblin sehr gut bekannt waren, gewann vor allem der Vitalismus unter seinem prominentesten Vertreter Hans Driesch vermehrt Anhänger. Vitalistische Theorien gehen davon aus, dass es eine Art von biologischer Lebenskraft gibt, die sich letztlich nicht erklären lässt, und richten sich damit gegen einen übersteigerten Positivismus und Materialismus.

In *Unser Dasein* tauchen unverkennbar vitalistische Gedanken auf. Der Samen, aus dem das Holz und schließlich der Tisch wurde, »war ein Ich, das sein Werkzeug hatte« (S. 92). Die spezifische Gestalt eines Organismus lässt sich nicht aus den einzelnen Bestandteilen erklären, aus der chemischen Formel für Wasser etwa kann man niemals »zu der besonderen Gestalt oder Ungestalt des Wassers« gelangen (S. 123). Auch spricht Döblin von einer »eingeborene[n] Baukraft des Organischen« (S. 164) – genauso kann man auch Drieschs Entelechie beschreiben.

Die These, es gebe einen von den Stoffen unabhängigen Faktor, der aber entscheidend für den Organismus und das Leben sei, findet ihren getreuen Abdruck in der Idee des organisierenden Ichs als Werkzeugträger und zentrierendes Element.

Döblins Vitalismus lässt sich auch in *Berlin Alexanderplatz* nachweisen, indem man die Biographie Franz Biberkopfs als einen Enthüllungsprozess und als Entfaltung einer Entelechie liest. Diese ist immer schon angelegt, eine Lebenskraft, die sich Ausdruck verschafft und der sich auch das Individuum letztlich nicht entziehen kann (Sprengel 1995, S. 95 f.).

d) Jakob von Uexküll

Statt Entelechie wählt Jakob von Uexküll, Verfasser einer vielgelesenen *Theoretischen Biologie* von 1920, das Wort »Plan« als die Bezeichnung für einen immateriellen Impuls auf eine lebende Zelle, die Vorgänge selbst wiederum sind allen Gesetzen der Physik und Chemie unterworfen. Damit schafft er eine zweckdienliche Mischung aus Vitalismus und Mechanismus und plädiert für eine radikale Subjektivierung der Naturerkenntnis:

> So kommen wir dann zum Schluß, daß ein jedes Subjekt in einer Welt lebt, in der es nur subjektive Wirklichkeiten gibt und die Umwelten selbst nur subjektive Wirklichkeiten darstellen. (Uexküll 1934, S. 91)

Jedes Subjekt nimmt die Wirklichkeit anders wahr. Für einen Hund ist ein Zimmer anders strukturiert als für einen Menschen. Aus seiner Sichtweise *ist* es anders. Einen Schritt weiter gedacht: »Einen von den Subjekten unabhängigen Raum gibt es gar nicht.« (Ebd., S. 30) Gleiches gilt entsprechend für Raum und Zeit: »Ohne ein lebendes Subjekt kann es weder Raum noch Zeit geben.« (Ebd., S. 10)

Döblin schreibt als Motto über sein ganzes Buch: »Nur durch das Tor des Ich betritt man die Welt« (S. 13) – exakt die gleiche Denkfigur. Einzig und allein das Ich hält diese Welt zusammen. Eine Vielzahl von Einzelbeobachtungen am Text stützt die These, dass sich Döblin sowohl in Details auch in Teilen seiner Grundkonzeption von Uexküll hat inspirieren lassen (vgl. Keil 2005, S. 82 ff.)

Mit dem Wissen um diese biologische Diskussion der Zeit werden nicht nur einzelne Passagen in *Unser Dasein* verständlicher, vielmehr lässt sich auch der grundsätzliche Gedanke der Spannung zwischen Ich und Welt besser einordnen.

Der heute so geläufige Begriff der Umwelt gewann seine Bedeutung als Fachterminus hauptsächlich durch Uexküll. Indem er alle anthropozentrischen Deutungen tierischer Verhaltensweisen als falsch verwirft, stellt er das Tier als »Subjekt in den Mittelpunkt seiner *Umwelt*«, ein Begriff, den Uexküll prägte für »einen streng abgegrenzten Teil seiner Umgebung« (Jahn / Sucker 2000, S. 587 f.) Döblin verwendet die damals noch ganz neuen Begriffe »System« und »Umwelt« im Uexküll'schen Sinn:

> Zwei Merkmale charakterisieren die Person und sind Hauptzeichen eines lebenden realen Ich: Formung, Ordnung, Gliederung der Person zu einem System und Verbindung dieses Systems mit der Umwelt. (S. 97)
>
> In die ganze blutwarme, blutgetränkte, unkenntliche Realität dieser ›Umwelt‹ sind wir hineingeboren, nehmen sie mit unserem Ich an uns, suchen sie zu durchdringen, kämpfen dagegen, erliegen. Das ist unser Dasein, Dasein unseres Ich. (S. 30)

Zwei Aspekte sind hier wichtig. Zum einen wird »Umwelt« aktiv erkämpft, durchdrungen und gestaltet – und nicht passiv erlebt. An andere Stelle ist vom Organismus als einem »Greif-, Saug- und Zertrümmerungswesen« (S. 71) die Rede. Darin stimmt Döblin mit der Umweltlehre Uexkülls überein, die ebenso als aktiv eingreifend charakterisiert werden kann: »Jeder Organismus formt durch seine Leistungen seinen eigenen Lebensraum, der ihn – für andere Organismen unbemerkbar – umgibt.« (Jahn / Sucker 2000, S. 587)

Zum anderen fällt die zentrale Rolle des Ich auf, die Döblin anders als Uexküll weit stärker betont. Uexküll hebt gerade die empirische Dimension seiner Theorie hervor und wehrt sich gegen jeden Psychologismus: »Die Umweltlehre ist eine Art nach außen verlegter Seelenkunde, die vom Standpunkt des Beobachters aus betrieben wird. Sie ist keine Analyse des Ich.« (Uexküll 1936, S. 25)

Letztendlich ist damit aber nichts anderes gesagt, als dass »wirklich« nur das sein kann, was das erkennende Subjekt erlebt. Keine Umwelt gleicht einer anderen. Daher »kann und muß man das Individuum als den Erbauer und Erzeuger seiner Umwelt ansehen.« (Hassenstein 2001, S. 358) Genau diesen Gedanken greift Döblin immer wieder auf: »Und wenn man mich fragt, wer bin ich denn, so antworte ich: ich bin der, der dies alles erlebt.« (S. 23).

e) Ernst Fuhrmann

Neben dieser grundlegenden Konstruktion des Gesamtwerks sind biologische Sachverhalte unverkennbar in der häufigen Rede vom »pflanzlichen Ich« (S. 103, u. ö.), im Lob des »pflanzlichen Daseins« (ebd.) und in dem Gedanken virulent, das Tier lebe »parasitär am Pflanzenreich« (S. 112). All das gehört zu den Aktualitäten für den heutigen Leser von *Unser Dasein*, man denke an die Bestseller von Peter Wohlleben über Pflanzen und Tiere oder *Die Intelligenz der Pflanzen* des Neurobiologen Stefano Mancuso.

Döblins Bezug aufs Pflanzliche lässt sich zurückführen auf den heute kaum mehr bekannten Schriftsteller, Verlags- und Museumsleiter Ernst Fuhrmann. Dieser veröffentlichte 1930 einen Bildband mit 200 Pflanzenfotografien, den er als »Biographie« bezeichnet und der von Döblin ausführlich in einer Rezension besprochen wird. Im Mittelpunkt steht dabei Fuhrmanns Kerngedanke: »die Pflanze ist ein Lebewesen« (AW, Kleine Schriften III, S. 288)

Wirft man einen genaueren Blick auf das dritte Buch von *Unser Dasein*, werden die Übereinstimmungen augenfällig. Dabei ist Döblin nicht so radikal in seinen Ansichten wie Fuhrmann.

»Wir atmen die Luft, und durch die Lungen, durch unser Blut, durch unsere Organe fließt Luft, und also ist unser Leib auch Luft.« (S. 72) Auch indem wir Wasser trinken und Pflanzen und

Tiere essen, »sind wir und unser Leib auch Wasser […] auch Tiere und Pflanzen.« (S. 72 f.) Der Mensch hat Teil an tierischem, pflanzlichen und anorganischen »Formenkreisen«, was auch Auswirkungen auf sein Handeln hat: »Da der Mensch an allen diesen Kreisen teilhat und sie ihn aufbauen, läßt sich auch sein Handeln nicht einebnig auffassen.« (S. 191)

Während allerdings in *Unser Dasein* eher vorsichtig formuliert wird: »auch zu den Pflanzen finde ich Zugang« (S. 100), postuliert Fuhrmann geradezu eine Identität von Pflanze und Mensch:

> Das Leben einer Pflanze spielt sich im Menschen schneller, viel schneller als bei der Pflanze selbst, ab. Wir wissen ja auch umgekehrt, daß Pflanze ein sehr verlangsamtes Tierleben bedeutet. (Fuhrmann 1930, S. 46)

Es ist die Behauptung der ganz grundsätzlichen Entsprechungen und damit einer Art von Ur-Einheit zwischen den Naturreichen, die Döblin bei Fuhrmann fasziniert. Sein eigenes Schichtenmodell vom Menschen wird somit weniger exotisch, wenn man davon ausgehen kann, dass sich ohnehin alles auf einheitliche Begriffe zurückführen lässt: »Pflanzen haben keinen Mund, keinen Magen, keinen Darm, aber mit der Person haben sie gemein, daß sie Nahrung aufnehmen und, was sie nicht brauchen, speichern oder abgeben.« (S. 101) Dafür haben sie entsprechende Organe entwickelt. Sein synthetisierendes Denken degradiert die Unterschiede zugunsten der allgemeinen Aussage, es handele sich hier wie dort um die gleiche Kategorie »Organ«, lediglich die daseinsspezifische Ausprägung sei eine andere.

Die Bewunderung Döblins für Bau und Leistung der Pflanze lässt sich paradigmatisch an dem Abschnitt »Der Grashalm« (S. 113 ff.) zeigen. Döblin beschreibt hier im Detail, sozusagen in mikroskopischer Nahaufnahme, die verschiedenen Bestandteile eines Grashalms, vom »Röhrensystem« über die Grannen (»elastische Spieße«) bis hin zu den Blüten und dem Mechanismus der Windbestäubung. Er visualisiert einen Grashalm, wie er ihn 1931 in Fuhrmanns Bildband *Die Pflanze als Lebewesen* vielfach gesehen hat.

f) Hans Kayser

Wasser ist das Symbol des Lebens. In der erstarrten Form der Schneeflocke steht der Kristall hingegen für Kälte und Tod. Aber noch zu Zeiten Döblins war man sich nicht sicher, ob nicht auch ein Kristall die wichtigsten Kriterien für Lebewesen erfüllt. Vor diesem Hintergrund wird Döblins Rede von einem »kristallischen Organismus« (S. 90), seine Zuschreibung einer »eigentümlichen Lebendigkeit« (S. 121) und die Annahme vom »Mensch[en] als Mineral« (S. 123) historisch nachvollziehbar.

Döblin selbst hatte mannigfaltige Möglichkeiten, sich in der Annahme lebender Kristalle bestärkt zu sehen, etwa durch Otto Lehmanns Kinofilm von 1921 *Flüssige Kristalle und ihr scheinbares Leben* (vgl. Schäffner 1995, S. 314 ff.). Lehmann, der im selben Jahr auch einen gleichnamigen Bildband veröffentlichte, war als Professor für Physik Entdecker der flüssigen Kristalle, wie sie heute vor allem in Liquid Crystal Displays (LCDs) in zahlreichen Produkten Verwendung finden. Er publizierte viel und versah seine Bücher mit bis dahin nie gesehenen mikroskopischen Aufnahmen. Diese Bilder wiederum inspirierten andere Autoren wie Ernst Haeckel, der 1917 ein Buch mit dem Titel *Kristallseelen* veröffentlichte, und Hans Kayser.

Hans Kayser war Herausgeber einer Reihe von mystischen Texten und entwickelte, durchaus auch auf mystischem Gedankengut fußend, dabei jedoch wissenschaftlichen Anspruch erhebend, ein vollständiges System einer »harmonikalen« Deutung der Welt – unter Einbezug der Kristallmetaphorik. Das Hauptwerk dazu, das in einer Auflage von nur 200 Exemplaren im Jahr 1926 erschienene Buch *Orpheus. Vom Klang der Welt. Morphologische Fragmente einer allgemeinen Harmonik*, wurde von Döblin nicht nur begeistert besprochen (Ende 1927), sondern befand sich auch in seiner Bibliothek. Zwei Drittel des Werkes beschäftigen sich mit der Kristalllehre.

Döblin diskutiert ebenfalls die Affinitäten eines Kristalls zum Leben, er spricht wie Kayser vom »Wachstum eines Kristallkeimes« (S. 118), lehnt aber die Vorstellung eines Stoffwechsels ab (S. 121). Gleichwohl schreibt er dem Kristall eine »eigentümliche Lebendigkeit« zu und kennzeichnet ihn als »eigentümliches Gebilde, das ebenbürtig neben Pflanzen und Tieren steht« (S. 121). In dem Abschnitt »Zwischen Zelle und Kristall« (S. 123 ff.) schließlich trennt er deutlich, nicht jedoch ohne die Möglichkeit einer erdgeschichtlich früheren Überlappung wahrscheinlich erscheinen zu lassen. Er spricht von »Zwischenglieder[n] zwischen Kristall und Zellreich, die verschwunden sind.« (S. 124)

Im Nachdenken über das Wesen eines Tisches stellt Döblin fest, dieser habe »seinen eigenen früheren organischen Charakter, den eines pflanzlichen oder kristallischen Organismus, verloren« (S. 90). Dennoch sei »bei den Kristallen nicht in derselben Weise von Organismen zu sprechen wie bei Pflanzen und Tieren« (S. 118) Die Bedeutung des Kristalls ergibt sich aus seiner Beständigkeit: Während Tiere und Pflanzen nur unter Sonderbedingungen hinsichtlich Druck, Temperatur usw. existieren können, ist der Kristall relativ unabhängig. Döblin schließt daraus:

> […] das Pflanzen- und Tierreich und sein Grundplasma stellt eine kleine, für eine bestimmte Stufe mögliche Sondergruppe der Kristalle dar. Es sind Abarten und Ausartungen, vom Kristall her gesehen. (S. 119)

Also ist auch bei Döblin eine Wurzel allen Daseins im Kristall zu sehen. »[W]ir müssen denken aus der Situation des Kristalls heraus« (S. 119), und in dieser Situation spricht Döblin von einem Leben der Kristalle (ebd.), das aus anderen Bedingungen entsteht. Was in der Tierwelt mit dem Begriff des Organs bezeichnet wird, ist hier »die Anordnung des Raumgitters« (S. 121). So kommt Döblin zu dem kühnen Schluss, dass der Mensch die »pflanzlich-tierische Art des Minerals« (S. 123) sei.

Die besondere Stellung des Kristalls bei Döblin wird immer wieder deutlich. So unterscheidet er den Kristall ausdrücklich von der anorganischen Welt: »Wenn wir das Wort ›Sinn‹ aussprechen, so erinnern wir uns freilich, wie anders ›Sinn‹ aussieht in der Zone Mensch, Tier, Pflanze, Kristall, anorganische Natur.« (S. 239)

Nach einer fast zärtlich zu nennenden Beschreibung eines Steines – »betrachte sein formloses Gefüge, seine Adern, Farben, Klitterung, so stehst du einem ungewissen, rätselhaften Sein gegenüber« – mahnt Kayser, dass die heutige Wissenschaft zur »Gesteinsentstehung« wohl etwas sage, dies jedoch als ein gerade aktueller »Deutungsversuch« mit einer gewissen Skepsis betrachtet werden müsse, da die Gesteinsentstehung »in Wirklichkeit vermutlich ganz anders vorgegangen ist, in Zeiten, die jenseits der heutigen physikalisch-geologischen Verhältnisse lagen« (Kayser 1926, S. 33).

Es folgt kein wissenschaftliches Argument, keine Falsifizierung einer gegebenen Theorie, keine positive Begründung für eine möglicherweise andere Erklärung der Gesteinsentstehung, die im Übrigen auch nicht näher erläutert wird. Vielmehr wird lediglich intuitiv argumentiert, aus einem Gefühl der zeitlichen Distanz heraus. Ähnlich wie Fuhrmann rechnet Kayser in größeren Zeiträumen und stellt die moderne Wissenschaft als vergleichsweise winzigen Ausschnitt und notwendig beschränktes Deutungsinstrumentarium dar.

Döblin übernimmt diesen Gedanken, wiederum unter Vermeidung direkter Bezugnahmen. Die Erde, schreibt Döblin, befinde sich jetzt in einer »leidlich stabilen, besonderen Epoche«, die eine Täuschung hinsichtlich des »Zusammenschießens von Kristallen« befördert: »Aber wir müssen wissen, daß es auch andere

Epochen gab und daß die Weltkräfte auch anders als jetzt wirksam sein können.« (S. 124)

Sowohl Kayser als auch Döblin behandeln den Kristall unter geologischen und erdgeschichtlichen Gesichtspunkten, und beide bringen mit fast den gleichen Worten identische Argumente vor – zumindest eine Inspiration ist wahrscheinlich. Döblin will vor allem darauf hinaus, dass es in früheren Epochen sehr wohl möglich gewesen sein könnte, dass Pflanze, Tier, Kristall aus einem gemeinsamen Plasma, einem »Kolloid« (S. 121) entstanden sein könnten, dass Zelle und Kristall sozusagen einen gemeinsamen Urahn haben. Ein eigener Abschnitt in *Unser Dasein* handelt »Vom lebendigen Plasma und seiner Entstehung« (S. 158 ff.) und spricht von einer »Kristallstufe«, der dann ein »Protoplasma« entwuchs: »Die Erdepoche ›Kristall‹ wird überschritten« (S. 159). Die Suche nach einer Einheit des Lebens und Daseins hatte ihre Metapher und ihre visuelle Ikone in den mikroskopischen Aufnahmen flüssiger Kristallstrukturen gefunden. Auch bei Kayser finden sich entsprechende Abbildungen.

Wie für andere Quellen gilt auch hier, dass Döblin ihnen viel verdankt, aber es geht darum, die Erkenntnisse seinem Kontext und seiner Gesamtdeutung einzuordnen.

Eine philosophische Anthropologie

Was nun ist *Unser Dasein* vor allem? Mit einigem Recht wird man behaupten können, hier habe ein Dichter eine philosophische Anthropologie vorzulegen versucht, wie es zu dieser Zeit auch Max Scheler mit *Die Stellung des Menschen im Kosmos* (1928), Helmuth Plessner mit *Die Stufen des Organischen und der Mensch* (1928) und später Arnold Gehlen mit *Der Mensch* (1940) sowie Ernst Cassirer mit *Versuch über den Menschen* (1944) getan haben.

Unser Dasein greift ebenso wie die genannten Werke auf eine Vielzahl zeitgenössischer Diskurse der Psychologie und Philosophie zurück. Mit seinen zahlreichen literarischen Stilisierungen, mit seiner Widersprüchlichkeit und seiner Freiheit, auch esoterische Gedankengänge zu integrieren, ist *Unser Dasein* im Vergleich zu den Klassikern der philosophischen Anthropologie aber deutlich exotischer.

Ganz anders als Döblin lehnt Scheler es entschieden ab, den Menschen in eine wie auch immer geartete Stufenfolge der Natur aufzunehmen. Auch wenn diese Daseinsform alle anderen niedrigeren in sich aufgenommen hat, so ist der Mensch als Träger des »Prinzips Geist« geradezu konstitutiv unabhängig von der Natur; Scheler spricht von einer »existentiellen Entbundenheit vom Organischen« (Scheler 2002, S. 38).

Während bei Scheler eine eher traditionelle Sicht des Menschen als eines *animal rationale* im Zentrum steht, will Plessner gerade den cartesianischen Dualismus von *res cogitans* (Bewusstsein) und *res extensa* (Körper) überwinden. Ein Grundbegriff bei Plessner ist die »Grenze« zwischen den Stufen des Organischen und dem Menschen, die zum einen als »Begrenzung« und zum anderen als »Grenzübergang« gesehen wird. Der Mensch ist ausgezeichnet durch seine »exzentrische Positionalität«, ein »Über-sich-Hinausweisen«, eine Ambivalenz zwischen Weltoffenheit und Umweltbindung, deren sich Plessner auch in der Lektüre Jakob von Uexkülls zu versichern suchte. So erweist sich Uexküll als verbindendes Element in den philosophischen Ansätzen dieser Zeit.

Die Doppelnatur des Menschen ist ein Grundmotiv bei Döblin. Einerseits ist der Mensch ein offenes System, andererseits als gestaltetes Wesen mit einer Grenze ausgestattet und im Organismus in sich abgeschlossen. Die Freiheit des Menschen liegt in der »Positionalität« dieser Grenze und in der Subjektivität jeglicher Erfahrung. Die Einheit des Lebens wird maßgeblich durch den Geist organisiert.

Die Uexküll'sche Lehre von der Einpassung des Individuums in Funktionskreise, die über den Organismus hinausweisen, denken sowohl Döblin als auch später etwa Arnold Gehlen weiter. Der in seiner Biologie eingeschränkte Mensch ist darauf angewiesen, sich durch die Schaffung von Institutionen in einem weiteren Sinn zu entlasten, um sein Leben überhaupt führen zu können. Auch bei Döblin ist der Ausgangspunkt das einzelne Individuum, in welchem allerdings die Tendenz zur Gruppenbildung angelegt ist: »Es ist der Funktionszusammenhang unter den Menschen, der die Einrichtungen hervorbringt« (S. 430).

Von zentraler Bedeutung bei Döblin (wie später bei Gehlen und Habermas) ist der Aspekt des Handelns. Döblin formuliert Aspekte moderner Handlungstheorie, die bei ihm zur Praxis führen, in eine Handlungsanweisung münden: »Sei nicht lau! Sei nicht träge!« (S. 486)

Unser Dasein behauptet eine eigentümliche Stellung zwischen Philosophie, Naturwissenschaft, politischer Theorie und Literatur. Im Grunde erzählt Döblin vom Wunder des Daseins auf die für ihn charakteristische Weise: In der Bewältigung ungeheurer Materialberge schafft er suggestive Bilder dank seiner dichterischen Einbildungskraft: »Vielleicht ist der poetische Text noch am besten fähig, das verwickelte Verhältnis von Körper und Seele darzustellen. Die Erzählung kann es sich leisten, die Aporien stehenzulassen.« (Braungart 1995, S. 333)

Wie hängt der Mensch mit der Natur zusammen? Gibt es eine sich planmäßig entfaltende Ordnung, angetrieben durch eine geheimnisvolle Lebensenergie, einen *elan vital*, eine Entelechie? Oder ist alles dem Zufall der Evolution überlassen, das »Ich eine späte Laune der Natur« (Gottfried Benn)? Gibt es für Leib und Seele eine einheitliche Basis, gibt es einen Zusammenhang? Der Mensch hat einen Leib, er ist Organismus, er besitzt einen Lust-Unlust-Apparat – aber der Mensch ist auch mehr als das.

Scheler benennt das »Prinzip Geist«, Plessner spricht von der »exzentrischen Positionalität« – Döblin vom Ich, das erlebt. Das »Ich bin« ist die Grundlage aller Philosophie. Und gerade diese Grundlage sieht Döblin nicht recht bedacht – die rationalen Wissenschaften alleine kommen dem entscheidenden Punkt des »Ich bin« nicht auf die Spur. Der ganze Mensch ist mehr als ein Nerv-Muskel-Komplex, auch wenn man als »Leiche im Massengrab bei Verdun« (S. 240) endet. Döblins Begriff der Resonanz, des Miteinanders von anorganischen, organischen und institutionellen Formationen nimmt Erkenntnisse heutiger Neurobiologie und Physiologie vorweg. Darüber hinaus zeigt Döblin an der Kunst in ihren verschiedenen Ausprägungen ebenso wie an scheinbar alltäglichen Geschichten, dass der Mensch auf Vollendung angelegt ist.

Döblin hat sich kaum zu seinem Buch geäußert und Hinweise zur Deutung gegeben. In einem Brief an Paul Fechter vom 22. März 1933, der die Übersendung eines Exemplars begleitet, betont er – Jahre vor seiner Konversion zum Katholizismus – die Bedeutung des Religiösen:

> und so glaube ich, wird Ihnen dieses Buch, über das Eisenbahngespräch und die Saaldebatte hinaus, bei der Untermauerung jener Auffassungen auch Vieles vortragen, womit Sie übereinstimmen. Es ist das große wahre gestaltende Ich, von dem ich immer ausgehe, und dessen ganze Natur und Ausbreitung zu erkennen meine immer erneute Bemühung ist. Ich sehe immer klarer, daß ich und wie ich im Religiösen, und in welchem Religiösen, lagere, – mit der Welt und der Zeitlichkeit als einer Erscheinung. (AW, Briefe, S. 177)

Christina Althen und Thomas Keil

Literaturhinweise

1. Texte von Alfred Döblin

AW – Ausgewählte Werke in Einzelbänden
GW – Gesammelte Werke

Briefe. Hrsg. von Heinz Graber. Olten, Freiburg/Br. 1970 [AW].

Das Ich über der Natur. Berlin 1927.

Die Geschichte vom Franz Biberkopf / Dramen / Filme. Mit einem Nachwort von Stefan Keppler-Tasaki. Frankfurt/M. 2015 [GW].

Die Zeitlupe. Kleine Prosa. Hrsg. v. Walter Muschg. Freiburg/Br. 1962 [AW].

Kleine Schriften III. Hrsg. von Anthony W. Riley. Zürich, Düsseldorf 1999 [AW].

Schriften zu Ästhetik, Poetik und Literatur. Mit einem Nachwort von Erich Kleinschmidt. Frankfurt/M. 2013 [GW].

Schriften zu Leben und Werk. Mit einem Nachwort von Wilfried F. Schoeller. Frankfurt/M. 2015 [GW].

2. Texte über Alfred Döblin und sonstige Literatur

Belhalfaoui-Köhn, Barbara: Alfred Döblins Naturphilosophie – Ein existentialistischer Universalismus. In: Jahrbuch der Deutschen Schillergesellschaft 31 (1987), S. 354–382.

Braungart, Georg: Leibhafter Sinn. Der andere Diskurs der Moderne. Tübingen 1995.

Freud, Sigmund: Neue Vorlesungen zur Einführung in die Psychoanalyse. In: Studienausgabe. Bd. 15. Frankfurt/M. 1989.

Fuhrmann, Ernst: Die Pflanze als Lebewesen. Eine Biographie in 200 Aufnahmen. Frankfurt/M. 1930.

Gehlen, Arnold: Der Mensch. Seine Natur und seine Stellung in der Welt. Berlin 1940.

Jahn, Ilse / Sucker, Ulrich: Die Herausbildung der Verhaltensbiologie. In: Ilse Jahn (Hrsg.): Geschichte der Biologie. Jena 2000, Bd. 1, S. 580–600.

Hassenstein, Bernhard: Jakob von Uexküll (1864–1944). In: Ilse Jahn / Michael Schmitt (Hrsg.): Darwin & Co. Eine Geschichte der Biologie in Portraits. München 2001, Bd. 2, S. 344–364.

Hey'l, Bettina: Alfred Döblins anthropologischer Text *Unser Dasein* zwischen Hermeneutik und Dekonstruktion. In: Torsten Hahn (Hrsg.): Internationales Alfred-Döblin-Kolloquium Bergamo 1999. Bern u. a. 2002, S. 185–207.

Kayser, Hans: Orpheus. Vom Klang der Welt. Morphologische Fragmente einer allgemeinen Harmonik. Berlin 1926.

Keil, Thomas: Alfred Döblins »Unser Dasein«. Quellenphilologische Untersuchungen. Würzburg 2005.

Muschg, Walter: Nachwort. In: Alfred Döblin: Unser Dasein. Hrsg. von W. Muschg. Olten 1964, S. 479–490.

Plessner, Helmuth: Die Stufen des Organischen und der Mensch. Einleitung in die philosophische Anthropologie. 3. Auflage. Berlin / New York 1975 [Erstdruck 1928].

Riedel, Wolfgang: »Homo Natura«. Literarische Anthropologie um 1900. Berlin, New York 1996.

Schäffner, Wolfgang: Die Ordnung des Wahns. Zur Poetologie psychiatrischen Wissens bei Alfred Döblin. München 1995.

Scheler, Max: Die Stellung des Menschen im Kosmos. Hrsg. von Manfred S. Frings. 15. Aufl. Bonn 2002 [Erstdruck 1928].

Seliker, Walter: Das einzig Metaphysische. Vom Ich als Prinzip und Dementi der Philosophie. Bergisch Gladbach 1995.

Sprengel, Peter: Künstliche Welten und Fluten des Lebens oder: Futurismus in Berlin. Paul Scheerbart und Alfred Döblin. In: Hartmut Eggert, Erhard Schütz u. Peter Sprengel (Hrsg.): Faszination des Organischen. Konjunkturen einer Kategorie der Moderne. München 1995, S. 73–101.

Stirner, Max: Der Einzige und sein Eigentum. Mit einem Nachwort hrsg. von Ahlrich Meyer. Durchges. u. verbess. Ausgabe. Stuttgart 1981 [Erstdruck: 1844].

Uexküll, Jakob von: Streifzüge durch die Umwelten von Tieren und Menschen. Ein Bilderbuch unsichtbarer Welten. Berlin 1934.

Uexküll, Jakob von: Nie geschaute Welten. Die Umwelten meiner Freunde. Ein Erinnerungsbuch. Berlin 1936.

Alfred Döblin
Gesammelte Werke
Herausgegeben von Christina Althen

Bd. 1	Jagende Rosse / Der schwarze Vorhang
Bd. 2	Die Ermordung einer Butterblume. Gesammelte Erzählungen
Bd. 3	Die drei Sprünge des Wang-lun
Bd. 4	Wadzeks Kampf mit der Dampfturbine
Bd. 5	Wallenstein
Bd. 6	Berge Meere und Giganten
Bd. 7	Die beiden Freundinnen und ihr Giftmord
Bd. 8	Reise in Polen
Bd. 9	Manas
Bd. 10	Berlin Alexanderplatz
Bd. 11	Unser Dasein
Bd. 12	Babylonische Wandrung oder Hochmut kommt vor dem Fall
Bd. 13	Pardon wird nicht gegeben
Bd. 14	Amazonas
Bd. 14.1	Das Land ohne Tod
Bd. 14.2	Der blaue Tiger
Bd. 14.3	Der neue Urwald
Bd. 15	November 1918
Bd. 15.1	Bürger und Soldaten 1918
Bd. 15.2	Verratenes Volk
Bd. 15.3	Heimkehr der Fronttruppen
Bd. 15.4	Karl und Rosa
Bd. 16	Der Oberst und der Dichter / Die Pilgerin Aetheria
Bd. 17	Der unsterbliche Mensch / Der Kampf mit dem Engel
Bd. 18	Schicksalsreise
Bd. 19	Hamlet oder Die lange Nacht nimmt ein Ende
Bd. 20	Die Geschichte vom Franz Biberkopf / Dramen / Filme
Bd. 21	Schriften zu Leben und Werk
Bd. 22	Schriften zu Ästhetik, Poetik und Literatur
Bd. 23	Schriften zur Politik und Gesellschaft
Bd. 24	Schriften zu jüdischen Fragen

Sigmund Freud

Das große Lesebuch

Band 90171

Unter der zivilisierten Oberfläche des Menschen diagnostizierte Sigmund Freud unbändige Sexualität, deren Entwicklung er in die Kindheit zurückverfolgte. Religion erklärt er als universelle Zwangsneurose. Zu seiner Zeit war Freud ein Skandal. Mit Begriffen wie »Ödipuskomplex« ist der Vater der Psychoanalyse inzwischen längst in die Alltagskultur eingegangen. Neben einer Auswahl der wichtigsten Texte enthält das Lesebuch einen fortlaufenden Kommentar, der leichtfüßig und kenntnisreich durch das Gesamtwerk eines der einflussreichsten Denker des 20. Jahrhunderts führt.

Inhalt: ›Zum psychischen Mechanismus der Vergeßlichkeit‹, ›Einige Bemerkungen über den Begriff des Unbewußten in der Psychoanalyse‹, ›Trauer und Melancholie‹ und viele andere.

Fischer Taschenbuch Verlag

fi 90171 / 1

Alfred Döblin
Das Lesebuch
Herausgegeben von Günter Grass
Ausgewählt und zusammengestellt unter Mitarbeit von Dieter Stolz

Band 90396

Alfred Döblin wurde vor allem durch seinen Roman »Berlin Alexanderplatz« zu einem der kanonischen Autoren der literarischen Moderne. Das Lesebuch, das Nobelpreisträger Günter Grass zu Ehren Alfred Döblins zusammengestellt hat, erinnert daran, dass Döblin schon lange vor seinem Erfolgsroman ein höchst vitaler Autor der Avantgarde war und mit seinen fast vergessenen Exilromanen maßgeblich zur Aufklärung des 20. Jahrhunderts beigetragen hat. Neben Auszügen aus den wichtigsten Erzähltexten enthält das Lesebuch zahlreiche Beispiele von Döblins kritischer Publizistik und zentrale autobiographische Dokumente. Eingeleitet wird der Band mit Günter Grass' berühmter Rede »Über meinen Lehrer Döblin«.

»Ich möchte, daß Alfred Döblin eines Tages
so zum Bildungsschatz – um ein altmodisches Wort
zu benutzen – gehört wie Thomas Mann,
wie Brecht, wie all die anderen Klassiker der
deutschsprachigen Moderne.«
Günter Grass

Fischer Taschenbuch Verlag

fi 90396 / 1